A ERA DA AMBIÇÃO

FSC
www.fsc.org
MISTO
Papel produzido
a partir de
fontes responsáveis
FSC® C101537

A marca FSC® é a garantia de que a madeira utilizada na fabricação do papel deste livro provém de florestas que foram gerenciadas de maneira ambientalmente correta, socialmente justa e economicamente viável, além de outras fontes de origem controlada.

EVAN OSNOS

A era da ambição

Em busca da riqueza, da verdade e da fé na nova China

Tradução
Berilo Vargas
Christina Baum

Companhia Das Letras

Grafia atualizada segundo o Acordo Ortográfico da Língua Portuguesa de 1990, que entrou em vigor no Brasil em 2009.

Título original
Age of Ambition: Chasing Fortune, Truth, and Faith in the New China

Capa
Nayon Cho

Foto de capa
Sim Chi Yin

Preparação
Alexandre Boide

Índice remissivo
Luciano Marchiori

Revisão
Carmen T. S. Costa
Jane Pessoa

Dados Internacionais de Catalogação na Publicação (CIP)
(Câmara Brasileira do Livro, SP, Brasil)

Osnos, Evan
A era da ambição: em busca da riqueza, da verdade e da fé na nova China / Evan Osnos; tradução Berilo Vargas, Christina Baum. — 1ª ed. — São Paulo: Companhia das Letras, 2015.

Título original: Age of Ambition: Chasing Fortune, Truth, and Faith in the New China.
ISBN 978-85-359-2555-5

1. China — Civilização 2. China — Condições econômicas — 2000 — 3. China — Condições sociais 4. China — Desenvolvimento econômico 5. China — História 6. China — Política e governo I. Título.

15-00700 CDD-951

Índice para catálogo sistemático:
1. China: História 951

[2015]

EDITORA SCHWARCZ S.A.
Rua Bandeira Paulista, 702, cj. 32
04532-002 — São Paulo — SP
Telefone: (11) 3707-3500
Fax: (11) 3707-3501
www.companhiadasletras.com.br
www.blogdacompanhia.com.br

Para Sarabeth, que viveu tudo isto

Por que eu deveria ser como todo mundo? Só porque nasci numa família pobre?

Michael Zhang, professor

O comandante de um exército poderoso pode ser capturado. A aspiração de um homem comum, jamais.

Confúcio

RÚSSIA
MONGÓLIA
N
0 Milhas 500
0 Quilômetros 500
Shihezi, Xinjiang
Beijing
CHINA
Rio Amarelo
Dongshigu
Epicentro do terremoto de Sichuan (2008)
Chengdu
Rio Yang-tse
Shanghai
Hangzhou
Lhasa
Chongqing
Waduangang
Wenzhou
NEPAL
BUTÃO
Mina Número Cinco
Quemoy
BANGLADESH
Qingyuan
Xiamen
ÍNDIA
Guangzhou
TAIWAN
Foshan
MIANMAR
VIETNÃ
Fuk Hing
Macau
LAOS
Golfo de Bengala
Mar da China Meridional
TAILÂNDIA
FILIPINAS
© 2014 Jeffrey L. Ward

Sumário

Prólogo

Sempre que uma nova ideia se espalha pela China — uma moda, uma filosofia, um jeito de viver —, os chineses falam em "febre". Nos primeiros anos depois de o país se abrir para o mundo, as pessoas contraíram "a febre dos ternos ocidentais", a "febre de Jean-Paul Sartre" e a "febre do telefone". Era difícil prever quando e onde uma febre surgiria, ou o que deixaria como legado.

A aldeia de Xiajia (população de 1564 habitantes) foi contaminada pela febre da série policial americana *Hunter*, mais conhecida na China como *Detetive Especial Heng Te*. Quando o programa começou a ser apresentado na televisão chinesa, em 1990, os moradores de Xiajia se juntavam para ver o sargento detetive Rick Hunter, do Departamento de Polícia de Los Angeles, trabalhar disfarçado com sua parceira, a sargento detetive Dee Dee McCall. Todos esperavam que o sargento detetive Rick Hunter desse um jeito de pronunciar pelo menos duas vezes o bordão que o identificava, "Works for me" [Pra mim funciona] — embora em chinês ele desse sempre a impressão de ser um homem muito religioso, porque "Works for me" era traduzido, erroneamente, como "Seja o que Deus quiser". A febre passava de uma pessoa para outra, e cada uma era afetada de forma diferente. Meses depois, quando a polícia de Xiajia tentou revistar a casa de um agricultor, o homem mandou voltarem só quando tivessem um mandado — palavra que aprendera com o *Detetive Especial Heng Te*.

Quando me mudei para a China, em 2005, ouvira mil vezes a história da metamorfose chinesa contada em vastas pinceladas, que envolviam um sexto da população humana e grandes engrenagens políticas e econômicas. Mas, de perto, via-se que as mudanças mais profundas eram as íntimas e perenes, sepultadas nos ritmos da vida diária, e por isso mesmo passavam facilmente despercebidas. A maior febre de todas era a aspiração, a crença na possibilidade de reconstruir a própria vida. Alguns que tentaram tiveram êxito; muitos outros, não. O mais notável era o fato de terem desafiado uma história que lhes dizia para nunca tentarem. Lu Xun, o escritor mais renomado da China moderna, escreveu: "A esperança é como uma estrada rural: antes, não havia caminho nenhum, mas as pessoas começam a passar, e a estrada aparece".

Morei oito anos na China, e vi essa era da ambição tomar forma. Acima de tudo, trata-se de uma época de fartura — o auge de uma transformação cem vezes maior, e dez vezes mais rápida, do que a primeira Revolução Industrial, que criou a Grã-Bretanha moderna. Já não falta alimento para o povo chinês — o cidadão médio come seis vezes mais carne do que em 1976 —, mas esta é uma era famélica de outro tipo, uma época em que as pessoas acordaram com fome de novas sensações e ideias, e de respeito. A China é o maior consumidor mundial de energia, de cinema, de cerveja e de platina; está construindo mais ferrovias de alta velocidade e aeroportos do que o resto do mundo somado.

Para alguns chineses, a explosão de crescimento econômico do país criou riquezas estupendas: a China é o lugar do mundo onde surgem mais bilionários. Alguns dos novos plutocratas estão entre os ladrões mais ativos do planeta; outros ocuparam os cargos públicos mais elevados. Alguns fizeram as duas coisas. Para a maioria do povo chinês, porém, o boom não produziu grande riqueza; permitiu apenas dar os primeiros passos vacilantes para sair da pobreza. As recompensas criadas pela ascensão da China têm sido terrivelmente inconsistentes, mas inegavelmente profundas: é um dos mais amplos avanços dos tempos modernos em termos de bem-estar humano. Em 1978, a renda média chinesa era de duzentos dólares; em 2013, subiu para 6 mil. Quaisquer que sejam os critérios de avaliação, o fato é que o povo chinês tem hoje uma vida mais longa, mais saudável e mais bem informada.

Morando em Beijing durante esses anos, descobri que, quanto mais se vive na China, mais a confiança nas próprias ideias, especialmente sobre o futuro do país, parece diminuir. As complexidades embotam o impulso de submetê-las a uma lógica. Para vislumbrar uma ordem nas mudanças, busca-se refúgio nas estatísticas: nos anos que passei na China, o número de usuários de transporte aéreo dobrou; a venda de celulares triplicou; a malha metroviária de Beijing quadruplicou. Mas esses números me impressionavam bem menos do que um drama que eu não conseguia quantificar: na geração anterior, visitantes se maravilhavam acima de tudo com a mesmice de tudo. Para os estrangeiros, o presidente Mao era o "Imperador das Formigas Azuis", como declarava o memorável título de um livro — um deus secular numa terra de ternos azuis idênticos e de "equipes de produção". Estereótipos que mostram os chineses como zangões coletivistas e inescrutáveis persistem em boa parte porque a política chinesa ajuda a preservá-los; a China oficial leva os visitantes a pensar que se trata de um país de brigadas de trabalho, comunas e incontáveis sacrifícios.

Na China que conheci, porém, a narrativa nacional, que já foi uma encenação coletiva, agora se estilhaça em 1 bilhão de histórias — histórias de carne e osso, de idiossincrasias e de lutas solitárias. Trata-se de uma época em que os laços entre os dois países mais poderosos do mundo, a China e os Estados Unidos, podem ser postos à prova pelas aspirações de um único advogado camponês, que pode escolher o dia e a hora para mudar seu destino. É a era dos seres mutantes, na qual a filha de um agricultor pode ser ejetada da linha de montagem para a direção da empresa com uma rapidez tão grande que não tem tempo sequer de abandonar os modos e medos da vida de aldeã. Trata-se de um momento em que o indivíduo ganha força de vendaval na vida política, econômica e privada, tão fundamental para a autoimagem de uma geração emergente que o filho de um mineiro pode vir a acreditar que não existe nada mais importante do que ter o nome na capa de um livro.

De certa maneira, quem mais se beneficia da era da ambição é o Partido Comunista chinês. Em 2011, o partido comemorou o nonagésimo aniversário — data inimaginável ao fim da guerra civil. Nos anos que se seguiram ao colapso da União Soviética, líderes chineses estudaram a história e juraram que jamais teriam o mesmo destino. Quando ditaduras árabes caíram em 2011, a China resistiu. Para sobreviver, o Partido Comunista chinês abandonou o evangelho, mas se apegou aos santos; rejeitou as teorias de Marx, mas preservou o retrato de Mao no Portão da Paz Celestial, que contempla a praça Tiananmen.

O partido já não promete igualdade nem o fim do trabalho braçal exaustivo. Promete apenas prosperidade, orgulho e força. E por um momento isso bastou. Mas com o tempo as pessoas passaram a querer mais, e talvez mais do que tudo informações. Novas tecnologias movimentaram uma cultura política em constante mudança; coisas que antigamente eram secretas agora são conhecidas; pessoas que viviam sozinhas agora se relacionam. E, quanto mais o partido tentava impedir que o povo recebesse ideias não filtradas, mais o povo avançava para exigi-las.

A China de hoje é a terra das contradições. É o maior mercado consumidor mundial da Louis Vuitton, perde apenas para os Estados Unidos na compra de Rolls-Royces e Lamborghinis, mas é governada por um partido marxista-leninista que tenta banir a palavra "luxo" dos outdoors. A diferença de expectativa de vida entre suas cidades mais ricas e suas províncias mais pobres é a mesma que existe entre Nova York e Gana. A China tem duas das mais valiosas empresas de internet do mundo, e mais gente on-line do que os Estados Unidos, e ao mesmo tempo dobra seus investimentos no maior esforço da história para censurar a expressão humana. A China nunca foi mais pluralista, mais urbana e mais próspera, mas é o único país do mundo que mantém um ganhador do prêmio Nobel da paz na cadeia.

Às vezes a China é comparada ao Japão dos anos 1980, quando dez metros quadrados no centro de Tóquio custavam 1 milhão de dólares, e magnatas bebiam coquetéis com gelo trazido da Antártida. Em 1991, o Japão já vivia a maior deflação de ativos da história moderna do capitalismo. Mas as semelhanças são apenas superficiais; quando a bolha do Japão explodiu, o país era uma economia madura e desenvolvida; já a China, mesmo superaquecida, continua a ser um país pobre, onde as pessoas ganham em média o que os japoneses ganhavam em 1970. Outras vezes — com seus soldados marchando a passo marcado, seus desertores e seus dissidentes — a China lembra a União Soviética, ou a Alemanha nazista. Mas essas comparações não se sustentam. Os líderes chineses não ameaçam "enterrar" os Estados Unidos, como Khruschóv, e nem mesmo os nacionalistas chineses mais ferrenhos falam em expansão imperialista ou limpeza étnica.

A China me faz lembrar principalmente dos Estados Unidos em seu momento de transformação — o período que Mark Twain e Charles Warner chamaram de Era Dourada, quando "todo homem tinha um sonho, um plano para chamar de seu". Não muito tempo depois da guerra civil, os Estados Unidos já fabricavam mais aço do que a Grã-Bretanha, a Alemanha e a França juntas. Em 1850, havia nos Estados Unidos menos de vinte milionários; em 1900, já eram 40 mil, e alguns tão presunçosos e orgulhosos como James Gordon Bennett, que comprou um restaurante em Monte Carlo porque os empregados lhe recusaram um lugar perto da janela. Como na China, o alvorecer da riqueza americana se deu em meio a um clima de desonestidade digno de nota. "Nosso jeito de fazer negócio", afirmou o ferroviário Charles Francis Adams Jr., neto e bisneto de presidentes, "baseia-se na mentira, na fraude e no roubo." Mais tarde, F. Scott Fitzgerald nos brindou com a fugidia história de James Gatz, de Dakota do Norte, que se lançou num novo mundo em sua malfadada busca de amor e riqueza. Quando me via diante de um novo perfil urbano chinês contra o céu, eu por vezes pensava na Nova York de Gatsby, "a cidade vista pela primeira vez, em sua desarrazoada primeira promessa de nos trazer todo o mistério e toda a beleza do mundo".

Nos primeiros anos do século XXI, a China está situada em dois universos: o da mais nova superpotência do planeta e o do maior Estado autoritário do mundo. Houve dias em que eu passava a manhã com um novo magnata e a tarde com um dissidente cumprindo prisão domiciliar. Era fácil ver que representavam a nova e a velha China, domínios distintos de economia e política. Mas eu acabava chegando à conclusão de que se tratava de uma coisa só, e de que o contraste era um instável estado natural.

Este livro é um relato do choque entre duas forças: aspiração e autoritarismo. Quarenta anos atrás, o povo chinês praticamente não tinha acesso à riqueza, à verdade e à fé — três coisas que lhe eram negadas pela política e pela pobreza. Não tinha possibilidade de montar um negócio, ou de satisfazer seus desejos, nem poder para contestar a propaganda oficial e a censura, nem meios de encontrar inspiração moral fora do partido. No período de uma geração, ganhou acesso às três coisas — e quer mais. O povo chinês assumiu o controle sobre liberdades que costumavam ser governadas quase inteiramente por terceiros — decisões sobre onde trabalhar, para onde viajar e com quem casar. Mas, enquanto essas liberdades se ampliavam, o Partido Comunista tomava medidas precárias para acomodá-las. O afã do partido de controlar tudo — de determinar não só quem manda no país, mas também quantos dentes um empregado de ferrovia deve mostrar ao sorrir — contradiz o tumulto da vida real. Quanto mais tempo eu passava na China, mais me dava conta de que o povo ultrapassara o sistema político que fomentou sua ascensão. O partido tinha desencadeado a maior expansão de potencial humano da história da humanidade — e gerado, talvez, a maior ameaça à própria sobrevivência.

Esta é uma obra de não ficção, baseada em oito anos de conversas. Em minhas pesquisas, girei basicamente em torno dos batalhadores — homens e mulheres que tentavam abrir caminho e passar de uma esfera para outra, não apenas em termos econômicos, mas também em questões de política, de ideias e de espírito. Conheci muitos deles enquanto escrevia reportagens para o *Chicago Tribune* e, posteriormente, para *The New Yorker*. Mantive contato enquanto a vida de cada um evoluía e se aproximava ou se afastava da minha. Para um americano que escreve fora do seu país, é uma tentação invejar as virtudes da China em aspectos em que os Estados Unidos parecem mais fracos, e julgar o país com severidade excessiva em questões que se opõem aos meus valores. Mesmo assim tentei, tanto quanto possível, descrever a vida desses chineses em seus próprios termos.

Usei nomes verdadeiros, salvo nos casos que identifico, e nos quais obscureci uma ou outra identidade levando em conta eventuais suscetibilidades políticas. Todos os diálogos são baseados nos relatos de uma ou mais pessoas presentes. A parte I começa nos momentos iniciais do boom; apresento ali homens e mulheres que foram arrebanhados quando a China despertava da pobreza, e descrevo os riscos que assumiram e as ideias que os animaram. Quanto mais progrediam na vida econômica, mais as pessoas queriam conhecer o mundo que as rodeava, e na parte II descrevo a rebelião contra a propaganda e a censura. Na parte final, essas atividades convergem na busca de um novo alicerce moral, com homens e mulheres nos degraus mais baixos da classe média à procura de uma crença.

A história da China no século XXI costuma ser contada como uma disputa entre o Oriente e o Ocidente, entre o capitalismo de Estado e o livre mercado. Mas no primeiro plano ocorre uma competição mais imediata: a luta para definir uma ideia do que seja a China. Para compreender a China é preciso não apenas medir a luz e o calor emitidos por seu novo e incandescente poder, mas também investigar a fonte de sua energia — os homens e as mulheres que estão no centro da transformação do país.

PARTE I

RIQUEZA

1. Libertos

16 DE MAIO DE 1979

Sob a lua prateada, numa ilha da costa chinesa, um capitão do Exército de 26 anos escapuliu do seu posto e dirigiu-se para a beira do mar. Andou com a maior calma possível pelo pinheiral até uma saliência de onde se avistava a praia. Caso seu plano fosse descoberto, ele cairia em desgraça e seria executado.

O capitão Lin Zhengyi era um soldado modelo, um dos jovens oficiais mais renomados do Exército de Taiwan, a província insular governada pelos adversários do Partido Comunista chinês. Fazia três décadas que Taiwan contestava o controle comunista, e o capitão Lin era um símbolo dessa resistência: na universidade, fora aluno brilhante e abandonara a tranquila vida de civil para ingressar nas Forças Armadas, decisão tão incomum que o futuro presidente de Taiwan fez questão de apertar-lhe a mão, e a fotografia apareceu em todos os jornais, transformando Lin em garoto-propaganda do "Sagrado Contra-Ataque", o sonho de retomar a China continental.

Lin Zhengyi (pronuncia-se "Jung-yi") tinha mais de 1,80 metro, postura ereta, nariz largo e achatado, e orelhas protuberantes que se destacavam da aba do chapéu. Em virtude de sua dedicação, foi designado para o lugar mais delicado da linha de frente: a minúscula ilha de Quemoy, conhecida em mandarim como Jimmen, a menos de dois quilômetros da pedregosa costa da China continental.

Mas o capitão Lin guardava um segredo tão perigoso para si e para sua família que não ousou revelá-lo nem à própria mulher, que ficara em casa com um filho e grávida do segundo. Ele percebera a importância do momento histórico que começava a ocorrer ao seu redor. Depois de trinta anos de turbulência, a China fazia um apelo ao povo de Taiwan para que voltasse a juntar-se à "grande Pátria-Mãe". Qualquer soldado que tentasse desertar para o continente seria abatido a tiros no ato. Pouquíssimos tentaram, e as consequências disso estavam frescas na memória; o caso mais recente ocorrera menos de um mês antes. Mas Lin ouvira o chamado. Tinha certeza de que a China voltaria a prosperar, e de que ele prosperaria com a China.

No escuro, ele encontrou o caminho arenoso que poderia conduzi-lo a salvo pela ladeira da encosta infestada de minas terrestres. O vento do mar tinha entortado os nodosos pinheiros da ilha. A água, de um tom brilhante e cristalino de verde durante o dia, agora era uma infinita massa negra, subindo e descendo com as ondas. Para repelir uma invasão, as praias tinham sido equipadas com longas lanças de metal que se erguiam da areia, voltadas para o mar.

Pouco antes de sair do abrigo das árvores para descer até a praia, o capitão afrouxou os cadarços dos sapatos e sentiu com os pés descalços o solo e as pedras. Estava pronto para abandonar os companheiros de farda, a família e o próprio nome.

* * *

Praticamente todos os que tentaram atravessar a nado aquelas águas tinham seguido na direção oposta. Em 1979, a China continental era um lugar de onde as pessoas fugiam.

No século XVIII, a China imperial controlava um terço da riqueza mundial; suas cidades mais desenvolvidas eram prósperas e comercialmente poderosas como a Grã-Bretanha e a Holanda. Mas, nos séculos XIX e XX, a China foi duramente castigada pela invasão, pela guerra civil e pela sublevação política. Depois de tomar o poder, em 1949, o Partido Comunista pôs em prática uma campanha de "reforma agrária" que agrupou pequenas propriedades familiares em terras coletivas, o que levou à matança de milhões de proprietários e inimigos reais ou imaginários. Em 1958, o presidente Mao lançou o Grande Salto para a Frente, uma tentativa de ultrapassar a Grã-Bretanha em apenas quinze anos. Alguns conselheiros lhe disseram que era impossível, mas ele os ignorou e humilhou; o chefe da comissão nacional de tecnologia pulou de uma janela. Os propagandistas saudavam uma colheita fantástica após outra, chamando-as de "safras Sputnik", comparáveis ao êxito do satélite artificial soviético. Mas os números eram inventados, e quando a fome se espalhou pelo país muitos dos que se queixavam eram torturados ou mortos. O partido impedia que as pessoas viajassem à procura de alimento. O Grande Salto para a Frente de Mao resultou na mais grave epidemia de fome do mundo, matando de 30 milhões a 45 milhões de pessoas, mais do que a Primeira Guerra Mundial. Na época em que o capitão Lin fugiu de Taiwan, a República Popular era mais pobre do que a Coreia do Norte; sua renda per capita equivalia a um terço da encontrada na África Subsaariana.

Deng Xiaoping era o principal líder da China havia menos de seis meses. Aos 75 anos, era um estadista de discurso convincente, mas brusco, e um sobrevivente — duas vezes expurgado da cúpula de líderes pelo presidente Mao, duas vezes readmitido. Nos anos que se seguiram, com frequência foi descrito como o único arquiteto do boom econômico, mas essa visão foi fabricada pelos historiadores do partido. Deng compreendia as limitações de seus próprios conhecimentos. Em questões de economia, sua medida mais astuta foi juntar-se a Chen Yun, outro patriarca do partido tão cético em relação ao Ocidente que contemplou a ideia de reforma relendo *Imperialismo*, de Lênin; e a Zhao Ziyang, um chefe mais jovem e mais progressista do partido, cujos esforços para diminuir a pobreza deram origem a um ditado entre os camponeses: "Se quiser comer, procure Ziyang".

A mudança, quando aconteceu, veio de baixo. No inverno anterior, na aldeia de Xiaogang, a visão econômica de Mao empobrecera os agricultores a ponto de eles pararem de cultivar a terra comunal e recorrerem à mendicância. Em desespero, dezoito agricultores dividiram a terra e puseram-se a cultivá-la separadamente; estabeleceram um cronograma próprio, e tudo que sobrasse da cota exigida pelo Estado vendiam e embolsavam os lucros. Firmaram um pacto secreto para proteger as respectivas famílias em caso de prisão.

No ano seguinte, sua renda cresceu cerca de vinte vezes. Descoberta a experiência, burocratas os acusaram de "destruir a pedra angular do socialismo", mas líderes mais sensatos permitiram que o plano fosse adiante e abrangesse 800 milhões de agricultores em todo o país. A volta à agricultura "familiar", como ficou conhecida, espalhou-se com tanta rapidez que um agricultor a comparou a um germe num galinheiro. "Quando as galinhas de uma família pegam a doença, toda a aldeia pega. Quando uma aldeia pega, todo o país é infectado."

Deng e os demais líderes viviam em conflito, mas a combinação do carisma de Deng com a relutância de Chen em andar depressa demais e a competência de Zhao foi fantasticamente bem-sucedida. O modelo que criaram durou décadas: uma "economia de gaiola", como Chen Yun passou a chamá-la, arejada o suficiente para que o mercado se desenvolvesse, mas não tão livre que lhe permitisse fugir. Quando eram jovens revolucionários, aqueles anciãos tinham supervisionado a execução de proprietários de terra, o confisco de fábricas e a criação das comunas populares. Mas agora preservavam seu poder virando a revolução de cabeça para baixo: permitiram a iniciativa privada e abriram uma janela para o mundo exterior, ainda que com isso, como dizia Deng, "alguns mosquitos" entrassem. As reformas chinesas não seguiam um plano fixo. A estratégia, segundo Chen Yun, consistia em andar sem perder o controle — "atravessar o rio tateando as pedras com os pés". (Deng, como sempre, acabou ficando com o crédito por essa expressão também.)

Em 1979, o partido anunciou que não usaria mais os termos "proprietários de terra" e "camponeses ricos" para rotular as pessoas e, mais tarde, Deng Xiaoping removeu o último estigma: "Que alguns enriqueçam antes", disse ele, "e pouco a pouco todos enriquecerão juntos". O partido ampliou sua experiência econômica. Oficialmente, empresas privadas só podiam ter até oito empregados — Marx achava que firmas com mais de oito trabalhadores eram exploradoras —, mas as pequenas empresas começaram a pipocar tão depressa que Deng Xiaoping comentou com uma delegação iugoslava que era "como se um estranho exército tivesse surgido do nada". Mas ele não reivindicou o crédito por isso. "Não se trata de uma conquista do nosso governo central", afirmou.

Em todo o país, as pessoas estavam saindo das fazendas coletivas que até então condicionavam sua existência. Ao comentar o assunto, diziam ser "songbang" — libertos —, termo usado comumente para prisioneiros ou animais liberados do cativeiro. Começaram a falar em política e democracia. Mas Deng Xiaoping tinha seus limites. Em março de 1979, não muito tempo antes de Lin Zhengyi mergulhar em sua aventura para o continente, Deng dirigiu-se a um grupo de altos funcionários e perguntou: "Será que podemos tolerar esse tipo de liberdade de expressão que claramente transgride os princípios de nossa Constituição?". O partido jamais adotaria a "democracia individualista". Haveria liberdade econômica, mas com controle político. Para que a China progredisse, era preciso que existissem limites à "emancipação da mente".

Quando as mudanças começaram a medrar no continente, Lin Zhengyi pôs-se a observar de longe. Nascera em 1952, três anos depois de Taiwan e o continente iniciarem a disputa ideológica que duraria décadas. Depois de perder a guerra civil da China para os comunistas, em 1949, o Partido Nacionalista fugiu para a ilha de Taiwan, onde impôs lei marcial no arquipélago e preparou-se, em tese, para o dia em que pudesse retomar o poder no continente. A vida em Taiwan era difícil e circunscrita. Lin cresceu no exuberante delta fluvial de Yilan, região remota da principal ilha de Taiwan. Sua família descendia de migrantes que tinham deixado o continente havia mais tempo. As recém-chegadas forças nacionalistas viam esses primeiros migrantes como gente de classe baixa, politicamente indigna de confiança, e eles sofriam discriminação generalizada no trabalho e na escola.

Seu pai, Lin Huoshu, tinha uma barbearia, e sua mãe lavava roupa para fora. A família vivia num barraco na periferia da cidade. Mas o pai transmitiu aos filhos ensinamentos sobre ciência e política chinesas, sobre uma civilização outrora tão adiantada que começara a imprimir livros quatrocentos anos antes de Gutenberg. Lia em voz alta os clássicos — *O romance dos três reinos*, *Jornada ao Oeste* — e inculcou nos filhos o sonho do renascimento da China. Deu ao quarto filho o nome de Zhengyi, que significa "justiça".

Quando menino, Lin se questionava por que, apesar da gloriosa história da China, sua família mal conseguia se alimentar. O irmão mais velho não perguntava à mãe se haveria almoço, porque era uma indagação incômoda. "Ele encostava no fogão. Se estivesse quente, íamos ter almoço", recordava-se Lin. Do contrário, passavam fome. Para Lin, a experiência o fez desenvolver uma tendência altamente pragmática. Passou a ver as questões de dignidade humana através das lentes da história e da economia.

Na adolescência, tinha fascínio por feitos de engenharia — as façanhas de líderes chineses de antigamente, como Li Bing, governador, no século III a.C., da atual província de Sichuan, que decidiu controlar enchentes mortais investindo por oito anos na abertura de um canal através de uma montanha. Contou com milhares de operários, que aqueciam as rochas com fogueiras alimentadas a feno e as resfriavam com água para rachá-las. O resultado foi um sistema de irrigação tão vasto e duradouro que costuma ser comparado às maravilhas do mundo; e transformou uma das partes mais pobres do país numa região tão fértil que hoje é conhecida como Terra Celeste.

Lin era o mais promissor dos filhos, e em 1971 conquistou uma cobiçada vaga na Universidade Nacional de Taiwan para aprender mais sobre irrigação. Para pagar seus estudos, os três irmãos deixaram a escola e foram trabalhar na barbearia do pai. Lin entrou na faculdade justamente quando o campus foi tomado por intensas discussões sobre o futuro de Taiwan e da China continental. Durante anos, os jovens de Taiwan tinham aprendido na escola que o continente era governado por "bandidos comunistas" e "demônios". O Partido Nacionalista usava essas ameaças para justificar a lei marcial, e cometia abusos generalizados contra os direitos humanos de adversários políticos e simpatizantes do comunismo.

Quando Lin chegou ao campus, porém, a situação de Taiwan se deteriorava. Em julho de 1971, o presidente dos Estados Unidos, Richard Nixon, anunciou uma visita a Beijing. O continente estava ganhando influência. Em outubro, a ONU decidiu tirar a cadeira de Taiwan na Assembleia Geral e concedê-la à República Popular, reconhecendo seu governo como o legítimo representante do povo chinês. Nesse clima, Lin Zhengyi encontrou sua voz. Elegeu-se representante de classe dos calouros e se tornou um dos jovens ativistas mais fervorosos de Taiwan. Num comício estudantil intitulado "Guerra aos bandidos comunistas infiltrados nas Nações Unidas", ele pegou o microfone e propôs um protesto em toda a ilha, ideia tão radical na época da lei marcial que nem mesmo seus colegas ativistas tiveram coragem de apoiá-la. Noutra ocasião, ameaçou fazer greve de fome, mas foi dissuadido pelo reitor.

Quando anunciou sua transferência para uma academia militar, disse aos repórteres: "Se minha decisão de ingressar nas Forças Armadas puder despertar o nacionalismo em todos os jovens [...] seu impacto será incomensurável". Mas havia também razões práticas: na academia militar poderia estudar de graça e ainda receber um estipêndio.

Na casa de um amigo, em seus tempos de faculdade, Lin conheceu uma jovem chamada Chen Yunying, ativista que estudava literatura na Universidade Nacional de Chengchi. Casaram-se depois da formatura e tiveram um filho. Lin passou dois anos cursando mestrado em administração e em seguida foi designado para chefiar uma companhia na ilha de Quemoy, conhecida durante a Guerra Fria como "o farol do mundo livre", por ser a última porção de terra antes do litoral comunista. Os dois lados haviam bombardeado um ao outro de maneira tão feroz em certa época que os militares de Taiwan escavaram toda a ilha para construir bunkers, refeitórios subterrâneos e um hospital encravado tão profundamente na montanha que seu projeto permitiria sobreviver a um ataque nuclear.

Quando Lin chegou lá, em 1978, a guerra era mais psicológica do que física. Os exércitos ainda lançavam bombas, mas só em datas previstas: o continente disparava nos dias ímpares; Taiwan, nos pares. Basicamente, duelavam com propaganda. Irritavam um ao outro com enormes e potentes alto-falantes, e usavam balões de ar quente para jogar folhetos. Um dos lados lançava para o outro, pelo mar, contêineres de vidro carregados de fardos de produtos destinados a atrair desertores com ilusões de prosperidade. Taiwan mandava pôsteres e miniaturas de jornais que falavam sobre o mundo exterior, roupas íntimas limpas, cassetes de música popular, instruções para construir um rádio rudimentar e promessas de glória e de moedas de ouro para quem desertasse. O continente respondia com bebidas, chá, melões e panfletos com fotos de sorridentes diplomatas e cientistas taiwaneses que para lá tinham fugido — ou, como dizia o partido, haviam "trocado a escuridão pela luz".

Em dezembro de 1978, Jimmy Carter anunciou que os Estados Unidos reconheciam oficialmente o governo comunista de Beijing, e rompiam relações diplomáticas formais com Taiwan. A notícia sepultou qualquer esperança de que a ilha pudesse recuperar o controle do continente. Em Taiwan, como disse um correspondente, as pessoas ficaram "nervosas como um gato que tentasse atravessar uma rua com o trânsito piorando a cada minuto". No ano-novo de 1979, o governo de Beijing anunciou a suspensão do bombardeio militar de Quemoy e divulgou um apelo ao povo de Taiwan afirmando que "o brilhante futuro [...] pertence a nós e a vocês. A reunificação da pátria-mãe é a missão sagrada de que a história incumbiu nossa geração". Segundo o texto, "a construção avança vigorosamente na pátria-mãe".

Em 16 de fevereiro, Lin foi transferido para mais perto do continente, como encarregado de um minúsculo posto de comando num local chamado Monte Ma, conhecido entre os soldados como "a linha de frente do universo", a última ponta de terra seca. Era um posto de prestígio, mas, de acordo com investigadores militares, Lin não gostou da transferência porque o deixava abandonado nas ilhas quando podia estar lecionando na academia militar, ou se candidatando a um alto cargo militar. Seu posto era a escala favorita de líderes políticos que queriam ser fotografados na linha de frente em companhia de jovens patriotas fardados. Em abril, ele tirou licença para ver a família e os amigos; uma noite disse a um velho colega de classe, Zhang Jiasheng, que achava que Taiwan só iria para a frente se o continente prosperasse.

Quando voltou a Monte Ma, Lin se viu tão perto do continente que de binóculo dava para enxergar o rosto dos soldados do Exército de Libertação Popular. Seu pensamento já tinha começado a dar uma guinada brusca. Embora Taiwan e os comunistas fossem inimigos, a população em geral via neles as duas metades do mesmo clã, com uma história e um destino comuns. Como na Guerra Civil Americana, algumas famílias foram separadas fisicamente. Num desses casos, um homem cuja mãe o tinha mandado fazer compras no continente pouco antes de os comunistas interromperem o tráfego de navios só voltou para casa quarenta anos depois.

Nos primeiros anos depois da separação, alguns soldados tentaram fazer a travessia a nado para o continente, mas correntes violentas circundavam as ilhas, e os desertores eram jogados de volta, exaustos, e presos como traidores. Para desencorajar deserções, o Exército destruiu a maior parte dos barcos pesqueiros da ilha, e os poucos que restaram precisavam ter seus remos travados à noite. Com o passar dos anos, qualquer coisa que pudesse ser transformada em ferramenta de flutuação — uma bola de basquete, um pneu de bicicleta — precisava ser registrada, como se fosse uma arma, e o Exército fazia verificações em toda a ilha, batendo de porta em porta, para ver se não faltava nenhuma bola ou câmara de ar.

Naquele início de 1979, um soldado já tinha feito uma rara tentativa de desertar, mas também fora capturado. Lin não desanimou. Achava que tinha um plano melhor, mas queria minimizar o impacto que sua decisão teria sobre os superiores. A transferência de posto estava prevista para maio; ele acreditava que, se desertasse durante a transição, os oficiais poderiam culpar uns aos outros por deixarem de perceber os indícios de sua fuga e, com isso, serem menos responsabilizados. Para melhorar ainda mais a situação, a primavera na ilha é a estação do nevoeiro, quando o ar úmido se encontra com a água fria do mar e cobre o litoral com uma cortina cinzenta, um manto talvez denso o suficiente para ocultar uma figura que escorregasse para dentro das ondas.

A cada dia de primavera, as correntes ganhavam corpo, e no verão já seriam bastante fortes para devolver um homem à praia, por mais que lutasse contra as ondas. Se ia nadar até a China continental, era melhor que Lin o fizesse logo.

Na manhã de 16 de maio, ele estava em seu posto de comando. Pediu ao secretário de companhia Liao Zhenzhu que lhe mostrasse a última tábua de marés. A maré alta viria às quatro da tarde, e em seguida começaria a recuar.

Naquela noite, depois do pôr do sol, Lin esteve numa reunião no quartel do batalhão e voltou para jantar em Monte Ma. Às 20h30, um secretário de companhia chamado Tung Chin-yao passou por sua mesa para dizer que iria ao quartel do batalhão buscar um novo soldado. Tung retornou uma hora depois, mas Lin já não estava no refeitório.

Também não estava nos alojamentos. Às 22h50, dois capitães da divisão registraram sua ausência no livro de ocorrências e organizaram uma equipe de busca. Por volta da meia-noite, comandantes já tinham ordenado uma varredura completa em toda a ilha — uma Operação-Relâmpago, como a chamavam —, envolvendo 100 mil pessoas, incluindo militares e civis; homens, mulheres e crianças. Arrombaram armazéns rurais e vasculharam reservatórios com varas de bambu. Então os investigadores encontraram a primeira pista: no fim de uma trilha crivada de minas, de Monte Ma para a praia, estavam seus tênis, marcados com os caracteres que identificavam o "Comandante de Companhia". Numa busca em seu quarto deram pela falta de vários artigos: um cantil, uma bússola, um estojo de primeiros socorros, a bandeira da companhia e um colete salva-vidas.

Àquela altura, Lin estava muito à frente deles. Do posto de comando, atravessara menos de trezentos metros para chegar às pedras marrom-acinzentadas da praia. Dali esgueirou-se para entrar nas ondas. Calculou que precisava estar na água antes da maré baixa das dez da noite, para que a força do mar o arrastasse para longe da terra. Tomara outra providência crucial. De acordo com investigadores militares, dois dias antes da travessia, Lin inspecionou os postos de sentinela ao longo da costa e falou com os jovens recrutas incumbidos de vasculhar o horizonte. Contou-lhes uma anedota estranha: se à noite vissem nadadores que não parecessem prontos a atacar, não era preciso atirar; provavelmente não passavam de "espíritos das águas" e, se atirassem, arriscavam-se a ser castigados por eles. Superstições sobre presságios e espíritos abundavam em Taiwan, e o comentário casual de um comandante bastava para fazer um adolescente nervoso pensar duas vezes antes de soar o alarme sobre uma misteriosa agitação no mar noturno.

Lin nadou com vigor e velocidade. A corrente o puxava, mas ele logo estava longe dos baixios e sozinho nas negras profundezas, envolvido por água e céu. Só precisava chegar à metade do canal, pois dali em diante a maré montante o arrastaria pela outra metade.

Avançou em nado livre até cansar, depois flutuou de costas para recobrar as energias. Três horas depois, com as pernas latejando e anestesiado pelo frio, estava perto da terra firme. Era a borda mais oriental do solo chinês — a Ilhota de Horn. Tinha apenas 25 hectares de areia e pequenas moitas de palmeira, ocupada somente por postos de guarda e peças de artilharia dos chineses. Ele sabia que a praia estava impregnada de minas terrestres. Procurou em sua roupa a lanterna que levava guardada numa sacola de plástico. Os dedos enregelados custaram a abrir o botão. Ele piscou a luz algumas vezes, fazendo sinal para as tropas chinesas, que começaram a se concentrar na praia.

Lin chegou à porção rasa. Suas expectativas eram grandes: os panfletos comunistas prometiam uma recepção digna dos heróis e recompensas em ouro e dinheiro vivo. Mas, no escuro, um soldado chinês entrou sozinho na água, aproximou-se de Lin Zhengyi e deu-lhe voz de prisão.

2. O chamado

Toda viagem à China começa com uma história de atração gravitacional. O escritor americano John Hersey, filho de missionários nascido em Tianjin, dá a isso o nome de "o Chamado".

Em meu primeiro ano de faculdade, fui parar numa aula de introdução à política chinesa moderna — a revolução e a guerra civil; a força trágica e mutável do presidente Mao; a queda e ascensão de Deng Xiaoping, que tirou a China do isolamento e a pôs em contato com o mundo. Apenas cinco anos tinham transcorrido desde as manifestações pró-democracia na praça Tiananmen, em 1986, quando estudantes um pouco mais velhos do que eu construíram uma cidade de barracas na cidadela de poder do partido, um minienclave dentro do Estado, alimentados por um idealismo impulsivo. Na televisão, pareciam divididos entre o Oriente e o Ocidente; usavam cabelo desgrenhado e rádios Boombox e citavam Patrick Henry, mas cantavam o hino da Internacional e se ajoelhavam para entregar suas reivindicações a homens ainda empertigados em seus trajes inspirados por Mao. Um dos manifestantes disse a um repórter: "Não sei direito o que queremos, mas sei que queremos mais". O movimento acabou num banho de sangue na noite de 3 para 4 de junho, quando alto-falantes oficiais berraram "Isto aqui não é o Ocidente; é a China", e o politburo lançou o Exército de Libertação Popular contra o próprio povo pela primeira vez desde a revolução. O partido orgulhou-se de ter sufocado a rebelião, embora estivesse consciente dos danos causados à sua imagem; nos anos que se seguiram, o partido fez tanto esforço para apagar esses acontecimentos de sua história que deles só restou uma tênue sombra.

Uma vez despertado meu interesse pela China, tomei um avião em 1996 para Beijing, onde fui passar meio ano estudando mandarim. A cidade me deixou aturdido. As câmeras não conseguiam mostrar que em espírito e em geografia ela estava muito mais próxima das vastas planícies mongólicas expostas ao vento do que das luzes de neon de Hong Kong. Beijing cheirava a carvão e alho, lã velha e tabaco vagabundo. Dentro de um táxi, com as janelas fechadas e o calor aumentando, o cheiro ficava preso no céu da boca. Beijing estava cravada entre montanhas, no alto das planícies do norte da China, e no inverno o vento que vinha da terra de Gêngis Khan assobiava e fustigava o rosto.

Beijing era um lugar barulhento e sem nenhum glamour. Um dos prédios mais bonitos da cidade era o hotel Jianguo, que o arquiteto descrevia orgulhosamente como a réplica perfeita de um Holiday Inn de Palo Alto, na Califórnia. A economia nacional da China era menor do que a da Itália. Tinha-se a sensação de viver quase na zona rural: de noite eu costumava comer num bairro muçulmano conhecido como Xinjiang Village, pertencente aos uigures, grupo étnico da distante parte ocidental da China. Na frente de seus minúsculos restaurantes de tijolo cinza, havia inquietas ovelhas amarradas, e os animais desapareciam na cozinha, um a um, na hora do jantar. Quando a freguesia ia embora no fim do dia, os garçons e cozinheiros dormiam nas mesas.

* * *

A internet tinha chegado à China dois anos antes, mas havia apenas duas linhas telefônicas para cada grupo de duzentas pessoas. Eu levara comigo um modem dos Estados Unidos, e o liguei na tomada da parede do meu quarto; o aparelho reagiu com um estouro e nunca mais deu sinal de vida.

Quando estive na praça Tiananmen pela primeira vez, fiquei parado em seu centro e contemplei o mausoléu de Mao, o Grande Salão do Povo e o Portão da Paz Celestial, que ocupavam três lados. Não havia nenhum vestígio de manifestação, claro, e nada na praça tinha mudado desde que os restos mortais de Mao foram embalsamados numa caixa de vidro, em 1977. Como estrangeiro, me senti tentado a dar uma olhada nos monumentos stalinistas construídos pelo partido, e concluí que o partido estava fadado à ruína. Em meados daquele ano, o *New York Times* tinha publicado uma reportagem intitulada A GRANDE MARCHA PARA A IRRELEVÂNCIA, na qual se assinalava que "o partido que já foi onipresente praticamente não tem mais presença nenhuma".

Um dos lados da praça era dedicado ao futuro: um gigantesco relógio digital, de quinze metros de altura e nove de comprimento, marcava a contagem regressiva dos segundos que faltavam para que, como estava escrito no alto, "O Governo Chinês Recupere a Soberania de Hong Kong". Em menos de um ano, a Grã-Bretanha devolveria as ilhas de Hong Kong, sob seu controle desde a derrota da China na Primeira Guerra do Ópio, em 1842. Os chineses ressentiam-se amargamente da história da invasão, de terem sido, como diziam, "fatiados como um melão" por potências estrangeiras, por isso a devolução de Hong Kong seria um símbolo da restauração de sua dignidade nacional. Abaixo do relógio, turistas chineses tiravam fotos, e o jornal local publicava relatos de casais que posavam em sua base para as fotos de casamento.

A restituição de Hong Kong provocou uma explosão de patriotismo. Depois de quase duas décadas de reformas e ocidentalização, escritores chineses rechaçavam Hollywood, McDonald's e valores americanos. Um best-seller daquele verão trazia o título *A China pode dizer não*.* Escrito por um grupo de jovens intelectuais, condenava a "paixão [da China] pelos Estados Unidos", que, afirmavam eles, tinha sufocado a imaginação nacional com uma dieta de vistos, ajuda estrangeira e propagandas. Se não resistisse a esse "estrangulamento cultural", a China se tornaria "escrava", dando continuidade a uma história de humilhantes incursões estrangeiras. O governo chinês, desconfiado de ideias incendiárias e contagiantes, mesmo quando favoráveis, acabou tirando o livro das prateleiras, mas não antes que uma enxurrada de imitadores explorasse o mesmo sentimento: *Por que a China pode dizer não*, *A China ainda pode dizer não* e *A China deveria sempre dizer não*. Eu estava lá naquele outono em que a China comemorou seu Dia Nacional, 1º de outubro. Um editorial do *Diário do Povo*, o mais importante órgão das mídias estatais, lembrava à população que "o patriotismo exige que amemos o sistema socialista".

Dois anos depois, voltei para estudar na Universidade Normal de Beijing. Tudo que eu sabia sobre a instituição era que em 1989 tinha sido um dos mais efervescentes campi da China durante as manifestações da praça Tiananmen; houve dias em que 90% do corpo discente marchou até a praça para protestar. Mas, à época da minha chegada, a máxima prioridade para quase todas

* A maior parte das obras mencionadas pelo autor publicadas ou veiculadas originalmente em chinês não possui edição ou versão em língua portuguesa. Seus títulos, contudo, aparecem neste volume em itálico, em tradução literal. (N. E.)

as pessoas que conheci naquele verão era o desejo reprimido de consumir. É difícil exagerar o tamanho da mudança. No apogeu do socialismo, saiu um filme chamado *Não se deve esquecer nunca*, que contava a história de um homem cujo desejo por um terno de lã o levou à loucura. Agora havia uma revista chinesa cujo nome significava *Guia para a compra de artigos de luxo*, com reportagens sobre assuntos como "Depois do divórcio, quem fica com a casa?". Um artigo sobre bebidas trazia o intertítulo "Homens que preferem Club Soda", e explicava que esses homens eram conhecidos por terem "forte autoestima, ideais e ambições, e pouca tolerância com a mediocridade".

O governo fazia uma proposta ao povo: prosperidade em troca de lealdade. O presidente Mao tinha esbravejado contra os regalos burgueses, mas agora os líderes chineses promoviam vigorosamente a busca da boa vida. No primeiro inverno depois das manifestações pró-democracia, brigadas de trabalho em Beijing deram aos empregados sobretudos, cobertores, coca-cola, café instantâneo e carne extra. Havia um novo slogan do governo espalhado pela cidade: "Tome dinheiro emprestado para realizar seus sonhos".

As pessoas ainda lutavam para se adaptar à ideia de uma vida que não fosse só trabalho duro. Apenas dois anos haviam transcorrido desde que a China reduzira a semana de trabalho de seis para cinco dias. Em seguida reformulara o velho calendário socialista para criar algo antes inimaginável: três semanas de férias. Acadêmicos saudaram a novidade criando um gênero chamado "estudos sobre o lazer", dedicado a "este importante estágio na evolução socialista da humanidade". Acompanhei meus colegas de classe em uma viagem de fim de semana à Mongólia Interior. O trem estava superlotado, e o sistema de ventilação absorvia fumaça de diesel do escapamento e a expelia dentro dos vagões. Mas ninguém reclamava porque estar viajando já era prazer suficiente.

Depois da faculdade, fui trabalhar como repórter de jornal em Chicago, Nova York e no Oriente Médio, e em 2005 o *Chicago Tribune* me perguntou se eu queria voltar à China. Saí de um apartamento no Cairo e aterrissei em Beijing numa noite abafada de junho. A China ainda tinha 250 milhões de pessoas vivendo com menos de 1,25 dólar por dia. O fato de essa população quase do tamanho da americana ser com frequência omitida nas descrições da nova China era um equívoco, mas um equívoco compreensível, levando em conta a escala e o ritmo das mudanças em curso no país. Não reconheci a cidade. Saí à procura das vendinhas noturnas e das ovelhas de Xinjiang Village, mas elas tinham desaparecido durante uma iniciativa de embelezamento. A renda começara a disparar a um ritmo jamais visto num país grande. Na última vez em que eu estivera na China, a renda per capita era de 3 mil dólares por ano — equivalente à dos Estados Unidos em 1872. Os Estados Unidos levaram 54 anos para chegar aos 7 mil dólares. A China levou dez.

A cada seis horas, a República Popular exportava o equivalente a todo o ano fiscal de 1978, pouco antes da travessia a nado do capitão Lin Zhengyi até o continente. Foi a economia que me fez bater à porta de Lin. Eu estava à procura de acadêmicos que me ajudassem a descobrir qual era a força que impulsionava as mudanças na China. Àquela altura, Lin era um destacado economista, de cinquenta e tantos anos, com cabelos grisalhos à escovinha, bastas sobrancelhas e óculos de aro de metal que lhe escorregavam pelo nariz. Eu nada sabia de seus antecedentes. Quando mencionei seu nome para outro economista, ele sugeriu que a história pessoal de Lin talvez me dissesse mais sobre a locomotiva do boom chinês do que todos os meus livros.

Quando fiz minha primeira pergunta sobre o assunto, Lin respondeu educadamente: "Ah, é uma história antiga". Raras vezes falava de sua deserção. Fui compreensivo, mas minha curiosidade não diminuiu. Depois do primeiro encontro, fiz-lhe muitas visitas; falávamos sobre seus últimos escritos e, com o tempo, ele passou a responder às minhas perguntas sobre seu passado. Reuni documentos sobre o caso e estive na praia onde Lin começara sua travessia. Diz ele que quando saiu de Taiwan o que mais desejava era "sumir".

Na esperança de encontrar uma China que eu reconhecesse, de início me apeguei à zona rural. Era a China da literatura e das pinturas à tinta. Houve um mês em que não fiz nada além de caminhar e pegar carona ao longo dos rios da província de Sichuan. Dormia em cidadezinhas que pareciam meio abandonadas, porque o chamado da cidade grande tinha atraído todo mundo que não fosse velho ou jovem demais para se deixar levar. Os anciãos locais diziam em tom de brincadeira que, quando morressem, não haveria ninguém com força suficiente para carregar o caixão.

Mas, se houve uma época em que as cidades chinesas pareciam exceções, como ilhas num mar de campos empobrecidos, isso era cada vez menos verdade. A China construía uma área equivalente a Roma a cada duas semanas. (Em 2012 o país se tornou, pela primeira vez, mais urbano que rural.) Comecei a sentir uma eletricidade no ar ao entrar numa cidade instantânea, com seus quilômetros de asfalto negro sem sinalização ou barreiras, ladeado por edifícios ainda sem ninguém dentro. A única constante era o bate-bate incessante. Quando um amigo chinês me perguntou que cidades americanas deveria visitar em sua próxima viagem aos Estados Unidos, sugeri Nova York, e ele respondeu, com o maior tato possível: "Sempre que vou lá, parece a mesma coisa". Em Beijing, eu jamais recusava um convite, porque os lugares, e as pessoas, desapareciam antes que se tivesse a oportunidade de voltar a vê-los.

Quando comecei a procurar um canto para morar, havia anúncios em edifícios com nomes como Merlin Champagne Town, Venice Water Townhouses e Moonriver Resort Condo. Decidi-me pelo Global Trade Mansion. Ficava no meio de um oceano de construções, e quem o construiu tinha instalado janelas antirruído, porque estaria cercado, num futuro próximo, por constante barulho. Meu apartamento ficava no 22º andar, e de manhã antes de trabalhar eu estudava chinês perto da janela, olhando de vez em quando para um pequeno exército de operários lá embaixo, com seus capacetes laranja movimentando-se debaixo de um inquieto guindaste. À noite, outro turno assumia, e a luz das tochas de solda fulgurava nas janelas. O Global Trade Mansion parecia um lugar tão bom como qualquer outro para entender o que o Partido Comunista queria dizer com "socialismo de características chinesas".

Nove anos depois que o *Times* anunciou a longa marcha do Partido Comunista para a irrelevância, o partido estava mais rico e maior do que nunca, com 80 milhões de membros — um em cada doze adultos — e sem oposição organizada. Células do partido eram criadas até mesmo dentro das empresas de tecnologia mais ocidentalizadas e de fundos multimercado. A China era uma ditadura de alto desempenho — uma ditadura sem ditador. O governo prestava contas ao partido; o partido nomeava executivos, bispos católicos e editores de jornal. Aconselhava juízes sobre como decidir casos delicados e dirigia os generais do país. Nos níveis inferiores, o partido era como uma rede de contatos profissionais. Uma jovem e talentosa jornalista que conheci em Beijing me disse que se filiou ao partido na faculdade porque isso dobrava a possibilidade de conseguir emprego, e porque um dos professores de que mais gostava lhe pedira ajuda para preencher uma cota de recrutas mulheres.

Quando cheguei, o partido passava por uma renovação intitulada "Campanha educacional para manter a natureza avançada do Partido Comunista chinês". Tratava-se de algo muito otimista para os padrões do partido. Diferentemente das denúncias e dos confrontos públicos dos anos 1960 e dos anos 1970, o partido agora incentivava as pessoas a comemorar seu "aniversário vermelho" (aniversário da data em que nele ingressaram), e esperava que cada membro escrevesse uma autoavaliação de 2 mil palavras. O mercado percebeu a oportunidade, e logo apareceram sites oferecendo autoavaliações "modelo". Vinham com os necessários pedidos de desculpas, como "Não dei atenção suficiente ao estabelecimento de uma visão científica do mundo". Minha amiga jornalista que ingressou no partido quando estava na faculdade tentou redigir, ela própria, sua avaliação, mas quando leu em voz alta o que escrevera durante uma reunião mensal foi criticada por não ter incluído as expressões pré-aprovadas, por isso recorreu à lista de frases feitas.

Nos sete anos em que estive ausente, a língua tinha mudado. A palavra para camarada, "tongzhi", fora ironicamente adotada por gays e lésbicas para descrever uns aos outros. Eu estava na fila do banco certa tarde quando um velho, olhando para a frente com impaciência, disse: "*Tongzhi*, vamos lá!", e dois adolescentes caíram na risada. A palavra para garçonetes e vendedoras, "xiaojie", fora readaptada para designar prostitutas. E esse novo tipo de *xiaojie* de repente estava em toda parte, num país inundado por novos empresários cheios de dinheiro viajando a negócios.

Mas a mudança que mais me impressionou estava relacionada à palavra para ambição, "ye xin" — literalmente, "indomável". Em chinês, ser indomável sempre sugeriu desinibição total e expectativas absurdas — um sapo que sonha devorar um cisne, como dizia uma velha canção. Mais de 2 mil anos atrás, uma compilação de conselhos políticos chamada *Huainanzi* recomendava aos governantes "manter os cargos de poder longe das mãos dos ambiciosos, da mesma forma que se mantêm ferramentas afiadas longe das mãos dos malucos". Mas de repente referências a "indomáveis" apareciam em toda parte — nos programas de entrevistas da televisão e nas prateleiras de autoajuda. As livrarias ofereciam títulos como *Grandes indomáveis: Os altos e baixos de heroicos desbravadores empresariais* e *Como ser um indomável aos vinte anos.*

Quando o calor do verão começou a ceder, fui ver um sujeito chamado Chen Guangcheng, sobre quem havia lido algumas coisas. Chen era o mais jovem dos cinco filhos de uma família de camponeses na aldeia de Dongshigu, de quinhentos moradores. Uma doença de infância deixara-o cego, e ele só foi para a escola aos dezessete anos. A família lia para ele livros de literatura e de aventura. Ele tinha o costume de ouvir rádio e inspirou-se no pai, que fora analfabeto até a idade adulta, para começar a estudar, e acabou ganhando a vida como professor.

Chen estudou massagem e acupuntura — praticamente as únicas profissões acessíveis aos cegos na China —, mas se interessava mais por advocacia, e se inscreveu para assistir a cursos de direito como ouvinte. O pai lhe deu um exemplar de *A lei que protege os deficientes*, e Chen pedia aos pais e irmãos que o lessem e relessem para ele ouvir. Descobriu que a família não estava se beneficiando das deduções fiscais a que tinha direito. Chen arriscou-se a ir a Beijing fazer sua reclamação e, para surpresa geral, ganhou. Não muito tempo depois, casou com uma mulher que ouvira falar durante um programa de rádio que aceitava chamadas dos ouvintes. Os pais dela, como quase todos na China, não aprovavam o casamento com um cego, mas ela casou assim mesmo.

Na aldeia de Dongshigu, onde se cultivavam trigo, soja e amendoim, o massagista entendia de leis, e as pessoas passaram a procurá-lo quando precisavam de ajuda. Num determinado caso, ele impediu que líderes locais assumissem o controle da terra para alugá-la de volta aos próprios camponeses por preços mais altos. Noutro, fechou uma fábrica de papel que poluía o rio. Procurado por um jornalista, declarou: "O mais importante é que as pessoas comuns saibam que têm o direito" de reclamar. Chen era uma raridade na vida política chinesa, não só pelas circunstâncias da vida, mas por ser um novo tipo de ativista, coisa ainda mais ambígua do que um dissidente convencional.

Quando ouvi falar em seu nome, em 2005, ele reunia relatos de mulheres que eram obrigadas a praticar aborto e a se submeter a esterilização por terem violado a política que permitia ter apenas um filho. Caso se recusassem, ou fugissem, o governo local prendia seus pais e irmãos, para forçá-las a aparecer. Quando Chen ajudou essas mulheres a entrar na Justiça, funcionários locais o trancafiaram em casa.

Um dia, no fim do verão, tomei um avião para Shandong, e depois vários táxis seguidos até chegar à aldeia de Dongshigu. Fazia uma tarde sonolenta quando entrei na estreita estrada de terra que levava à cidade. Despachei o táxi e subi a pé o caminho íngreme. Chen morava numa casa de fazenda, com um salgueiro no portão e trepadeiras em flor subindo pelas paredes de pedra. Havia desbotadas bandeirolas de festa penduradas ao lado do portão. Antes que eu entrasse, dois homens me impediram de prosseguir. Um era magro e esquelético, e tinha faces vermelhas rachadas; o outro era corpulento e sorridente.

"Ele não está em casa", disse o corpulento, sorrindo e chegando tão perto que senti o cheiro dos restos de seu almoço.

"Acho que talvez esteja", respondi. "Está me esperando."

Ainda que estivesse em casa, disse ele, Chen não queria receber visitas. Outros homens começaram a aparecer, em grupos de dois e três. Um me pegou pelo pulso e me levou de volta para o táxi. Um carro da polícia parou, e os policiais me pediram o passaporte. Disseram que eu não tinha permissão para estar ali. E me mandaram escolher: eu poderia ir à delegacia com eles, "para descansar um pouco", ou sair da cidade.

O sujeito corpulento já não sorria. Queria saber onde eu tinha ouvido falar no cego da aldeia de Dongshigu. "Na internet", respondi. Ele piscou para mim, e por sua expressão compreendi que dizer internet para ele era o mesmo que falar que tinha sido trazido por fadas. Ele abriu a porta do táxi e me empurrou.

Enfiei-me de volta no táxi, e saímos devagar da cidade, seguidos pela polícia. O motorista ficou curioso para saber o motivo da confusão. Expliquei que Chen estava reunindo queixas sobre abusos contra a política de um único filho, e o motorista disse que conhecia outro lugar ali perto onde as pessoas tinham reclamações parecidas. Levou-me para uma cidade chamada Nigou, onde parou ao lado de uma fileira de lojas na rua principal. Havia uma loja de fertilizantes no primeiro andar e, em cima, uma janela com grades. Quando saí do táxi e fiquei parado debaixo da janela, uma mulher avançou junto às grades e deu uma espiada.

Perguntei-lhe por que estava ali. "Não podemos sair. Não temos liberdade", disse ela. Estava tranquila. Disse que os funcionários locais que supervisionavam o planejamento familiar a tinham trancado ali, em cima da loja de fertilizantes, porque sua nora não concordava com a esterilização forçada nem pagara a multa por ter tido muitos filhos — valor equivalente ao que ganhava em um ano de trabalho.

Olhei para a mulher e perguntei: "Há quanto tempo a senhora está aí?".

"Três semanas", ela respondeu.

"Quantas estão aí com a senhora?"

"Somos quinze", ela disse.

Era uma situação estranha para conduzir uma entrevista. Eu em pé debaixo da janela e ela olhando para baixo através das grades. Olhei para um lado e outro do quarteirão, onde as pessoas cuidavam da própria vida. Havia um salão de cabeleireiro de um lado e uma banca de frutas do outro.

O escritório local de planejamento familiar ocupava a parte da frente de um imóvel comercial do outro lado da rua. Entrei e fiz perguntas sobre as pessoas detidas em cima da loja de fertilizantes. Um homem sentado a uma mesa, chamado Wan Zhendong, chefe do departamento de estatística, disse que não sabia de nenhum centro de detenção, e acrescentou que geralmente as pessoas que se queixam de estarem detidas estão tentando evitar o pagamento da multa por terem muitos filhos. "A política é aceita por 99,9% das pessoas aqui", disse Wan.

De volta a Beijing, tentei contato por telefone com Chen Guangcheng, o massagista cego. Toda vez que eu ligava, a linha caía. Durante meses, não consegui completar a chamada. Um advogado de nome Teng Biao não se surpreendeu quando lhe descrevi a cena em Nigou. As pessoas já chamavam esses centros de detenção de "cárceres negros". Era difícil calcular quantos havia, ou onde ficavam. Era preciso procurá-los em cada cidade. "É muito difícil para as pessoas repassar informações para os advogados ou para a mídia", disse ele. "As autoridades locais fazem de tudo para que ninguém saiba."

A internet era um mistério para a maioria dos moradores da aldeia de Dongshigu, mas não para os de Beijing. De início, o governo chinês viu a rede mundial de computadores como uma oportunidade: o país chegara atrasado à Revolução Industrial, e os líderes chineses esperavam que a revolução da informação ajudasse o país a tirar o atraso em relação ao Ocidente. Mas o entusiasmo logo passou. Em 2001, o presidente Jiang Zemin identificou na internet um "campo de batalha político, ideológico e cultural". Na semana em que voltei de Shandong, o Ministério de Segurança Pública ampliou uma lista de informações oficialmente "proibidas" na rede. Sempre que possível, o governo dava um jeito de organizar o mundo por categorias, e já tinha proibido uma lista de nove tipos de informação, incluindo "boatos" e qualquer coisa que "afete a credibilidade" do Estado. Agora ampliava essa lista de nove para onze, passando a proibir também "informações que incitam reuniões ilegais" e "informações sobre as atividades de associações civis ilegais".

A escala de informações disponíveis disparava. No início de 2005, a China tinha cerca de 1 milhão de blogueiros; no fim do ano, o número quadruplicara, e o governo ordenou às empresas de internet que criassem um sistema de "autodisciplina" para censurar e monitorar o uso da rede. Aos poucos, o partido erigiu o que ficou conhecido como o Grande Firewall da China — uma vasta barricada digital que impedia os usuários chineses de verem reportagens jornalísticas desfavoráveis aos altos líderes chineses ou notícias sobre grupos de direitos humanos —, e acabou bloqueando sites de relacionamento social, como Twitter e Facebook. Diferentemente da Grande Muralha da China, a versão digital aumentava ou diminuía para enfrentar novos desafios, ou dar uma impressão de abertura. Em geral, eu só descobria se estava ultrapassando um limite quanto digitava alguma coisa e recebia uma mensagem de erro, como "HTTP 404 — A página não pode ser encontrada".

O partido aumentou sua determinação em punir aqueles que tentassem esquivar-se do controle das informações. No ano anterior, 2004, um jornalista chamado Shi Tao, que trabalhava para a Contemporary Business News, na província de Hunan, participou de uma reunião de pessoal na qual o editor transmitiu as últimas instruções sobre os assuntos que não poderiam ser publicados por ocasião do aniversário dos protestos da praça Tiananmen. Naquela noite, Shi acessou sua conta de e-mail (huoyan1989@yahoo.com.cn) e mandou um resumo do documento do partido para um editor do Democracy Forum, um site pró-democracia baseado em Nova York. Dois dias depois, a Agência de Segurança Estatal de Beijing procurou o Yahoo! China e pediu o nome do proprietário da conta, o conteúdo do e-mail e o lugar de onde a conta foi acessada. O Yahoo! obedeceu, e em 23 de novembro de 2004 Shi Tao foi preso e posteriormente acusado de "vazar segredos de Estado". Seu julgamento durou duas horas; foi condenado a dez anos de prisão.

O caso foi uma claríssima demonstração do afã com que o governo se empenhava em manter o controle sobre um desafio ainda incerto. Quando grupos de direitos humanos criticaram o Yahoo! por passar as informações, o cofundador da empresa, Jerry Yang, respondeu: "Quem quiser fazer negócios lá tem que obedecer". Membros do Congresso dos Estados Unidos seguiram atentamente o caso. Numa sessão de subcomitê sobre a internet na China, o deputado Chris Smith, republicano de Nova Jersey, indagou: "Se a polícia secreta perguntasse, cinquenta anos atrás, onde Anne Frank estava escondida, a resposta correta seria dar a informação só para agir de acordo com as leis locais?". O Yahoo! manteve sua posição e, quando a mãe de Shi Tao processou a empresa por expor o filho ao perigo, entrou com um pedido de anulação.

Com o tempo, a pressão sobre a empresa se tornou intolerável. No segundo semestre de 2007, o deputado Tom Lantos, único sobrevivente do Holocausto no Congresso, convocou Yang e outros executivos da internet para comparecer perante o Comitê de Relações Exteriores da Câmara e lhes disse: "Em termos morais, os senhores são pigmeus". A mãe de Shi Tao deu seu testemunho, aos prantos, e quando acabou de falar Yang curvou-se três vezes e disse: "Quero pedir desculpas pessoalmente". O Yahoo! fez um acordo com a família, mas o filho continuou na cadeia. Dentro da China, a mensagem era bem clara: a internet jamais seria uma esfera de liberdade de expressão.

O Global Trade Mansion era sossegado demais, caro demais, e eu precisava de mais oportunidades para praticar meu chinês. Quando liguei para o dono do apartamento para sugerir que ficasse com o depósito que eu deixara como garantia para cobrir o aluguel do último mês, falei por engano para ele aceitar o dinheiro como pagamento do meu último mês de "menstruação".

Muitas partes da cidade tinham sido demolidas e reconstruídas para as Olimpíadas de 2008. O escritor Zha Jianying, natural de Beijing, que voltou para a capital depois de estudar nos Estados Unidos, disse, citando um amigo, que a cidade era um lugar onde estava ficando impossível encontrar espaço "para pendurar uma gaiola de passarinho". Os poucos lugares ainda remanescentes da velha Beijing consistiam, basicamente, em minúsculas vielas de casas de um andar construídas com tijolo cinza, madeira e cerâmica. O arranjo era mais ou menos o mesmo havia sete séculos, quando setores da cidade foram projetados sob a dinastia Yuan, que deu a essas ruas o nome de "hutong", termo mongol que passou a significar viela em chinês. Os mongóis tinham projetado as *hutong* de maneira uniforme, com largura de doze ou vinte passos. Em 1980, a cidade tinha 6 mil *hutong*; desde então, quase todas foram derrubadas para dar lugar a prédios comerciais e de apartamentos. Apenas um dos 44 palácios principescos locais sobreviveu intacto.

Procurei e encontrei uma casa de um andar para alugar na Caochang Bei Xiang, nº 45. A maior parte das pessoas que vivem nessas velhas habitações usava um banheiro público coletivo perto dali, virando a esquina. Mas essa casa tinha sido equipada com tubulação interna e restaurada para abrigar quatro cômodos modernos, em volta de um pequeno pátio, onde havia uma tamareira e um caquizeiro. Quando dei meu novo endereço ao motorista do *Chicago Tribune*, o Velho Zhang, ele mostrou reprovação. "Você está indo na contramão das coisas", disse. "O certo seria mudar-se do chão para um apartamento bem alto, e não o contrário."

As paredes da casa eram porosas; na época de chuva, o teto vazava, e quando o inverno sobrepujava a calefação eu andava dentro de casa com um gorro de esqui. Debaixo do assoalho havia um tráfego constante de camundongos, besouros e lagartixas, e de vez em quando era preciso golpear um escorpião com uma revista. Mas era um alívio poder abrir as janelas, e eu adorava. Do outro lado do beco, meu vizinho criava pombos no telhado, como hobby. Prendia canudos de madeira nos pés das aves, para que assobiassem quando voavam descrevendo grandes círculos sobre nossas cabeças.

A janela atrás da minha mesa era tomada por uma vista da antiga Torre do Tambor de Beijing, um alto pavilhão de madeira construído em 1272. Durante centenas de anos, a Torre do Tambor e a vizinha Torre do Sino marcaram a hora para o povo da cidade, dizendo-lhes quando dormir e quando acordar. Eram os prédios mais altos num raio de muitos quilômetros. A Torre do Tambor abrigava 24 gigantescos tambores revestidos de couro, tão grandes que seu retumbar podia ser ouvido nos pontos mais distantes da capital.

Os imperadores chineses tinham a obsessão de controlar a passagem das estações e das horas do dia. Na primavera, o imperador decretava o momento exato em que os cortesãos podiam trocar as peles por sedas; no outono, definia o momento exato de juntar as folhas caídas. O controle do tempo estava tão estreitamente associado ao poder imperial que os exércitos estrangeiros, ao invadir Beijing em 1900, fizeram questão de subir na Torre do Tambor e rasgar os tambores de couro com suas baionetas. Por um tempo, os chineses a chamaram de Torre da Humilhação.

3. Batizados na civilização

Os soldados puxaram Lin Zhengyi da água para a praia na calada da noite de 16 de maio de 1979. Acharam que ele fosse um espião; nunca tinham visto um soldado que houvesse chegado de Taiwan a nado.

Em Taiwan, os comandantes de Lin não sabiam o que pensar. Suspeitavam que ele tentara desertar, mas imaginavam que, se tivesse conseguido, os alto-falantes estariam se vangloriando de sua façanha. Quem sabe morrera afogado. Ou quem sabe tivesse sido, desde sempre, um espião do continente. Fosse como fosse, o súbito desaparecimento de um dos militares mais renomados de Taiwan era humilhante. O Exército classificou Lin como desaparecido, depois como morto, e concedeu à mulher, Chen, o equivalente a 30 mil dólares em benefícios. Ela estava grávida, e sozinha, e criando um filho de três anos. Para protegê-la de retaliação, Lin não lhe dissera uma palavra sobre seus planos. No santuário da família, os pais de Lin puseram uma tabuleta memorial com seu nome.

No continente, Lin ficou sob custódia e foi interrogado durante três meses. Quando finalmente convenceu seus captores de que não era espião, foi libertado e teve permissão para viajar. Num país onde a maioria ainda não se recuperara da Revolução Cultural, ele via o legado de Mao com a paixão de um convertido, e fez uma peregrinação a Yan'an, o quartel-general do Partido Comunista na época da guerra, "para receber educação", segundo me disse.

Também foi a Sichuan ver a antiga barragem construída por seu herói, Li Bing. De uma saliência com vista para as águas turvas e turbulentas, contemplou o canal, geralmente descrito como símbolo do tamanho da queda da China nos 2 mil anos transcorridos desde sua construção. Mas Lin o usou como fonte de inspiração para fazer algo audacioso. "Acho que, se fizermos alguma coisa, podemos mudar o destino do povo, mudar o destino do país pelos próximos mil anos."

A euforia da deserção misturava-se ao vergonhoso fato de que tinha deixado a família para trás. "Amo minha mulher, amo meus filhos, amo minha família. Sou responsável por eles", disse-me ele. "Como intelectual, também me sinto fortemente responsável pela cultura e pela prosperidade da China. Se acredito de verdade no que é certo, preciso ir atrás disso."

Nos primeiros meses após sua chegada, Lin não podia nem pensar em entrar em contato com a mulher. Não havia dúvida de que o governo militar de Taiwan vigiava-a em busca de pistas sobre seu paradeiro. Ele se lembrou de um primo que estudava em Tóquio, e escreveu-lhe uma carta: "Agora você é o único parente com quem posso ter contato. Mas tome cuidado. Não dê aos nacionalistas qualquer indício que possam usar contra você. Quero mandar um recado, mas é preciso que você o transmita verbalmente, e não deixe rastros". Lin pediu-lhe que comprasse um presente de aniversário para Chen e os filhos, e assinasse como "Fangfang", seu apelido na família. Na carta, Lin confessava: "Embora saiba que é preciso ter grandes aspirações, e estar ciente de nossos deveres acima das emoções e dos vínculos familiares, cada dia tenho mais saudades de casa". Preocupava-se com os pais, o filho e a filha recém-nascida. A respeito do filho, disse o seguinte: "Xiao Long está com três anos, a idade em que mais se precisa de um pai, mas só tem a mãe. Xiao Lin nunca sequer pôs os olhos no pai [...]. A todos eles, não tenho palavras para me desculpar". Continuava ressentido com o governo de Taiwan, por lhe designar tarefas que tinham mais a ver com propaganda do que com progresso. "Os nacionalistas estavam só me usando, nunca me ajudaram a crescer", escreveu. Falou efusivamente sobre as mudanças na China durante os primeiros meses do boom econômico deflagrado por Deng: "Quase todo mundo hoje em dia tem alimentos e roupas suficientes [...]. As coisas estão progredindo aos saltos. As pessoas sentem-se cheias de vitalidade e confiança. Acredito mesmo que a China tem um futuro brilhante. Algum dia você terá orgulho de ser chinês, andará pelo mundo de cabeça erguida, peito inflado".

Mas, passada a fase da novidade, a vida dos desertores era difícil. Huang Zhi-cheng, piloto taiwanês que aterrissou seu avião no continente em 1981, lembra como foi: "De início, é alô pra cá, alô pra lá, depois eles se afastam e você que se vire".

Lin candidatou-se a uma vaga na Universidade do Povo em Beijing para estudar economia e foi rejeitado. Seu prontuário oficial, o *dang'an*, continha todas as suspeitas até então levantadas sobre sua história política. Para Lin, a deserção seria sempre motivo de desconfiança; na linguagem da época, dizia-se que ele tinha "origens obscuras". Depois da recusa, tentou a Universidade de Pequim. Dong Wenjun, um dos administradores, temia que Lin fosse um espião, mas acabou chegando à conclusão, como diria depois, de que não havia "nenhuma informação de inteligência a ser obtida no departamento de economia". Lin foi aceito.

Lin disse aos colegas de sala que era de Cingapura. Em troca de sua deserção, pedira ao Exército Popular de Libertação que não divulgasse sua história como material de propaganda. Lera os panfletos que a água do mar levava para Quemoy, proclamando o nome de desertores, mas não queria ser usado dessa maneira. Trocou o nome de Lin Zhengyi pelo de Lin Yifu, que significa "homem persistente numa longa viagem".

Em seu escritório, certa tarde, mencionei numa conversa com Lin que em Taiwan havia gente que achava que ele tinha fornecido segredos militares ao Exército Popular de Libertação, para provar que era digno de confiança. "Bobagem", disse ele. "Não trouxe comigo nada além do que estava usando." Comentou que, na época da sua fuga, a China estava fazendo uma campanha pela reunificação, e os segredos de um oficial de baixa patente teriam pouca utilidade. Contestou os relatórios de investigadores militares, segundo os quais ele desertara em parte por frustração profissional, e tinha enganado as sentinelas para esconder sua partida. Descrevia sua travessia a nado como um ato de idealismo. "Ainda acho que meus amigos em Taiwan tinham o mesmo desejo de dar uma contribuição à China. Respeito esse desejo. É apenas minha maneira de achar que posso contribuir para a história da China. Foi uma opção pessoal."

Pelos padrões da China continental, foi um ato radical: historicamente, opções pessoais tinham baixa prioridade para os chineses, tanto por razões modernas como antigas, incluindo, no começo, a própria terra. Richard Nisbett, psicólogo da Universidade de Michigan que estuda diferenças culturais relativas à maneira de ver o mundo, descobriu que na China Antiga as planícies férteis e os rios eram muito propícios ao cultivo de arroz, o que exigia irrigação e induzia as pessoas a "trabalhar a terra em harmonia umas com as outras". Os gregos antigos, por sua vez, que viviam nas montanhas e no litoral, dependiam do pastoreio, do comércio e da pesca, e conseguiam ser mais independentes. Nesse fato histórico, Nisbett via o surgimento das ideias gregas sobre liberdade pessoal, individualidade e pensamento objetivo.

O sentimento de que o indivíduo está incrustado em meio a forças maiores perpassa a arte, a política e a sociedade chinesas. O filósofo Xunzi, no século III a. C., achava que só os rituais e modelos sociais eram capazes de controlar apetites individuais "imprevisíveis", da mesma forma como vapor e pressão eram capazes de endireitar uma placa de madeira torta. Uma das pinturas clássicas mais famosas da China, um pergaminho do século XI de autoria de Fan Kuan, intitulado *Viajantes entre montanhas e córregos*, costuma ser chamada de a Mona Lisa da China. Mas, diferentemente do retrato de Leonardo, que enche a tela, a obra de Fan Kuan mostra a figura minúscula de um cavaleiro perdida entre vastas e nevoentas montanhas. Na lei imperial chinesa, os tribunais levavam em conta não apenas o motivo, mas também o dano à ordem social, por isso um acusado recebia uma sentença mais dura se matasse uma pessoa de alta condição social, em vez de uma de condição mais baixa. O castigo era coletivo: juízes condenavam não apenas o culpado individualmente, mas também membros da família, vizinhos e líderes comunitários.

Liang Qichao, um dos principais líderes reformistas da China no começo do século XX, reconhecia a importância do indivíduo no desenvolvimento nacional, mas rejeitou essa noção depois de visitar o bairro chinês de San Francisco em 1903 e concluir que a competição entre clãs e famílias chineses impedia seu povo de prosperar por lá. "Se adotássemos um sistema democrático de governo agora mesmo", escreveu ele, "isso seria nada menos do que um suicídio nacional."

Sonhava com o que chamava de Cromwell chinês, "para exercer um governo duro, e com ferro e fogo forjar e temperar nossos conterrâneos durante vinte, trinta, até cinquenta anos. Depois disso, poderíamos entregar-lhes os livros de Rousseau e falar-lhes sobre os feitos de Washington". Sun Yat-sen, o revolucionário que se tornou presidente depois da queda do império, em 1911, concluiu que a China era fraca porque o povo era "uma placa de areia solta". Sua receita? "O indivíduo não deve ter muita liberdade, já o país deve ter liberdade total." Incentivava as pessoas a pensar no governo como "um grande automóvel" e em seus líderes como "motoristas e mecânicos" indispensáveis, que precisavam das mãos livres para operar.

A China sempre teve poetas, escritores e revolucionários — que os acadêmicos Geremie Barmé e Linda Jaivin chamaram de "pés libertados" da história chinesa —, mas o presidente Mao se dispôs a entronizar a ideia de que "o indivíduo está subordinado à organização". O partido, segundo declarou, precisava "erradicar todas as tendências à desunião". Organizava as pessoas em brigadas de trabalho e fazendas coletivas. Sem uma carta da *danwei* ("brigada de trabalho"), ninguém podia casar ou divorciar-se, comprar passagem aérea ou hospedar-se num hotel ou inclusive visitar outra *danwei*. Na maioria dos dias, vivia-se, trabalhava-se, comprava-se e estudava-se dentro dos seus limites. Para identificar e corrigir pensamentos individualistas, Mao recorria à propaganda e à educação — o que chamava de "Reforma do Pensamento", em termos coloquiais conhecida como *xinao*, ou "limpeza da mente". (Em 1950, ao aprender a palavra, um funcionário da CIA cunhou a expressão "lavagem cerebral".)

Para dar vida à mensagem, o partido promoveu modelos de sacrifício. Em 1959, jornais deram destaque a um especialista em transporte militar chamado Lei Feng, que tinha 1,50 metro de altura e descrevia a si mesmo como um "minúsculo parafuso" na máquina revolucionária. Aparecia numa exposição de fotos itinerante com imagens como "Removendo estrume com a pá para ajudar a comuna popular de Liaoning" e "Lei Feng conserta meias". Quando o Exército anunciou que o jovem soldado tinha morrido num acidente (atingido por um poste telegráfico), o presidente Mao aconselhou o povo a "aprender com o Camarada Lei Feng", e durante décadas museus exibiam réplicas de suas sandálias, sua escova de dentes e outros artigos de uso pessoal — como se fossem os ossos de um santo.

A pressão para o conformismo era muito forte. Um médico que foi aterrorizado durante a Revolução Cultural — exilado no deserto ocidental, onde a mulher cometeu suicídio — diria posteriormente: "Para sobreviver na China é preciso não revelar nada a ninguém. Ou o que dissermos poderá ser usado contra nós [...]. É por isso que cheguei à conclusão de que é melhor deixar na obscuridade a parte mais profunda da nossa personalidade. Como a neblina e as nuvens numa paisagem chinesa, ocultemos o lado privado atrás de nossa persona social. Que nossa face pública seja como arroz num jantar: insípida e discreta, assimilando os sabores do ambiente, sem jamais contribuir com sabor próprio".

Enquanto as mudanças ganhavam velocidade nos anos 1980, líderes chineses advertiam que o país precisava atravessar o rio "tateando as pedras com os pés". Na realidade, muita gente arrastada pela correnteza da transformação da China compreendeu que não tinha escolha a não ser jogar-se na água e nadar o mais depressa possível, levando na cabeça apenas uma vaga ideia do que poderia encontrar do outro lado.

No papel, a China continuava a desconfiar da iniciativa individual; mesmo quando as reformas já estavam em andamento, a edição de 1980 do melhor dicionário do país, *O mar de palavras*, definiu individualismo como "o âmago da visão de mundo burguesa, comportamento que beneficia a própria pessoa em detrimento de outras". E nada era mais odioso para o Partido Comunista do que a linguagem do fundamentalismo de livre mercado thatcherista. No entanto, a China estava pondo em prática algumas de suas ideias básicas: o encolhimento dos serviços públicos, a hostilidade em relação aos sindicatos trabalhistas, o orgulho nacional e militar.

Em toda a China, as pessoas embarcaram numa viagem, juntando-se à maior migração da história humana. O extraordinário crescimento chinês baseava-se numa combinação de mão de obra abundante e barata e numa onda crescente de investimentos em fábricas e infraestrutura — receita que liberou uma energia econômica acumulada durante os anos tumultuados de Mao. O líder partidário Zhao Ziyang cercou-se de economistas que procuravam imitar o crescimento da Coreia do Sul e do Japão. Para prosperar, precisavam ser flexíveis. Wu Jinglian, pesquisador de um grupo estatal de pensadores, tinha começado a carreira como socialista ortodoxo, e convenceu a escola de ensino médio onde estudava a deixar de lecionar inglês e economia ocidental. Durante a Revolução Cultural, porém, sua mulher, diretora de um jardim de infância, foi rotulada de "seguidora da via capitalista" porque seu pai fora general no Exército Nacionalista; Guardas Vermelhos rasparam-lhe metade da cabeça. Wu foi taxado de antirrevolucionário e submetido a uma "reforma através de trabalho". "Sofri uma drástica mudança ideológica", disse-me ele. Nos anos 1980, Wu era um dos principais especialistas em livre mercado, embora esse termo fosse polêmico demais para ser pronunciado. Wu era obrigado a usar a expressão "economia de commodities".

Em 1980, a China começou a designar zonas econômicas especiais, que usavam benefícios fiscais para atrair investimentos e tecnologia estrangeiros e estabelecer ligações com clientes no exterior. Essas zonas precisavam de mão de obra. Desde os anos 1950, o partido controlava onde as pessoas moravam, dividindo as famílias em dois tipos: rurais e urbanas. Determinava-se onde cada um nasceria, estudaria, trabalharia e, quase sempre, seria enterrado. Com poucas exceções, só a Agência de Segurança Pública tinha autoridade para alterar os registros das moradias, ou *hukou*. Mas novas máquinas e fertilizantes passaram a exigir menos gente para trabalhar nos campos, e em 1985 o governo permitiu oficialmente que moradores da zona rural vivessem e trabalhassem nas cidades em caráter temporário. Nos oito anos seguintes, o número de migrantes da zona rural subiu para centenas de milhões. Em 1992, Deng Xiaoping anunciou que a prosperidade vinha em primeiro lugar. "O desenvolvimento", disse ele, depois de visitar uma fábrica de geladeiras que aumentara dezesseis vezes de tamanho em sete anos, "é a única verdade sólida." Entre 1993 e 2005, empresas estatais cortaram mais de 73 milhões de empregos, forçando outra enxurrada de trabalhadores a sair em busca de uma nova fonte de renda. Os líderes chineses mantiveram a moeda artificialmente desvalorizada, barateando com isso as exportações, que dispararam. Em 1999, as exportações da China equivaliam a menos de um terço das americanas. Dez anos depois, a China era o maior exportador do mundo.

A ideia de autonomia infiltrava-se na vida diária. Nos tempos de Mao, era considerado imoral ter um segundo emprego, porque o tempo livre pertencia ao Estado. Nos anos 1990, tanta gente acumulava empregos que houve um boom no setor de impressão de cartões de visita. A mídia estatal, que no passado incentivara cada chinês a ser "um parafuso sem ferrugem" da máquina, agora reconhecia a nova realidade da concorrência. "É preciso confiar em si mesmo", escreveu o *Diário Econômico de Hebei*. "Abra seu próprio caminho e lute." Pessoas ganhavam dinheiro de todas as formas imagináveis. Nas áreas pobres, compradores de sangue iam de porta em porta se oferecendo para ajudar a cobrir custos de impostos e taxas escolares. Jing Jun, antropólogo formado em Harvard, descobriu que alguns doavam sangue com tanta frequência que ultrapassavam seus limites físicos. "Então os negociantes de sangue penduravam pessoas de cabeça para baixo, segurando-as pelos pés, contra a parede, para que o sangue descesse para os braços", escreveu ele. (O negócio acabou em desastre; em meados dos anos 1990, os coletores de sangue tinham provocado o maior surto de HIV da China. Estima-se que 57 milhões tenham sido infectados.)

A linguagem da iniciativa individual difundia-se pelos filmes, pela moda e pela música. O cineasta Jia Zhangke me contou que quando era jovem na zona de carvão de Shanxi, nos anos 1980, viajava quatro horas de ônibus só para comprar uma fita cassete de canções pop desbragadamente sentimentais de Deng Lijun, estrela taiwanesa tão popular que a unidade militar de Lin Yifu em Quemoy tocava sua música no rádio para seduzir dissidentes. Como a cantora tinha o mesmo sobrenome de Deng Xiaoping, os soldados do continente brincavam dizendo que ouviam o Velho Deng o dia todo e a Jovem Deng a noite inteira. "Antes disso, as músicas que cantávamos eram 'Somos os herdeiros do comunismo' e 'Nós operários temos poder'. Era tudo 'nós'", disse Jia. "Mas na canção 'A lua representa meu coração', de Deng Lijun, era tudo 'eu'. Meu coração. E é claro que adorávamos."

As empresas reforçavam a mensagem. A China Mobile vendia serviços de telefonia celular a pessoas de menos de 25 anos usando o seguinte slogan: "Meu torrão, minha decisão". Mesmo nas áreas rurais, onde as mudanças eram lentas, as pessoas já se referiam a si próprias em termos diferentes. Mette Halskov Hansen, sinóloga norueguesa que passou quatro anos numa escola rural, descobriu que os professores tentavam preparar os alunos para um mundo no qual a sobrevivência dependeria de "autoconfiança, autopromoção, e do indivíduo que vence pelo próprio esforço". Hansen assistiu a uma reunião motivacional em 2008 na qual os alunos recitaram um juramento: "Desde que Deus criou todas as coisas que existem no mundo, nunca houve ninguém como eu. Meus olhos, meus ouvidos, meu cérebro e minha alma, tudo é excepcional. Ninguém fala ou se comporta como eu, ninguém que veio antes de mim, e ninguém que virá depois. Sou o maior milagre da natureza!".

A vontade de partir — de "sair", como se dizia — espalhou-se por todas as aldeias. Não contaminava necessariamente os homens e mulheres mais bem-sucedidos e confiantes. Ao contrário, costumava seduzir os desajustados — os inquietos, os obstinados, os infelizes. No dia em que a adolescente Gong Hainan foi tomada pelo desejo de partir, sua mãe e seu pai hesitaram. Era a única filha mulher, e eles eram gente do campo, que não sabia nada da cidade. Mas, quando a filha metia uma ideia na cabeça, ficava teimosa como uma mula. "Não tiveram outra opção a não ser concordar", me disse Gong.

Gong Hainan nasceu ao pé de uma montanha na aldeia de Waduangang, em Hunan, província natal do presidente Mao. Os pais se conheceram às cegas. Durante a Revolução Cultural, foram reunidos para casar porque compartilhavam a mesma situação política: suas famílias tinham sido classificadas como "camponeses abastados". Uma alcoviteira da aldeia os pôs em contato. A família de Gong cultivava amendoim e algodão e criava galinhas e porcos. A mais velha de dois filhos, ela era pequena e doente. Tinha ombros estreitos e lábios finos, e no rosto uma constante expressão de desconfiança e cautela. Na hierarquia da vida de aldeia, isso não a ajudava em nada. Os rapazes gostavam de meninas de rosto cheio e lábios em forma de botão de rosa. "Se alguém algum dia gostou de mim, nunca fiquei sabendo", disse-me Gong, anos depois, quando nos conhecemos em Beijing.

Mas mesmo criança Gong já dispunha de uma energia inesgotável. Quando os vizinhos começaram a abrir minúsculos negócios, a fazer novas experiências de livre mercado, Gong atormentou os pais para que lhe permitissem participar. Eles riram muito. "Temos três vizinhos e uma montanha lá atrás. Quem vai comprar aqui?", perguntaram. Sem desanimar, Gong inscreveu seu irmão menor, Haibin, numa empreitada comercial: iam comprar picolé e vender de porta em porta. Depois de um dia arrastando um isopor de 13,5 quilos pelas trilhas esburacadas da aldeia, o irmão desistiu. "Nem que eu o deixasse semimorto de pancada, ele não sairia de novo", disse ela. Mas Gong fez um mapa da aldeia, identificando os pais que cederiam à insistência dos filhos, e traçou a melhor rota. Logo começou a vender duas caixas por dia. "O que quer que a gente faça", concluiu, "é preciso ter uma estratégia."

Havia algo diferente em sua geração, os jovens nascidos nos anos 1970. Dava para ouvir em seu jeito de falar, a maneira como se sentiam à vontade ao dizer "eu" e "mim" em circunstâncias em que seus pais teriam usado o plural: "nossa brigada de trabalho" e "nossa família". (Os chineses mais velhos passaram a chamar esse grupo de *wo yi dai* — a "geração eu".)

Quando Gong tinha dezesseis anos, suas notas lhe valeram um lugar na melhor escola de ensino médio local, um momento transformador na vida de uma família camponesa. Logo depois do início das aulas, ela estava entrando na cidade num táxi-trator, para se reabastecer de picolés, quando o veículo caiu numa vala. Os outros passageiros foram arremessados para fora e saíram ilesos, mas ela estava sentada no banco da frente. Teve a perna direita esmagada, e o nariz quase decepado. Ela se recuperou, mas quando saiu do hospital, usando gesso no quadril, descobriu que uma escola rural não podia acomodar uma aluna incapaz de andar. A escola sugeriu que ela se retirasse.

A mãe de Gong, Jiang Xiaoyuan, não acatou a sugestão. Mudou-se para o alojamento estudantil e passou a carregar a filha nas costas — subindo e descendo escadas para as salas de aula, levando-a ao banheiro. (Gong aprendeu a ir ao banheiro no máximo duas vezes por dia.) Enquanto Gong estava na aula, a mãe andava apressada pelas ruas vendendo frutas num cesto, para ganhar um dinheiro extra. Cheguei a pensar que essa história talvez fosse uma metáfora, até conhecer sua mãe. "Havia um prédio muito alto, o laboratório, e a aula dela era no quarto andar", disse Jiang, franzindo as sobrancelhas ao se lembrar. Gong nunca chegou a pensar seriamente numa alternativa. "A escola era a única saída", me disse Jiang. "Não queríamos que ela trabalhasse no campo, como nós."

As despesas médicas de Gong afundaram seus pais em dívidas. "Meu acidente bagunçou a vida da família", afirmou ela. Era 1994, e a épica migração chinesa de mão de obra começava a ganhar força. Em 1978, quase 80% da população trabalhava em fazendas; em 1994, a proporção tinha caído para menos de 50%. Gong abandonou a escola e partiu em busca de um lugar nas fábricas no litoral.

Enquanto a migração engrossava, o governo tentava administrar o curso da enxurrada. Um slogan recomendava às pessoas que saíam do campo a procurar emprego perto de casa. "Deixem a terra, mas não a zona rural! Entrem nas fábricas, mas não nas cidades!" O Estado passou a chamar oficialmente os novos migrantes de "população flutuante" — termo que, em chinês, contém caracteres que serviam também para palavras que designam arruaceiros e cães vadios. A polícia atribuía a criminalidade ao que chamava de "três sem" — migrantes sem casa, sem trabalho e sem fonte de renda estável. As cidades procuravam limitar o número de recém-chegados. Em Beijing, o governo local rejeitava pessoas de várias categorias, incluindo "pedintes e artistas de rua, adivinhos e outras pessoas envolvidas em atividades supersticiosas feudais". Quando identificadas, eram mandadas de volta para casa. Beijing oferecia "visto permanente" para controlar o acesso a escolas públicas e moradias, mas os critérios eram tão rigorosos que só 1% dos novos migrantes se qualificou. Shanghai publicou um manual de instruções chamado *Guia para entrar em Shanghai: Aos irmãos e irmãs que vêm a Shanghai para trabalhar*, com uma introdução intitulada "Não venha às cegas procurar trabalho em Shanghai".

Apesar disso, eles foram. Em 2007, havia 135 milhões de migrantes do campo morando nas cidades, e a "população flutuante" passou a ser chamada pelo governo de "população de fora". O Conselho de Estado ordenou aos governos que melhorassem os sistemas de seguro e proteção contra acidentes de trabalho, e garantissem que os migrantes fossem "batizados na civilização", como a imprensa do partido gostava de dizer.

Na cidade de Zhuhai, Gong encontrou emprego numa linha de montagem que fabricava televisores Panasonic. Juntava dois fios com solda 2 mil vezes por dia e mandava o dinheiro para a família. Se terminasse cedo, o supervisor aumentava a cota do dia seguinte. A fábrica tinha um jornal próprio, e depois de alguns meses Gong escreveu um artigo de propaganda espetacular intitulado "Adoro a Panasonic, adoro minha casa". A iniciativa teve o efeito desejado; ela foi tirada da linha de montagem e promovida a editora. Encontrou alguma satisfação na nova atividade. Até que um dia uma antiga colega de sala apareceu para visitá-la e passou o fim de semana dando notícias de velhos amigos que fizeram faculdade e se mudaram para lugares exóticos. Dentro dos limites da fábrica, ela se via como um caso de sucesso; trabalhava com a cabeça, não com os dedos. Mas ouvir sobre o que estava perdendo a deixou abalada.

Ela lamentou a decisão de ter abandonado os estudos. "Foi por fraqueza e ingenuidade", disse. A economia da China estava crescendo por todos os lados à sua volta, e ela presa numa armadilha no porão. Fábricas de televisão e de roupas precisavam de trabalhadores resignados, e não ofereciam nenhuma promessa de estabilidade no emprego, treinamento ou possibilidade de progresso. Migrantes como ela ganhavam metade do que recebiam os moradores originários de Guangdong, e a diferença só aumentava. Se ficasse em Guangdong, o que poderia esperar do futuro era uma vida de assistência médica e educação de segunda. Teria de gastar de cinco a seis vezes mais do que as famílias locais pagavam para educar um filho com um *hukou*. Mais de três quartos das mulheres que morriam no parto na província eram migrantes sem acesso a cuidados pré-natais.

No ramo da eletrônica, os chefes das linhas de montagem preferiam mulheres como empregadas, porque prestavam mais atenção nos detalhes. Os únicos homens da fábrica onde ela trabalhava eram os seguranças, os carregadores de caminhão e os cozinheiros. "Se eu quisesse me estabelecer, aquelas seriam minhas opções", disse Gong. Sabia dos perigos de voltar para a aldeia. Era 1995, e a diferença de renda entre o campo e a cidade na China era maior do que em qualquer outra parte do mundo, exceto Zimbábue e África do Sul. Ela precisava permanecer em uma cidade. "Então decidi voltar para a escola", contou.

"Todos na aldeia eram contra a ideia. Diziam: você é uma mulher de 21 anos. Arranje um marido!" Na hierarquia da aldeia, a única pessoa abaixo de uma mulher jovem era uma mulher jovem que pensava num futuro melhor. Mas os pais apoiaram sua decisão, e a escola permitiu que ela se rematriculasse na oitava série. Tirou as notas mais altas do distrito nas provas nacionais para entrar na faculdade e conquistou uma cobiçada vaga na Universidade de Pequim, onde o presidente Mao, que chegara à capital com 24 anos, certa vez comentara: "Beijing é um cadinho onde não há como a gente não se transformar".

Antes de se matricular, ela, como Lin Yifu, mudou de nome. Passou a chamar-se Haiyan, em referência à pequena e intrépida ave marinha de um velho poema revolucionário de Máximo Górki, "O canto do petrel". Era um dos favoritos de Lênin. Ela não tinha interesse na revolução, mas adorava a imagem de um pássaro que se vira para enfrentar a tempestade — "uma alma livre", como diz Górki, que "flutua incólume acima do caos".

Na Universidade de Pequim, Gong estudou literatura chinesa e de lá passou para a Universidade Fudan, em Shanghai, em busca de um mestrado em jornalismo. No segundo ano, já adquirira um senso de evolução profissional. Mas ainda faltava alguma coisa: uma vida amorosa.

De todas as reviravoltas na vida chinesa, nenhuma foi mais pessoal do que a oportunidade de escolher o próprio companheiro. Durante séculos, alcoviteiras de aldeia e pais uniram jovens de situação social e econômica parecida — de "portas familiares do mesmo tamanho" — com participação mínima da noiva e do noivo.

Confúcio tem conselhos exaustivos sobre justiça e dever, mas só menciona o sentimento, *qing*, uma única vez em *Os analectos*, o registro de seus ensinamentos. Histórias de amor só ganharam popularidade na China no século XX. Enquanto protagonistas europeus vez por outra encontravam a felicidade, os amantes chineses, tipicamente, sucumbiam a forças além de seu controle: parentes intrometidos, doenças, falta de comunicação. As histórias eram categorizadas, para que os leitores soubessem que tipo de catástrofe esperar: amor trágico, amor doloroso, amor miserável, amor equivocado e amor casto. Um sexto gênero, o do amor feliz, não fazia sucesso. (A tendência a ver o amor como problema persistiu. Nos anos 1990, os pesquisadores Fred Rothbaum e Billy Yuk-Piu Tsang analisaram as letras de oitenta canções populares chinesas e americanas e descobriram que as chinesas fazem muito mais referências a sofrimento e a "expectativas negativas" — no sentido de que, se uma relação não estiver predisposta pelo destino, não há como salvá-la.)

Na China, o romance tinha um lado político: em 1919, quando fizeram manifestações em favor do que chamavam Senhora Democracia e Senhora Ciência, estudantes chineses aproveitaram para pedir o fim do casamento arranjado. Chamavam isso de "liberdade de amar", e desde então essa liberdade ficou associada a um sentimento de autonomia individual. Mao proibiu os casamentos arranjados e as concubinas, e estabeleceu o direito da mulher ao divórcio, mas o sistema deixava pouca margem para o desejo. Namoro que não levasse ao altar era "vadiagem", e o sexo era tão estigmatizado no período maoista que médicos atendiam casais com dificuldades para conceber porque lhes faltava uma compreensão mais exata da mecânica do sexo. Quando a revista *Filmes Populares* publicou uma foto de Cinderela beijando um príncipe, leitores escreveram para reclamar. "Ouvi as massas de operários, camponeses e soldados condenarem os senhores, por acharem que os senhores são desavergonhados!", escreveu um deles.

Apesar de os casamentos arranjados terem sido banidos em 1950, chefes de fábrica e militantes comunistas continuaram fazendo mediação amorosa, e quando um jovem intelectual chamado Yan Yunxiang foi despachado de Beijing para a aldeia de Xiajia, no nordeste da China, em 1970, descobriu que ali havia amores miseráveis em abundância. As mulheres tinham tão pouca voz ativa na hora de decidir com quem casar que uma das tradições da aldeia era sair de casa soluçando no dia do casamento. Só nos anos 1980 os anciãos locais começaram a ceder o controle dos casamentos. Yan Yunxiang com o tempo se tornou antropólogo e continuou a visitar a aldeia ao longo dos anos. Assistiu a um casamento no qual a noiva casou por amor, e ela lhe confessou que estava contente demais para chorar. Teve de esfregar pimenta no lenço para provocar as lágrimas que a geração dos pais esperava.

No auge do socialismo, todos os homens da aldeia de Yan queriam ser vistos como *laoshi*, "francos e simples"; a pior coisa que um solteiro podia ser era *fengliu*, "rebelde e romântico". Mas de repente os homens *laoshi* passaram a ser vistos como deselegantes e crédulos, e todo mundo queria ser *fengliu*, como Leonardo DiCaprio a bordo do *Titanic*, no filme pirateado mais popular daquela época.

Em boa parte do mundo, o casamento está em declínio; a proporção de adultos americanos casados caiu para 51%, o nível mais baixo já registrado. Mas na China, apesar de as estatísticas de divórcio terem subido, a cultura gira com tal força em torno da família e dos descendentes que 98% da população feminina acaba se casando — um dos níveis mais altos do mundo. (Na China não existe união civil nem leis contra discriminação, e ser gay no país ainda é muito difícil.)

A súbita liberdade trouxe seus problemas. A China tinha poucos bares e igrejas, ou coisas como softbol misto, por exemplo, e alguns grupos sociais precisam improvisar. Cidades fabris organizaram "clubes para fazer amigos" destinados a operários de linha de montagem; a rádio de Beijing que dava informações sobre o tráfego, a 103,9, reservou meia hora aos domingos para anúncios pessoais de motoristas de táxi; e o CCTV-7, o canal militar, organizou um programa de encontros para recrutas. Mas essas práticas apenas reforçavam as barreiras existentes, e para um vasto número de pessoas o conflito entre amor, escolhas pessoais e dinheiro era um novo e atordoante problema.

A política de um único filho exercera forças inesperadas sobre o casamento. Ao promover o uso de preservativos numa escala sem precedentes, desassociou o sexo da reprodução, provocando uma minirrevolução sexual. Mas também acirrou a competição: quando a tecnologia do ultrassom se espalhou pela China, nos anos 1980, casais abortavam fetos femininos à espera de um menino. Como resultado, a China tem 24 milhões de homens que em 2020 estarão em idade de casar, mas não conseguirão encontrar mulher — "galhos secos" da árvore genealógica, como são conhecidos no país. As mulheres são bombardeadas na imprensa chinesa com advertências de que, se ainda forem solteiras aos trinta, serão consideradas "refugos".

"No mercado de casamento da China", explicou-me Gong certa vez, "há três espécies tentando sobreviver: homens, mulheres e mulheres com diplomas de curso superior." Ela descobriu, quando fazia seu mestrado, que os homens chineses desconfiavam de mulheres mais instruídas que eles. E em Shanghai, segundo ela, "não conhecia uma alma em toda a cidade. Meus pais haviam completado só o ensino elementar. Eu jamais poderia me interessar pelo tipo de gente à qual eles tinham acesso".

Homens e mulheres com diferentes *hukou* raramente se casam; isso a deixou frustrada. "Embora 'amor e casamento livres' tenham se tornado lei, a rigor não há liberdade de escolha", disse-me ela. Em 2003, a internet contava com apenas 69 milhões de usuários (5% da população), mas crescia 30% ao ano. Naquele outono, um portal chamado Sohu informou que o nome mais procurado em seu site, que já fora "Mao Tsé-tung", agora era "Mu Zi Mei", uma blogueira que trata de sexo. Quando Mu Zi Mei postou um áudio de um de seus encontros amorosos, a demanda fez o servidor parar de funcionar. (Aos que ficaram embasbacados, ela explicou: "Eu expresso minha liberdade através do sexo".)

Gong Haiyan pagou quinhentos iuanes (cerca de seis dólares na época) para um dos primeiros sites de relacionamento. Selecionou doze homens e mandou mensagens. Não recebeu resposta, e quando se queixou à empresa ouviu a seguinte explicação: "Olhe para si mesma — você é feia, e está atrás desses homens de alta categoria? Não é de admirar que não tenha tido nenhuma resposta". Ela localizou um dos solteiros e descobriu que ele não era sequer registrado no site. A foto, os dados, as informações para contato — tudo tinha sido chupado de outros sites. A China aprendera a falsificar a camisa polo, e agora inventava o namoro falsificado. "Eu não pensei em ser uma empresária — só estava muito furiosa", disse Gong. "Eu queria um site para pessoas que estivessem na minha situação."

Ela esboçou um desenho simples em Front Page, o software de website. Deu ao negócio o nome de Love21.cn. Para vender anúncios, contratou seu irmão, Haibin, que havia tido algumas aulas de computação depois de abandonar o curso secundário. Inscreveu os amigos, e outros assinantes apareceram. Um programador de software concordou em investir o equivalente a 15 mil dólares. (Mais tarde ele conheceria pelo site sua futura mulher.) Gong usou o dinheiro para expandir os negócios, e descobriu que a demanda era maior do que tinha imaginado. Em áreas remotas, onde scanners ainda eram difíceis de encontrar, assinantes começaram a mandar fotografias pelo correio. As pessoas se inscreviam a uma base de quase 2 mil por dia.

Gong não se parecia em nada com outros empresários da internet que conheci na China. Para começar, os níveis mais altos do setor de tecnologia chinês eram dominados por homens. E, diferentemente de outros que perceberam o potencial da rede na China, seu inglês não era fluente. Ela nem sequer fizera um curso de ciência da computação. Ainda havia nela traços de suas origens camponesas. Falava alto, a não ser diante de muita gente, quando sua voz oscilava. Media 1,60 metro de altura, os ombros ainda eram estreitos e, quando falava de seu negócio, eu tinha a impressão de que falava de si mesma. "Não somos como vocês, estrangeiros, que fazem amigos facilmente num bar, ou batem papo com estranhos quando viajam", me disse ela. "Isto aqui não tem nada a ver com conhecer pessoas só para se divertir. Nossos assinantes têm um objetivo muito claro: casar."

Nas horas de folga, ela escrevia. A internet aos poucos se tornava um fórum para todo tipo de ideias, e ela ganhou fama como "A pequena mulher-dragão", que em sua coluna de conselhos se mostrava muito afinada com os problemas da República Popular. Ela lia mensagens de solteiros angustiados, pais preocupados e noivas ansiosas — muitos deles assinantes ou ex-assinantes de seu site de encontros.

Geralmente seus conselhos soavam como uma contestação de antigas crenças convencionais da China. Se sua sogra a considera "apenas uma fábrica de bebês" e seu marido não ajuda, disse ela a uma recém-casada, esqueça o marido, "crie coragem e caia fora dessa família". No caso de um casal que acabara de ficar rico, e o marido começara a dormir com outras, ela elogiou a mulher por não se tornar uma "criatura chorona, fraca, digna de pena", e aconselhou-a a fazê-lo assinar um contrato que lhe custasse tudo que tinha se voltasse a enganá-la. Acima de tudo, Gong tratava a busca do amor como uma questão de autoconfiança. O céu, escreveu ela, "jamais lhe dará uma empada de carne".

4. Apetites da mente

Não muito tempo depois de ter iniciado seu negócio, um anúncio chamou a atenção de Gong Haiyan: "Procurando uma esposa, 1,62 metro, aparência acima da média, formação universitária".

O anunciante era um pesquisador de pós-doutorado, que estudava moscas-das-frutas. Ele gostava de fazer exercícios, e anexou uma fotografia cômica em que aparecia flexionando os tríceps na frente do banco do seu laboratório. "Ele tinha tudo", lembrou Gong. Depois ela leu o que ele exigia da mulher e descobriu: "Eu não atendia a nenhum dos requisitos". Ela decidiu responder assim mesmo, numa postura de muita confiança. "Seu anúncio não está bem escrito", escreveu ela. "Ainda que alguém preenchesse todos os requisitos, acharia que você é muito exigente."

Ele se chamava Guo Jianzeng, e ficou constrangido. "Nunca escrevi nada assim, e não sei o que estava pensando", respondeu ele. Gong se ofereceu para dar uma melhorada no anúncio. "Depois de dar uma ajeitada", contou-me ela, "eu só conseguia pensar em exatamente quatro moças no mundo capazes de preencher os requisitos, incluindo a mim mesma."

Guo Jianzeng tinha 33 anos e era muito tímido. Quando se conheceram, seu telefone tinha apenas oito números na agenda. Não era propriamente um romântico — o primeiro presente que deu a Gong foi um par de óculos para substituir os que ela quebrara — nem era rico; tinha menos de 4 mil dólares em seu nome. Mas Gong lhe pediu que fizesse um teste de QI. E ficou surpresa quando o resultado foi quatro pontos a mais do que o seu. Ela também se comoveu com o jeito como ele cuidava do pai viúvo. No segundo encontro, ele lhe propôs casamento no metrô.

Ela foi sentada de lado na garupa da bicicleta dele para o Ministério de Assuntos Civis, onde pagaram nove iuanes pela certidão de casamento. A cerimônia durou dez minutos. Em vez de aliança, ele lhe deu um laptop. Alugaram um apartamento minúsculo por cem dólares mensais, com o banheiro compartilhado com um vizinho idoso.

Em 2006, o site de encontros de Gong tinha 1 milhão de usuários registrados; no ano seguinte, capitalistas arriscaram-se a investir. Ela passou a cobrar uma taxa (cerca de trinta centavos de dólar) por mensagem enviada ou recebida. No sétimo ano do negócio, o site tinha 156 milhões de usuários registrados e era o primeiro da China em tempo de permanência on-line e em número de visitantes individuais. Era o maior serviço de encontros on-line do país. Ela trocou o nome Love21.cn por um mais grandioso: Jiayuan ("Belo Destino"). E criou um slogan que refletia melhor sua disposição: "O website sério de relacionamento".

Eu estava em seu escritório certa manhã quando Gong escapuliu discretamente para uma reunião de orientação com novos empregados na sala de reuniões. Faltava pouco para o feriado do Ano-Novo chinês. Mulheres e homens solteiros de todo o país iriam para casa visitar os parentes — e seriam implacavelmente interrogados sobre perspectivas de casamento. Para alguns, a pressão seria insuportável. Depois disso, houve uma onda de inscrições no Jiayuan parecida com a onda de matrículas nas academias de ginástica americanas depois do Ano-Novo.

Falar para grupos, mesmo pequenos, ainda a deixava nervosa, e ela levava anotações numa página datilografada. Antes que ela assumisse a palavra, os empregados ouviram o diretor executivo, um homem de fala mansa chamado Fang Qingyuan, que lhes disse o seguinte: "Nem pensem em encontrar aqui qualquer tipo de favoritismo ou nepotismo. Trabalhem com afinco, e seu êxito aparecerá claramente em seus resultados. Não percam tempo puxando saco".

Quando chegou a vez de Gong, ela se sentou à cabeceira da mesa e informou aos novos contratados que agora eram parte do "ramo da felicidade". Não sorriu. Raramente o fazia ao falar no ramo da felicidade. Preferiu concentrar-se em "cocientes de preço/desempenho" e "assimetria de informações". Usava seu traje completo de trabalho: óculos, rabo de cavalo, nenhuma maquiagem e jaqueta cor-de-rosa da Adidas com o punho esquerdo puído. Os jovens ali presentes estavam ingressando num quadro de pessoal de quase quinhentos funcionários. Os clientes, disse ela, serão praticamente iguais a vocês: migrantes, sozinhos na cidade, separados do amor por "três altas montanhas" — falta de dinheiro, falta de tempo e falta de relações sociais. O objetivo é simples: oferecer opções às pessoas.

Na China, as pessoas ainda não tinham se acostumado à proliferação de opções. Na imprensa local, Gong costumava ser descrita como "alcoviteira número um da China", muito embora seu negócio fosse uma recusa à própria ideia de alcovitagem. Apesar do nome da empresa, Belo Destino, o que ela projetava com mais clareza era sua crença de que destino era uma noção obsoleta. "O povo chinês ainda tem fé no destino", afirmou ela aos novos funcionários. "As pessoas dizem: 'Ah, eu me acostumo a qualquer coisa que aconteça'. Mas não precisam mais disso! Agora o desejo pode guiá-las. Estamos dando a elas a liberdade de amar."

Depois de tantos anos quase sem poder dar palpite nas grandes decisões da própria vida, as pessoas pareciam querer compensar o tempo perdido. Li um anúncio pessoal on-line de uma universitária chamada Lin Yu, relacionando suas expectativas sobre o futuro marido:

> Nunca tenha sido casado; com diploma de mestrado, ou mais; não seja de Wuhan; não tenha registro rural; não seja filho único; nada de alcoólatras; nada de apostadores; tenha acima de 1,72 metro; esteja disposto a pelo menos um ano de namoro antes de casar; seja bem-disposto; tenha pais que ainda vivam juntos; salário anual acima de 50 mil iuanes; tenha de 26 a 32 anos; esteja disposto a garantir quatro jantares em casa por semana; tenha tido pelo menos duas namoradas, mas não mais de quatro; não seja do signo de virgem. Não seja de capricórnio.

A maior diferença entre namoro pela internet nos Estados Unidos e na China era conceitual: nos Estados Unidos, o serviço tinha o poder de ampliar o universo de candidatos; na China, país de 1,3 bilhão de pessoas, os serviços de relacionamentos on-line prometiam o oposto. "Uma vez observei uma mulher de 23 anos que procurava encontros em Beijing, onde existem 400 mil usuários do sexo masculino", disse-me Lu Tao, engenheiro-chefe de Gong. "Ela restringiu a procura por grupo sanguíneo, estatura, signo do zodíaco e tudo o mais, até chegar a um grupo de 83 homens." (Um banqueiro chinês me disse que usou o Jiayuan filtrando candidatas com um único critério, o da altura, o que lhe ofereceu uma lista de modelos altas e magras.)

Quando me inscrevi no Jiayuan para sentir melhor como era o negócio de Gong, respondi a 35 perguntas de múltipla escolha. O Partido Comunista passou décadas promovendo o conformismo, mas o questionário não deixava dúvida de que agora se esperava que um homem soubesse definir-se com a maior exatidão possível. Além de altura, peso e renda e outras questões básicas, tive que descrever meus cabelos, primeiro pela cor (preto, louro, castanho, avelã, cinza, ruivo, grisalho, com mechas, calvo, ou outro) e depois pelo estilo (liso e longo, liso e ondulado, médio, curto, muito curto, calvo, ou "outros"). Sobre a forma do rosto, havia nove opções, incluindo oval como "ovo de pata", ou estreito como "semente de girassol". Por um momento, me indaguei se "rosto de caráter nacional" seria para patriotas, mas logo percebi que era para aqueles que tinham um queixo quadrado, com a forma do caractere chinês para "nação": 国.

Pediram-me que indicasse meu "traço mais atraente", com dezessete opções, incluindo risada, sobrancelhas e pés. Para "crença religiosa", eu tinha dezesseis possibilidades; só para parecer diferente, marquei "xamanismo". Uma pergunta sobre "habilidades práticas" me levou a analisar 24 opções, que iam de reformas em casa a negociações comerciais. Antes de terminar, tive que responder sobre lugares onde passava férias, leituras, acordos pré-nupciais, tabagismo, animais de estimação, espaço pessoal, tarefas domésticas e planos de aposentadoria. Então cheguei a uma pergunta pedindo para escolher numa lista de rótulos o que melhor me descrevesse:

1. Filho obediente
2. Cara legal
3. Responsável
4. Homem caseiro pão-duro
5. Honesto e franco

6. Sensível
7. Carreirista
8. Sensato e preocupado com o futuro
9. Feio
10. Bem-humorado
11. Viajante inveterado
12. Solitário e introvertido
13. Solícito
14. Determinado
15. Leal
16. Mandão
17. Bonito e cafajeste
18. Sólido, moderado, tranquilo

Uma página adiante, pediram-me que escolhesse a melhor descrição sobre minha estética pessoal. Pensei nos tempos das "formigas azuis" e em seguida examinei as opções:

1. Gentil e urbano
2. Caubói do Velho Oeste
3. Gracioso e otimista
4. Belo e agradável
5. Maduro e charmoso
6. Alto e musculoso
7. Simples e sem frescuras
8. Reservado e frio

Gong Haiyan entrou na hora certa no negócio que escolheu. Os chineses gastavam cada vez mais tempo escolhendo. Quando a renda pessoal começou a disparar, nos anos 1980, fregueses se moviam em hordas, indo atrás do mesmo produto que os vizinhos tinham adquirido com uma força que ficou conhecida como "maremoto de consumo".

Na aldeia de Xiajia, o centro não oficial da cidade mudou-se da sede do Partido Comunista para a única loja local. Jovens começaram a falar com admiração da qualidade que chamavam de *gexing*, "individualidade". Os rapazes da cidade compravam gel para o cabelo e mocassins de couro de vaca. Iam de carro para a loja da aldeia, em vez de ir andando, uma distância de menos de trezentos metros. Famílias reformaram as casas para que os casais não dormissem mais na cama coletiva com os avós e as crianças, e as diferentes gerações começaram a dormir em quartos separados. O secretário local do Partido Comunista deixou de se identificar como "parafuso sem ferrugem da máquina revolucionária", e declarou, com todas as letras: "Por que faço este trabalho? É simples: por dinheiro".

Agora que já não decidia diretamente quem trabalhava onde, o Estado passou a orientar os estudantes universitários na experiência pouco familiar de escolher uma profissão. O novo mercado de trabalho (e o mercado de casamento) criou uma demanda por novas roupas, academias de ginástica, cosméticos e lâminas e cremes de barbear. Em 2005, a televisão chinesa transmitiu o primeiro programa ao estilo de *American Idol* — o *Mongolian Cow Sour Yogurt Super Girl Contest.* O sucesso resultou num novo gênero conhecido como "programa de escolhas", no qual os candidatos podiam escolher uns aos outros, ou ser escolhidos uns pelos outros e pelos espectadores.

Comprar, ou pelo menos olhar lojas, tornou-se um grande programa. O chinês médio dedicava quase dez horas por semana às compras, enquanto o americano médio gastava menos de quatro. Isso se devia em parte ao fato de o processo ser menos eficiente na China — transporte público, pesquisa de preço — e em parte por ser uma nova forma de diversão. Um estudo mostrou que o cidadão médio via três vezes mais anúncios em Shanghai num dia típico do que um consumidor de Londres. O mercado foi inundado por novas marcas, que buscavam se distinguir umas das outras, e os consumidores chineses sentiam-se relativamente à vontade com os ousados esforços despendidos para chamar sua atenção. Havia tantos anúncios que revistas de moda tiveram de contornar limitações físicas: os editores da versão chinesa da *Cosmopolitan* dividiram cada número em duas edições, porque um volume só era grosso demais para manusear.

Meu celular foi atacado por uma enxurrada de spams oferecendo uma vasta série de opções de consumo. "Atenção pessoas que desejam andar a cavalo", dizia uma mensagem da "maior arena equestre coberta" de Beijing. Numa única manhã, fui informado sobre um "gigantesco prédio de cem anos de idade construído com mão de obra inglesa" e um "casarão barroco de nível palaciano com 54 mil metros quadrados de jardins privados". A maior parte das mensagens vendia recibos forjados para ajudar as pessoas a preparar relatórios de despesas falsas. Eu ficava imaginando o homem chinês arquetípico do momento, acordando de manhã num gigantesco prédio inglês e montando em seu cavalo para atravessar seu jardim privado antes de sair para comprar recibos falsos.

Empresas ocidentais correram para oferecer opções que julgavam de grande apelo para o gosto chinês. A Wrigley criou uma goma de mascar com sabor de menta e pepino; a Häagen-Dazs pôs à venda tortas da lua. Nem todo anzol fisgava peixe: a Kraft tentou, e não conseguiu, fazer um biscoito Ritz com sabor de peixe cozido em molho sichuan apimentado. A fabricante de brinquedos Mattel abriu uma megaloja da Barbie, de seis andares, no centro de Shanghai, com spa e bar — e descobriu que os pais chineses não aprovavam os hábitos de estudo da boneca. A Home Depot aprendeu que a última coisa que os filhos e filhas de agricultores e trabalhadores braçais queriam na vida era aprender a montar coisas para casa.

Estrangeiros tinham dificuldade para entender algumas escolhas feitas pelos consumidores chineses. Surgiu no mercado uma marca de elegantes armações de óculos chamada "Helen Keller". Repórteres perguntaram à empresa por que havia decidido anunciar seus óculos fazendo referência à pessoa cega mais famosa do mundo. A empresa respondeu que as escolas chinesas ensinam a história de Helen Keller basicamente como exemplo de fortaleza moral, e de fato a armação vendeu muito. Os óculos Helen Keller eram anunciados com o slogan "Você vê o mundo e o mundo vê você".

Dinheiro e amor sempre estiveram ligados mais explicitamente na China do que no Ocidente, mas as finanças eram muito mais simples quando quase todo mundo era pobre. Por tradição, na China os pais da noiva pagavam um dote, e os pais do noivo pagavam uma quantia ainda maior, conhecida como "fortuna da noiva". Nos tempos de Mao, essa permuta costumava ser feita com grãos, mas nos anos 1980 casais contavam também com "três coisas que giram e um som": uma bicicleta, um relógio, uma máquina de costura e um rádio. Ou, em alguns casos, "trinta pernas": uma cama, uma mesa e um conjunto de cadeiras. Em boa parte da China, o costume persistia (em dinheiro), mas os interesses financeiros estavam aumentando.

O maior choque para a tradição do casamento veio de um lugar inesperado: em 1997, o Conselho de Estado restaurou o direito das pessoas de comprar e vender suas casas. No socialismo, os empregadores alojavam os operários urbanos em prédios de apartamentos de concreto de aparência indistinta. Quando o governo restaurou o mercado, os burocratas chineses não tinham sequer uma tradução oficial para a palavra "hipoteca". Não demorou para que se iniciasse a maior acumulação de riqueza imobiliária do mundo.

Tradicionalmente, jovens casais chineses iam morar na casa dos pais do noivo, mas no século XXI menos da metade aceitava esse arranjo por muito tempo, e os economistas Shang-Jin Wei e Xiaobo Zhang descobriram que os pais construíam casas cada vez maiores e mais caras para os filhos, na esperança de atrair melhores cônjuges — fenômeno imobiliário que ficou conhecido como "síndrome da sogra". Jornais incentivavam a onda publicando títulos como A CASA É A DIGNIDADE DO HOMEM. Em algumas aldeias, uma corrida armamentista imobiliária foi lançada, na qual famílias tentavam superar umas às outras construindo andares extras, que eram deixados vazios até poderem mobiliar. Entre 2003 e 2011, os preços de imóveis em Beijing, Shanghai e outras grandes cidades do país aumentaram até 800%.

A era da ambição classificava as pessoas não por seu passado, mas por seu futuro. Na era socialista, os chineses avaliavam a "confiabilidade política" de pais e antepassados, mas agora os homens e as mulheres avaliavam uns aos outros com base em seu potencial, especialmente de renda. Mas começava a ficar claro que, no novo mercado de casamento, as expectativas gerais não coincidiam com a realidade: só 10% dos homens no site de encontros de Gong possuíam casa própria, mas, numa pesquisa, quase 70% das mulheres entrevistadas disseram que não se casariam com um homem que não tivesse a sua. Detalhes exatos sobre moradia eram tão cruciais para a possibilidade de romance que no questionário fui solicitado a escolher entre as seguintes opções:

1. Não tenho casa
2. Comprarei uma casa quando for preciso
3. Já tenho uma casa

4. Alugo com outras pessoas
5. Alugo sozinho
6. Moro com meus pais
7. Moro com amigos e parentes
8. Moro no alojamento de minha brigada de trabalho

De todas as perguntas, essa era a mais importante. "Se você é um homem que aluga ou divide um lugar com outras pessoas, está praticamente fora do jogo, para começo de conversa", disse Gong. Homens que tinham uma boa resposta não precisavam se preocupar com sutilezas: em seus anúncios de solteiro, passaram a adotar uma nova expressão: "chefang jibei", que significa "equipado com carro e casa".

A pressão para atender às expectativas criou uma espécie de inflação de linguagem. Poucos anos antes, um "três sem" era um migrante sem moradia, emprego ou fonte de renda. Quando comecei a frequentar o escritório de Gong Haiyan, um "três sem" era um homem sem casa, carro ou pé-de-meia. Se um "três sem" se casasse, ocorria o que se chamava de "casamento nu". Em 2011, esse era o título de uma minissérie chinesa sobre uma jovem noiva privilegiada que se casou com um homem da classe operária, apesar das objeções dos pais, e foi morar com a família dele. Tornou-se o programa mais popular da China. Se fosse um livro nos anos 1930, seria classificada como amor trágico: no fim da série, o casal estava divorciado. Outro programa muito popular era um "programa de escolhas" chamado *E se for você*, no qual rapazes e moças solteiros avaliavam uns aos outros. Na tela, bolhas subindo indicavam se o homem estava equipado com carro e casa. Num episódio, um "três sem" ofereceu a uma mulher uma carona em sua bicicleta, mas ela recusou dizendo: "Antes chorar numa BMW do que sorrir numa bicicleta". A frase foi demais para os censores. Logo o programa foi reestruturado, passando a incluir uma coapresentadora de ar matronal que aconselhava virtude e moderação.

Uma ou duas vezes por semana, a empresa de Gong realizava reuniões sociais de solteiros, e uma noite entrei na fila de um salão de festa de Beijing com mais trezentos homens e mulheres cuidadosamente arrumados. Tinham recebido luzes piscantes à bateria, em forma de lábios em bico, para serem prendidos na roupa. Um mestre de cerimônias saltou no palco e pediu a atenção da plateia. "Por favor, ponham a mão no coração e repitam comigo [...]: 'Juro que não vim aqui para enganar ninguém nem vim com más intenções'."

Doze mulheres subiram ao palco para participar de uma competição, cada uma segurando uma varinha de condão vermelha com uma luz em forma de coração na ponta: ligada, interessada; apagada, não interessada. Era uma seleção de gente altamente capacitada: engenheiras, universitárias e bancárias de vinte e muitos e trinta e poucos anos.

Um a um, os homens subiram ao palco para serem interrogados, mas durante a sessão de perguntas percebi que havia um abismo em relação às expectativas. Um bancário troncudo, num suéter de algodão, despertou considerável interesse, até dizer que ficava preso no escritório seis dias e meio por semana. Em seguida veio um professor de física num paletó de tweed, que praticamente não provocou comoção ao afirmar que sua ambição na vida não era "nenhuma realização maravilhosa, apenas não fazer nada de que me arrependa". O último foi um advogado criminalista de poucas palavras, que gostava de fazer caminhadas, e ia bem até informar que dava ênfase especial à "obediência". As luzes se apagaram, e ele desceu do palco sem ninguém.

O feriado de Ano-Novo, a apenas alguns dias de distância, aproximava-se com a inevitabilidade do fim de um prazo. Naquela noite, conheci um homem chamado Wang Jingbing, de trinta anos de idade, com um afável rosto de caráter nacional, que se preparava para o reencontro com a família. "Eles me pressionam muito. É por isso que vim aqui esta noite", me disse ele quando nos sentamos perto de uma parede. Depois da faculdade, Wang se tornou vendedor, exportando guardanapos e outros artigos de papel. O trabalho deixara marcas no vocabulário do seu inglês; ao falar de um encontro malfadado, dizia que tinha sido *returned*, "devolvido". Os encontros de solteiros desconcertavam seus parentes do interior. "Minha irmã não concorda com a minha vinda para cá. Ela me disse: 'Você jamais vai encontrar uma moça lá.'" E o que ele achava disso? "Tenho que seguir os ditames do coração", respondeu. "Minha irmã teve outro tipo de educação, outra experiência de vida, por isso nossas ideias são diferentes."

A irmã, que nunca passou do ensino fundamental, ainda vivia na casa da família na aldeia, onde vendia refrigerantes e macarrão numa lojinha na frente de casa. Quando tinha vinte anos, casou com um homem que lhe fora apresentado por parentes; era de uma aldeia vizinha. Já Wang estudara inglês na Universidade de Shandong e migrara para Beijing para trabalhar. Quando nos conhecemos, estava na capital havia cinco anos. Faltava pouco para sair da classe operária. Enquanto conversávamos, preenchi mentalmente seu questionário: *1. Filho obediente* [...]. *4. Homem caseiro pão-duro* [...]. *14. Determinado.*

Wang estava decidido a participar de pelo menos um encontro por semana até achar alguém. "Para falar a verdade, ontem fui devolvido por uma moça que disse que eu não era tão alto quanto ela esperava", contou. Perguntei-lhe se concordava com a ideia de ter uma casa e um carro antes de casar. "Sim, porque uma casa e um carro são sinais de civilidade", respondeu. "Uma mulher, quando casa com um homem, está casando em parte com sua casa e com seu carro. Vivo em casa alugada, por isso sinto muita pressão." Ficou calado um momento e complementou: "Mas tenho potencial, sabe? Na minha opinião, vou precisar de mais uns cinco anos para comprar uma casa e um carro. Mais cinco anos".

5. Não mais um escravo

Quando Deng Xiaoping declarou que era hora de "deixar as pessoas enriquecerem antes", não disse a *quais* pessoas estava se referindo. Elas que descobrissem.

Antes disso, o primeiro e mais duradouro alvo do partido tinha sido a tirania de classe. Mao desmantelou 4 milhões de empresas privadas, nacionalizou propriedades e nivelou a sociedade tão completamente que a desigualdade de renda na China caiu para o nível mais baixo do mundo socialista. Alunos aprendiam que a burguesia e outras "classes inimigas" eram "sanguessugas" e "vermes". O zelo atingiu intensidade máxima durante a Revolução Cultural, quando as Forças Armadas chegaram ao cúmulo de acabar com as patentes, até provocar o caos no campo de batalha e os soldados precisarem identificar uns aos outros pelo número de bolsos na farda. (Os oficiais tinham dois a mais do que os recrutas.) Qualquer esforço para melhorar a vida era não só inútil como perigoso. O partido acabou com os esportes competitivos, e atletas que tinham conquistado medalhas no passado foram acusados, retroativamente, de um delito chamado "trofeumania" — o crime de buscar a vitória em vez do bom condicionamento físico de todos. As pessoas passaram a dizer: "Ganha-se menos construindo foguetes do que vendendo ovos".

Mas agora um dos temas constantes dos jornais locais era o sonho de *baishou qijia*, acumular riqueza "a partir do zero". Na hora do almoço, eu gostava de abrir as páginas na mesa da cozinha para ler notícias de vendedores ambulantes de alimentos que se tornaram barões do fast-food e outros magnatas da primeira geração. Não havia nada de exclusivamente chinês nessas histórias de pessoas que começaram sem nada e ficaram ricas, mas elas se tornaram essenciais para a autoimagem da China. Os chineses agora falavam nisso da mesma forma que os americanos se referiam ao mito das empresas do Vale do Silício que começaram na garagem dos pais. Os primeiros a fazer valer a declaração de Deng ficaram conhecidos como *xianfu qunti* — a turma dos "Enriquecidos Antes". Apesar da nova reverência às fortunas construídas a partir do zero, a China passara tantas décadas investindo contra proprietários de terra e "capitalistas ocultos" que a maior parte dos Enriquecidos Antes preferia esconder a identidade. "O homem que fica famoso é como porco na engorda", diziam, e a revista *Forbes*, ao publicar a lista das pessoas mais ricas da China em 2002, deixou claro o gosto deles pelo sigilo com fotografias de homens e mulheres cobrindo a cabeça com sacos de papel. Ganhadores da loteria ficavam tão preocupados com a atenção que despertavam que os jornais chineses publicavam fotos suas usando capuzes e óculos escuros para se disfarçar na hora de receber os enormes cheques.

Para o Partido Comunista, a volta das classes representava uma oportunidade: o partido passou a acreditar que cooptando aqueles que tinham propriedades se protegeria contra qualquer agitação em favor da democracia. Seus dirigentes puseram-se a citar Mêncio, sábio antigo, que dizia: "Quem tem um meio constante de subsistência tem um coração constante, quem não tem um meio constante de subsistência tem um coração inconstante". Mas a crença de que a prosperidade asseguraria um "coração constante" criava um problema que acabou se tornando o paradoxo essencial do Partido Comunista chinês: como poderiam os herdeiros de Marx e Lênin, os governantes da República Popular da China, que haviam chegado ao poder denunciando os valores burgueses e a desigualdade, adotar abruptamente a nova classe endinheirada? Como preservar sua reivindicação ideológica ao poder?

Mas era época de as pessoas se reinventarem, o que valia também para o Partido Comunista. A tarefa coube ao presidente e secretário-geral, Jiang Zemin. Na mais importante reunião do partido, em 2002, ele pôs em prática um tremendo contorcionismo retórico: não conseguiu pronunciar o termo "classe média", mas declarou que, a partir de então, o partido se dedicaria a assegurar o êxito do "Novo Estrato de Renda Média". O Novo Estrato de Renda Média estava em toda parte, aplaudido pelos *apparatchiks* e entronizado em novos slogans. Um redator da Academia de Polícia da China descreveu o Novo Estrato de Renda Média como "a força moral que está por trás das maneiras civilizadas. É a força necessária para eliminar o privilégio e reduzir a pobreza. É tudo".

Na mesma reunião, o partido também fez uma importante mudança em seu estatuto: parou de chamar-se "partido revolucionário" e começou a referir-se a si mesmo como "Partido no Poder". Os governantes da China alteraram sua razão de ser; ao se tornarem o Partido no Poder, os antigos rebeldes que passaram décadas desancando os inimigos como "contrarrevolucionários" transformaram-se em defensores tão ardorosos do statu quo que até mesmo a palavra "revolução" de repente se tornou problemática. O Museu de História Revolucionária, ao lado da praça Tiananmen, perdeu o nome e foi absorvido pelo Museu Nacional da China. Em 2004, o primeiro-ministro Wen Jiabao declarou: "Unidade e estabilidade são realmente mais importantes do que qualquer outra coisa".

Se para os chineses comuns a mudança pareceu hipócrita, não lhes restava outra opção senão aceitá-la. Mais ainda, as pessoas haviam sofrido privações por tantos anos que não tinham nenhum apego aos velhos dogmas. O partido e o povo agora se voltavam para direções opostas: a sociedade chinesa ficava mais diversa, estridente e voluntariosa, e o partido ficava mais homogêneo, formal e conservador.

Em outubro de 2007, entrei na fila do Grande Salão do Povo para assistir à abertura do XVII Congresso Nacional do Partido Comunista — o acontecimento mais sagrado do calendário político, uma semana de discursos e cerimônias que se realiza a cada cinco anos. Oficialmente, o Congresso escolheria os líderes da República Popular da China. (Na realidade, essas escolhas já tinham sido feitas em reuniões privadas.) No palco, o presidente e secretário-geral do partido, Hu Jintao, subiu à tribuna. Como muitos de seus pares na cúpula do partido, Hu era engenheiro de formação, um tecnocrata embebido da crença de que "o desenvolvimento é a única verdade sólida". Aos 65 anos, era uma presença tão calada, tão sem expressão, que o povo o apelidou de Cara de Madeira. Isso era culpa sua apenas em parte: depois dos horrores da Revolução Cultural, o partido se empenhou em impedir que os líderes desenvolvessem um culto personalista em torno de si. Deu certo. Quando Hu era mais jovem, sua biografia oficial dizia que gostava de dançar; mas, uma vez no topo do partido, esse detalhe, o único que dava algum colorido a seus gostos e antipatias, foi retirado.

Hu olhou por cima do mar de cabeças de 2 mil leais delegados. Era uma cena viva de conformismo, iluminada pela cor do comunismo: um tapete vermelho que ia de uma parede a outra, cortinas vermelhas e uma enorme estrela vermelha refulgindo no teto. Atrás dele, filas de funcionários VIPS sentados em ordem hierárquica, muitos de gravata vermelha, exatamente como Hu. A coreografia era impecável: a intervalos de poucos minutos, um grupo de moças carregando garrafas térmicas com água quente passava entre as fileiras de VIPS despejando chá com uma precisão de nado sincronizado. Hu discursou durante duas horas e meia, num vocabulário distante da linguagem do público. Falou de "sociedade socialista harmoniosa" e de "visão científica do desenvolvimento" e, como sempre, de "marxismo-leninismo". Jurou que só permitiria mudanças políticas graduais. O partido, disse ele, precisava continuar sendo "o núcleo" que "coordena os esforços em todos os setores".

Fora do Grande Salão, a China adotara o retorno das classes. Em 1998, um editor local traduziu a sátira cultural de Paul Fussell intitulada *Class: A Guide through the American Status System* [Classe: Um guia do sistema de status americano], de 1982, que faz observações como esta: "Quanto mais violento for o contato físico no esporte a que a pessoa assiste, mais baixa será sua classe". Em chinês, o aspecto de sátira se perdeu, e o livro vendeu muito como uma espécie de guia para o novo mundo. "Ter dinheiro por si só não garante aplauso, respeito e apreço universais", escreveu o tradutor na introdução. "O que o seu consumo pessoal revela a seu respeito é muito mais importante."

O livro de David Brooks *Bobos in Paradise: The New Upper Class and How They Got There* ["Bobos" no paraíso: A nova classe alta e como eles chegaram lá] foi traduzido para o chinês em 2002, e virou um best-seller. Descreve um mundo distante — de burgueses boêmios americanos, que misturam a contracultura dos anos 1960 com a economia da era Reagan — mas, na China, captou bem a ideia que os batalhadores faziam de si mesmos, e

"Bobos", ou *bubozu*, tornou-se um dos termos mais consultados do ano na internet chinesa. Logo havia bares *bubozu*, clubes de livro *bubozu* e um laptop com anúncios que prometiam dar aos *bubozu* "um sentido vivo de romance". Mas a imprensa chinesa acabou se cansando dos *bubozu* e abraçou aqueles que chamava de *ding ke*, "renda dupla, sem filhos", e depois uma sucessão de novos rótulos e identidades: *netizens* [cidadãos da internet], reis das propriedades, escravos da hipoteca. Um ensaio chinês muito popular, de autor anônimo, criou um arquétipo para a jovem classe de colarinho-branco, homens e mulheres que

> bebem cappuccino, marcam encontros on-line, têm uma família DINK,* andam de metrô e de táxi, viajam na classe econômica, hospedam-se em bons hotéis, frequentam bares, fazem longas ligações telefônicas, ouvem blues, fazem hora extra, saem à noite, comemoram o Natal, têm relações sexuais com parceiros de uma noite só [...]. Mantêm *O grande Gatsby* e *Orgulho e preconceito* na mesa de cabeceira. Dedicam a vida ao amor, às boas maneiras, à cultura, à arte e à experiência.

Na era da ambição, a vida ganhou velocidade. Sob o socialismo, raramente havia motivo para correr. Exceto no que dizia respeito às fantasias maoistas do salto para a frente, trabalhava-se ao ritmo da burocracia e das estações. Fazer as coisas mais depressa ou com mais eficiência, assumir riscos maiores, acrescentaria pouca coisa à mesa de jantar. Como a corte imperial nos tempos da Torre do Tambor, os planejadores socialistas decidiam quando ligar a calefação central no outono, ou quando desligá-la na primavera. Mas eis que de repente a China foi tomada pela sensação de que o país estava atrasado. He Zhaofa, sociólogo da Universidade

* Acrônimo de *Dual Income, No Kids*: "renda dupla, sem filhos". (N. T.)

Sun Yat-sen, publicou um manifesto a favor da velocidade, informando que, no Japão, os pedestres caminhavam a dezesseis metros por segundo. Criticou seus conterrâneos chineses. "Até mesmo uma americana de salto alto anda mais depressa do que os rapazes chineses." Fez um apelo para que seus conterrâneos aprendessem com urgência a apreciar cada segundo. "O país que perde tempo", escreveu, "será abandonado pelo próprio tempo."

Alguns batalhadores conquistaram extraordinária riqueza antes de saberem o que fazer com ela. Em 2010, a China vivia a "Febre da IPO Estrangeira", e em maio do ano seguinte a empresária de serviços de relacionamentos Gong Haiyan abriu sua companhia para o público na NASDAQ. No fim do dia, suas ações valiam mais de 77 milhões de dólares. O marido abandonou o emprego de pesquisador de moscas-das-frutas.

Ela me convidou para jantar. Eles tinham comprado um imóvel no norte de Beijing. O sol se punha quando saímos da rodovia. Passamos por um pet spa e um conjunto de edifícios chamado Chateau de la Vie, e entramos num opulento condomínio fechado mais parecido com Nova Jersey do que com Hunan. A casa era de estuque bege com elementos de arquitetura toscana. Sua filha de dois anos, de pijama, apareceu na porta e abraçou as pernas da mãe. O marido de Gong nos conduziu à sala de jantar, onde os pais dela e a avó, que viviam com eles, já estavam sentados.

Impressionou-me a presença de quatro gerações de mulheres na casa. A avó de Gong, de 94 anos, fora maltratada durante a Revolução Cultural por ter sido classificada como camponesa rica. Nasceu pouco depois de a China abolir a prática de amarrar os pés, e enquanto comíamos fiz o inventário mental de todo o drama ao qual sobrevivera na China do século XX, até chegar àquela mansão da filha no subúrbio. "As mulheres costumavam dizer: 'Se quiser roupa nas costas e comida na mesa, case'", disse Gong, enfiando seus hashis no arroz. "Se você tivesse os requisitos mais básicos, eu me casaria com você. Não é mais assim. Agora posso ter uma boa vida, uma vida independente. Posso ser exigente. Se não gosto de alguma coisa em você, bem, azar o seu."

Durante anos, a família tinha pulado de um apartamento alugado para outro, seis pessoas em dois quartos. Agora estavam numa casa espremida entre diplomatas europeus e homens de negócios árabes. Nove meses depois da mudança, as paredes da casa ainda estavam nuas e brancas. Eles ainda não tinham comprado nenhum objeto de arte ou decoração, mas não demorariam a fazê-lo. Havia uma moto estacionada no saguão da entrada, seguindo uma tradição da aldeia, para protegê-la de ladrões, embora não me parecesse que os vizinhos de Gong representassem alguma ameaça. Era como se a família tivesse empacotado a mudança numa casa de fazenda em Hunan e descarregado no casarão de um CEO em Beijing.

A era da ambição exigia novas habilidades e novos conhecimentos. Para ajudar empresários neófitos a navegar pelas pesadas sessões de brindes que acompanham a abertura de um negócio na China, uma escola noturna chamada Instituto Weiliang de Relações Interpessoais, na cidade de Harbin, oferecia um curso de "estratégia para beber". (Um conselho: depois de um brinde, cuspir a bebida discretamente no chá.) O que não podia ser aprendido podia ser comprado: Zhang Dazhong, magnata de eletrodomésticos, contratou uma "equipe de leitura" de três pessoas para lhe resumir os livros que gostaria de ter lido.

Muito antes de os ocidentais começarem a ler sobre os hábitos das determinadas e ambiciosas "mães-tigre", o manual de educação mais popular da China era *Garota de Harvard*, no qual uma mãe chamada Zhang Xinwu contava como conseguiu fazer a filha entrar numa das universidades mais prestigiadas dos Estados

Unidos. O regime tinha começado antes do nascimento, quando Zhang adotou uma dieta altamente nutritiva, apesar de isso deixá-la doente. Com dezoito meses, Zhang ajudava a filha a decorar poemas da dinastia Tang. No ensino fundamental, Zhang a obrigava a estudar em lugares barulhentos, para melhorar a concentração, e lhe impôs uma rotina que consistia em estudar vinte minutos e correr cinco pelas escadas. Para desenvolver a força moral, Zhang punha a filha para segurar cubos de gelo por quinze minutos. Claro que era um sistema absurdo, mas para uma população que ainda lutava para sair da pobreza praticamente qualquer sacrifício parecia razoável.

Ninguém cobiçava mais o capital cultural de uma educação de elite do que os membros do grupo dos Enriquecidos Antes. Muitos tinham vindo do nada e sabiam que os intelectuais urbanos os consideravam broncos. O tamanho da população chinesa tornava o ingresso na faculdade tão brutalmente competitivo que as pessoas o comparavam a "10 mil cavalos atravessando o rio numa única tora de madeira". Para criar mais oportunidades, o governo dobrou o número de faculdades e universidades em apenas dez anos, para 2409. Ainda assim, apenas um em quatro candidatos conseguia a vaga.

Estudar em uma instituição americana agregava um valor extra, e os pais do grupo dos Enriquecidos Antes canalizavam suas ansiedades para os filhos. No segundo semestre de 2008, almocei com uma mulher chamada Cheung Yan, mais conhecida do público como a Rainha do Lixo. Todo ano a *Hurun Report*, uma revista de Shanghai, divulgava uma lista das pessoas mais ricas da China. Na de 2006, Cheung foi a primeira mulher a ocupar o topo da lista. Ela fundou a Nine Dragons Paper, maior fabricante de papel da China, e ganhou o apelido conquistando um nicho obscuro que levou o comércio global à sua máxima eficiência: comprava montanhas de papéis usados nos Estados Unidos, transportava-os para a China a um baixo custo, reciclava, fazia caixas de papelão para acondicionar produtos com o carimbo "Made in China" e vendia esses produtos para os americanos. A lista dos mais ricos de 2006 estimava sua fortuna em 3,4 bilhões de dólares. No ano seguinte, a riqueza de Cheung cresceu ainda mais, passando dos 10 bilhões, e a revista a considerava a mulher que construiu por conta própria a maior fortuna do mundo, superando Oprah e J. K. Rowling.

Cheung e o marido, Liu Ming Chung, ex-dentista que trabalhava como o presidente executivo da companhia, me encontraram na lanchonete da maior fábrica de papel do mundo, uma das instalações de Cheung na cidade sulista de Dongguan. Aos 52 anos, Cheung era uma chefe de fábrica à moda antiga. Não falava inglês, e seu chinês tinha forte sotaque manchu. Mal chegava a 1,50 metro de altura, mas numa conversa era impelida por explosões de energia e impaciência, como se encarnasse as características industriais da China. "O mercado não espera por ninguém", disse ela. "Se eu não desenvolvo hoje, se espero um ano, ou dois, ou três, para desenvolver, não vou ficar com nada do mercado, e perderei a oportunidade. Nesse caso seríamos como qualquer outra fábrica!"

Enquanto almoçávamos, ela se recusou a falar de negócios; eles queriam conversar sobre os dois filhos. O mais velho estava em Nova York, fazendo mestrado em engenharia na Columbia. O mais novo cursava uma escola preparatória na Califórnia, e a certa altura, no meio do almoço, uma assistente lhe entregou uma cópia da carta de recomendação de uma professora em favor do filho. Ela a examinou e devolveu.

"Sua média é quatro ponto zero, quatro ponto três", disse ela. Então, com o orgulho de uma autodidata, acrescentou: "Sua cabeça está cheia de educação americana. Precisa incluir alguma educação chinesa também. Do contrário, perderá o equilíbrio".

Quando cheguei à China, em 2005, só havia 64 estudantes chineses nas escolas secundárias privadas americanas, de acordo com o Departamento de Segurança Interna dos Estados Unidos. Cinco anos depois, eram quase 7 mil. Parei de me surpreender quando altos funcionários do Partido Comunista me diziam que seus filhos estavam na Taft ou Andover. (Com o tempo, um grupo de pais da elite chinesa acabou com o fluxo, passando a mandar os filhos para uma suntuosa escola preparatória em Beijing, para cuja administração contrataram ex-diretores de Choate e Hotchkiss.)

De todos os caminhos para o desenvolvimento pessoal, nada motivava mais as pessoas do que o estudo do inglês. A "febre do inglês" tomou conta de garçons, executivos e professores, e fez da língua um instrumento de medição dos potenciais da vida — uma força poderosa o bastante para transformar um currículo, ajudar a atrair um cônjuge ou tirar alguém de uma aldeia. Homens e mulheres no site de encontros de Gong costumavam incluir o conhecimento do inglês em suas descrições pessoais, juntamente com as menções a carros e casas. Todo calouro de faculdade era obrigado a comprovar um nível mínimo de compreensão do inglês, e o inglês era a única língua estrangeira para a qual havia provas. Num romance chamado *Inglês*, o autor, Wang Gang, professor de escola rural, diz: "Se eu rearranjar as palavras de um dicionário [de inglês], o mundo inteiro se abrirá diante de mim".

Era uma brusca inversão do passado. Na China do século XIX, o inglês era visto com desprezo, como a língua dos atravessadores que lidavam com comerciantes estrangeiros. "Esses homens costumam ser frívolos canalhas e desocupados nas cidades e são desprezados em suas aldeias e comunidades", escreveu o sábio reformista Feng Guifen em 1861. Mas Feng sabia que a China precisava do inglês para fins diplomáticos, e propôs a criação de escolas especiais de idiomas. "Há muita gente brilhante na China; deve haver pessoas capazes de aprender com os bárbaros e superá-los", escreveu ele. Mao era favorável ao russo para o país, e expulsou tantos professores de inglês que, pelos idos dos anos 1960, a China tinha menos de mil professores de inglês de ensino médio. Quando Deng abriu as portas da China para o mundo, a febre do inglês se espalhou. Em 2008, 82% das pessoas ouvidas em uma pesquisa achavam indispensável aprender inglês. (Nos Estados Unidos, 11% consideravam indispensável aprender chinês.) Nesse mesmo ano, entre 200 milhões e 300 milhões de chineses estavam estudando inglês. O maior sistema de ensino de inglês na China, New Oriental, tinha ações negociadas na Bolsa de Valores de Nova York.

Eu quis conhecer um homem chamado Li Yang, o mais popular professor de inglês da China e talvez o único instrutor de idiomas do mundo capaz de provocar lágrimas de comoção nos alunos. Li era o diretor e editor-chefe de sua própria empresa, a Li Yang Crazy English. Os alunos recitavam sua biografia com a persistência de quem recita um feitiço: era filho de um propagandista do partido, cuja disciplina, de tão severa, fez dele um jovem tão tímido que não conseguia sequer falar ao telefone; quase foi reprovado na faculdade, mas resolveu se preparar para uma prova de inglês lendo em voz alta e descobriu que, quanto mais alto lia, mais ousado ficava, e melhor falava; com o tempo, tornou-se uma celebridade no campus, e transformou essa celebridade num império. Nos vinte anos transcorridos desde que começou a lecionar, falou diante de milhões de adultos e crianças chineses.

No primeiro semestre de 2008, visitei-o quando supervisionava um seminário intensivo de um dia inteiro numa pequena faculdade na periferia de Beijing. Chegou acompanhado do fotógrafo e do secretário particular. Entrou na sala e gritou: "Olá, pessoal!". Os alunos aplaudiram. Li usava camisa de gola rolê cinza e sobretudo três-quartos cor de carvão. Tinha 38 anos, e os cabelos negros eram ressaltados por uma discreta mecha grisalha. Li olhou para os alunos e pediu que levantassem. Eram médicos na faixa dos trinta e dos quarenta anos, selecionados pelos hospitais de Beijing para trabalhar nas Olimpíadas do ano seguinte. Mas, como milhões de estudantes de inglês na China, não tinham segurança praticamente nenhuma na hora de falar a língua que passaram anos estudando nos livros escolares. Li ficara famoso por usar uma técnica de Inglês como Segunda Língua [English as a Second Language, ESL], que um jornal de Hong Kong chamava de Inglês como Língua Berrada [English as a Shouted Language]. Berrar, dizia Li, era a melhor maneira de desencadear o que ele chamava de "músculos internacionais". Li pôs-se diante dos alunos, o braço direito erguido, e os fez pronunciar inglês o mais alto possível. "I", berrou ele. "*I*", eles repetiram berrando.

"Would!"

"*Would*!"

"Like!"

"*Like*!"

"To!"

"*To*!"

"Take!"

"*Take*!"

"Your!"

"*Your*!"

"Tem! Per! Ture!"

"*Tem*! *Per*! *Ture*!"

Um a um, os médicos tentaram pronunciar. Uma mulher, de elegantes óculos pretos, disse: "*I would like to take your temperature*".

Li sacudiu teatralmente a cabeça e mandou-a repetir. As faces da mulher coraram e, num rompante, ela berrou: "*I would like to take your temperature!*". Depois foi a vez de um homem robusto, fardado, que não precisou de incentivo. "*I would like to take your temperature!*". Em seguida, veio uma mulherzinha minúscula, que soltou um grito estridente. A sala toda foi repetindo, cada voz mais confiante do que a anterior. Fiquei imaginando como reagiria um paciente, mas, antes de poder perguntar, Li já tinha saído, para cuidar de outro grupo na sala ao lado.

Li costumava lecionar em arenas, para turmas de 10 mil pessoas ou mais. Os fãs mais ardorosos pagavam por um ingresso "categoria diamante", que incluía como bônus sessões em pequenos grupos com o grande homem. O preço era 250 dólares por dia — mais de um mês de salário do trabalhador chinês comum. Alunos se amontoavam à volta dele para pedir autógrafo. De vez em quando, mandavam cartas de amor enroladas em roupas íntimas.

Havia outra opinião muito difundida sobre o trabalho de Li. "O júri ainda não decidiu se ele de fato está ajudando as pessoas a aprender inglês", me disse Bob Adamson, especialista em língua inglesa do Instituto de Educação de Hong Kong. O berro-padrão de Li alcançava um registro específico: para o meu ouvido, não era bem um grito que servisse para avisar alguém para tomar cuidado com um caminhão que se aproxima, mas era mais urgente do que um chamado para sentar-se à mesa de jantar. Ele gostava de slogans patrióticos exagerados, como "Conquistar o inglês para tornar a China mais forte!". Em seu site, declarava: "Estados Unidos, Inglaterra, Japão — eles não querem que a China seja poderosa! Querem é que os jovens chineses usem cabelos compridos, roupas estranhas, bebam refrigerante, ouçam música ocidental, não tenham espírito combativo, amem o prazer e o conforto! Quanto mais a juventude chinesa se degenera, mais felizes eles ficam!". Wang Shuo, um dos mais influentes romancistas da

China, não gostava nada da retórica nacionalista de Li. "Já vi esse tipo de agitação antes", escreveu ele. "É uma feitiçaria antiga: convoca-se uma grande multidão, incita-se essa multidão com palavras e desenvolve-se uma sensação de poder suficientemente forte para derrubar montanhas e virar os mares." E acrescentou: "Acho que Li Yang ama seu país. Mas meu medo é que, quando se age dessa maneira, nosso patriotismo se transforme numa droga igual ao racismo".

Mas comecei a passar algum tempo com seus alunos e descobri que eles o consideram mais a prova viva das promessas de autotransformação do que um simples professor de línguas. Li deu aulas na Cidade Proibida e em cima da Grande Muralha. Seu nome apareceu na capa de mais de cem livros, vídeos, caixas de CDs e pacotes de software. A maioria dos produtos de Li trazia um dos seus retratos: óculos sem aro, um riso imperioso, o arquetípico cidadão chinês do século XXI. Em suas conversas, Li era grandioso, comparando sua fama à de Oprah e afirmando ter vendido "bilhões de exemplares" de seus livros. (A verdade não exigia muito exagero: um de seus editores calculou para mim que seus livros vendiam milhões.) Um colunista do jornal estatal *China Daily* descreveu Li como um "demagogo". O *South China Morning Post* questionou se o Crazy English não estaria se tornando "um desses cultos nos quais os líderes insistem em ser tratados como divindades". ("Culto" é uma palavra perigosa na China, onde o grupo espiritual Falun Gong recebeu esse rótulo em 1999 e o governo desde então tem prendido seus seguidores.)

Quando perguntei a Li sobre o artigo do *South China Morning Post*, ele respondeu: "Fiquei furioso". Disse que não tinha o menor interesse em ser cultuado. Suas motivações não eram nada mais do que mercenárias. "O segredo do sucesso", afirmou, "é manter as pessoas gastando. Foi a conclusão a que cheguei." Apesar da devoção dos alunos, seu objetivo era simples: "Como é que vamos conseguir fazê-los gastar, e gastar, e gastar?".

A cosmologia de Li associava a capacidade de falar inglês à força pessoal, e a força pessoal ao poderio nacional. Essa combinação produzia uma adoração intensa e por vezes desesperada. Um aluno chamado Feng Tao me falou da época em que percebeu que tinha dinheiro suficiente para assistir a uma das palestras de Li, mas não para a passagem de trem para ir até lá. "Decidi vender sangue", disse ele. Em uma multidão desses fãs, a atmosfera pode ser massacrante. A mulher de Li, uma americana chamada Kim Lee, me contou o seguinte: "Houve épocas em que tive que correr, ou pedir a alguém maior do que eu, um homem, para tirar minha filha do meio de um empurra-empurra que me deixou apavorada". E acrescentou: "Não eram coisas do tipo 'Nossa, ele é famoso'. Não. Eram momentos do tipo 'Meu Deus, isto está fora de controle'".

Kim Lee chamou minha atenção por ser um oásis de normalidade no mundo do Crazy English. "Sou apenas uma mãe que entrou nesta vida bizarra por casualidade", disse ela, rindo. Era professora na Flórida quando conheceu Li Yang, durante uma viagem do sindicato dos professores de Miami à China em 1999. Casaram-se quatro anos depois, tiveram dois filhos, e ela passou a ensinar no palco ao lado de Li. Seu humor cáustico, o jeito e a aparência 100% americanos eram a parceria perfeita para o estilo do marido: uma Alice Kramden americana com seu Ralph chinês.* De início, ela ficava desconcertada com as palhaçadas e com o nacionalismo exaltado de Li, mas, quando percebeu como os alunos reagiam, ficou impressionada com sua capacidade de se relacionar. E pensou: "Se esse sujeito é realmente apaixonado pelo que faz, e ainda mais como professor, como não ficar comovida?".

Poucas semanas depois da aula em Beijing, presenciei o evento mais esperado do ano organizado por Li: o Curso Intensivo de

* Personagens da clássica série de TV americana *The Honeymooners*. (N. T.)

Inglês no Campo de Treinamento de Inverno. Naquele fim de semana, a China foi atingida pelo frio mais rigoroso em meio século. As nevascas coincidiram com as viagens do fim de semana do Novo Ano Lunar, o principal feriado em família do calendário chinês. O nível de devastação foi sem precedentes; em Guangzhou, centenas de milhares de viajantes ficaram presos nas ruas, em volta da estação de trem. De alguma forma, setecentos adultos e crianças conseguiram chegar ao campus de uma faculdade na cidade sulista de Conghua. Um menino de dez anos me disse que tinha passado quatro dias viajando de carro, com o irmão mais velho ao volante.

No campo de treinamento de inglês, supervisores vestiam uniforme camuflado, usavam megafones e escoltavam os alunos em formação pelo campus. O rosto de Li aparecia em toda parte, em pôsteres gigantescos, com frases em inglês. Acima da escada da lanchonete: JÁ PAROU PARA PENSAR SE VOCÊ MERECE MESMO A COMIDA? Na praça onde estudantes formavam fila antes das palestras: NUNCA DEIXE SEU PAÍS NA MÃO! Acima da entrada da arena: PELO MENOS UMA VEZ NA VIDA EXPERIMENTE A LOUCURA TOTAL.

Pouco antes das nove horas do primeiro dia, os alunos lotaram a arena. Não havia calefação, e estava frio, assim como nos dormitórios. (Na noite anterior, eu tinha dormido vestido da cabeça aos pés, incluindo chapéu.) Li aliava a capacidade de falar inglês à resistência física, com base em seu princípio fundamental: a distância entre o mundo anglófono e o mundo que não fala inglês é tão grande que qualquer sacrifício ou humilhação valia o esforço. Ordenou aos alunos que "amassem ficar constrangidos". Num vídeo para alunos do ensino fundamental e médio, ele dizia: "É preciso cometer muitos erros. É preciso ser ridicularizado por muita gente. Mas isso não importa, porque o seu futuro é totalmente diferente do futuro dos outros".

Um longo tapete que servia de passarela passava pelo meio da multidão, e depois de estourarem alguns fogos de artifício, Li subiu ao palco. Segurava um microfone sem fio, andando de um lado para o outro da passarela, os pés à altura dos ombros da multidão sentada, que não desgrudava os olhos dele.

"Um sexto da população mundial fala chinês. Por que estudamos inglês?", perguntou. Depois se virou e fez um gesto para uma fila de professores estrangeiros sentados com ar abatido atrás dele. "Porque temos pena deles, que não sabem falar chinês!" A multidão respondeu com um urro.

Durante as horas seguintes, num frio anestesiante, Li oscilou entre a intimidação e a inspiração; ajeitava-se para aparecer bem diante da câmera; zombava de chineses que tinham pomposos diplomas universitários. A multidão foi ao delírio. Nos dias que se seguiram, grupos de alunos saíam para correr gritando palavras em inglês. Na noite de encerramento, caminharam sobre uma camada de brasas. Entre uma aula e outra, o campus ficava cheio de alunos murmurando como estudantes aplicados, os livros de Li colados ao rosto, os lábios movendo-se.

Certa tarde, saí em busca de ar fresco. À porta encontrei Zhang Zhiming, um jovem magro, curioso, de 23 anos, com um topetinho que o tornava parecido com Tintim. Preferia usar o nome Michael, e contou que estudava no Crazy English havia cinco anos. Era filho de um mineiro aposentado e não tinha dinheiro para pagar a passagem até o acampamento, por isso no ano anterior trabalhara como segurança do lugar, esforçando-se para ouvir o máximo possível das laterais do palco. Nesse ano, fora promovido a professor assistente e recebia um pequeno estipêndio.

"Geralmente quando vejo Li Yang fico um pouco nervoso", disse ele quando nos sentamos ao sol. "É um super-homem."

O entusiasmo de Michael era contagiante. "Antes de saber da existência do Crazy English, eu era um chinês muito tímido", revelou. "Não conseguia falar nada, era muito retraído. Agora sou muito confiante, posso falar com qualquer um em público e inspirar as pessoas a falarem juntas."

O irmão mais velho de Michael tinha trabalhado como assistente de Li. Nunca aprendeu bem o inglês, mas Michael começou a dedicar até oito horas por dia ao estudo, ouvindo incessantemente uma fita com a voz de Li, que para ele era "como música".

Seu livro preferido era *American Standard Pronunciation Bible*, de Li Yang, que o ajudou a aprimorar a pronúncia das vogais e a atacar as consoantes. Acabou arranjando emprego para lecionar numa escola de inglês, na esperança de um dia abrir a própria escola. Conheci dezenas de alunos de Li Yang naquele inverno, e sempre perguntava para que o inglês lhes serviria na vida. Um criador de porcos queria saber cumprimentar seus compradores americanos; um empregado da área financeira, estudando nas férias, queria obter uma vantagem competitiva no escritório. Michael não tinha dúvidas sobre o que o inglês poderia fazer por ele. Poucos anos antes, o irmão se envolvera numa rede de vendas de porta em porta, oferecendo bebidas saudáveis e fórmulas. Esquemas como esses, conhecidos em mandarim como "sociedades de ratos", proliferaram durante a onda de crescimento da China, espicaçados por sonhos de riqueza súbita e por uma população à deriva entre crenças ideológicas.

"Ele sempre quis que eu me envolvesse nisso", acrescentou Michael, e tentei imaginá-lo apregoando os benefícios de um tônico capilar com a mesma paixão com que agora falava do inglês. "Passei meio ano nesse negócio e não ganhei nada." O irmão de Michael acabou indo parar nos Estados Unidos, para tentar ganhar dinheiro e pagar os credores. Agora trabalhava como garçom em Nova York, e, enquanto não voltasse, caberia a Michael sustentar os pais.

Enquanto Michael falava, o vigor de sua voz ia diminuindo. O irmão queria que ele também fosse para os Estados Unidos. "Ele sonha alto", afirmou Michael. "Mas a verdade é que não quero ir, pois meu sonho é ter meu próprio negócio. Quem é empregado não fica rico. Não consegue comprar uma casa, comprar um carro, sustentar a família."

Michael fitou os pés e disse: "Não tenho escolha. A vida é assim. Eu deveria estar sempre sorrindo. Mas a verdade é que sofro muita pressão. Às vezes tenho vontade de chorar. Mas sou homem".

Ele parou de falar. O ar estava calmo, a não ser por um vento cálido que trazia um fiapo da voz de Li, retumbando no estádio atrás de nós.

Poucas semanas depois, Michael me convidou para almoçar no apartamento que dividia com os pais em Guangzhou. Era um aglomerado de arranha-céus modernos na rua do Garimpo. Quando Michael me recebeu no portão, estava de bom humor. "Fui promovido a supervisor", contou. "Recebi um aumento." O apartamento da família consistia numa sala de visitas, dois pequenos quartos de dormir e uma cozinha. Os pais estavam preparando a comida, e o ar cheirava a gengibre. Michael e o pai dividiam um beliche num dos quartos, e a mãe e a irmã mais velha ocupavam o outro. O quarto de Michael estava atulhado de livros didáticos de inglês e tinha uma escrivaninha abarrotada. O inglês era uma presença tangível, quase como se fosse um terceiro e bagunceiro companheiro de quarto. Michael remexeu numa caixa para me mostrar fichas de vocabulário que ele mesmo preparava, como Li Yang costumava fazer. Tirou uma com as palavras para: "Profissões: astrônomo, padeiro, barbeiro, barman, biólogo, operário, chefe/superior, botânico [...]".

Quando Michael era menino, a família vivia numa cidade voltada para a mineração chamada Mina Número Cinco. Os pais, que haviam sobrevivido aos anos mais difíceis de pobreza e agitação política, só tinham "um objetivo na vida", segundo Michael. "Passar os dias em paz." Mas Michael queria desesperadamente sair da Mina Número Cinco. Num trecho que usava para praticar o inglês, ele escreveu:

> Não aguentava mais comer pão *baozi*, restos de verduras e batata-doce todos os dias. Não aguentava mais usar a mesma roupa remendada ano após ano e ouvir meus colegas de sala rirem de mim. Não aguentava mais andar uma hora para chegar àquela velha escola malcuidada.

Com a ajuda de empréstimos do chefe da mina de carvão e de outras pessoas, Michael entrou na faculdade, onde o inglês se tornou uma obsessão. Em seu diário, escreveu: "Há noites em que não consigo dormir. Quero acordar logo e praticar inglês". Assistia a filmes americanos e imitava a voz retumbante de Mufasa, o leão pai no desenho animado *O Rei Leão*. Mufasa era dublado por James Earl Jones, e no campus o jovem chinês que falava um pouco como Darth Vader não passou despercebido. "Ele era como uma pequena erva daninha", contou-me o amigo Hobson.

Durante a faculdade, Michael trabalhou numa rádio local, no KFC, como lavador de pratos, mas mesmo com o empréstimo do chefe da mina de carvão a mensalidade era cara, e Michael abandonou o curso depois de dois anos para estudar no Crazy English em tempo integral. Tinha assimilado, mais do qualquer outra pessoa que conheci, a promessa de autorrealização. Passou a definir-se como "anglófono convertido". Em seu diário, parou de meditar sobre suas frustrações. "O crescimento de uma árvore depende do clima, mas eu faço meu próprio clima. Eu controlo meu destino", escreveu. "Não podemos mudar o ponto de partida da nossa vida, mas com muito estudo e trabalho podemos mudar o ponto de chegada!" Suas estantes estavam repletas de manuais de negócios e livros de autoajuda. Como vendedor pegara o hábito de temperar seus comentários com perguntas lisonjeiras do tipo "Dá para acreditar?".

Enquanto estávamos sentados no seu quarto, ele decidiu reproduzir umas gravações que preparara para os alunos como modelos de pronúncia. Pôs uma chamada "O que é inglês?". Sobrepondo-se ao barulho de ondas e gaivotas, que servia como trilha sonora, gravou um diálogo com uma moça chamada Isabell, com quem ia trocando frases: "Inglês é a coisa mais fácil do mundo. *Posso dominar completamente o inglês.* Usarei o inglês. *Aprenderei inglês.* Viverei em inglês. *Não sou mais escravo do inglês.* Sou seu senhor. *Acredito que o inglês será meu servidor fiel e amigo da vida inteira*".

A conversa prosseguia por mais um minuto, e enquanto Michael escutava atentamente meus olhos pousaram numa pequena placa escrita à mão em chinês e colada na parede ao pé da cama. Dizia: O PASSADO NÃO É IGUAL AO FUTURO. CREIA EM SI. PRODUZA MILAGRES.

6. Competição feroz

A era da ambição se espalhou pela China a partir do litoral, invertendo a rota da migração; saiu das cidades para as comunidades fabris, e das comunidades fabris para as aldeias. Ao contaminar pessoas que só pensavam em agarrar uma oportunidade para se livrar de suas origens, a busca da riqueza intensificou-se, adquirindo nuances de pensamento mágico. Agricultores em aldeias remotas investiram em inventos audaciosos, ganhando o apelido de "Da Vincis camponeses". Algumas ideias eram sinistramente pragmáticas — um homem com problemas renais construiu sua própria máquina de hemodiálise, utilizando materiais de cozinha e suprimentos médicos, incluindo pregadores de roupa e uma bomba sanguínea de segunda mão. Mais frequentemente, porém, os inventores eram instigados por um senso geral de possibilidades: construíam carros de corrida e robôs, e um avô chamado Wu Shuzai criou um helicóptero de madeira. Os vizinhos disseram que a aeronave parecia um poleiro de galinha, mas Wu não desistiu, na esperança de poder, em suas próprias palavras, "decolar dessa montanha para ver o mundo".

No entanto, apesar de toda a conversa sobre Da Vincis camponeses e fortunas construídas a partir do zero, ficava claro que a turma dos Enriquecidos Antes avançava tão depressa que os outros não conseguiam acompanhá-los. Em 2007, 10% dos chineses urbanos do topo da pirâmide ganhavam 9,2 vezes mais do que os 10% da base, contra 8,9 vezes no ano anterior. Manifestações públicas, com frequência organizadas por operários furiosos por causa de salários atrasados, ou por agricultores cuja terra fora confiscada para urbanização, dispararam para 87 mil em 2005, bem acima das 11 mil de dez anos antes. Quanto mais percebiam que a diferença aumentava, mais desesperadas ficavam as pessoas. Michael, o professor de inglês, concluiu que precisava trabalhar mais durante o dia, e decidiu limitar o sono a apenas quatro horas por noite. "Dinheiro eu posso ganhar", me disse ele. "Mas tempo não posso criar."

O esforço para não sair perdendo na corrida estimulava a criatividade, por vezes com resultados desastrosos. Wang Guiping, um alfaiate do delta do rio Yang-tse, associou-se aos vizinhos no negócio de fabricar produtos químicos, dizendo a outro morador da aldeia que aquilo "colocaria meu filho numa boa escola e faria de nós gente da cidade". À noite, enquanto a família dormia, o alfaiate, que só estudara até o último ano do ensino fundamental, fazia experiências com a ajuda de um livro de química e descobriu que podia usar um solvente mais barato sem que ninguém percebesse e assim economizar nos custos. "Antes de vender, bebi um pouco", diria posteriormente. "Queimou um pouco meu estômago, mas nada de mais." Descobriu outros substitutos baratos de componentes químicos, e seu lucro aumentou. Mas as beberagens acabaram se revelando venenosas, e ao serem usadas na composição de xarope para tosse em 2006 mataram catorze pessoas num hospital em Guangdong, e o alfaiate foi parar na cadeia. A China fechou mais de quatrocentas pequenas fábricas de medicamentos naquele ano; no total, seus produtos envenenados mataram centenas de pessoas, algumas até em lugares distantes, como o Panamá.

A corrida afetou cada um a seu modo. Um ex-barbeiro de cinquenta anos chamado Siu Yun Ping descobriu o gosto pelo risco. No verão de 2007, começou a sair de sua aldeia em Hong Kong para fazer visitas regulares a Macau, único território chinês onde os cassinos são permitidos. Macau fica no chifre de um trecho pedregoso do litoral, onde o rio Pérola deságua no mar da China Meridional. Sua área corresponde a um terço da ilha de Manhattan, cobrindo uma península tropical e um par de ilhas que no mapa parecem migalhas caídas do continente. O presidente Mao proibiu o jogo na China muito tempo atrás, mas ele subsiste em Macau devido a um pequeno empecilho histórico: durante quase quinhentos anos, a cidade foi colônia portuguesa, e quando voltou ao controle da China, em 1999, recebeu autorização para reter algumas das tradições ostensivamente libertinas que levaram W. H. Auden a chamá-la de "erva daninha da Europa Católica". A infusão de riqueza material chinesa provocou uma onda de construções sem precedentes: em 2007, quando Siu começou a visitar Macau, a renda dos cassinos já tinha ultrapassado a registrada pelos de Las Vegas, até então o maior centro mundial de jogatina. Dentro de mais alguns anos, a quantidade de dinheiro que passava por Macau era seis vezes maior do que a que passava por Las Vegas.

Siu Yun Ping não era exatamente uma pessoa de sorte. Cresceu num barraco com teto de zinco numa comunidade nos alagadiços da zona rural de Hong Kong. No ano em que nasceu, uma enchente fatal atingiu seu bairro; os anos subsequentes trouxeram a seca, depois os tufões. "Era como se os deuses quisessem nos destruir, nos fazendo perder a cabeça", escreveu um funcionário local em suas memórias sobre aquele período. Siu tinha cinco irmãos, e sua instrução só chegou ao fim do primário. Antes de ser barbeiro, conseguiu emprego como alfaiate e operário da construção civil. Jogos de azar eram a rigor ilegais em Hong Kong, mas, como em muitas outras comunidades chinesas, faziam discretamente parte da vida, e com nove anos Siu já se metia no meio da multidão para ver os jogos de cartas. Aos treze, apostava um dinheirinho, e um antro de jogos clandestinos o contratou para espiar as mãos dos jogadores. "Sou bom para observar os movimentos das pessoas", afirmou ele. "Sempre que via alguém trapacear, contava ao chefe."

Já adulto, continuou a jogar cartas, embora com pouco sucesso. Era uma presença nada glamorosa — magro e musculoso, com faces gorduchas, cabelos espessos, e os olhos ágeis e atentos de um homem acostumado a tomar conta de si. Casou aos dezenove anos, teve três filhos, divorciou-se e casou de novo. Em sua aldeia, Fuk Hing, que quer dizer "brinde à riqueza", era conhecido por um apelido de que não gostava nem um pouco: Lang Tou Ping, ou Inveterado Jogador Ping.

Quando trabalhava como barbeiro, fez amizade com um adolescente magricela chamado Wong Kam-ming. Wong fora criado no mesmo distrito, um dos lugares mais pobres de Hong Kong, e também tinha abandonado os estudos para procurar emprego. De vez em quando os dois se encontravam para comer no café onde Wong trabalhava para a mãe. Siu estava tentando tornar-se um empreiteiro de cidade pequena, construindo e vendendo casas entre os arrozais perto da aldeia, e Wong abriu seu próprio restaurante. Ficaram ainda mais íntimos quando Wong arranjou um trabalho extra em Macau como "junket agent", alguém que vai atrás de jogadores, abre linhas de crédito para eles e ganha comissão em cima do que apostam. Uma das pessoas que ele recrutou foi Siu.

Uma ou duas vezes por semana, Siu tomava o ferry público para atravessar as agitadas águas cinzentas do estuário do rio Pérola. Setenta mil pessoas iam para Macau diariamente tentar a sorte, mais da metade proveniente da China continental. Siu não tinha a ilusão de que o vício o ajudava. "Em cada dez pessoas que jogam, talvez três vão ganhar", disse ele. "E, quando essas três continuam jogando, só uma vai ganhar." Ele jogava bacará, o grande favorito dos jogadores chineses. (Oferecia chances de vitória um pouco melhores do que as outras opções, e era fácil de aprender.) O estilo *punto banco*, preferido em Macau, não exigia nenhuma habilidade; o resultado era determinado já na distribuição das cartas.

Em agosto de 2007, poucas semanas depois de iniciar suas visitas regulares, Siu viveu uma maré de sorte. Em certos dias, ganhava milhares de dólares. Noutros, levava para casa centenas de milhares. Por recomendação de Wong, foi convidado para as opulentas salas VIP, abertas apenas para os maiores apostadores, e passou a fazer a travessia regularmente de helicóptero, junto com os endinheirados. Quanto mais Siu jogava, mais Wong ganhava comissões e gorjetas. Quando o inverno se aproximava, o sucesso de Siu desencadeou uma sucessão de acontecimentos que mostrou por que, no novo cenário de dinheiro e poder da China, Macau é o lugar onde pessoas se metem facilmente em encrencas — quer se trate de um ex-barbeiro de Hong Kong, quer de um dos homens mais ricos dos Estados Unidos.

Cidades onde o jogo é legalizado são santuários de autoinvenção. Las Vegas era um posto avançado no deserto, atormentado por tempestades de areia e súbitas inundações pluviais — uma terra "que o Senhor esqueceu", na visão dos missionários mórmons do século XIX, que a abandonaram — antes de crescer e se tornar a cidade que atrai mais gente por ano do que Meca. Hal Rothman, o já falecido historiador do Oeste americano, escreveu que Las Vegas fazia a mesma pergunta a cada visitante recém-chegado: "O que é que você quer ser, e quanto está disposto a pagar por isso?".

O ferry para Macau é recebido por uma multidão de catadores de fregueses. Quando cheguei, numa tarde de outono, uma jovem me pôs nas mãos um anúncio em chinês oferecendo um "USA Direct", um número telefônico gratuito para falantes de mandarim interessados em comprar imóveis americanos por preços camaradas. Meu telefone vibrou. Era uma mensagem automática de um cassino:

> A Cidade dos Sonhos cumprimenta o felizardo ganhador da promoção "$1-para-Ficar-Rico, Rico, Rico" com o grande prêmio de $11 562 812 em dólares de Hong Kong! Embarque no Expresso da Fortuna. O próximo milionário pode ser você.

Com uma população de meio milhão, Macau parece a China simultaneamente amplificada e miniaturizada. Anima-a a mesma combinação de ambição, risco e reinvenção, mas o volume de dinheiro e de pessoas que passam por ali destila a mistura e produz um extrato tão potente que pode ser visto ao mesmo tempo como a grande força da cidade ou como sua maior desvantagem. Macau costumava fabricar fogos de artifício, brinquedos e flores de plástico, mas, quando os cassinos chegaram, as fábricas sumiram. A renda do cidadão médio agora é mais alta do que a do cidadão médio europeu. As construções não param. Quando me instalei num hotel, a cena lá fora lembrava meus primeiros meses na China, com tochas de soldadores iluminando janelas 24 horas por dia.

Mesmo para os padrões chineses, a rapidez com que Macau cresceu foi assombrosa. Em 2010, grandes jogadores apostaram 600 bilhões de dólares em seus cassinos, mais ou menos o montante de dinheiro sacado de todos os caixas automáticos dos Estados Unidos em um ano. Mas até mesmo esse dinheiro que mudava de mãos nas mesas de jogo de Macau era apenas parte da história. "O crescimento do jogo em Macau, alimentado por dinheiro de jogadores que vêm da China continental e pelo aumento do número de cassinos pertencentes a americanos, tem sido acompanhado pela corrupção generalizada, pelo crime organizado e pela lavagem de dinheiro", de acordo com o relatório da Comissão Executiva do Congresso dos Estados Unidos sobre a China para o ano de 2011. O lugar se tornou o "Serviço de Lavanderia de Macau", para usar a linguagem empregada em 2009 por diplomatas americanos em telegramas internos. David Asher, que foi conselheiro do Departamento de Estado para assuntos do Leste da Ásia e do Pacífico durante a administração Bush, me disse que Macau "deixou de ser uma coisa de filme de James Bond para se tornar coisa de *A identidade Bourne*".

Em 2005, agentes do FBI infiltraram-se numa quadrilha de contrabandistas envolvendo um cidadão de Macau chamado Jyimin Horng, apresentando-se como emissários dos guerrilheiros das Farc (Forças Armadas Revolucionárias da Colômbia). Quando um agente do FBI de nome Jack Garcia perguntou sobre armas, Horng lhe mandou um catálogo; Garcia encomendou mísseis antitanque, lançadores de granadas, submetralhadoras e fuzis AK-47. A fim de atrair Horng e outros para os Estados Unidos e prendê-los, foi organizado um falso casamento entre um agente e uma agente envolvidos na operação. Horng e outros receberam elegantes convites para uma cerimônia a bordo de um iate ancorado perto de Cape May, em Nova Jersey. "Eu era o padrinho", contou-me Garcia. "Fomos buscá-los de carro para a despedida de solteiro e os levamos diretamente para o escritório do FBI." Cinquenta e nove pessoas foram presas. Com base nesse caso, e em outras informações, o Departamento do Tesouro pôs na lista negra o Banco Delta Asia, em Macau, por lavagem de dinheiro e ligações com o regime norte-coreano, acusações que o banco negou.

* * *

Jogos de azar fazem parte da história da China desde a dinastia Xia (2000-1500 a.C.). "O governo de vez em quando baixava regras contra eles, mas apesar disso os funcionários públicos eram os que mais jogavam", disse-me Desmond Lam, professor de marketing da Universidade de Macau. "Eles perdiam seus cargos, eram submetidos a castigos corporais, presos, exilados, mas ainda assim vemos a tendência se estender ao longo das dinastias." Lam estudou as atitudes dos chineses em relação aos riscos. Ele e eu fazíamos um passeio a pé pela Cidade dos Sonhos, um conjunto de cassinos que adota o slogan "Entre, jogue e mude sua vida". Depois de seis anos de estudos e pesquisas, Lam vê cada mesa de jogo como uma "batalha microscópica", um confronto equilibrado entre ciência e fé. De um lado está o cassino, que pode calcular com precisão de até duas casas decimais suas probabilidades de ganho. Do outro, uma coleção de crenças chinesas sobre destino e superstição, que, segundo Lam, "as pessoas sabem que são irracionais, mas fazem parte da cultura". Ele assinalou algumas dessas crenças tradicionais: para aumentar as chances, usar roupas íntimas vermelhas e acender todas as luzes da casa antes de sair; para impedir uma maré de azar, evitar encontrar-se com freiras ou monges a caminho do cassino; nunca usar a porta principal para entrar, procurar sempre uma porta lateral.

Intrigas, de uma espécie ou de outra, fazem parte de Macau desde os mitos de sua fundação, que relatam um ato de elegante dissimulação: em 1564, pelo menos é o que diz a história, pescadores chineses locais pediram a ajuda de uma frota portuguesa que por ali passava para combater uns piratas; os portugueses esconderam seus canhões dentro de barcos chineses e emboscaram os bandidos no mar. Em um gesto de gratidão, os chineses concederam autorização aos portugueses para ficar na península.

Macau se tornou escala indispensável entre a Índia e o Japão, mas com o tempo a vizinha Hong Kong construiu um porto melhor, e Macau foi obrigada a desenvolver especialidades alternativas: ópio, prostituição e jogo. Quando o escritor holandês Hendrik de Leeuw ali esteve nos anos 1930 para escrever o livro *Cidades do pecado*, incluiu Macau como abrigo de "toda a canalha do mundo, os capitães de navio bêbados, os vagabundos do mar, os negligenciados, e mais mulheres descaradas, belas e indomáveis do que em qualquer porto do mundo. É um inferno".

Pela maior parte de sua história, Macau parecia tão mediterrânea quanto chinesa, com igrejas católicas barrocas e ruas de cafés protegidos do sol por palmeiras de palmas caídas, onde velhos imigrantes tomavam seu café da manhã lendo o *Jornal Tribuna*. Mas quando ali cheguei já havia um toque de Golfo Pérsico: hotéis de luxo e arranha-céus com ar-condicionado, carros esportivos passeando indolentemente ao sol. A receita tributária do governo de Macau costumava ser duas vezes maior que o orçamento, e, como o Kuwait, Macau distribuía cheques para seus residentes como parte de um programa chamado Plano de Participação da Riqueza. O desemprego era de menos de 3%. "O que Las Vegas fez em 75 anos, estamos fazendo em quinze", afirmou-me Paulo Azevedo, editor da *Macau Business* e de outras revistas, quando nos encontramos para um drinque. Esse ritmo provocou a escassez de muita coisa na cidade: táxis, estradas, moradias, atendimento médico. "Para tratar dos dentes tenho que ir à Tailândia", contou Azevedo. Houve um mês em que por pouco não faltaram moedas. Os cassinos tinham reorganizado os ritmos da vida e do trabalho, e nem todos comemoravam. Au Kam San, membro da Assembleia Legislativa de Macau, que trabalhava como professor primário, ouvia de alunos seus: "Posso conseguir um emprego no cassino agora mesmo, e ganhar mais do que meu professor".

A uma pequena distância de carro da estação do ferry, o magnata de Las Vegas Steve Wynn tinha um conjunto com dois hotéis, onde, segundo constava, a loja da Louis Vuitton vendia mais por metro quadrado do que qualquer outra filial da grife no mundo. Ao passar por um tanque de águas-vivas luminescentes, que exigia uma cortina especialmente projetada para dormir à noite, o relações-públicas do cassino que me mostrava a área disse que a clientela chinesa exigia um nível de luxo mais alto porque "todo mundo é presidente ou diretor". Paramos no mais novo restaurante do conjunto recomendado pelo guia Michelin, onde há um poeta residente que compõe versos pessoais para cada freguês VIP. Perguntei a uma garçonete para que serviam aqueles minúsculos tamboretes de couro branco ao lado de cada mesa, e ela respondeu: "É para botar a bolsa".

Apenas uma geração antes, as famílias enterravam suas joias no quintal para evitar perseguição política. Em 2012, a China ultrapassou os Estados Unidos como o maior consumidor de artigos de luxo do mundo. Embora os chineses não sintam saudade nenhuma dos dias de privação, eles se perguntavam de que modo o consumismo obstinado os estava transformando. Uma piada muito popular falava de um homem que está numa esquina de Beijing e é atropelado por um carro esportivo que lhe arranca um braço. Ele olha horrorizado para o ferimento e grita: "Meu relógio!".

Macau sempre me lembrou a Era Dourada americana. Matthew Josephson, autor de *The Robber Barons* [Os barões ladrões], conta como os americanos se aclimataram à riqueza súbita nos anos 1870. Um homem, segundo ele, "mandou furar buraquinhos nos dentes, nos quais um especialista inseriu filas duplas de diamante; quando ele saía de casa o sorriso brilhava e faiscava ao sol". O sistema político americano da época sofreu críticas semelhantes às que hoje são dirigidas ao sistema político chinês: corrupção, ausência do primado da lei, fraqueza diante dos monopólios empresariais. Quando greves e manifestações se espalharam pelos Estados Unidos, nos anos 1870 e 1880, a força bruta foi usada para contê-las. Deem aos grevistas "uma dieta de fuzis por alguns dias", sugeriu Thomas Scott, da Ferrovia Pensilvânia, "e vejamos se gostam desse tipo de pão". Os europeus diziam que os americanos tinham saído da barbárie diretamente para a decadência, sem passar pelo intervalo costumeiro da civilização.

Macau deu à nova classe endinheirada da China a oportunidade de não se furtar ao luxo. Ao projetar seus cassinos, Steve Wynn prestou a maior atenção às superstições chinesas sobre o caminho da fortuna: quando os arquitetos perceberam que havia quatro salas no spa — número azarado, porque em chinês tem som parecido com o da palavra "morte" —, a providência que tomaram foi instalar uma fileira de portas falsas no corredor, para dar a impressão de que havia oito, palavra que em chinês tem som parecido com o de "ficar rico". Em Las Vegas, Wynn fizera nome preferindo o luxo ao convencional — Picasso a Wayne Newton —, mas seu hotel em Macau usava o que os projetistas de cassino chamam de "característica uau". De hora em hora os turistas se reuniam no saguão para ver um buraco abrir-se no piso. Um gigantesco dragão animatrônico erguia-se espiralando no ar, olhos vermelhos em brasa, soltando fumaça pelas ventas.

A Cidade dos Sonhos cheira a perfume, cigarro e xampu de tapete. Os apostadores chineses raramente bebem quando jogam, e o zumbido baixo e festivo de vez em quando é quebrado pelo barulho de alguém esmurrando a mesa de alegria ou angústia, ou exortando as cartas a lhe obedecerem. Certa noite, fiquei no meio de um grupo que assistia a uma partida de bacará, na qual um homem magro de sobrancelhas grossas e rosto vermelho brilhando de suor ia empurrando as cartas lentamente, para ver o que tinha na mão, enquanto o homem ao lado dele gritava "sopre, sopre!", para afugentar os números altos que o fariam perder. Quando o homem magro empurrou as cartas o suficiente para ver o número, seu rosto se contorceu de desgosto, e ele jogou as cartas em cima da mesa.

"Os americanos tendem a achar que controlam o próprio destino, enquanto os chineses veem o destino como um elemento externo", comparou Lam, o professor. "Para alterar o destino, os chineses acham que têm de fazer coisas para adquirir mais sorte." Segundo pesquisas, os jogadores chineses tendem a ver as apostas como investimentos, e os investimentos como apostas. O mercado de ações e de imóveis, aos olhos dos chineses, não são muito diferentes dos cassinos. Os cientistas comportamentais Elke Weber e Christopher Hsee estudaram as maneiras como chineses e americanos encaram o risco financeiro. Numa série de experiências, descobriram que os investidores chineses se consideravam mais cautelosos do que os americanos. Mas, quando foram submetidos a testes — uma série de hipotéticas decisões financeiras —, ficou demonstrado que esse estereótipo era falso, e que os chineses gostavam de assumir riscos consistentemente maiores do que os americanos de igual nível de riqueza.

Acostumei-me a esperar que meus amigos chineses tomassem decisões financeiras que eu mesmo achava desconfortavelmente arriscadas: abrir um negócio com suas economias, ir morar noutra parte do país sem uma garantia de emprego. Uma explicação, que Weber e Hsee chamam de "hipótese almofada", é que relações familiares tradicionalmente vastas dão aos chineses a confiança de poderem recorrer a outras pessoas se o risco que assumiram não der resultado. Outra teoria é mais específica dos anos de grande crescimento econômico. "As reformas econômicas realizadas por Deng Xiaoping eram, a rigor, apostas", disse-me Ricardo Siu, professor de administração da Universidade de Macau.

"Daí as pessoas tiraram a noção de que assumir riscos é não apenas certo, mas também útil." Para aqueles que emergiram da pobreza para a classe média, segundo ele, "o raciocínio deve ser o seguinte: se eu perder metade do meu dinheiro, tudo bem, já passei por isso. Não voltarei a ficar pobre. E em vários anos posso ganhar tudo de novo. Mas e se eu ganhar? Fico milionário!".

A atitude predominante em relação aos riscos me fazia lembrar Lin Yifu, o desertor de Taiwan, que apostara tudo na nova China. Embora sua jornada tenha sido mais difícil do que a da maioria, a decisão que tomou tinha algo em comum com a de qualquer migrante que parte em busca de melhores possibilidades — Gong Haiyan e seu serviço de relacionamentos on-line, ou os alunos do Crazy English, ou, por falar nisso, os imigrantes europeus que chegaram aos Estados Unidos na Era Dourada. *O que é que você quer ser, e quanto está disposto a pagar por isso?*

No caso do Inveterado Jogador Ping, o êxito e os riscos que assumia chamaram a atenção. Depois de quatro meses seguidos de boa sorte, uma coluna de fofocas do *Apple Daily*, jornal popular de Hong Kong, registrou a presença de uma figura "misteriosa" que circulava em Macau, e já acumulara uma fortuna calculada em 150 milhões de dólares. "Será que o que ele tem é uma sorte fenomenal ou um toque genuinamente mágico?", indagou a publicação em janeiro de 2008. No dia seguinte, um membro do legislativo de Hong Kong, Chim Pui-chung, jogador fanático, disse ao jornal que tinha ouvido pessoas saudarem o novo apostador como o "Deus dos Apostadores", alcunha tirada do título de um filme de Hong Kong estrelado por Chow Yun-fat. Jogadores profissionais tinham um nome para designar sujeitos assim: "estrelas cadentes", porque apareciam do nada e costumavam desaparecer com a mesma rapidez.

Uma maré de sorte daquelas proporções fatalmente despertaria suspeitas. Os cassinos sabem que a vantagem da banca no bacará (de cerca de 1,15%) determina que as chances de ganhar quase desaparecem para o jogador depois de 30 mil mãos. Um jogador persistente pode jogar mil mãos por semana e levar vantagem, mas depois de sete meses quase ninguém deveria voltar para casa no lucro. Não muito tempo depois que saiu o artigo chamando Siu de Deus dos Apostadores, seu filho de vinte anos recebeu uma série de ameaças por telefone. Até que, certa noite, alguém entrou sorrateiramente na aldeia Brinde à Riqueza e ateou fogo numa parte da casa da família. Tempos depois, Wong Kam-ming, o amigo de Siu que o apresentara às salas VIP, recebeu um telefonema furioso. O homem do outro lado da linha exigia uma reunião para discutir se o Inveterado Jogador Ping tinha trapaceado.

Durante anos ninguém personificou melhor o espírito de Macau do que Stanley Ho, magnata alto e elegante que saía com jovens atrizes e dançarinas, arrasava no tango mesmo quando octogenário e circulava por Hong Kong num Rolls-Royce com a placa HK-1. Depois que o pai perdeu a fortuna da família no mercado de ações, Ho passou a construir a sua durante a Segunda Guerra Mundial com uma empresa de exportação e importação em Macau. "No fim da guerra, eu tinha ganhado mais de 1 milhão de dólares, depois de começar com apenas dez", diria mais tarde. Ho ampliou seus negócios para os setores de empresas aéreas, imóveis e transporte marítimo, e em 1962 ele e seus sócios assumiram os cassinos de Macau, formando um monopólio que duraria quarenta anos e faria dele um dos homens mais ricos da Ásia. Governos estrangeiros suspeitavam que Ho tivesse uma relação amistosa demais com o crime organizado chinês. Ele negava, mas os reguladores frustraram os esforços de sua família para administrar cassinos nos Estados Unidos e na Austrália. Em sintonia com o espírito de sua cidade, ele não era nada criterioso na escolha de parceiros comerciais; administrava corridas de cavalo em nome do xá do Irã, um navio-cassino em nome de Ferdinand Marcos, das Filipinas, e um cassino numa ilha em nome de Kim Jong-il. Agentes de inteligência esforçavam-se desesperadamente para estabelecer uma relação com Ho, por causa de suas conexões, mas, como o já falecido Dan Grove, agente aposentado do FBI que serviu em Hong Kong, certa vez me contou: "Ninguém jamais passou das preliminares".

O monopólio de Stanley Ho em Macau expirou em 2002, e concorrentes estrangeiros correram para obter licenças. O primeiro novo cassino a abrir foi o Sands Macao, financiado por Sheldon Adelson, de Las Vegas, que aparecia na lista da revista *Forbes* como a nona pessoa mais rica dos Estados Unidos. Adelson era fisicamente o oposto de Ho — pequeno e pesado, com brilhantes cabelos ruivos. Filho de um motorista de táxi da Lituânia, Adelson cresceu no subúrbio de Dorchester, em Boston, e trabalhou em diversos ramos — empacotou artigos de toucador para hotéis, vendeu um spray químico para limpar gelo de para-brisa — antes de sua grande oportunidade em 1979, quando lançou a Comdex, uma feira de informática. Mais tarde comprou o hotel Sands, em Las Vegas, criou o maior centro particular de convenções dos Estados Unidos e ficou rico incorporando cassinos a centros de exposições. Adelson cobiçava Macau, uma porta de acesso para 1,3 bilhão de chineses, e cortejou, com êxito, os dirigentes de Beijing enfatizando sua influência nos círculos políticos republicanos. (Ele foi o maior doador individual da campanha presidencial de 2012.) Em maio de 2004, abriu seu primeiro cassino e começou a pôr em prática uma ideia que afirmava ter recebido num sonho: construir uma réplica da Las Vegas Strip num pedaço de mar aberto entre duas ilhas em Macau. Sua empresa construiu um aterro com 3 milhões de metros cúbicos de areia e abriu o Venetian Macao, uma gigantesca réplica do Venetian de Las Vegas, que, ao custo de 2,4 bilhões de dólares, é hoje a maior área de cassino do mundo. Dizia esperar que Macau um dia lhe permitisse ultrapassar Bill Gates e Warren Buffett em riqueza.

Diferentemente de Las Vegas, onde a maior parte dos lucros vem das moedas enfiadas nos caça-níqueis, em Macau três quartos da renda vinham das enormes apostas feitas nas salas VIP, onde grandes apostadores jogavam sem parar o dia inteiro. Os cassinos dependiam de empresas chinesas conhecidas como "junkets", cuja missão era resolver problemas práticos relacionados à administração de cassinos em Macau — ou seja, o fato de a lei chinesa impedir que tentem receber dívidas de jogo na República Popular. Trabalhar com operadores junket era uma forma legal de contornar a dificuldade, porque esses operadores podiam recrutar fregueses ricos em toda a China, conceder-lhes crédito e tratar do complicado negócio de receber a dívida. O sistema era especialmente interessante para pessoas que desejassem tirar da China grandes quantias de dinheiro. Se um funcionário ou executivo corrupto quisesse ocultar a transação, um operador junket permitia entregar o dinheiro de um lado da fronteira e recebê-lo do outro, em fichas que poderiam ser usadas para jogar ou convertidas em moeda estrangeira limpa. (Outra opção era contrabandear o dinheiro manualmente, através das brandas fronteiras de Macau, prática conhecida nos círculos de lavagem de dinheiro como "smurfing", alusão aos personagens fictícios azuis e ao exército de mensageiros temporários envolvidos.)

Apesar de muitos de seus membros serem cidadãos respeitadores da lei, a indústria dos junkets foi, durante décadas, suscetível ao envolvimento do crime organizado. Na China, os grupos de crime organizado conhecidos como "tríades" surgiram de sociedades políticas do século XIX; acredita-se que o termo teve origem quando três deles se juntaram para formar uma organização poderosa. Envolveram-se então com agiotagem e prostituição, e sua presença se fez sentir nos cassinos de Macau, mas nos últimos anos as tríades têm se voltado mais para o mundo dos negócios. Deixaram de lado as disputas por drogas e pequenos delitos para buscar novas oportunidades criminosas associadas a uma República Popular mais próspera, incluindo lavagem de dinheiro, fraude financeira e jogo. Gângsteres tornaram-se "empresários informais", como dizem os criminologistas, e ficava cada vez mais difícil distinguir as tríades que entraram no mundo dos negócios e os negócios que passaram a agir como tríades. Homens outrora conhecidos dos jornais locais por seus apelidos, como supostos chefões de tríade, reinventaram a si mesmos como executivos da indústria dos jogos de azar.

Macau se mostrou especialmente atraente para dirigentes chineses corruptos. Desempenhava um papel cíclico na queda de quadros do partido, que iam para Macau com dinheiro público e voltavam de mãos vazias. Houve uma dupla de funcionários do partido, ambos de nome Zhang, de Chongqing, que perdeu mais de 12 milhões de dólares nos cassinos em 2004. Um antigo chefe do partido em Jiangsu perdeu 18 milhões de dólares. Um burocrata de Chongqing se destacou não pelo volume, mas pela velocidade: conseguiu perder 250 mil de dólares em 48 horas. Tantos dirigentes foram presos por gastar dinheiro público em Macau que, em 2009, especialistas calcularam a quantia que um funcionário de alto escalão seria capaz de perder nas mesas de jogo antes de ser apanhado: 3,3 milhões de dólares.

À procura de milionários para explorar, os operadores junket passaram a vasculhar o noticiário econômico em busca de novos rostos. Um operador junket de 39 anos me disse o seguinte: "Hoje em dia em Macau, se uma pessoa não joga pelo menos algumas centenas de milhares de dólares, não chega nem a ser considerada cliente de verdade". E o que acontece se um freguês não paga? “Vamos até a cidade onde está e damos um telefonema. Se for preciso esperamos uns dois dias. Só para apertá-lo um pouco.”

Poucas semanas depois de a casa de Siu Yun Ping ter sido incendiada, um grupo de rapazes foi chamado a comparecer a um estacionamento nos arredores de Hong Kong. A reunião tinha sido convocada por See Wah-lun, capataz de nível médio numa das mais famosas tríades da China, a Wo Hop To.

O capataz da tríade era um homem atarracado de trinta anos. Ele explicou aos capangas o plano para extorquir dinheiro de Siu. Como um deles diria mais tarde no tribunal, “um patrão sempre quer que um de seus homens lhe traga algum dinheiro”. O patrão era Cheung Chi-tai, chefe de quadrilha bem conhecido da polícia de Hong Kong e das autoridades dos Estados Unidos. Nas palavras de uma juíza de Hong Kong, Verina Bokhary, Cheung poderia “ter certa influência” numa sala VIP do Sands Macao, um dos lugares onde Siu ganhara sua fortuna no bacará. Quando surgiu a suspeita de que pudesse ter trapaceado, os homens de Cheung tentaram reaver o dinheiro perdido.

See Wah-lun desvendou uma trama bem óbvia: a ideia era dar um recado a Siu por meio de uma emboscada para seu amigo Wong, fechando seu carro entre dois outros e levando-o rapidamente para uma aldeia vizinha, onde tinham abastecido uma casa velha e arruinada com luvas, facas e cassetetes. O plano era quebrar as pernas e as mãos de Wong. Mas See chamou seus capangas de volta: o plano tinha sido alterado, e agora a ordem era matá-lo, para que Siu não tivesse dúvidas de que falavam sério e lhes entregasse o dinheiro que ganhara.

Quando See Wah-lun passou essa tarefa à sua gangue, porém, os homens se recusaram. Um dos designados para o assassinato questionou: “Temos mesmo que fazer isso?”.

See não esperava aquela reação. "O patrão está mandando, vocês não vão fazer?"

Outro alegou que tinha sido convidado para um casamento naquela noite e que precisava ir. Um terceiro, Lau Ming-yee, não gostou que lhe pedissem para fazer aquele serviço de graça. "Se você não paga a pessoa, como é que essa pessoa vai ajudar você?", argumentaria ele mais tarde.

Lau se sentia especialmente desconfortável porque conhecia o suposto alvo; com mais de vinte anos de idade, e filho de agricultores, Lau trabalhara como entregador numa casa de chá, percorrendo o bairro para todos os lados em seu Toyota pintado de dourado. De vez em quando entregava comida na aldeia de Wong. "Todo mundo ficou chocado com a ideia de matar, ainda mais alguém que alguns de nós conhecíamos", contou Lau.

Quando See explicou a função de Lau no assassinato, Lau hesitou. O chefe ficou furioso. "Que porra é essa de ficar pensando?", disse ele.

Sob pressão, Lau cedeu; disse ao chefe que ajudaria a executar o assassinato. Mas a verdade é que não queria. Ingressara na Wo Hop To ainda adolescente, como soldado raso sob o comando de See, e aquilo não era um meio de vida muito bom. Ao longo dos anos, trabalhara numa banca de jornais e numa lan house. Agora tinha uma namorada, que estava grávida, e já lhe bastavam os problemas que estava enfrentando para arranjar quatrocentos e tantos dólares e pagar o conserto de um carro em que batera com seu Toyota.

Para o assassino de aluguel Lau Ming-yee, tudo naquele serviço era repulsivo, e pouco antes do amanhecer no dia do ataque telefonou para um policial conhecido seu e disse que queria conversar. Os dois se encontraram perto de um santuário chamado Templo Debaixo da Grande Árvore, e Lau contou tudo — sobre o plano de assassinato, sobre o Deus dos Apostadores, sobre o esconderijo e sobre os capuzes e as facas. Posteriormente, no tribunal, Lau explicou: "Sou pai de uma criança e quero ser um homem responsável". Tinha avaliado suas opções. Um acordo extrajudicial poderia significar a cadeia, mas calculou que estaria livre no tempo certo — "antes que meu filho compreenda tudo".

Em questão de horas, a polícia prendeu cinco homens. Eles foram julgados no segundo semestre daquele ano, e Lau foi testemunha de acusação. Juraram inocência, mas acabaram condenados por conspiração para cometer sérios danos corporais e por agirem como membros de uma tríade. See, o chefe do bando, foi condenado também por conspirar para cometer assassinato, e contratar gente para fazê-lo. Os cincos receberam penas de até catorze anos. (Lau foi absolvido, por sua cooperação.) Durante a investigação, a polícia chegou a deter brevemente Cheung Chi-tai, o chefão da tríade, mas ele não ficou muito tempo sob custódia. Segundo John Haynes, advogado de defesa de See, Cheung "chamou seus advogados e se recusou a responder a qualquer pergunta, e, como resultado, acabou não sendo acusado de nada". Quando as sentenças foram anunciadas, Haynes lamentou que "peixes pequenos" estivessem indo para a cadeia, enquanto os "chefões [...] estão sentados confortavelmente, livres de qualquer acusação, em Macau".

Siu e o amigo Wong compareceram ao julgamento como testemunhas, e foram solicitados a calcular quanto dinheiro Siu tinha ganhado durante aqueles cinco meses seguidos de sorte no jogo. Era uma pergunta complicada, porque os grandes apostadores de Macau costumam fazer apostas paralelas muitas vezes maiores do que o valor nominal das fichas da mesa. (Numa aposta paralela, um jogador e um junket combinam em segredo que cada ficha de cem dólares vale mil ou 10 mil dólares, e depois acertam seus ganhos e perdas em particular.) No total, Siu, o barbeiro, calculou que havia ganhado o equivalente a 13 milhões de dólares americanos. Wong chegou a um valor muito mais alto, 77 milhões.

A ideia de que um ex-barbeiro tenha ganhado 77 milhões de dólares, e sobrevivido aos gângsteres encarregados de tomá-los de volta, chamou a atenção da imprensa de Hong Kong. Durante algum tempo ela seguiu os passos do Deus dos Apostadores, como um exemplo de história curiosa, embora ele se recusasse a dar entrevistas. Um ano depois do julgamento, a revista *Next*, de Hong Kong, publicou uma matéria alegando que Siu trapaceara, depois de descobrir como manipular o sistema. O texto afirmava que ele subornara um subordinado que registrava os bons e maus momentos dos jogadores, a fim de aumentar seus ganhos e minimizar suas perdas. A revista conjecturava que o cassino não tinha percebido a fraude porque muitas apostas de Siu eram "apostas paralelas", fora dos livros, e, além disso, os junkets jamais haviam sonhado com a possibilidade de um jogador sem nome assumir o extraordinário risco de subornar um funcionário da casa. Siu nunca respondeu às alegações. Seja como for, como os repórteres descobriram, ele desapareceu.

O Deus dos Apostadores sumiu da seção policial da imprensa local. Mas então, no segundo semestre de 2010, um antigo executivo do Sands Macao, Steve Jacobs, moveu uma ação contra Sheldon Adelson por quebra de contrato, fazendo uma série de acusações. Dizia Jacobs que ele e Adelson haviam conversado sobre o caso do Deus dos Apostadores, e sobre a alegação de que as tríades tinham envolvimento com os cassinos Sands; apesar de suas objeções, segundo Jacobs, Adelson ainda assim queria "aumentar agressivamente o negócio dos junkets". A ação de Jacobs também acusava Sands de contratar um legislador de Macau em termos que punham o cassino em risco de violar a Lei de Práticas

Corruptas Estrangeiras, que proíbe empresas de subornar funcionários públicos no exterior. A empresa controladora do cassino negou todas as acusações e alegou que Jacobs fora incapaz de manter a empresa distante do chefe da tríade.

Mas o processo não passou despercebido pelo governo dos Estados Unidos: o Departamento de Justiça e a Comissão de Valores Mobiliários iniciaram investigações sobre a possibilidade de Sands ter violado a Lei de Práticas Corruptas Estrangeiras. Adelson negou com veemência qualquer impropriedade. "Quando a fumaça se dissipar, tenho certeza absoluta, não 100% de certeza, mas 1000%, de que não haverá fogo nenhum por trás dela", declarou ele. "Eles querem ver todos os meus e-mails. Não tenho computador. E não uso e-mails. Não sou do tipo que usa e-mails."

Adelson e seus pares estavam descobrindo que fazer negócios na fronteira do boom econômico da China implicava riscos que eles não tinham previsto. Estavam descobrindo quanto sua fortuna agora dependia do comportamento alheio — de quadros do Partido Comunista, de tríades chinesas e até mesmo de um barbeiro que sonhava quebrar a banca. Os arquivos do caso Deus dos Apostadores poderiam ser interpretados como uma série de coincidências: a sorte de Siu na mesa de bacará; a sorte de Wong ter sido designado a um assassino com consciência; o azar de Adelson quando os repórteres resolveram cobrir um obscuro complô de assassinato envolvendo seu cassino. Mas, visto de outra maneira, o caso teve tão pouco a ver com sorte quanto a história de qualquer cassino. Era, antes de mais nada, uma história sobre interesses em violenta colisão, uma fábula sobre a China em sua Era Dourada.

Com seus excessos, seus enredos e sua flexibilidade moral, Macau abriu uma janela para a ansiosa nova era da República Popular. Na China, nos tempos de pobreza quase universal, praticamente não havia o que roubar, nem motivos para analisar as pressões morais exercidas pela possibilidade de enriquecimento súbito. Mas a combinação de nova riqueza e de governo obscuro na China se revelava um ambiente quase perfeito para a prática de abusos.

Em 2007, quando Sin Yun Ping viveu sua maré de sorte em Macau, o erudito chinês Minxin Pei notou que quase metade das províncias chinesas tinha mandado para a cadeia seu chefe do departamento de transportes públicos. Pei calculou que a corrupção, em suas variadas formas, estava custando à China 3% do produto interno bruto — mais do que o orçamento nacional para a educação.

Para o governo chinês, o êxito indecente de Macau representava um dilema: quanto daquilo se poderia permitir que continuasse? A China poderia ter acabado com o súbito crescimento econômico de Macau por decreto — os cidadãos precisavam de autorização especial para ir à cidade, e a República Popular abria e fechava a seu bel-prazer o fluxo de visitantes —, mas adotar medidas severas contra Macau acarretava problemas políticos. Macau era um lugar onde os chineses bem-sucedidos — aqueles que construíram fortunas a partir do zero, os membros do Novo Estrato de Renda Média — podiam ir gozar das benesses de sua prosperidade. Desde que não interferissem na mecânica interna da vida do Estado, o Estado não interferiria muito na vida deles. Num voo de Macau para Beijing, me sentei ao lado de um ex-comandante militar que agora era proprietário de imóveis e de várias fábricas. Ele me contou que visitava Macau uma vez por mês, para "aliviar a pressão", e passou boa parte do tempo de voo examinando sua última aquisição: um celular Vertu de 12 mil dólares, com capa de pele de jacaré e um botão que o mantinha conectado o tempo todo com um *concierge*.

Por ora, os líderes políticos de Macau, como seus pares de Beijing, não viam razão para mudar. Quando procurei Manuel

Joaquim das Neves, o principal regulador dos cassinos locais, ele me disse: "Macau não é Las Vegas". Custei um pouco a perceber que ele citava Vegas como modelo de restrição moral hipócrita. "Macau atraiu mais de vinte bilhões de dólares em investimentos estrangeiros só na indústria de cassinos", acrescentou ele. "Em suma, o interesse público está bem servido." Era um ponto de vista compatível com a maneira como o Partido Comunista se referia a seu próprio êxito na China. "O desenvolvimento é a única verdade sólida", dissera Deng, e para muita gente esse ponto de vista era o correto.

Quatro anos depois que Siu viveu sua maré de sorte, um amigo comentou, em Hong Kong, que ele talvez tivesse voltado para seu velho bairro, não muito longe dos agora desocupados terrenos invadidos onde crescera. Constava que tinha feito um acordo de proteção com outra tríade, a Wo Shing Wo. Peguei o trem e fui procurá-lo. Seu bairro fica num luxuriante delta fluvial, com montanhas verdes no horizonte. O calor de verão cedera, e construções pareciam brotar em toda parte, à medida que antigas aldeias eram convertidas em enclaves de mansões e ruas sem saída, com nomes como Prestígio, Céu Azul e Jardim Todo de Prata.

Encontrei Siu num canteiro de obras perto de um ferro-velho, cercado por campos alagadiços de castanhas-d'água chinesas e lírios, entrecortados por caminhos por onde se podia andar. Ele atuava no setor imobiliário, um desejo antigo, e estava construindo catorze casas cujo estilo moderno, com muito aço inoxidável e granito negro, se adaptaria facilmente à paisagem em Sacramento ou Atlanta. O conjunto, quando ficasse pronto, se chamaria Pináculo. Siu usava uma folgada camisa polo amarela, jeans e tênis sujos de lama. Parecia um tanto deprimido, a voz áspera. Quase não se distinguia de seus operários — homens queimados de sol, muito magros, de meia-idade, vindos do interior da China. Cheguei no fim do expediente, e um deles estava nu, tomando banho de passarinho, com um balde de água e sabão. Quando me apresentei, Siu não pareceu muito contente. Mas expliquei que me interessava por ele havia muito tempo, tinha refeito sua trajetória, e minha maior curiosidade era saber por que assumira os riscos que assumiu. Aceitou conversar, e nos instalamos em cadeiras dobráveis, ao lado de roupas que secavam num varal, olhando para longe, por cima das casas em construção.

Perguntei por onde tinha andado durante sua fuga, e ele sorriu. "Pela China inteira", respondeu. "Eu mesmo dirigia. Às vezes ficava em hotéis cinco estrelas, às vezes em lugares minúsculos. A Mongólia Interior foi de onde mais gostei. Depois de um tempo, subi as montanhas de Jiangxi e lá fiquei por oito meses. Quando começou a nevar, quase congelei. Desci das montanhas e vim para casa."

Perguntei-lhe se havia trapaceado no bacará. "Os repórteres ouviram apenas boatos plantados por gente que queria o dinheiro de volta", disse. "Todo mundo diz que eu trapaceava na mesa. Não é verdade. Não trapaceei. Quando eu jogava, devia haver umas dez pessoas de olho em mim o tempo todo. Como é que eu ia trapacear?"

Sua negativa deixava em aberto uma série de possibilidades de manipulação do jogo. O advogado de um dos acusados me sugeriu que Siu talvez tenha sido recrutado como um participante menor num esquema maior de trapaça, e percebeu que poderia usar a armação em benefício próprio. Ocorreu-me que, se fosse verdade, isso queria dizer que Siu permitira que outra pessoa projetasse nele suas ambições antes que seu próprio desejo de enriquecer prevalecesse. Mas o advogado acrescentou: "Há tanta fraude por aí. Como é que a gente vai descobrir a verdade?".

Perguntei a Siu se achava que as tríades ainda o perseguiam, e ele respondeu: "Tenho cinquenta e tantos anos, e vou chegar a quanto, aos setenta?", retorquiu. "Portanto, tenho só mais uma década, mais ou menos. O que tenho a perder? Não sinto medo." Calou-se por um momento, depois abriu um sorriso estranho e completou: "Além disso, se vierem atrás de mim, posso ir atrás deles também".

Parou de ir a Macau por causa dos filhos, explicou. "Não quero que eles joguem. Dois têm diploma de bacharel, um tem mestrado. Não falam palavrão. São bons meninos." E continuou: "É preciso ser altamente sensível para ser um bom jogador. Não recomendo a ninguém. Todos me chamavam de Inveterado Jogador Ping. Mas eu não gostava disso, porque nunca fui viciado. Jogava porque sabia que podia ganhar".

Quando a noite caiu, Siu me ofereceu carona para a estação de trem em seu SUV Lexus preto, estacionado numa estrada de terra ali perto. De tão polido, brilhava à luz das lâmpadas da rua — único sinal visível da sua fortuna. O crepúsculo tingia o céu de um vermelho-escuro. "Antigamente havia um helicóptero que me levava para o Venetian quando eu quisesse", disse Siu. "Agora sujo meus pés. O setor imobiliário é ainda mais lucrativo. Melhor do que jogo, drogas, qualquer outra coisa." Fez um gesto com a cabeça apontando para as novas casas em construção. "Construir uma dessas me custa uns poucos milhões, depois posso vendê-la por 10 milhões."

7. Gosto adquirido

Depois de conseguir os indícios exteriores de riqueza — um filho nas melhores universidades americanas, uma equipe de leitores para ficar em dia com os novos livros —, o que os Enriquecidos Antes mais queriam era assimilar determinadas formas de pensar. Os homens e mulheres que lutaram para atingir o topo da Revolução Industrial da China desejavam ardentemente estender sua capacidade de escolha para um mundo mais amplo, para questões de gosto, arte e boa vida — pelo menos para entender o que estavam perdendo.

Em maio de 1942, o presidente Mao, em suas palestras sobre o futuro da arte e da literatura, disse: "Na verdade, não existe arte pela arte, arte que esteja acima das classes, arte que seja separada ou independente da política". Para Mao, a cultura era "uma arma para unir e educar o povo, e para esmagar e destruir o inimigo". O partido tomaria providências para garantir que a arte, a literatura e outras expressões de gosto aderissem ao que ficaria conhecido como *zhuxuanlu* — "a melodia central" — da sociedade chinesa, a compreensão de valores, prioridades e desejos destilada pelo partido.

A República Popular ficou conhecida por pinturas de camponeses de faces rosadas, filmes de soldados de determinação implacável e poemas sobre elevados atos de heroísmo. O estilo, chamado de "realismo revolucionário combinado com romantismo revolucionário", foi definido pela crença do partido em que, como disse certa vez o tsar da cultura Zhou Yang, "o ideal de hoje é a realidade de amanhã". Em alguns casos, artistas que se concentravam demais em fatos pouco lisonjeiros sobre o presente eram acusados de "escrever sobre a realidade", e devidamente punidos.

Após a morte de Mao, em 1976, o primeiro grupo de artistas de vanguarda a dar um passo à frente adotou o nome de "Estrelas", como refutação daquilo que um de seus integrantes, Ma Desheng, chamou de "monótona uniformidade" do que viera antes, e uma maneira de "enfatizar nossa individualidade". Quando sua primeira exposição foi excluída do museu nacional, em 1979, penduraram suas obras na cerca do lado de fora e organizaram uma marcha com o slogan "Exigimos democracia política e liberdade artística". Pela maior parte dos anos 1990, as autoridades prenderam artistas performáticos que apareciam nus, fecharam mostras experimentais e passaram o trator por cima de colônias clandestinas de artistas.

Mas a invasão do dinheiro transformou as relações entre artistas e governo. Em 2006, pintores chineses como Zhang Xiaogang vendiam peças por quase 1 milhão de dólares, e uma geração mais jovem, criada nos anos de boom econômico, deixou bem claro que estava cansada de assuntos como autoritarismo e política. Como os artistas em qualquer outra parte, voltaram suas atenções para o consumismo, a cultura e o sexo, e encontraram uma nova geração de especuladores e colecionadores.

Li Suqiao, curador e colecionador de Beijing, me disse : "Costumo dizer a meus amigos: 'Em vez de apostar 4 mil dólares numa partida de golfe, melhor comprar uma obra de arte'". Estávamos numa galeria chamada New Millennium, e Li usava um suéter amarelo amarrado ao redor do pescoço. Aos 43 anos, colecionava havia cinco, depois de ganhar dinheiro na indústria petrolífera. Calculava ter gastado cerca de 200 mil dólares por ano em trabalhos de artistas jovens. "Tenho amigos que vivem em mansões ao norte de Beijing, e na hora de decorar gastam 100 mil iuanes num sofá e 100 iuanes numa gravura para pendurar acima dele. Às vezes não querem saber do preço, só se preocupam com as medidas." No que diz respeito a Li, a vanguarda "nada tem a ver com política". "Os colecionadores chineses estão mais interessados em coisas atuais do que em memória e tragédia", afirmou.

O partido descobriu que a melhor maneira de privar a arte chinesa de sua energia rebelde era adotá-la: em 2006, depois de anos ameaçando demolir a Factory 798, uma antiga fábrica de aparelhos eletrônicos de uso militar em Beijing transformada num conjunto de galerias e ateliês, o governo municipal designou-a "área de indústria criativa", e os ônibus de turismo encheram as ruas próximas.

O mercado de arte comercial cresceu depressa. Centenas de museus de arte contemporânea foram construídas no país. Artistas que mal tinham o que comer agora vendiam suas obras mundo afora e construíam datchas ao lado da Muralha da China. O artista Ai Weiwei abriu seu próprio restaurante, onde podia conversar até tarde da noite com amigos, críticos e curiosos. Para Ai Weiwei, a busca nacional da riqueza tornou-se um assunto em si. Ele encomendou uma série de colossais candelabros de cristal que zombam das novas estéticas da China e pendurou um deles dentro de um andaime enferrujado, uma caricatura das novas disparidades da China.

Em suas primeiras duas décadas como artista, Ai Weiwei produziu uma sequência intermitente, e ainda assim de grande influência, de obras: enquanto especulava e negociava antiguidades, criou instalações, fotografias, mobílias, quadros, livros e filmes. Foi membro do antigo grupo de vanguarda Estrelas e ajudou a fundar colônias de artistas experimentais na periferia da capital. Embora não tenha estudado formalmente arquitetura, abriu um dos mais procurados escritórios arquitetônicos do país antes de concentrar-se em outras obsessões.

Em 2004, no *New York Times*, Holland Cotter descreveu-o como "artista cuja função tem sido o estimulante e inovador papel de erudito-palhaço". Agora, já entrado nos cinquenta, encontrou uma nova e rica veia nas aspirações da China. Como contribuição para a Documenta 12 em 2007, organizou uma expedição para mandar 1001 cidadãos chineses comuns ao local do festival, em Kassel, na Alemanha. Deu ao projeto o nome de Conto de Fadas, referência tanto a Kassel, onde viveram os Irmãos Grimm, como à atração que o mundo exterior sempre exerceu sobre gerações de chineses que nunca puderam vê-lo.

Para recrutar viajantes, Ai Weiwei se voltou à internet com mais intensidade, e descobriu um vasto mundo inteiramente novo. Percebeu que "a internet pode ser uma ferramenta muito poderosa". Levantou dinheiro de fundações e de outras fontes para financiar a viagem aérea, e seu escritório definiu cada detalhe da experiência, incluindo malas e pulseiras combinando, e alojamentos estilo dormitório equipados com 1001 cadeiras de madeira restauradas da dinastia Qing. Era uma escultura social numa escala chinesa, e a logística teria deixado perplexo até mesmo Joseph Beuys, conceptualista alemão que declarou que "todo mundo é artista". Apesar disso, para Chen Danqing, pintor e crítico social, o projeto teve uma repercussão especial na China, onde o carimbo do Ocidente, incluindo vistos, já teve um valor quase mitológico. "Nos últimos cem anos, estávamos sempre esperando que americanos ou europeus, ou quaisquer outros, chamassem nossos nomes. *Você aí. Venha cá.*"

* * *

A atitude chinesa para com a cultura ocidental era uma mescla de piedade, inveja e ressentimento: piedade dos bárbaros fora do Reino Médio, inveja de sua força, e ressentimento por suas incursões na China. "Os chineses nunca viram os estrangeiros como seres humanos", escreveu Lu Xun. "Olhamos para eles com reverência, como se fossem deuses, ou com desdém, como se fossem animais selvagens."

Em 1877, quando a dinastia Qing já estava em declínio e potências ocidentais emergiam, reformistas chineses incumbiram um jovem sábio chamado Yan Fu de ir à Inglaterra investigar as fontes do poderio naval britânico. Ele concluiu que a força da Grã-Bretanha estava não em suas armas, mas em suas ideias, e voltou para a China com um baú de livros de Herbert Spencer, Adam Smith, John Stuart Mill, Charles Darwin e outros pensadores ocidentais. Suas traduções não eram perfeitas — *seleção natural*, por exemplo, ganhou um significado mais duro, como *eliminação natural* —, mas o impacto foi grande. Para Yan e outros, a evolução não se limitava à biologia; era ciência política. Liang Qichao, um dos principais reformistas chineses, concluiu que o país tinha que "se tornar um dos mais aptos". Admirar o Ocidente com muito entusiasmo era um defeito; quando ativistas do começo do século XX adotaram noções europeias de indivíduo, foram ridicularizados como "demônios estrangeiros falsificados". Até os últimos anos do reinado de Mao, quando ele estabeleceu relações com os Estados Unidos, admirar o Ocidente era crime sujeito a punição.

Mas, nos anos 1980, o Ocidente era visto cada vez mais como um lugar de possibilidades e crescimento pessoal. Uma novela popular na televisão chinesa, chamada *Para a Europa*, contava a história de um homem pobre de Fujan que chega a Paris usando uma camiseta esfarrapada e, dentro de poucos meses, se torna um incorporador imobiliário. Na cena mais marcante, ele enfrenta uma plateia francesa e pergunta: "O que haverá de diferente no mapa de Paris daqui a dois anos?". Em seguida, tira um pano que cobre uma maquete arquitetônica e declara: "As lindas margens do Sena estarão repletas de esplendor oriental: o Chinatown Investment and Trade Center!". No programa, a plateia francesa rompe em aplausos.

A ambivalência da opinião dos chineses sobre o Ocidente não desapareceu: aprofundou-se. Jovens chineses cresciam vendo a NBA e filmes de Hollywood, ao mesmo tempo que as livrarias ofereciam títulos como *A China pode dizer não*, o best-seller mais polêmico durante minha primeira visita ao país. A combinação podia ser desconcertante. Quando três pesquisadores perguntaram a alunos de ensino médio chineses, em 2007, quais eram as cinco palavras que lhes vinham à mente quando pensavam nos Estados Unidos, as respostas sugeriam um retrato caleidoscópico:

> Bill Gates, Microsoft, NBA, Hollywood, George W. Bush, eleições presidenciais, democracia, guerra no Iraque, guerra no Afeganistão, Onze de Setembro, Bin Laden, Harvard, Yale, McDonald's, Havaí, xerife do mundo, petróleo, soberba, hegemonia, Taiwan.

Quando cheguei à China, o mais perto que a maioria dos chineses chegava do Ocidente era um lugar chamado "World Park", atração ao estilo Disney na periferia da capital, onde turistas podiam subir em pirâmides egípcias em miniatura, contemplar uma maquete da Torre Eiffel e caminhar por um arremedo de Manhattan. As pessoas, porém, à medida que dispunham de mais dinheiro, exploravam novas maneiras de gastá-lo. Quando a indústria turística chinesa fez uma pesquisa de opinião para saber quais os destinos com que as pessoas mais sonhavam, nenhum lugar superou a Europa. Entre as respostas dos chineses sobre as razões dessa preferência, a resposta "cultura" era a primeira da lista. (Do lado negativo, os consultados se queixavam de "arrogância" e "comida chinesa de má qualidade".)

Jornais locais encheram-se de anúncios de férias em lugares exóticos. Parecia que todo mundo estava dando uma escapada, e decidi fazer o mesmo. Os agentes de viagem chineses concorrem na preparação de pacotes adaptados às simpatias e antipatias de seus fregueses, não exatamente orientados pelas noções ocidentais de passeios turísticos. Pesquisei pela internet. "Grandes praças, grandes moinhos de vento, grandes desfiladeiros" era o nome de uma excursão de ônibus, com quatro dias de duração, que dava ênfase especial a campos fotogênicos na Holanda e em Luxemburgo; "Veja o novo e deseje o passado na europa Oriental" tinha certo charme da Guerra Fria, mas não me pareceu a opção mais adequada em pleno inverno.

Escolhi o "Clássico europeu", uma popular excursão de ônibus que atravessaria cinco países em dez dias. O pagamento era adiantado. Passagens aéreas, hotéis, refeições, seguros e outras taxas somavam em iuanes o equivalente a cerca de 2200 dólares. Além disso, cada chinês era obrigado a deixar como caução o equivalente a 7600 dólares — mais de dois anos de salário do trabalhador médio — para prevenir deserções antes do voo de volta para casa. Eu era o 38º, e último, membro do grupo. Sairíamos na manhã seguinte.

Fui instruído a ir para o Portão nº 25 do Terminal 2 do Aeroporto Internacional Pudong, em Shanghai, onde encontrei um homem esbelto, de 33 anos, com cabelos soltos partidos. Usava sobretudo tweed cinza e óculos retangulares. Apresentou-se como Li Xingshun, nosso guia. Para que pudéssemos ser identificados no meio das multidões, cada um recebeu um crachá amarelo-canário, com o desenho de um dragão expelindo fumaça pelas ventas e andando de botas a passo largo sobre o mote no nosso grupo: "O dragão voa alto por 10 mil li". (Um *li* equivale a 576 metros.)

Nos instalamos na classe econômica de um voo sem escalas da Air China para Frankfurt, e abri um pacote com "Conselhos para grupos com destino ao estrangeiro", que nos instruíram a ler cuidadosamente. A especificidade das instruções sugeria um histórico de surpresas desagradáveis: "Não viaje com artigos europeus pirateados, porque inspetores da alfândega vão apreendê-los e multar você". Grande atenção era dispensada à questão da segurança pessoal na Europa. "Você verá ciganos pedindo esmola na beira da estrada, mas não lhes dê dinheiro. Se eles o cercarem e pedirem a carteira, grite pelo guia." Conversas com estrangeiros eram desencorajadas. "Se alguém lhe pedir ajuda para tirar uma foto, cuidado: essa é uma oportunidade de ouro para ladrões."

Estive muitas vezes na Europa ao longo dos anos, mas as instruções puseram o continente sob uma nova luz, e eu me senti estranhamente tranquilizado por estar viajando com mais trinta e tantas pessoas e um guia. As notas terminavam com um conselho ao estilo confuciano, que transformava nossa viagem num teste de caráter: "Quem sabe enfrentar a adversidade segue em frente".

Aterrissamos em Frankfurt sob denso nevoeiro, e o grupo todo se reuniu no terminal. A faixa de idades variava de Lu Keyi, de seis anos, ao seu avô Liu Gongsheng, de setenta, engenheiro de minas aposentado que acompanhava a mulher, Huang Xueqing, ela numa cadeira de rodas. Quase todo mundo pertencia ao Novo Estrato de Renda Média: um professor de ciência do ensino médio, um decorador, um executivo do setor imobiliário, um cenógrafo de televisão, um amontoado de estudantes universitários. Meus companheiros nada tinham de rural — a rara visão de um cavalo pastando num campo francês no dia seguinte fez todos correrem para pegar suas câmeras — e apesar disso estavam apenas começando a se sentir à vontade com a vastidão do mundo. Com poucas exceções, era a primeira viagem que faziam para fora da Ásia. Li me apresentou ao grupo, o único membro do grupo que não era chinês, e todos reagiram calorosamente. Liu Yifeng, de dez anos, com corte de cabelo cuia e camiseta preta coberta de estrelas brancas, riu para mim e perguntou: "Todo estrangeiro tem esse narigão?".

Embarcamos num ônibus dourado, onde me sentei perto da janela, ao lado de um adolescente alto, esguio, de dezoito anos, que usava colete preto de forro grosso e óculos de aro fino. Tinha franjas escuras que entravam por baixo da armação dos óculos e uma penugem no lábio superior. Apresentou-se como Xu Nuo, que pode ser traduzido como "promessa", ou *promise* em inglês, que ele gostava de usar como seu nome. Promise acabara de entrar na Universidade Normal de Shanghai, para estudar economia. Os pais estavam sentados do outro lado do corredor. Perguntei por que a família preferira viajar a visitar parentes no feriado. "A tradição é essa, mas os chineses estão ficando mais ricos", disse ele. "Além disso, somos ocupados demais para viajar noutra época do ano." Conversávamos em chinês, mas, quando se surpreendia com alguma coisa, dizia "*Oh, my Lady Gaga*!", expressão em inglês que aprendeu na escola.

Na primeira fila, Li Xingshun ia em pé olhando para o grupo, com um microfone na mão, postura que manteria a maior parte do tempo nos dias de viagem. Na vida de um turista chinês, os guias têm função especialmente destacada: são intérpretes, narradores e marechais de campo, com a obrigação de transmitir mais do que simples fatos; como diz o manual de viagem chinês, o guia deve "manifestar aprovação ou desaprovação, louvor ou oposição, satisfação ou desdém". Li tinha um ar calmo e tarimbado.

Costumava referir-se a si mesmo na terceira pessoa, como "Guia Li", e empenhava-se para ser eficiente. "Esta é para todo mundo. Nossos relógios devem ser sincronizados. São dezenove horas e dezesseis minutos." Implorava-nos que chegássemos cinco minutos antes da partida. "Voamos muito para chegar aqui", dizia. "Vamos aproveitar ao máximo."

O Guia Li resumiu o plano: passaríamos várias horas no ônibus, e nesse meio-tempo ele faria palestras sobre história e cultura, para não perder minutos preciosos durante as visitas, quando aproveitaríamos para tirar fotos. Eles nos informou que cientistas franceses tinham determinado que a duração ideal da palestra de um guia era de 75 minutos. "Antes que o Guia Li soubesse disso, a palestra mais longa que fiz num ônibus durou quatro horas", acrescentou.

Li nos recomendou molhar os pés com água quente antes de ir para a cama — disse que ajudaria a cortar os efeitos da rápida mudança de fuso horário — e comer mais frutas para equilibrar a infusão europeia de pão e queijo em nossa dieta. Como era o feriado de Ano-Novo, haveria muitos visitantes chineses, e deveríamos tomar cuidado para não subir no ônibus errado nas paradas para descanso. Apresentou nosso motorista, Petr Picha, impassível ex-caminhoneiro e jogador de hóquei da República Tcheca, que nos fez um aceno fatigado de seu assento. ("Durante seis ou sete anos, levei turistas japoneses o tempo todo", me diria ele mais tarde. "Agora é tudo chinês.") O Guia Li tinha mais alguma coisa a dizer sobre a programação: "Na China, pensamos nos motoristas de ônibus como super-homens que trabalham vinte e quatro horas seguidas, a qualquer momento que a gente precise. Mas na Europa, a não ser que haja mau tempo ou muito trânsito, eles só têm permissão para dirigir doze horas!".

Explicou que todos os motoristas levam seu cartão, que precisa ser enfiado numa fendazinha no painel; se trabalhar em excesso, o motorista pode ser punido. "A gente pode achar que basta falsificar um cartão, ou manipular os registros... fácil, fácil", disse Li. "Mas, se alguém for apanhado, a multa começa com oito mil e oitocentos euros, e lhe tiram a licença para dirigir! A Europa é assim: na superfície, todos parecem confiar na autodisciplina de cada um, mas por trás de tudo há leis rigorosas."

Estávamos chegando ao hotel — um Best Western em Luxemburgo —, mas primeiro Li nos instruiu sobre o café da manhã. Um café da manhã típico chinês consiste em uma tigela de *congee* (mingau de arroz), rosca frita e talvez uma cesta de pãezinhos recheados com carne de porco. Na Europa, avisou ele, em seu tom de voz mais diplomático, "em toda a nossa viagem o café da manhã dificilmente passará de pão, presunto frio, leite e café". Houve um momento de silêncio no ônibus.

Não chegamos a ver Luxemburgo durante o dia. Deixamos o Best Western ao amanhecer e logo estávamos de volta à autobahn. Li nos pediu para checar se não havíamos esquecido nada no hotel, porque alguns de seus viajantes mais antigos tinham o hábito de esconder dinheiro na caixa de descarga ou em tubos de ventilação. "O pior caso que tivemos foi o de um hóspede que costurou dinheiro na barra das cortinas", contou.

Nossa primeira parada foi a modesta cidade alemã de Trier. Embora não seja um nome conhecido da maioria dos que vão à Europa pela primeira vez, Trier tem sido inusitadamente popular entre os turistas chineses desde que delegações do Partido Comunista começaram a chegar, décadas atrás, para ver o lugar onde nasceu Karl Marx. Meu manual de viagem chinês, escrito por um diplomata aposentado, descreve-a como "a meca do povo chinês".

Descemos do ônibus para uma limpa rua lateral com edifícios em cores pastel e telhados inclinados. Os paralelepípedos tinham um brilho prateado na chuva, e Li usava um chapéu de feltro verde-floresta de abas largas, e nos mandava seguir em frente quando começou a caminhar num passo rápido. Chegamos ao número 10 da Brückenstrasse, bela casa branca de três andares com venezianas verdes. "Aqui era onde Karl Marx morava. Agora é um museu", afirmou Li. Tentamos abrir a porta, mas estava trancada. Tudo é devagar no inverno, e o museu abriria uma hora e meia depois, por isso Li disse que só veríamos a casa de Marx pelo lado de fora. "Quanto mais cedo terminarmos aqui, mais cedo chegaremos a Paris", ele tinha dito. Ao lado da porta da frente havia uma placa de latão com o leonino perfil de Marx. O prédio ao lado era um restaurante de *fast-food* chamado Dolce Vita.

Li insistiu para que ficássemos o tempo que quiséssemos, mas também sugeriu uma parada no supermercado da esquina para comprar frutas para a viagem. Andamos de um lado para outro, meio constrangidos, na frente da casa de Marx, tirando fotos e nos esquivando de carros, até que uma das crianças fez um apelo: "Quero ir ao supermercado", e puxou a mãe rumo à reluzente fachada da loja. Fiquei do lado de Wang Zhenyu, homem alto, de seus cinquenta anos, ambos olhando para a cabeça de Marx lá no alto. "Pouca gente nos Estados Unidos sabe quem foi ele, não é?", perguntou Wang.

"Muito mais gente do que você pensa", respondi. E comentei que esperava ver mais chineses no local.

Wang deu uma risada. "Os jovens já não sabem mais coisa nenhuma sobre nada disso", disse ele.

Wang era magro e ossudo, com a postura de um homem que se fez sozinho na vida. Crescera na cidade comercial de Wuxi, no leste, e foi designado para trabalhar como carpinteiro até as reformas econômicas vingarem e ele abrir o próprio negócio. Agora dirigia uma pequena confecção, especializada na produção de calças de tecido que depois de lavadas não precisam ser passadas a ferro. Não falava inglês, mas quando estava consolidando o seu negócio decidiu que devia ter um nome internacional fácil de gravar, e passou a chamar sua empresa de Gerui-te, palavra inventada com os caracteres chineses que, para os seus ouvidos, soavam mais parecidos com a palavra inglesa "great".

Wang era um turista entusiasmado. "Eu vivia muito ocupado, mas agora quero viajar", afirmou. "Sempre tive que comprar terra, construir fábricas, consertar minha casa. Mas agora minha filha já é adulta e trabalha. Só preciso economizar para o dote dela, o que não é problema." Perguntei por que ele e a mulher tinham escolhido a Europa. "Nossa ideia é ir primeiro aos lugares mais distantes, enquanto ainda temos energia", disse ele. Wang e eu fomos os últimos a chegar ao supermercado. Nosso grupo passou onze minutos na meca do povo chinês.

Até pouco tempo atrás, os chineses tinham inúmeras razões para não ver o mundo como um lugar dedicado aos prazeres. Viajar na China Antiga era tarefa árdua. Como dizia o provérbio: "Pode-se ficar em casa mil dias confortavelmente, mas basta pisar do lado de fora para encontrar dificuldades". Confúcio acrescentou culpa a essa mistura: "Enquanto seus pais estiverem vivos, é melhor não viajar para muito longe". Apesar disso, monges budistas de outrora visitaram a Índia, e Zheng He, eunuco do século XV, fez uma famosa viagem com a frota do imperador até a África, para "ver com os próprios olhos regiões bárbaras".

Ao longo dos séculos, migrantes chineses estabeleceram-se no mundo inteiro, mas a pobreza impedia as viagens de lazer, e Mao considerava o turismo atividade antissocialista. Só em 1978, depois de sua morte, a maioria dos chineses recebeu licença para viajar ao exterior para algo que não fosse trabalhar ou estudar. Primeiro tiveram permissão para visitar parentes em Hong Kong e, depois, para fazer excursões a Tailândia, Cingapura e Malásia. O governo continuava seriamente desconfiado do mundo exterior. Em 1996, meu primeiro ano em Beijing, foram alteradas as leis de migração, facilitando a ida de chineses ao estrangeiro, embora as regras ainda exigissem que as pessoas fossem "politicamente confiáveis" e excluíssem de maneira explícita qualquer um que fosse considerado "altamente individualista, corrupto, degenerado ou imoral". No ano seguinte, o governo permitiu que viajantes fossem a outros países, de "maneira planejada, organizada e controlada". O governo distribuía autorizações com um olho na geopolítica. Vanuatu só foi aprovada como destino depois que concordou em não reconhecer diplomaticamente Taiwan.

Quando começaram a mandar gente ao estrangeiro, departamentos do governo tentaram preparar os pioneiros para qualquer eventualidade. Um guia de 2002 chamado *As mais recentes leituras obrigatórias para quem vai ao exterior* advertia que, fora das fronteiras chinesas, "agências de inteligência estrangeiras e outras forças inimigas" travam uma "batalha para conseguir a total adesão das pessoas", usando "propaganda reacionária para derrubar os líderes do Partido Comunista chinês". Se um viajante, tratando de assuntos oficiais, deparasse com um jornalista, os autores do guia sugeriam a seguinte estratégia: "Responda com simplicidade; evite a verdade e enfatize o que não tem importância".

Oitenta por cento dos primeiros turistas chineses viajavam em grupos, e conquistaram a reputação de hóspedes entusiasmados, se bem que por vezes um tanto exagerados. Num hotel-cassino malaio aquele ano, cerca de trezentos visitantes chineses receberam cupons de alimentação com o desenho de uma cara de porco. O hotel disse que a ilustração servia apenas para diferenciar hóspedes chineses de hóspedes muçulmanos, que não comem carne de porco, mas os turistas chineses ficaram ofendidos e fizeram um protesto, todos eles sentados cantando o hino nacional. Depois de alguns incidentes, o governo de Beijing publicou um manual, *O guia dos cidadãos chineses para um comportamento civilizado no exterior*, com uma lista de regras, entre elas:

> 3. Proteja o ambiente natural. Não pise em áreas verdes; não arranque flores ou frutos; não cace, agarre, alimente ou jogue coisas nos animais.
>
> 6. Respeite os direitos das pessoas. Não force estrangeiros a tirar fotografias com você; não espirre na direção de outros.

Ninguém em nosso grupo tinha inclinação para jogar coisas em animais. Quanto mais eu lia, mais me perguntava se os autores de *O guia dos cidadãos chineses para um comportamento civilizado no exterior* não estavam abaixo do nível dos cidadãos. A maioria dos países só começa a mandar grandes levas de turistas para o exterior depois que o cidadão médio tem uma renda disponível de 5 mil dólares. Mas, quando os moradores urbanos da China ainda estavam na metade desse valor, os agentes de turismo já tornaram as viagens bastante acessíveis, fazendo volumosas reservas de passagens e pechinchando implacavelmente o preço de hotéis em subúrbios distantes. "Toda rota é determinada, em grande parte, pelas passagens aéreas", explicou-me Li. Para onde quer que as passagens estivessem mais baratas num determinado dia, as excursões chinesas aproveitavam a oportunidade. Era por isso que a nossa rota parecia a Ursa Maior; começou na Alemanha e deu voltas por Luxemburgo até Paris, antes de despencar para o sul através da França, sobre os Alpes, e descer pela Itália até Roma. Poderia ter terminado ali, mas em vez disso deu meia-volta e refez os passos até Milão.

A Europa na verdade foi uma conquista posterior. Em 2000, mais turistas chineses visitaram a minúscula Macau do que todos os outros países da Europa juntos. Mas as oportunidades não passaram despercebidas. O Accor, grupo hoteleiro francês, começou a acrescentar canais de televisão chineses e a contratar funcionários falantes de mandarim. Outros hotéis afastaram as camas das janelas, como recomendado pelo feng shui. Quanto mais chineses iam à Europa, mais baratas ficavam as excursões. Em 2009, uma empresa de turismo britânica disse ter concluído que "Europa" era uma grife "unificada" tão bem-sucedida na China que os países do continente deveriam, por prudência, deixar de lado o orgulho e abdicar da promoção de "subgrifes" como França ou Itália. Europa era menos uma região no mapa do que um estado de espírito, e agrupar o maior número possível de países numa única semana tinha forte apelo para trabalhadores que dispunham de poucas e preciosas oportunidades de viajar. "Na China, quando se consegue comprar dez coisas por cem dólares, é sempre melhor do que conseguir uma única por cem dólares", disse o Guia Li.

Da casa de Marx, voltei andando para o ônibus com um jovem casal de Shanghai: Guo Yanjin, uma mulher descontraída de 29 anos que se apresentava como Karen e trabalhava no departamento financeiro de uma empresa de autopeças, e o marido, Gu Xiaojie, funcionário administrativo do departamento de saneamento ambiental, que adotava o nome inglês Handy. Ele tinha a simpatia e o físico de um jogador de futebol americano — 1,80 metro de altura, tronco desenvolvido. Usava suéter marrom com um aplique de sacola de golfe, mas quando perguntei se era golfista ele deu uma risada. "Golfe é jogo de rico", disse.

Handy e Karen economizaram durante meses para essa viagem, além de receberem ajuda dos pais. O Guia Li nos aconselhara a não arruinar nossas férias com preocupações excessivas quanto a dinheiro — sugeriu fingirmos que as etiquetas informavam os preços em iuanes e não em euros —, mas Handy e Karen contavam cada tostão. Dentro de poucos dias, eram capazes de dizer quanto tinha custado cada garrafa de água que consumimos em cinco países.

De volta ao ônibus dourado, rodando para o oeste através da definhada vegetação de inverno de Champagne-Ardenas, Li resolveu incluir uma importante exceção em seus critérios de eficiência. "Precisamos nos acostumar com o fato de que os europeus às vezes são muito lentos", comentou. E acrescentou, referindo-se ao jeito de fazer compras na China: "Estamos habituados a ver três pessoas colocarem seus artigos ao mesmo tempo no balcão, e a velha senhora dar o troco para as três sem errar. Os europeus não fazem isso". E continuou: "Não digo que sejam burros. Se fossem, não teriam desenvolvido toda essa tecnologia, que exige cálculos muito sutis. Simplesmente têm um jeito diferente de lidar com a matemática".

E concluiu com um conselho: "Melhor deixá-los fazer as coisas do jeito deles, porque, se temos pressa, eles se sentem pressionados, ficam de mau humor, e nós vamos achar que estão nos discriminando, o que não é necessariamente verdade".

Às vezes, o Guia Li ficava maravilhado com o alto padrão de vida da Europa — bombardeando-nos com estatísticas sobre preços de vinhos Bordeaux, ou sobre a estatura média dos holandeses —, mas, se em algum momento os chineses ficaram impressionados com a economia da Europa, certamente não era mais o caso. Li deu um show, exagerando na demonstração do estilo de vida mediterrâneo: "Acordar lentamente, escovar os dentes, preparar uma xícara de café expresso, sentindo o aroma". A plateia ria muito. "Nesse ritmo, como é que a economia vai continuar crescendo? Impossível", acrescentou. "Neste mundo, só quando se tem pessoas esforçadas e trabalhadoras a economia do país cresce."

Tirei um cochilo e acordei nos arredores de Paris. Seguimos o Sena na direção oeste e passamos pelo Museu D'Orsay exatamente quando o sol apareceu entre as nuvens. Li gritou: "Vejam como a cidade é aberta!". Câmeras dispararam, e ele comentou que a parte central de Paris não tem arranha-céus. Num ancoradouro perto da Pont de l'Alma, entramos num barco de dois andares, e, enquanto ele subia ruidosamente o rio, conversei com Zhu Zhongming, contador de 46 anos que viajava com a mulher e a filha. Fora criado em Shanghai e entrara no ramo de imóveis no momento exato em que o mercado local disparava. "Sempre que se comprava alguma coisa, ganhavam-se toneladas de dinheiro", disse. Era um homem carismático, de bochechas grandes com covinhas e um sorriso permanente e travesso, e viajava ao exterior desde 2004, por isso outras pessoas do grupo respeitavam suas opiniões. O barco chegou à Pont de Sully e virou lentamente nas ondas espumantes do Sena para começar a descer o rio.

Zhu disse que o interesse dos chineses pela Europa se devia, em parte, à necessidade de compreender a própria história: "Quando a Europa dominava o mundo, a China também era forte. Por que então ficamos para trás? Pensamos muito sobre isso", comentou ele. De fato, saber por que uma civilização poderosa entrou em declínio no século XV é uma questão que atravessa, como um nervo central, as análises que a China faz do seu passado e de suas possibilidades futuras. Zhu propôs uma explicação: "Quando fomos invadidos, não reagimos com suficiente rapidez". Era uma narrativa de vitimização e declínio que eu ouvia com frequência na China. (Os historiadores também tendem a responsabilizar os efeitos sufocantes da burocracia e do autoritarismo, entre outros fatores.) Mas Zhu não atribuía todas as dificuldades da China a invasores estrangeiros. "Abandonamos nossas três ideias básicas: budismo, taoismo e confucianismo, e isso foi um erro. Incutiram-nos ideias revolucionárias marxistas de 1949 a 1978." Fez uma pausa e olhou para a mulher e a filha, que tiravam fotografias na balaustrada do barco, um sol alaranjado mergulhando por trás dos edifícios. "Gastamos trinta anos numa coisa que hoje sabemos que foi um desastre", disse.

O barco atracou, e seguimos para o jantar, andando pela primeira vez no meio da multidão, no barulho da cidade. Passamos por um jovem casal que se esfregava em frente a uma porta. Karen agarrou-se ao braço de Handy, ambos atordoados. Seguimos Li até a entrada de uma pequena loja chinesa, descemos um lance de escada e entramos num corredor quente e claustrofóbico, com salas sem janela entupidas de clientes chineses. Depois descemos mais um lance, para outra sala sem janela, onde os pratos foram servidos: carne de porco refogada, acelga chinesa, sopa de pingos de ovos, frango apimentado.

Vinte minutos depois, subimos a escada e saímos para a noite, abrindo caminho atrás de Li rumo à Galeries Lafayette, a loja de departamento de dez andares no Boulevard Haussmann. A loja parecia festivamente preparada para um ataque oriental, decorada com galhardetes vermelhos e desenhos de coelho para o Ano do Coelho. Recebemos cartões de boas-vindas em chinês, desejando felicidade, longa vida e oferecendo 10% de desconto.

No dia seguinte, no Louvre, pegamos outra guia que falava chinês, uma mulher que parecia um beija-flor, e que foi logo gritando: "Temos muita coisa para ver em noventa minutos, por isso precisamos acelerar o ritmo!". Partiu na frente, debaixo de um guarda-chuva violeta fechado, que ela usava como um estandarte para reunir o grupo, e sem diminuir o passo nos ensinou algumas palavras em francês usando fonemas chineses: "bonjour" poderia ser pronunciado mais ou menos certo juntando-se os caracteres chineses *ben* e *zhu*, que significam, apropriadamente, "caçar alguém". Corremos atrás dela pela catraca, e Wang Zhenyu, o fabricante de roupas, tentou falar o francês que acabara de aprender com um segurança: "*Ben zhu, ben zhu!*".

A guia nos aconselhou a prestar atenção nos *san bao* ("os três tesouros"): a *Vitória de Samotrácia*, a *Vênus de Milo* e a *Mona Lisa*. Nos aglomeramos ao redor de cada uma, ladeados por outros grupos de chineses, tão fáceis de identificar como exércitos rivais: alfinetes vermelhos para a agência de turismo U-Tour, blusões esportivos cor de laranja para os estudantes de Shenzhen. Passeávamos sem parar desde antes do amanhecer, mas o ar estava impregnado de uma curiosidade incansável. Quando descobrimos que os elevadores ficavam longe da nossa rota, eu me perguntei como Huang Xueqing, em sua cadeira de rodas, conseguiria aproveitar o museu. Então vi seus parentes içarem a cadeira enquanto ela descia mancando as escadas de mármore e a empurrarem para ver as obras-primas.

Ao anoitecer, mais um dia de excursão pelas atrações da Europa tinha despertado um forte sentimento de apreciação, embora com traços de competitividade. Enquanto esperávamos as mesas vagarem num restaurante chinês, Zhu mencionou a dinastia Zhou (1046-256 a.C.), a era que produziu Confúcio, Lao-tsé e outros pilares do pensamento chinês. "Naquela época, éramos muito bons", disse Zhu para alguns de nós. Sua mulher, Wang Jianxin, revirou os olhos. "Lá vem ele de novo!", comentou ela. O marido usava um boné de beisebol recém-adquirido na Torre Eiffel, com luzes piscantes à bateria. Virou-se para mim em busca de uma nova plateia: "De verdade, durante a dinastia Zhou éramos praticamente iguais à Roma e ao Egito antigos".

No meio de uma viagem de sete horas de Paris para os Alpes, meu colega de poltrona, Promise, vasculhou sua mochila e sacou uma edição amassada do *Wall Street Journal* que pegara no hotel em Luxemburgo. Examinou cada página em silêncio e me cutucou pedindo ajuda ao deparar com um título relacionado à China:

UE DESCOBRE QUE HUAWEI TINHA APOIO DO ESTADO. A reportagem dizia que autoridades comerciais europeias acreditavam que a grande empresa chinesa de tecnologia Huawei recebia empréstimos a juros baixíssimos de bancos estatais. "A Constituição americana proíbe que empresas recebam apoio do governo?", indagou Promise. Perguntei a ele se usava o Facebook, oficialmente bloqueado na China, mas que podia ser acessado com algum esforço. "Dá muito trabalho acessar", respondeu. Em vez disso, usava o Renren, uma versão chinesa, que, como outros sites nacionais, censurava qualquer discussão política sobre assuntos delicados. Perguntei se ele sabia por que o Facebook era bloqueado. "Tem alguma coisa a ver com política", disse ele, e fez uma pausa. "Mas a verdade é que não sei."

Essa espécie de distanciamento era comum entre os estudantes chineses urbanos. Eles tinham um acesso inédito à tecnologia e às informações, mas conviviam também com o Grande Firewall, a vasta infraestrutura de filtros digitais e censores de carne e osso que bloqueavam conteúdos politicamente delicados, deixando-os fora do alcance dos computadores na China. Muitos jovens chineses consideravam um insulto a ideia da muralha, mas as barreiras eram grandes o suficiente para desencorajar bastante gente de contorná-las. As informações sobre o mundo exterior que passavam pelos filtros eram erráticas: Promise poderia discorrer longamente para mim sobre o último filme de Sophie Marceau ou os méritos de vários pilotos de corrida suíços, mas as notícias sobre dirigentes chineses que acumulavam grandes fortunas pessoais não chegara a seus ouvidos. Tantas ideias estrangeiras inundavam a China ao mesmo tempo que as pessoas dividiam o mundo em pedaços menores para melhor compreendê-lo. Em Beijing, um guia culinário chamado Dianping oferecia dezoito categorias distintas de cozinha chinesa, mas agrupava tudo que não fosse asiático (italiano, marroquino, brasileiro) sob o mesmo título: "comida ocidental".

Naquela noite, ficamos na cidade suíça de Interlaken, onde o Guia Li nos tinha prometido um "ar realmente limpo", um deleite para moradores de qualquer grande cidade chinesa. Saí para dar uma volta com Zheng Dao e sua filha, Li Cheng, estudante de arte de dezenove anos. Passamos por lojas de relógios de luxo, um cassino, e o Höhematte, vasto parque onde os moradores locais fazem apresentações de canto à tirolesa e competições de luta livre. Na metade do passeio, apesar de sua postura sempre educada, a filha parecia pouco impressionada. "Além de prédios diferentes, o Sena não é tão diferente de Huangpu", disse. "Metrô? Temos metrô. Qualquer coisa que você disser, nós temos", acrescentou e deu uma risada.

Quando Li Cheng seguiu adiante com amigos, a mãe me contou que queria mostrar à filha que as diferenças entre a China e o Ocidente são mais profundas do que simples questões de "hardware". Nosso guia zombara do ritmo comedido da Europa, mas Zheng disse que seus compatriotas tinham chegado à conclusão de que "quem não abre caminho à força será o último a conseguir as coisas". Um carro parou para que atravessássemos a faixa de pedestre, e Zheng fez uma comparação: "Na China os motoristas pensam 'não posso parar, do contrário não chego a lugar nenhum'", disse ela.

Nos últimos dias da viagem, os conselhos e a eficiência que tinham sido tão tranquilizadores no começo já não convenciam. No ônibus, as pessoas perguntavam se poderíamos parar num restaurante ocidental; estávamos na Europa fazia uma semana e ainda não tínhamos feito um almoço ou jantar que não fosse chinês. (Quase metade dos turistas chineses numa pesquisa de mercado informaram não ter comido mais de uma refeição "de estilo europeu" numa viagem ao Ocidente.) Mas Li nos advertiu que a comida ocidental por vezes demora muito para ser servida, e se comêssemos depressa nos causaria indigestão. "Deixem para a próxima viagem", disse, e todos concordaram. Em Milão, ele nos alertou novamente para tomarmos cuidado com ladrões, mas Handy, o especialista em saneamento, recebeu a recomendação com ceticismo. "A Itália não é caótica como dizem", comentou. "Pela descrição, parece assustadora."

Eu tinha começado a me perguntar por quanto tempo mais excursões como essa ainda sobreviveriam. O turismo solo já ganhava popularidade entre os jovens, e mesmo durante o tempo que passamos juntos meus companheiros de viagem se cansaram de tanta correria. Em Milão, tivemos trinta minutos de folga, por isso Karen, Handy e eu fizemos uma incursão pelo fresco interior do Duomo. Handy seguiu com o olhar as altas lâminas de vitrais brilhantes. "Parece exaustivo", disse ele. "Mas é lindo."

Os jornais italianos noticiavam que o primeiro-ministro Berlusconi logo seria acusado de ter dormido com uma adolescente. O Guia Li foi diplomático. "Que homem extravagante, esse!", exclamou ele. A viagem pela Itália naquele dia o fizera refletir sobre a vida na China. "A gente de vez em quando pensa se seria bom mesmo promover a democracia", disse. "Claro, há benefícios: as pessoas têm liberdade de expressão e de eleger políticos. Mas o sistema de partido único também não tem suas vantagens?" Apontou pela janela para a estrada lá fora e disse que a Itália levara décadas para construí-la, por causa da oposição local. "Se fosse na China, seria feita em seis meses! E essa é a única forma de manter a economia crescendo." O entusiasmo de Li era tão desprovido de críticas que eu poderia até achar que se tratava de um porta-voz do governo, caso já não conhecesse tão bem comentários como os seus, de minhas conversas diárias em Beijing. "Analistas estrangeiros jamais vão entender por que a economia chinesa cresceu tão rápido", disse ele. "Sim, é um país de partido único, mas os administradores são selecionados dentro das elites, e elites saídas do meio de 1,3 bilhão de pessoas podem muito bem ser chamadas de superelites."

O retrato do Ocidente pintado por Li tinha pelo menos um traço de incontida admiração. Ele mencionou um amigo ocidental que deixara o emprego para viajar de mochileiro e descobrir sua vocação na vida. "Será que nossos pais aceitariam? Claro que não! Enfiariam o dedo na cara e diriam: 'Você não presta para nada'", refletiu. Na Europa, porém, "os jovens têm permissão para ir atrás do que quiserem".

Li continuou: "Nossos ancestrais chineses nos legaram tantas coisas, mas por que será que achamos tão difícil descobrir coisas novas? É porque nosso sistema de educação tem muitas restrições". Nosso grupo estava ainda mais atento do que de costume. No momento em que os pais americanos se perguntam se não teriam alguma coisa a aprender com as intrometidas "mães-tigre" chinesas, os pais chineses tentam restaurar a criatividade do ressequido sistema educacional do país. Uma mãe, Zeng Liping, me disse que os professores foram contra a sua ideia de levar seu filho do sexto ano à Europa. "Antes de cada período de férias escolares, os professores lhes dizem: 'Não saiam, fiquem em casa e estudem, porque daqui a pouco estarão fazendo o exame para o ensino médio'." Mas Zeng estava em paz com sua consciência, mesmo pensando diferente. Largara um emprego estável, como professora de arte, e investira suas economias na criação da própria grife. "Meus chefes disseram: 'Que pena sair de um trabalho tão bom'. Mas já provei a mim mesma que tomei a decisão certa."

Em Roma no dia seguinte, paramos na Fontana di Trevi e fomos passear pelo vasto esplendor da Piazza di San Pedro. Zhu disse que a escala lhe lembrava Beijing. "É como antigamente, quando o povo chinês costumava ir a Beijing só para dar uma olhada no Partido Comunista." E deu uma risada.

Andamos pelo quarteirão e nos sentamos debaixo de uma janela para descansar. Zhu acendeu um cigarro. Ele pensava nos diferentes destinos das grandes potências. Perguntei se acreditava nos políticos americanos que diziam não ter nenhuma objeção contra a ascensão da China. Balançou a cabeça. "De forma nenhuma. Vão nos deixar crescer, mas depois tentarão limitar o crescimento. Todo mundo que eu conheço acha o mesmo." Mas acabou dizendo, da maneira mais educada que pôde, que os americanos teriam de ajustar-se a uma posição mais fraca no mundo, assim como a China fizera no passado. "Vocês estão muito acostumados a ficar por cima, mas vão cair para o segundo lugar. Não será imediatamente, levará vinte ou trinta anos, mas nosso PIB acabará ultrapassando o seu." Fiquei espantado de ver que, apesar de todas as suas viagens, Zhu ainda via uma persistente divisão entre a China e o Ocidente: "duas maneiras diferentes de pensar", como dizia. "Usaremos suas ferramentas e aprenderemos seus métodos. Mas, no fundo, a China sempre será do seu jeito", comentou ele.

Esse sentimento não inspirava muito otimismo sobre o futuro da China como aliada do Ocidente. Em certo nível, era difícil discordar; a possibilidade de que uma China mais rica se torne, naturalmente, uma China mais ocidental, mais democrática, já não me convencia tanto como em meus tempos de estudante, quando fui atraído para Beijing pelo trágico potencial da praça Tiananmen. A China onde eu agora vivia era ora inspiradora, ora exasperante, um lugar tanto de riquezas construídas a partir do zero como de "cárceres negros", de uma feroz curiosidade pelo mundo e de um orgulho defensivo do novo lugar que a China ocupa neste mundo. Meus companheiros de viagem de ônibus haviam respondido ao chamado para ir ao Ocidente, mas, se por um lado tinham dificuldade para compreender o que encontraram, eu podia entender muito bem, pois eu mesmo lutava para compreender o que significava uma terra "liberta", mas subjugada ao Partido no Poder.

Se era ingênuo imaginar que a abertura da China simplesmente a faria aproximar-se do Ocidente, também era ingênuo, talvez, ignorar o poder de mudanças mais sutis. A viagem moderna à moda chinesa, como o moderno Estado chinês, se baseia na frágil premissa de que poderá impor ordem a um mundo caótico, bastando para tanto pastorear os cidadãos e protegê-los contra ameaças que podem incluir ladrões ocidentais, culinária ocidental e cultura ocidental. Em carne e osso, o Ocidente que nosso grupo encontrou era, a rigor, mais Europa do que "Europa" — um lugar desleixado e sem glamour de um modo que aqueles turistas não esperavam. E, apesar disso, por trás do evangelho de prosperidade sobre a eficiência chinesa de partido único, meus companheiros de viagem capturaram centelhas não editadas de compreensão, tiveram vislumbres de humanidade e abertura, e de um mundo outrora proibido. Ao decretar o fim da revolução, o Partido no Poder, na verdade, esperava que seu povo deixasse a política para trás e continuasse a tocar a vida. Mas isso jamais poderia ser assim tão fácil.

Quando Promise finalmente deixou de lado seu amarfanhado exemplar do *Wall Street Journal*, não houve nenhuma epifania. Ele se limitou a dizer: "Quando leio um jornal estrangeiro, vejo muitas coisas sobre as quais não sei nada". Nessa primeira viagem, havia muita coisa que eles jamais conseguiriam ver, mas, quilômetro após quilômetro, iam descobrindo como enxergar tudo aquilo.

PARTE II

VERDADE

8. Dançar com grilhões

O prédio mais intrigante de Beijing não era célebre por sua arquitetura. De frente para a avenida da Paz Eterna, ao lado do equivalente chinês da Casa Branca, era um edifício de escritórios de três andares, verde moderno, com telhado estilo pagode, que ficava pousado no topo como um chinó. O que mais me impressionava era que, pelo menos no papel, a construção não existia. Não tinha endereço ou placa, e não aparecia em nenhum diagrama público da estrutura partidária. Na primeira vez em que perguntei o que era aquilo, o guarda respondeu: "Não posso lhe dizer. É um órgão do governo". Com o tempo, passei a pensar nele simplesmente como o Departamento.

Toda capital tem seus departamentos secretos, mas o que havia de mais curioso sobre esse e sua aversão à publicidade era o fato de ser o Departamento Central de Publicidade. A "Publicidade" do título era para inglês ver; seu nome em chinês era Departamento Central de Propaganda, uma das organizações mais poderosas, e sigilosas, da República Popular — uma repartição do governo com poderes para demitir editores, silenciar professores, proibir livros e reeditar filmes. Na época em que me estabeleci na China, o Departamento e seus escritórios no país controlavam 2 mil jornais e 8 mil revistas. Todos os filmes e programas de televisão, todos os livros didáticos, todos os parques de diversões, videogames, boliches e concursos de beleza estavam sujeitos à sua meticulosa inspeção. Os propagandistas decidiam quais anúncios poderiam ser exibidos em cada outdoor que poderia ser instalado desde o Himalaia até o mar Amarelo. Administravam o maior fundo para ciências sociais, o que lhes dava poder de veto sobre pesquisas acadêmicas que não respeitassem, por exemplo, a proibição de usar certas palavras para descrever o sistema político chinês. (Uma das palavras proibidas era "jiquanzhuyi" — "totalitarismo".) O Departamento tinha uma autoridade tão vasta sobre o campo das ideias na China que Anne-Marie Brady, especialista que estudou o assunto, o comparou à "influência do Vaticano sobre o mundo católico".

Orwell escreveu que a prosa política, em qualquer país, pretende "dar aparência de solidez ao vento". Durante a era Truman, o secretário de Estado Dean Acheson podava e moldava os fatos até ficarem, em suas próprias palavras, "mais claros do que a verdade". Mas nenhum país dedicou mais tempo e cuidado à arte da propaganda do que a China, onde o imperador Qin Shi Huang governou, no século III a.C., com uma política resumida pela máxima "Mantenha as massas ignorantes e elas obedecerão". Mao santificou a propaganda e a censura como partes essenciais de sua doutrinação ideológica, recorrendo a elas para redefinir a Longa Marcha como um triunfo estratégico, em vez de uma derrota esmagadora. Cinco anos depois da morte de Mao, o ato final de devoção de seus herdeiros foi divulgar uma declaração oficial sobre o tumultuoso reinado de Mao. Disseram que ele estava 70% certo e 30% errado — cálculo imponderável que seria estudado nas escolas do país pelas décadas seguintes.

O Departamento quase desapareceu. Em 1989, o levante na praça Tiananmen convenceu alguns líderes do partido de que a propaganda estava se tornando ineficaz na era moderna. Mas Deng Xiaoping discordava, e tomou uma decisão fatal — a futura sobrevivência do partido, declarou ele, dependeria, mais que nunca, de dois pilares: prosperidade e propaganda. Sobre os jovens da China que ocuparam a praça, disse o seguinte: "Anos de educação, e não apenas meses, serão necessários para mudar seu modo de pensar". Mas a atitude soviética em relação à propaganda — a insistência numa direita ideológica como vanguarda do proletariado — tinha fracassado. Deng e seus homens precisavam, com urgência, de uma nova abordagem, e a encontraram na terra santa das relações públicas, os Estados Unidos, e num novo, apesar de improvável, modelo: Walter Lippmann, um dos mais destacados colunistas americanos durante boa parte do século XX. Ignoraram seu anticomunismo inicial e louvaram seus esforços para impedir que as massas governassem e para convencer a opinião pública americana a entrar na Primeira Guerra Mundial. Estudaram e citaram a crença de Lippmann no poder das imagens para, em suas palavras, "amplificar a emoção enquanto debilita o pensamento crítico", e adotaram a sua ideia de que boas relações públicas podem criar uma "mente coletiva" e "fabricar consenso" para a elite governante.

Para esculpir a propaganda para a classe média emergente, eles adotaram outro pai das relações públicas americanas, o falecido cientista social Harold Lasswell, que em 1927 escreveu: "Se a massa se libertar das correntes de ferro, é preciso que aceite correntes de prata". Os publicitários do partido, que começaram a carreira denunciando marionetes do capitalismo, agora estudavam o êxito da Coca-Cola, observando que, como dizia um manual de propaganda chinês, a companhia provou que, "quando se tem uma boa imagem, qualquer problema pode ser resolvido".

Para aprender a moderna arte de influenciar, o Partido Comunista instruiu-se com os mestres: um seminário de cinco dias para a cúpula da propaganda tomou como estudo de caso a resposta de Tony Blair à doença da vaca louca, e o modo como o governo Bush lidou com a mídia americana depois do Onze de Setembro.

Em 2004, o Departamento criou um Escritório de Opinião Pública, que encomendava pesquisas para avaliar a disposição do público sem os refinamentos da votação direta. Em vez de definhar, o mundo da doutrinação ideológica cresceu em escala e sofisticação, até abranger, de acordo com uma estimativa, um funcionário de propaganda para cada cem cidadãos chineses. A era dos alto-falantes bombásticos e dos panfletos mimeografados chegara ao fim. Como qualquer empresa competitiva, o Departamento agora avaliava sua eficácia em número de acessos a páginas e em audiência de horário nobre. Criou campanhas publicitárias caríssimas com a ajuda de cineastas famosos, como Zhang Yimou, e mergulhou as pessoas numa diáfana mensagem emocional que visava, como o disse um chefe de propaganda, atingir "seus ouvidos, sua cabeça e seu coração". Mais do que nunca era importante, como mostraram estudiosos do partido, "fazer o pensamento delas amoldar-se à ideologia dominante; e em consequência padronizar o comportamento do povo".

Nada consumia mais a atenção do Departamento do que a imprensa. "Nunca mais", jurou o presidente Jiang Zemin depois de Tiananmen, "se permitirá que os jornais, rádios e televisões da China sejam frente de batalha do liberalismo burguês." A China, disse Jiang, jamais sucumbiria ao que ele descrevia como "a assim chamada glasnost". Ainda se esperava dos jornalistas que "cantassem em uníssono", e o Departamento os ajudaria a fazer isso divulgando uma vasta e crescente lista de palavras que podiam e que não podiam aparecer nas notícias. Algumas regras nunca mudaram: qualquer menção às leis de Taiwan deveria vir com a ressalva "as assim chamadas leis", enquanto o sistema político da China era um caso tão único que os repórteres nunca deveriam escrever a frase "de acordo com parâmetros internacionais" quando fizessem comparações com Beijing. No tocante à economia, não deveriam dar ênfase às más notícias durante os feriados, ou a questões que o governo classificasse como "insolúveis", como, por exemplo, a fragilidade dos bancos chineses ou a influência política dos ricos. O assunto proibido com mais ardor era a própria Tiananmen; nenhuma menção aos protestos de 1989 ou ao sangue derramado aparece em livros escolares chineses; quando o governo discute os acontecimentos daquele ano, descreve-os como "caos" ou "tumulto" organizado por umas poucas "mãos negras".

Aos jornalistas nada restou senão as instruções, de tal maneira que, mesmo enquanto a China se tornava mais diversa e clamorosa, o mundo das notícias era um oásis de calmaria — um reino de espantosa mesmice. Jornais de extremos opostos do país com frequência traziam manchetes idênticas, usando fontes idênticas. Em maio de 2008, quando um forte terremoto atingiu a província de Sichuan, os jornais de todo o país proclamaram, em sintonia quase perfeita, que o tremor tinha "tocado fundo o Partido Comunista chinês". Na manhã seguinte, li os jornais locais e fiquei maravilhado com sua consistência.

Um dos poucos sites de notícias da China a dizer algo diferente foi uma revista chamada *Caijing*. Enquanto a agência de notícias estatal, Xinhua, aplaudia o Exército de Libertação Popular por seus esforços para resgatar vítimas, *Caijing* — o nome significa "finanças e economia" — arrancava estimativas sobre o número de mortos e feridos e informava que "muitas vítimas do desastre até agora não receberam nenhum suprimento de emergência". Tentando entender por que o que *Caijing* escrevia era diferente, senti que talvez tivesse alguma coisa a ver com a pessoa responsável pela revista, uma mulher chamada Hu Shuli, que ganhara fama testando os limites da livre expressão na China. Pedi para vê-la. Queria saber como se negocia com um prédio que não existe.

Ouvi Hu Shuli antes de vê-la. Eu a esperava em seu escritório na redação de *Caijing*, um espaço de tijolo cinzento, arejado e elegante, no 19º andar da Prime Tower, no centro de Beijing, quando ouvi um apressado clique-claque de saltos altos no corredor. Ela aproximou-se da porta, depois avançou, proferindo ordens e ideias aos borbotões pela redação, até dar meia-volta e seguir em minha direção. Antes da minha visita, Qian Gang, editor que ela conhecia havia anos, me advertiu que Hu trabalhava de forma "brusca e impetuosa como uma rajada de vento".

Com cinquenta e poucos anos, Hu Shuli tinha 1,60 metro, era magra, usava cabelos curtos e trajava roupas *ton sur ton*. Era tão tagarela e combativa que parecia "um chefão de saias", como pensou um de seus repórteres depois do primeiro encontro com ela. Outro colega comparou a experiência de conversar com ela a estar na frente de uma metralhadora disparando. Wang Lang, velho amigo de Hu e editor do *Economic Daily*, jornal editado pelo governo, recusou repetidas vezes suas propostas para trabalharem juntos, porque, como me disse, "manter certa distância é melhor para nossa amizade". Dependendo do ponto de vista, estar com ela era emocionante, ou um teste para os nervos. Seu chefe, Wang Boming, presidente da empresa controladora de *Caijing*, o Grupo de Mídia SEEC, me disse, meio brincando, meio a sério: "Tenho medo dela".

No mundo dos "operários da notícia", como os jornalistas são conhecidos no jargão do partido, Hu Shuli tem perfil singular. Incurável caçadora de escândalos, conseguiu, apesar disso, tornar-se íntima, a ponto de tratá-los pelo primeiro nome, de alguns dos mais poderosos dirigentes do partido na China. Desde 1998, quando Hu montou a redação de *Caijing*, com dois computadores e uma sala de reuniões emprestada, ela dirige a revista com um senso quase perfeitamente calibrado da dose de franqueza e provocação que o Departamento é capaz de tolerar. Isso significava decidir o que cobrir (fraude corporativa generalizada, caso após caso de corrupção política), mas também o que não cobrir (Falun Gong, aniversários da praça Tiananmen, e muitas outras coisas). Hu resistiu como editora enquanto outros tenazes jornalistas chineses eram presos ou silenciados. Costumava ser descrita na imprensa chinesa e estrangeira como "a mulher mais perigosa da China", embora fingisse não dar muita importância a isso, dizendo que era apenas "um pica-pau", a martelar interminavelmente numa árvore, tentando não derrubá-la, mas fazê-la crescer mais reta.

Caijing tinha um pouco do esplendor e do design de *Fortune*. Anúncios de relógios Cartier, cartões de crédito chineses, SUVs Mercedes engrossavam suas edições. O estilo jornalístico podia ser deliberadamente complexo. Mas as autoridades chinesas encarregadas da propaganda tinham naturalmente mais probabilidade de endurecer com a televisão e com jornais de grande circulação, que alcançavam milhões de pessoas, do que com uma revista que vendia apenas 200 mil exemplares, ainda que esses exemplares fossem parar em alguns dos mais importantes escritórios do governo, das finanças e do mundo acadêmico da China, o que dava à revista uma influência extraordinária. Havia ainda dois sites da *Caijing*, um em chinês, outro em inglês, que juntos atraíam cerca de 3,2 milhões de visitantes individuais por mês. Hu escrevia uma coluna amplamente lida para a edição impressa e para a internet. Todo ano dava uma palestra que atraía a cúpula econômica do Partido Comunista.

A vivacidade de Hu destacava-se numa indústria na qual a verdade com frequência sucumbia às prioridades políticas. Não muito tempo depois do terremoto, a Xinhua, agência de notícias estatal, publicou uma reportagem em seu site explicando em minúcias como o foguete Shenzhou VII, da China, fez sua trigésima volta em torno da Terra. O texto apresentava muitos detalhes emocionantes — "A voz firme do operador de rádio quebrou o silêncio na nave". Infelizmente, o foguete ainda não havia sido lançado — a agência de notícias depois pediu desculpas por ter divulgado um "rascunho".

Mas deixar de pôr a política à frente da verdade podia ser perigoso. Quando a organização Repórteres Sem Fronteiras classificou os países por liberdade de expressão em 2008, o ano do terremoto, a China ficou em 167º lugar entre 173 países — atrás do Irã e à frente do Vietnã. O Artigo 35 da Constituição chinesa garantia liberdade de expressão e de imprensa, mas os regulamentos davam ao governo amplos poderes para prender editores e escritores por "prejudicarem interesses nacionais" e outros crimes. Havia 28 repórteres em prisões chinesas, mais do que em qualquer outro país. (Em 2009, o Irã ultrapassou a China pela primeira vez em dez anos.)

Diante desses riscos, eu via na revista de Hu Shuli a primeira publicação chinesa a ter a ambição de tornar-se uma das melhores empresas jornalísticas do mundo. "É diferente de tudo que se vê na China", me disse um economista chamado Andy Xie. "Sua existência, de certa forma, é um milagre."

Na primeira vez em que visitei Hu Shuli em casa, eu tinha certeza de que estava perdido. Ao contrário dos repórteres e editores de sua equipe, ela não morava num dos novos arranha-céus residenciais de Beijing. Ela e o marido viviam num antiquado conjunto habitacional de concreto, num apartamento de três quartos com vista para um jardim coberto de vegetação. O bairro era o reduto da velha mídia da China, onde ficava a sede da rádio estatal e viviam os censores de cinema e televisão. Nos anos 1950, quando o prédio era residência privilegiada de quadros do partido, o governo designou uma vaga nele para o pai de Hu.

Ela vinha de uma impecável linhagem comunista. O avô Hu Zhongchi era um famoso tradutor e editor, e o irmão dirigia uma importante casa editorial; a mãe, Hu Lingsheng, foi uma das principais editoras do *Diário dos Trabalhadores* em Beijing. O pai, Cao Qifeng, viveu na clandestinidade como comunista antes de assumir um cargo num sindicato trabalhista. Mas, desde cedo, Hu Shuli tinha instintos que preocupavam a mãe. "Eu sempre disse o que pensava", explicou ela.

A Revolução Cultural tomou conta da China quando ela tinha treze anos, e suas aulas foram suspensas. A família sofreu: como editora importante, a mãe de Hu foi criticada em seu jornal e condenada à prisão domiciliar. O pai foi transferido para uma função burocrática. Hu se tornou Guarda Vermelha, como outros de sua idade, e com eles viajava pelo país proclamando seu amor pelo "mais vermelho dos sóis vermelhos", Mao Tsé-tung. Quando o movimento degenerou em violência, Hu Shuli buscou refúgio nos livros, tentando manter uma aparência de instrução. "Foi um tempo muito confuso, porque perdemos todos os valores", disse ela. Faltando um mês para seu aniversário de dezesseis anos, ela foi enviada ao interior para viver a revolução rural. O que viu a assustou.

"Era um absurdo", lembrou-se. Os agricultores não tinham motivo para trabalhar. "Tudo que eles queriam era ficar deitados no campo, às vezes durante duas horas. Eu dizia: 'Vamos começar a trabalhar?'. E eles: 'Como é que você pode pensar uma coisa dessas?'. Dez anos depois, percebi que tudo estava errado", ela relatou.

Para muita gente de sua geração, a campanha para viver e trabalhar no campo foi uma revelação. Outro jovem crédulo enviado para o campo, Wu Si, contou para mim como foi seu primeiro dia numa fundição. "Sempre nos ensinaram a acreditar que 'o proletariado é uma classe altruísta', e acreditávamos totalmente nisso", disse. Poucas horas depois de sua chegada, um colega operário aproximou-se dele e disse: "Já chega. Pode parar [de trabalhar] agora".

Ele ficou sem entender. "Não tenho outra coisa para fazer, por isso posso continuar trabalhando."

O camarada lhe soprou um conselho: "O pessoal não vai gostar muito, não".

Se Wu trabalhasse o dia inteiro, as cotas de todo mundo aumentariam. Ele depôs as ferramentas. Logo aprendeu outros macetes de sobrevivência nas fábricas estatais — como roubar peças do depósito, como fazer lâmpadas para vender no mercado negro. Para Wu, que posteriormente se tornaria escritor e editor de renome, aquilo o apresentou ao mundo das realidades paralelas. "Uma narrativa era pública", me disse ele. "Outra era real."

Quando as faculdades retomaram as aulas, em 1978, Hu Shuli garantiu uma vaga na Universidade do Povo em Beijing. O departamento de jornalismo não foi sua primeira opção, mas era o que a instituição tinha de melhor a oferecer. Depois de formar-se, ela ingressou no *Diário dos Trabalhadores*, e foi mandada, em 1985, para a sucursal na cidade costeira de Xiamen, que havia sido designada como laboratório para o desenvolvimento do livre mercado. Ela, por natureza, sabia usar em proveito próprio seus contatos sociais — jogava bridge regularmente com o prefeito — e um de seus entrevistados era um jovem e promissor quadro do governo municipal, cuja simpatia pelo livre mercado lhe valera o apelido de Deus da Riqueza. Chamava-se Xi Jinping, e anos depois seria presidente da China.

Em 1987, Hu ganhou uma bolsa do World Press Institute para passar cinco meses nos Estados Unidos. A experiência mudou sua noção de possibilidades. Seu jornal, o *Diário dos Trabalhadores*, tinha quatro páginas, mas toda cidade que ela visitou nos Estados Unidos parecia ter um jornal dez ou vinte vezes maior. Uma noite em Minnesota, disse ela, "passei a noite inteira lendo o *Pioneer Press* de Saint Paul". Voltou para a China e, na primavera de 1989, o movimento da praça Tiananmen eletrizava a imprensa de Beijing. Muitos jornalistas, incluindo Hu, aderiram às manifestações. Quando soldados agiram severamente na noite de 3 de junho, lembra-se Hu, "fui para a rua, depois voltei para dentro do edifício e disse: 'Devíamos cobrir isto'". Mas a decisão já tinha sido tomada: "Não era para publicarmos uma só palavra a respeito". Inúmeros repórteres que se manifestaram foram demitidos, ou desterrados para as províncias. O marido, Miao Di, professor de cinema, achou que Hu seria presa, mas no fim ela foi suspensa por dezoito meses.

Depois de cumprir a suspensão, Hu se tornou editora internacional do *China Business Times*, um dos primeiros jornais do país dedicados a cobrir as fronteiras recém-ampliadas da economia. Em 1992, esbarrou num grupo de financistas chineses que tinham estudado fora e voltado para construir a bolsa de valores local. Muitos deles eram filhos de poderosos dirigentes chineses. O grupo se autodenominava Conselho Executivo da Bolsa de Valores e em 1992 alugou um conjunto de salas no Hotel Chongwenmen, em Beijing. Eles retiraram as camas e instalaram um escritório. A uma das mesas sentava-se Gao Xiqing, que obtivera um diploma de direito em Duke e trabalhara na firma de advogados de Richard Nixon em Nova York antes de voltar para a China. Na outra mesa estava Wang Boming, filho de um ex-embaixador e vice-ministro do Exterior; Wang tinha estudado finanças na Columbia e trabalhado como economista no departamento de pesquisas da Bolsa de Valores de Nova York. Eles conseguiram o apoio de estrelas ascendentes do partido, como Wang Qishan, genro de um vice-premiê, e Zhou Xiaochuan, herdeiro político de mentalidade reformista.

Ela começou a aparecer e passar algum tempo ali, e acabou conseguindo uma série de furos — e, com o tempo, um incomparável fichário com dados sobre nomes destinados a ocupar os mais altos cargos na China. (Wang Qishan chegou ao Comitê Permanente do Politburo. Gao Xiqing tornou-se chefe do fundo soberano da China. Zhou Xiaochuan dirigiu o Banco Central da China.) Posteriormente, muita gente dizia à boca pequena em Beijing que essas relações protegiam Hu, mas ela rebatia argumentando que as pessoas de fora exageravam sua proximidade do poder. "Não sei o aniversário de ninguém", disse, referindo-se a funcionários de alto nível. "Sou jornalista, e eles me tratam como jornalista."

Em 1998, Hu recebeu um telefonema de Wang Boming, um dos financistas do quarto de hotel. Ele ia lançar uma revista e queria que ela a dirigisse. Ela impôs duas condições. Wang não usaria as páginas dela para promover seus outros negócios, e lhe daria um orçamento de 250 mil dólares (quantia substancial naquele tempo) para pagar salários altos o suficiente para impedir que repórteres aceitassem suborno. Wang concordou. Não era uma instituição de caridade; ele e seus aliados reformistas no governo achavam que, ao se modernizar, a economia da China deixaria de depender da cambaleante imprensa estatal. As pessoas não poderiam mais se dar ao luxo de ser desinformadas.

"É preciso que a mídia desempenhe sua função, revelando os fatos ao público e, em certo sentido, ajudando o governo a detectar mazelas", disse-me Wang, certa manhã, em seu grande e atulhado escritório um andar abaixo da sede de *Caijing*. Era um fumante inveterado, com bastos cabelos negros salpicados de grisalho, óculos Ferragamo e um palavroso senso de humor. Apesar de seu pedigree no partido, os anos que viveu no exterior alteraram sua compreensão do valor da verdade. "Quando eu era estudante nos Estados Unidos, precisava ganhar dinheiro para pagar a mensalidade, e fui trabalhar num jornal em Chinatown, o *China Daily News*", disse ele. Mesmo como repórter iniciante, adorava seguir uma pista até o fim. Ele riu. Ser repórter o fazia sentir-se "um rei sem coroa".

Hu Shuli não perdeu tempo para seguir a pista; sua primeira edição trazia uma explosiva reportagem de capa, revelando que pequenos investidores tinham perdido milhões quando uma empresa imobiliária chamada Qiong Min Yuan faliu, apesar de pessoas que dispunham de informações privilegiadas terem sido avisadas a tempo de se desfazerem de suas ações. As autoridades reguladoras ficaram furiosas; acusaram Hu de desrespeitar as restrições impostas pelo Departamento, e seus chefes precisaram acalmar os censores fazendo um mea-culpa. Mas o momento decisivo na ascensão de *Caijing* veio quando uma repórter chamada Cao Haili, em visita a Hong Kong no primeiro semestre de 2003, percebeu que todo mundo na plataforma de trem parecia usar máscara cirúrgica. Intrigada, perguntando-se qual seria a razão daquilo, alertou Hu. A imprensa chinesa vinha informando que as autoridades de saúde tinham contido a propagação de um novo e misterioso vírus chamado SARS. A verdade era que a epidemia se alastrava. Editores de jornal na província de Guangdong haviam recebido ordem para publicar apenas notícias tranquilizadoras sobre o vírus.

Mas Hu Shuli percebeu que as restrições não se estendiam a editores de fora da província, e aproveitou a brecha. "Comprei muitos livros sobre doenças, infecções e viroses respiratórias", lembrou ela, e sua equipe começou a descobrir erros nas declarações do governo. Ao longo de um mês, *Caijing* produziu uma série de reportagens indispensáveis, e já planejava outras quando o Departamento interveio e os proibiu.

De sua sede na avenida da Paz Eterna, o Departamento emitia uma torrente diária de diretrizes para editores resumindo o que podia e o que não podia ser dito. Por definição, essas diretrizes eram secretas — o público não tinha permissão de saber o que não lhes era permitido saber — e à época da minha chegada, em 2005, fazia menos de três meses que o repórter Shi Tao fora condenado a dez anos de prisão por revelar o conteúdo de uma instrução oficial da Propaganda. Para prevenir novos vazamentos, os censores passaram a dar as instruções oralmente. Os chefes de uma sede da televisão estatal dispunham de um telefone vermelho especial para essa finalidade. Outras empresas jornalísticas recebiam instruções em reuniões que os repórteres chamavam de "assistir à aula".

Durante décadas, os censores tinham habilmente suprimido notícias indesejáveis (epidemias, desastres naturais, agitação social), mas a tecnologia e as viagens vinham tornando esse trabalho cada vez mais difícil. Quando o acobertamento do vírus SARS veio à tona, Jiao Guobiao, professor de jornalismo da Universidade de Pequim, ignorou o tabu segundo o qual ninguém reconhecia publicamente a invisível autoridade do Departamento e escreveu: "O Departamento Central de Propaganda é o único ponto obscuro da China que não opera de acordo com regras e regulamentos; é um império de obscuridade no qual os raios da lei não brilham". A universidade o demitiu por causa disso.

Quando me encontrei com Hu Shuli certa tarde, ela estava atrasada para um compromisso inusitado: Hu tinha decidido que seus principais editores precisavam de roupas novas, e mandara chamar um alfaiate. À medida que ela e seus repórteres ganhavam importância, passavam cada vez mais tempo diante do público ou no exterior. Hu estava cansada de ver sua equipe usando traje de passeio e camisas manchadas de manga curta com gola abotoada. Propôs um acordo aos editores: se comprassem um terno novo, a revista daria outro. Um alfaiate gorducho, de pálpebras cansadas, levou uma braçada de ternos para uma sala de conferência, e a equipe fez fila para provar.

"Não está folgado aqui?", perguntou Hu, puxando embaixo do braço de um elegante paletó cinza listrado que Wang Shuo, seu editor executivo de 37 anos, experimentava. Com a chefe cutucando seu tronco, ele tinha uma expressão de confusa tolerância, que eu já vira antes em cachorros dentro de banheiras.

"Já está apertado", protestou Wang.

"Ele acha que está apertado", disse o alfaiate.

"Calma lá!", disse Hu. "Pense nos ternos de James Bond nos filmes. Faça igualzinho."

A mudança sugerida pelo ostensivo internacionalismo de Hu ia além de uma simples questão de estética. Um bem-intencionado professor americano certa vez lhe dera um conselho: "Se permanecer na China como jornalista, jamais fará parte da grande imprensa internacional". Hu estava disposta a desmenti-lo, ainda que para isso tivesse que criar atalhos dentro do sistema chinês.

Se uma revista como a dela violasse as regras, o Departamento emitia uma advertência chamada cartão amarelo, como no futebol. Três cartões amarelos num ano, e poderia ser fechada. O Departamento não lia reportagens antes da publicação; pelo contrário, cabia aos editores adivinhar até onde podiam ir e calcular os riscos de ultrapassar um limite mal definido. Era um tipo específico de pressão, que o sinólogo Perry Link certa vez comparou a viver debaixo de uma "anaconda enrolada no lustre do teto". Escreveu ele:

> Normalmente, a grande cobra não se mexe. Não precisa. Não acha necessário ser explícita quanto a suas proibições. A constante mensagem do seu silêncio é "vocês decidem", e a partir daí, na maior parte do tempo, todo mundo que vive à sua sombra faz grandes ou pequenos ajustes — tudo muito "naturalmente".

Com o passar dos anos, Hu aprendeu a viver sob a anaconda, tratando o governo da China como um organismo que vive e respira, avaliando constantemente seu humor e suas sensibilidades. Wang Feng, um dos seus lugares-tenentes, me disse: "A gente consegue perceber quando ela faz os ajustes. Por exemplo, na reunião editorial da segunda-feira, ela pode querer uma coisa, e os editores e repórteres vão lá e fazem. E na reunião editorial da quarta-feira ela vai e diz: 'Sabem de uma coisa? Consegui mais informações e não devemos dizer isso. Talvez a gente não deva ir tão longe'".

Em janeiro de 2007, Hu Shuli aprendeu sua primeira lição sobre o que era ir longe demais. A reportagem de capa, "De quem é Luneng?", falava de um grupo de investidores que pagaram uma ninharia por 92% de um conglomerado de 10 bilhões de dólares, com ativos que iam de usinas elétricas a um clube de futebol. Um emaranhado de conselhos diretores sobrepostos e acionistas ocultava a identidade dos novos proprietários, e quase metade do capital para a compra vinha de uma fonte indetectável. Quando *Caijing* tentou publicar uma breve suíte, as autoridades baniram a revista das bancas, e a equipe de Hu foi obrigada a rasgar à mão os exemplares já impressos. "Todos se sentiram humilhados", contou um ex-editor. Para Hu, foi seu "maior desastre". (A história por pouco não envolveu na trama os filhos de altos dirigentes do partido — um tabu que ultrapassava até mesmo o desejo dos reformistas por uma imprensa mais livre.)

Em seu escritório, certa tarde, perguntei a Hu por que ela achava que outras publicações tinham sido punidas e *Caijing* não.

"Nunca afirmamos nada de forma emotiva ou pessoal, como 'fulano mentiu'", disse ela. "Tentamos analisar o sistema e dizer por que uma boa ideia ou intenção não pode se tornar realidade." Quando fiz a mesma pergunta a Cheng Yizhong, ex-chefe de redação do *Diário Metropolitano do Sul*, um dos jornais mais esfuziantes da China, que passou cinco meses na cadeia por ter irritado as autoridades, ele deu uma resposta diferente. Fez uma distinção entre sua campanha para limitar os poderes de polícia e o grande interesse de Hu em melhorar a atuação do governo. "Os tópicos de *Caijing* não afetaram o sistema dominante fundamental, por isso é uma coisa relativamente segura", disse ele, acrescentando: "Não estou criticando Hu Shuli, mas, em certo sentido, *Caijing* está apenas servindo a um grupo de interesse mais poderoso e relativamente melhor".

Apesar de seu ceticismo e de sua intensa energia, ela usava a linguagem da oposição leal. "Há quem afirme que avançar nas reformas políticas seria desestabilizante", escreveu ela numa coluna em 2007. "A verdade, porém, é que manter o statu quo sem nenhuma reforma cria um ambiente propício para a turbulência social." Em outras palavras, a reforma política era uma maneira de consolidar o poder, não de perdê-lo.

Sua atitude tinha forte apelo para reformistas no governo que genuinamente desejavam resolver problemas, mas não queriam perder poder ao fazê-lo. Alguns jornalistas chineses diziam que a maior habilidade de Hu era jogar os grupos de interesse uns contra os outros, fosse engrandecendo o esforço do governo central para prender prefeitos corruptos, fosse ajudando uma ala do governo a combater a agenda política da ala rival. Permita que o grupo mais poderoso se perpetue, diz a teoria, e você conseguirá fazer jornalismo real, até mesmo lucrativo. Hu via a censura como uma questão negociável; quando as autoridades da propaganda se enfureciam, ela tentava não discutir. Prometia melhorar, prestar mais atenção, evitar aquele erro no futuro. "Na China, dizemos que se pode abrir um buraco numa pedra deixando pingar água constantemente", disse-me seu amigo Qian Gang. Outros jornalistas preferiam uma metáfora mais ruidosa: chamavam isso de "dançar com grilhões".

Quando perguntei a Hu sobre o terremoto de 2008, estávamos em seu escritório, e já estava escurecendo. As sombras da tarde projetavam-se em suas janelas, e o assunto do desastre e a colossal perda de vidas fizeram-na parar um pouco. Ela havia recebido a notícia por uma mensagem de texto quando presidia uma cerimônia para bolsistas num hotel nas montanhas a oeste de Beijing. Apoiou-se no amigo Qian Gang, que cobrira terremotos anteriores, e lhe pediu uma estimativa aproximada dos danos. Ele olhou para seu relógio e lembrou que as escolas estavam em aula. O número de baixas entre os estudantes seria enorme.

Noticiar um desastre daquelas proporções poderia ser politicamente perigoso. Quando o país sofrera um fortíssimo terremoto anterior, em 1976, o governo proibiu a divulgação de notícias sobre o número de mortes durante três anos. Hu Shuli partiu para o centro de Beijing, falando por telefone e mandando e-mails do carro, e ordenando a seus editores que alugassem um telefone via satélite e enviassem uma equipe para Sichuan. Dentro de uma hora, o primeiro jornalista de *Caijing* estava num voo para Sichuan, logo seguido por mais nove. Ao chegarem, descobriram que muitos escritórios do governo tinham sobrevivido ao terremoto, mas centenas de prédios escolares desmoronaram, convertendo-se em montes de concreto e vergalhões. Os prédios tinham sido construídos durante uma onda de financiamentos nos anos 1990, quando uma dilatação demográfica na faixa de crianças em idade escolar exigia mais espaço. Mas tamanha foi a quantidade de dinheiro desviado que projetos que previam a utilização de aço foram, em alguns casos, construídos com bambu.

Milhares de crianças ficaram soterradas, ou morreram, nos escombros; ninguém saberia sequer dizer quantas. O Departamento rapidamente proibiu a cobertura dos problemas de construção nas escolas. Mesmo assim, vários jornais chineses informaram a respeito, e foram punidos. Mas Hu interpretou o humor do momento de outra maneira; calculou que o status de sua revista, uma publicação de economia, poderia servir de pretexto para que simplesmente fiscalizasse o uso de recursos públicos. O êxito que alcançara, além de sua ousadia, funcionava como um trunfo: a revista já fora tão longe que ramos conservadores do governo não tinham como saber quais eram as outras autoridades que a apoiavam.

Além disso, Hu era uma mulher de negócios e tinha de pensar na concorrência: a internet se ampliava, e era preciso acompanhá-la. Achou que a reportagem poderia ser publicada, desde que no tom certo, citando os fatos apropriados. "Se não é absolutamente proibido", disse ela, "nós fazemos." Em 9 de junho, *Caijing* publicou uma reportagem investigativa de doze páginas sobre o terremoto, incluindo o desmoronamento das escolas. Era fria e definitiva. De acordo com a reportagem, um crescimento econômico desatento, recursos públicos desperdiçados e desrespeito generalizado aos padrões de construção tinham levado ao desastre. De uma forma raramente executada antes, a reportagem escavou uma camada de mitologia que costuma vir atrelada à busca da riqueza na China: os anos de súbito crescimento econômico estavam levando áreas pobres do interior a uma nova era, mas os custos dessa ascensão ficavam cada vez mais claros. A matéria contava em detalhes como quadros locais tinham se furtado às suas obrigações e ignorado regras, só faltando mesmo atribuir culpa a esse ou àquele indivíduo. Ela foi chamada e criticada, mas não punida.

Do alto de sua posição, buscando equilibrar interior e exterior, ela tomou uma decisão por conta própria: se insistisse em identificá-los pelo nome — essa ou aquela autoridade corrupta —, poderia marcar um ponto na questão da responsabilização, mas o furo a deixaria vulnerável a represálias. "Procuramos não dar nenhum precedente para os quadros que não querem ser criticados", me disse ela. No fim das contas, afirmou, o importante não era mostrar "qual foi a pessoa que não usou tijolos de boa qualidade quinze anos atrás", mas uma coisa ainda mais profunda. "Precisamos de mais reformas", afirmou ela. "Precisamos de um sistema de controles recíprocos. Precisamos de transparência. Usamos essas palavras. Não palavras elementares. Nada de slogans." Era um jogo de um tipo mais sutil, e ela ganhou aquela rodada. Mas não ganharia outras que ainda viriam.

9. A liberdade guiando o povo

Naquela primavera, a China oficial fazia a contagem regressiva para os Jogos Olímpicos de 2008 com o fervor de uma religião de Estado. O partido montou outro relógio gigante ao lado da praça Tiananmen para marcar os segundos que faltavam para a abertura do evento, e a capital foi adornada com um lema que pedia união acima de tudo: "Um mundo, um sonho".

Ao sair de casa certa manhã, deparei com dois operários municipais passando generosas camadas de cimento na parede externa de tijolo vermelho do meu quarto. Grandes trechos da cidade estavam sendo demolidos e restaurados para dar aos jogos um pano de fundo limpo e moderno. Os operários tinham preparado uma base lisa de cimento e usavam régua e prumo para traçar linhas e cantos bem nítidos. Demorei um pouco para perceber que estavam desenhando uma sugestão de falsos tijolos novos por cima de velhos tijolos de verdade. Em frente à minha porta de entrada, no muro da viela, um trecho esmaecido de grafite da época da Revolução Cultural declarava, em cinco grossos caracteres: "Viva o presidente Mao!". Com dois golpes da colher de pedreiro, o Grande Timoneiro desapareceu atrás do cimento.

A ânsia de perfeição se estendia à disputa por medalhas. Autoridades esportivas tinham prometido conquistar mais medalhas de ouro do que nunca, nos termos de um plano de longo prazo chamado "Linhas gerais para conquistar honra nas Olimpíadas, 2001-2010". O plano incluía o Projeto 119, uma campanha para ganhar mais medalhas de ouro nas competições nas quais a disputa era especialmente acirrada — uma lista que, pelos cálculos da China, dava um total de 119 medalhas. Nenhuma variável foi deixada ao acaso: quando os organizadores procuravam uma menina para cantar, sozinha, na cerimônia de abertura, e não encontraram a combinação ideal de voz e estética, resolveram gerar um composto, treinando uma garota para dublar a voz de outra. Um criador de porcos chinês disse estar produzindo porcos especialmente bem cuidados, para garantir que a carne alimentada à base de hormônio não prejudicasse atletas chineses nos testes antidoping — mas fez os cidadãos chineses se perguntarem sobre a carne de porco que eles próprios consumiam, e o Comitê Olímpico de Beijing teve que divulgar um "Esclarecimento sobre relatos relacionados a porcos", denunciando o assunto como "uma falsificação exagerada".

Quanto mais obcecados ficavam os organizadores das Olimpíadas, mais descobriam coisas fora do seu controle. A corrida de revezamento da tocha olímpica, que a China chamava de Jornada da Harmonia, atravessaria seis continentes, chegando ao topo do monte Everest e envolvendo 21 888 corredores, mais do que qualquer outra já realizada. A imprensa chinesa chamava a tocha de Chama Sagrada, e dizia que, depois de acesa em Olímpia, na Grécia, não se extinguiria durante cinco meses, até chegar a Beijing. À noite ou em aviões, quando a tocha não pudesse ser carregada, a chama seria mantida num conjunto de lanternas.

Em 10 de março, pouco antes do início da Jornada da Harmonia, centenas de monges em Lhasa, capital do Tibete, realizaram uma marcha para exigir a libertação de tibetanos detidos por comemorarem a concessão pelo governo americano da Medalha de Ouro do Congresso ao Dalai Lama. Dezenas de monges foram presos, e em 14 de março uma manifestação contra sua detenção transformou-se na pior revolta no Tibete desde os anos 1980; onze civis han e um tibetano morreram queimados quando se esconderam em edifícios incendiados pelos manifestantes, e um policial e seis civis foram mortos em consequência de pancadas ou outras causas, de acordo com o governo. O Dalai Lama pediu calma, mas o governo chinês disse que a revolta tinha sido "premeditada, arquitetada e incitada pelos partidários do Dalai". Forças de segurança entraram com veículos blindados para controlar a capital, e as autoridades começaram a deter suspeitos, resultando em centenas de prisões. Grupos exilados tibetanos afirmaram que oitenta tibetanos foram mortos na ação repressiva em Lhasa e noutros lugares, acusação que a China negou.

Enquanto a tocha passava por Londres, Paris e San Francisco, protestos contra a repressão no Tibete tornaram-se tão clamorosos que os organizadores foram obrigados a extinguir a chama, ou a alterar o trajeto para evitar as multidões enfurecidas. Cidadãos chineses, especialmente estudantes no exterior, reagiram às críticas com fúria inusitada. Quando a tocha chegou à Coreia do Sul, manifestantes chineses e rivais brigaram nas ruas. Dentro da China, milhares fizeram protestos diante de lojas do Carrefour, a rede francesa de supermercados, em retaliação contra o que consideravam a simpatia da França pelos ativistas pró-tibetanos. Charles Zhang, que tem diploma de doutorado do Instituto de Tecnologia de Massachusetts e é o presidente executivo da Sohu, um dos principais portais chineses da internet, pediu um boicote contra produtos franceses "para que a mídia e o público franceses, completamente tendenciosos, tenham prejuízos e sofram".

A mídia estatal reviveu a linguagem de outra era. Quando a presidente da Câmara dos Representantes americana Nancy Pelosi denunciou a maneira como a China tratava o Tibete, a agência Xinhua chamou-a de "repulsiva". A revista *Outlook Weekly* advertiu que "forças hostis internas e externas transformaram as Olimpíadas de Beijing em foco de infiltração e sabotagem". O secretário do Partido Comunista no Tibete descreveu o Dalai Lama como um "lobo enrolado numa túnica de monge; monstro com rosto humano, mas coração de animal". No anonimato da internet, as boas maneiras desapareceram. "Pessoas que peidam pela boca vão acabar com a garganta cheia da merda que eu vou enfiar!", escreveu um comentarista, num fórum mediado por um jornal estatal. Os comentários eram constrangedores para muitos chineses, mas difíceis de ignorar para os jornalistas estrangeiros que começaram a receber ameaças. Uma carta anônima enviada para o meu fax em Beijing avisava: "Esclareça os fatos sobre a China [...] ou você e seus entes queridos vão desejar que estivesse morto".

À medida que os protestos aumentavam, comecei a vasculhar a internet à procura das expressões de patriotismo mais criativas. Na manhã de 15 de abril, um curto vídeo intitulado *2008 China Stand Up!* apareceu no portal Sina. A origem do vídeo era um mistério: não tinha apresentador, nem narrador, nem assinatura além das iniciais CTGZ.

É um documentário caseiro, e começa com um retrato em Technicolor do presidente Mao, com raios de sol irradiando da cabeça. No silêncio surge uma música de orquestra, com soar de tambores, enquanto a tela escura emite, em flashes, um dos mantras de Mao, em chinês e inglês: "O imperialismo jamais abandonará sua intenção de nos destruir". Em seguida, um corte para fotos e filmes jornalísticos de hoje, e uma arrancada através de conspirações e traições — as "farsas, tramas e desastres" que a China enfrenta: a queda da bolsa de valores chinesa (obra de especuladores estrangeiros que "manipularam desbragadamente" os preços das ações e convenceram investidores neófitos a perder fortunas); o alvorecer de uma "guerra cambial", na qual o Ocidente pretendia "fazer o povo chinês pagar a conta" das aflições financeiras dos Estados Unidos.

Um corte, então, para outra frente: agitadores saqueando lojas e brigando em Lhasa. Palavras lampejam sobre as imagens: "O assim chamado protesto pacífico!". Uma montagem de clippings de notícias da imprensa estrangeira criticando a China — todos eles "ignorando a verdade" e "falando com voz distorcida". Logos da CNN, da BBC e de outras empresas jornalísticas enchem a tela, antes de ceder lugar para um retrato de Joseph Goebbels. A orquestra e a retórica prosseguem, num crescendo, até a sequência final: "Obviamente, há um plano nos bastidores para sitiar a China. Uma nova Guerra Fria!". Um corte para imagens de Paris e de manifestantes tentando tomar a tocha olímpica do seu portador oficial, obrigando a polícia a agir para afastá-los. O filme termina com a imagem de uma bandeira chinesa tremulando sob o sol e uma promessa solene: "Resistiremos sempre unidos como uma família em harmonia!".

O vídeo, de autoria de CTGZ, em pouco mais de seis minutos de duração, captura o sentimento nacionalista então instalado, e na primeira semana e meia on-line foi visitado mais de 1 milhão de vezes, provocando dezenas de milhares de comentários favoráveis. Chegou à quarta posição entre os mais populares do site. (O clipe de uma gafe cometida por um bocejante apresentador de TV era o mais popular de todos.) O filme atraía, em média, dois cliques por segundo, e se tornou o manifesto de uma autodenominada vanguarda em defesa da honra da China, um setor patriótico da sociedade que os chineses chamam de *fen qing*, "a juventude furiosa".

Impressionou-me constatar que, dezenove anos depois das manifestações da praça Tiananmen, a elite jovem da China se levantava de novo, não para exigir democracia liberal, mas em defesa da reputação do país. Nicholas Negroponte, fundador do Laboratório de Mídia do Instituto de Tecnologia de Massachusetts e um dos primeiros ideólogos da internet, certa vez previu que o alcance mundial da rede transformaria nossa maneira de pensar sobre nossos países. O Estado, afirmou ele, evaporará "como bola de naftalina, que passa diretamente de sólido para gás", e "não haverá mais espaço para o nacionalismo do que para a varíola". A China seguiu em outra direção. CTGZ despertou-me a curiosidade. O nome de usuário estava ligado a um endereço de e-mail. Pertencia a um estudante universitário de Shanghai chamado Tang Jie, de 28 anos, e aquele era seu primeiro vídeo. Ele me convidou para uma visita.

O campus da Universidade Fudan, uma das melhores da China, irradia-se a partir de um par de torres de vidro e aço de trinta andares que poderiam ser confundidas com a sede de uma empresa. Encontrei-me com Tang Jie no portão de entrada. Ele usava camisa azul-clara estilo Oxford, calças cáqui e sapato social preto. Tinha olhos castanho-claros, rosto redondo com traços de bebê, uma sombra de cavanhaque no queixo e de bigode no lábio. Quando saí do táxi, ele se aproximou para me cumprimentar e tentou pagar a corrida.

Enquanto caminhávamos pelo campus, Tang admitiu que estava feliz de poder fazer uma pausa em sua dissertação, que era sobre filosofia ocidental. Ele se especializou em fenomenologia — especificamente, no conceito de "intersubjetividade", tal como teorizada por Edmund Husserl, o filósofo alemão que influenciou Sartre, entre outros. Além de chinês, Tang lia com facilidade em inglês e alemão, mas raras vezes falava essas línguas, por isso, de vez em quando, mudava de idioma, desculpando-se. Estava aprendendo latim e grego antigo. Era tão reservado, falava tão mansamente que sua voz às vezes era pouco mais que um sussurro. Tinha um ar de grande seriedade; ria pouco, como se poupasse energia. Por diversão, ouvia música clássica chinesa, apesar de gostar também das comédias malucas do astro Stephen Chow, de Hong Kong. Tang ignorava altivamente as modas. Ao contrário de Michael Zhang, do Crazy English, não adotara um nome inglês. O nome de usuário CTGZ era uma adaptação de dois obscuros termos da poesia clássica: *changting* e *gongzi*, que traduzidos juntos significam "nobre filho no pavilhão". Diferentemente de outros estudantes chineses de elite, Tang nunca pertenceu ao Partido Comunista, por medo de ver prejudicada sua objetividade acadêmica.

Tang convidara alguns amigos para almoçar conosco, no Restaurante Fat Brothers Sichuan, e depois disso subimos todos para o seu quarto. Morava sozinho no sexto andar de um prédio sem elevador, num quarto de não mais que sete metros quadrados, que poderia ser tomado por um depósito de uma biblioteca ocupado por um invasor cuidadoso. Livros cobriam todas as superfícies, e montes deles equilibravam-se nas prateleiras sobre a mesa. Suas coleções abrangiam, mais ou menos, a amplitude do pensamento humano: Platão encostava-se em Lao-tsé, Wittgenstein, Bacon, Fustel de Coulanges, Heidegger, o Alcorão. Quando queria alargar a cama alguns centímetros, Tang colocava placas de compensado apoiadas em pilhas de livros. Os livros acabaram espalhando-se para do quarto, e ficavam do lado de fora junto à porta, num muro de caixas de papelão.

Tang jogou-se na cadeira da escrivaninha. Perguntei se tinha pensado que seu vídeo pudesse se tornar tão popular. Ele sorriu. "Parece que expressei um sentimento comum, compartilhei uma opinião", disse.

Ao lado dele estava sentado Liu Chengguang, estudante de doutorado em ciência política, animado, de rosto largo, que acabara de traduzir para o chinês uma palestra sobre o tema "Virilidade", de autoria de Harvey Mansfield, professor conservador de Harvard. Esparramado na cama, de camiseta cinza, estava Xiong Wenchi, que fizera doutorado em ciência política antes de conseguir emprego de professor. E à esquerda de Tang sentava-se Zeng Kewei, magro e elegante bancário que fizera mestrado em filosofia ocidental antes de ingressar no ramo das finanças. Todos estavam na faixa dos vinte anos, e eram os primeiros da família a ir para a faculdade, atraídos pelo estudo do pensamento ocidental. Perguntei-lhes por quê.

"A China foi muito atrasada durante toda a sua história moderna, por isso estamos sempre querendo descobrir por que o Ocidente ficou tão forte", respondeu Liu. "Aprendemos com o Ocidente. Todos os que têm instrução alimentam o mesmo sonho: se fortalecer aprendendo com o Ocidente."

Como os turistas chineses que conheci, além dos participantes do projeto Conto de Fadas, de Ai Weiwei, os jovens à minha volta viam as tentações do Ocidente com um misto de admiração e ansiedade. Eram tempos confusos: eles protestavam contra a CNN ao mesmo tempo que um curso de inglês publicava anúncios na China com o slogan "Depois de um mês você será capaz de entender a CNN!".

Tang e os amigos foram tão afáveis, tão gratos por eu ter ido ouvi-los, que comecei a me perguntar se não seria o caso de ver na fúria chinesa daquela primavera uma aberração. Eles me imploraram que não cometesse esse erro.

"Estamos estudando a história do Ocidente há tanto tempo que a compreendemos muito bem", disse Zeng. "Consideramos que nosso amor à China, nosso apoio ao governo e aos benefícios deste país, não é uma reação espontânea. Isso se desenvolveu depois de muita reflexão."

Na realidade, a opinião que tinham dos rumos tomados pela nação, tirando o sarcasmo, era compatível com o pensamento dominante na China. Quase nove em cada dez chineses aprovavam o que estava acontecendo em seu país — o mais alto índice entre as 24 nações pesquisadas no primeiro semestre daquele ano pelo Centro de Pesquisas Pew. (Para fins de comparação, nos Estados Unidos, apenas duas pessoas em dez aprovavam.) Era difícil saber precisamente até que ponto o veio patriótico mais agressivo era disseminado, mas especialistas chamaram a atenção para uma petição chinesa contra o ingresso do Japão no Conselho de Segurança da ONU. Na última contagem, já registrava mais de 40 milhões de assinaturas, mais ou menos o tamanho da população da Espanha. Pedi a Tang que me mostrasse como fez seu filme. Ele se virou para a tela do seu desktop Lenovo. "Você conhece o Movie Maker?", perguntou, referindo-se a um programa de edição de vídeo. Reconheci minha ignorância e perguntei se ele tinha aprendido em algum livro. Ele me olhou com pena. Tinha aprendido sozinho, recorrendo ao menu de ajuda. "Temos que agradecer ao Bill Gates", disse.

Um mês antes de Tang Jie estrear na internet, a China superara os Estados Unidos como maior usuário mundial da rede. O país tinha 238 milhões de pessoas on-line; isso ainda equivalia apenas a 16% da população, mas a cada dia quase 250 mil cidadãos chineses acessavam a internet pela primeira vez, transformando a maneira como as ideias circulavam pelo país. As mais ativas comunidades on-line atingiam milhões de membros registrados, o que as colocava entre as maiores organizações da China fora do Partido Comunista.

Num país dividido por dialetos, pela geografia e por classes, a internet permitia que as pessoas se encontrassem de formas inéditas. Um grupo de voluntários chineses se juntou e começou a traduzir cada palavra da revista *Economist* toda semana e a oferecê-la de graça para os leitores. Para explicar o que tinham em mente, os tradutores escreveram: "Na era da internet, a maior força não é a avareza, o amor ou a violência, mas a dedicação a um interesse". Eram jovens e petulantemente utopistas em sua fé na tecnologia. "A rede nos aproximará de pessoas de mentalidade parecida, liberando uma energia inimaginável", afirmaram. Para evitar os censores, o grupo praticava abertamente a autocensura. "Se o artigo envolve qualquer tema delicado", dizia aos recém-chegados, "e você não tem certeza se é permitido, por favor não se arrisque." Essa autocensura continha uma espécie de autogoverno: sites recrutavam voluntários para remover material que lhes pudesse criar dificuldades. Eram conhecidos como "fóruns de anfitriões", e se os usuários os achassem excessivamente severos ou liberais podiam substituí-los, num processo que ficou conhecido como "impeachment".

Entre os usuários mais zelosos da rede estavam os nacionalistas chineses. Na primavera de 1999, quando um avião da Otan, usando informações da inteligência americana, lançou por engano três bombas sobre a embaixada da China em Belgrado, a internet chinesa encontrou sua voz. Patrióticos hackers chineses entupiram a página da embaixada americana em Beijing com o slogan "Abaixo os bárbaros!" e fizeram o site da Casa Branca travar sob um dilúvio de furiosos e-mails. "A internet é ocidental", escreveu um comentarista, "mas [...] os chineses podem usá-la para dizer ao mundo que a China não pode ser insultada!" Para muitos, o nacionalismo oferecia o que um jovem patriota chamou de "a primeira vez que provamos os sagrados direitos da liberdade de expressão".

Como outros de sua idade, Tang Jie vivia boa parte do tempo on-line. Em março, quando os distúrbios estouraram em Lhasa, ele acompanhou atentamente o noticiário em sites americanos e europeus, bem como na mídia oficial da China. E não hesitava em burlar o firewall do governo. Utilizava um servidor proxy — uma estação intermediária no exterior que conectava o usuário a um site bloqueado. Só via TV on-line, porque a variedade era maior e ele não dispunha de um televisor no quarto. Também recebia clippings do noticiário estrangeiro de estudantes chineses fora do país, uma população que aumentou quase dois terços na década anterior, chegando a 67 mil pessoas. Tang admirava-se de que estrangeiros pudessem achar que os chineses da sua geração de alguma forma não tinham consciência das distorções da censura. "Vivendo neste sistema, o tempo todo nos perguntamos se não estaríamos sendo submetidos a lavagem cerebral", disse ele. "Estamos sempre buscando ansiosamente outras informações por canais diferentes." E acrescentou: "Mas, quando as pessoas vivem num assim chamado sistema livre, nunca se perguntam se não estariam sendo submetidas a lavagem cerebral".

Durante toda a primavera, notícias e opiniões sobre o Tibete circulavam no Bulletin Board System de Fudan. Em termos tecnológicos, o BBS era uma peça de antiquário — um fórum simples com múltiplos tópicos de conversação —, mas o Twitter e seu equivalente chinês ainda não tinham se firmado e, para muitos chineses, os bulletin boards ofereciam a primeira oportunidade de entrar numa sala digital cheia de estranhos e conversar. No BBS de Fudan, Tang lia uma variedade de clippings da imprensa estrangeira que os usuários chineses da rede consideravam equivocados e injustos. Uma fotografia no CNN.com, por exemplo, tinha sido cortada em torno de veículos militares que avançavam contra manifestantes desarmados. Mas uma versão não cortada mostrava uma multidão de manifestantes à espreita ali perto, incluindo alguém com um braço levantado atirando algo contra os caminhões. Para Tang, o corte parecia uma distorção deliberada.

"Era uma brincadeira", disse ele, com amargura. Aquela e outras fotos se espalharam pela China por e-mail, pontuadas por críticas, enquanto as pessoas iam acrescentando mais exemplos tirados do *Times* de Londres, da Fox News, da televisão alemã e do rádio francês. Era todo um conjunto de empresas jornalísticas e, para as pessoas inclinadas a interpretar os fatos dessa maneira, cheirava a conspiração. Aquilo escandalizou pessoas como Tang, que tinham fé na imprensa ocidental, e acima de tudo as deixou ofendidas: Tang julgava estar vivendo um momento de grande prosperidade e abertura da história moderna de seu país, e apesar disso o mundo ainda parecia ver a China com suspeita. Reforçando mais essa impressão, Jack Cafferty, comentarista da CNN, descreveu a China como "o mesmo bando de brutamontes e delinquentes que vem sendo nos últimos cinquenta anos", uma declaração que se multiplicou pelas primeiras páginas dos jornais em toda a China e pela qual a emissora pediria desculpas. Como muitos de seus coetâneos, Tang não conseguia entender por que os estrangeiros se incomodavam tanto com o Tibete — em sua visão, um lugar atrasado e empobrecido que a China vinha tentando civilizar fazia décadas. Boicotar os jogos de Beijing por causa do Tibete lhe parecia tão ilógico como, por exemplo, deixar de ir às Olimpíadas em Salt Lake City em protesto contra o tratamento dos cherokees nos Estados Unidos.

Ele vasculhou o YouTube à procura de uma refutação, uma elucidação da perspectiva chinesa, mas não encontrou nada em inglês, a não ser vídeos pró-Tibete. Andava muito ocupado — contratado por uma editora para fazer uma tradução do *Discurso de metafísica* e outros ensaios de Leibniz —, mas não conseguia tirar da cabeça a ideia de falar em defesa da China.

"Pensei comigo, tudo bem, vou fazer alguma coisa", disse.

Antes que pudesse começar, porém, Tang foi obrigado a ir passar uns dias em casa. A mãe lhe dissera para voltar para a época da colheita. Ela precisava de ajuda no campo, para colher brotos de bambu.

Tang era o caçula de quatro irmãos, numa família de agricultores que viviam perto da cidade oriental de Hangzhou. Nem a mãe nem o pai sabiam ler ou escrever. Até o quarto ano, Tang não tinha nome. Era chamado de Pequeno Quatro, seu lugar na ordem dos irmãos. Quando isso se tornou pouco prático, o pai passou a chamá-lo de Tang Jie, homenagem resumida a seu comediante favorito, Tang Jiezhong.

Tang era um devorador de livros e, num círculo familiar numeroso e ruidoso, falava pouco. Tomou gosto pela ficção científica. "Posso lhe falar tudo sobre todos aqueles filmes, como *Star Wars*", me disse ele. Era um bom aluno, porém nada espetacular, mas demonstrou um interesse precoce por ideias. "Não era como os outros meninos, que gastavam o dinheirinho que tinham comprando comida. Ele economizava para comprar livros", contou-me a irmã mais velha, Tang Xiaoling. Nenhum dos irmãos foi além do ensino fundamental, e eles o viam como um admirável estranho no ninho. "Se não pudesse entender ou resolver um problema, ele não dormia", disse a irmã. "Já nós, não. Se não conseguíssemos, simplesmente desistíamos."

No ensino médio, Tang melhorou suas notas e fez algum sucesso em feiras científicas como inventor, mas achou que as ciências estavam muito longe de suas preocupações diárias. Um dia deparou com uma tradução chinesa de um fantasioso romance norueguês, *O mundo de Sofia*, escrito pelo professor Jostein Gaarder, no qual uma adolescente entra em contato com a história de grandes pensadores. "Foi quando descobri a filosofia", disse Tang.

O patriotismo não era uma presença muito visível em sua casa, mas era constante à sua volta. Para impedir uma repetição de Tiananmen, o partido tinha redobrado seu empenho na doutrinação ideológica voltada para a juventude chinesa. Quando Tang Jie estava no primário, o presidente Jiang Zemin mandou uma carta para o ministro da Educação pedindo uma nova abordagem para explicar a história da China, "mesmo para crianças de jardim de infância", escreveu o presidente. A nova abordagem dava ênfase ao *bainian guochi* — o "século de humilhação nacional" —, uma série de acontecimentos que iam da derrota da China nas Guerras do Ópio de meados do século XIX até a ocupação japonesa de solo chinês durante a Segunda Guerra Mundial.

O foco na "educação patriótica", explicava o partido, serviria para "animar o espírito do país" e "fortalecer a coesão". Estudantes aprendiam a "nunca esquecer a humilhação nacional". O Congresso Nacional do Povo aprovou um feriado chamado Dia da Humilhação Nacional, e livros escolares foram reescritos. O *Dicionário prático de educação patriótica* trazia uma seção de 355 páginas sobre os pormenores das humilhações sofridas pela China. O nacionalismo ajudava o partido a suavizar sua condição paradoxal de vanguarda socialista de uma economia de livre mercado. Os novos livros didáticos modificaram a explicação do sofrimento da China, tirando a ênfase dos "inimigos de classe" e reforçando o papel dos invasores estrangeiros. Nos anos de Mao, o país havia encoberto suas derrotas, mas agora os estudantes faziam excursões a lugares onde a China sofrera atrocidades. Para atrair jovens, a Liga da Juventude Comunista investiu no desenvolvimento de videogames patrióticos, como *Guerra de Resistência On-line*, no qual os usuários assumiam o lugar de soldados do Exército Vermelho metralhando invasores japoneses.

Ficou difícil separar a comoção da política. Quando diplomatas chineses denunciavam as ações de outros governos, costumavam dizer que elas "feriam os sentimentos do povo chinês". Invocavam essa ideia com frequência cada vez maior; um jornalista, Fang Kecheng, contou essas ocasiões e descobriu que os sentimentos da China só foram feridos três vezes entre 1949 e 1978, mas nos anos 1980 e 1990 isso já acontecia em média cinco vezes por ano.

Chegando a Fudan, Tang conheceu Wan Manlu, reservada estudante de doutorado em literatura chinesa e linguística. Sentaram-se um ao lado do outro num jantar com amigos, mas quase não trocaram palavras. Mais tarde, Tang fez uma pesquisa para descobrir seu nome de usuário (gracelittle) e enviou-lhe uma mensagem particular no bulletin board de Fudan. Acabaram marcando um primeiro encontro: uma ópera experimental baseada em "Arrependimento do passado", uma história chinesa.

Seu relacionamento desenvolveu-se em parte com base na frustração que causava a ambos a desenfreada ocidentalização da China. Quando conheci Wan, ela me contou o seguinte: "A tradição chinesa tem muitas coisas boas, mas nós as descartamos. Acho que alguém deveria preservá-las". Ela vinha de uma família de classe média, e as origens humildes e alguns valores antiquados de Tang lhe causaram boa impressão. "Para mim é como se faltasse alguma coisa ao nosso caráter. Por exemplo, amor ao país, ou a perseverança que vem da superação de adversidades. Essas virtudes, não as vejo em mim, nem em muita gente da minha idade." Sobre Tang Jie, ela disse: "Com esses antecedentes familiares, sem nenhuma pessoa instruída na família, ninguém que o ajudasse com os deveres escolares, sob grande pressão familiar, não foi fácil para ele chegar aonde chegou".

Depois que nos conhecemos, comecei a ir a Shanghai para visitar Tang Jie. Ele fazia parte de um grupo de estudantes muito fiéis a um carismático professor de filosofia de Fudan chamado Ding Yun, de 39 anos. O professor Ding era tradutor da obra de

Leo Strauss, o filósofo político cujos admiradores incluíam Harvey Mansfield e outros neoconservadores. Nos Estados Unidos àquela época, Leo Strauss era objeto de renovada atenção, porque seus argumentos contra a tirania haviam sido muito populares entre os arquitetos neoconservadores da Guerra do Iraque. Um dos antigos alunos de Strauss na Universidade de Chicago, Abram Shulsky, dirigira o Escritório de Planos Especiais do Pentágono antes da invasão do Iraque; outro antigo estudante era Paul Wolfowitz, então vice-secretário de Defesa.

O professor Ding tinha cabelo cortado rente, usava elegantes óculos retangulares e gostava de vestir camisas folgadas, de manga comprida, como um erudito da dinastia Tang. "Durante os anos 1980 e 1990, a maior parte dos intelectuais tinha uma opinião negativa da cultura tradicional da China", me disse ele. Nos primeiros anos da reforma, a palavra "conservador" ainda equivalia a "reacionário", mas os tempos mudaram; ele agora ensinava um apreço straussiano pela universalidade dos clássicos e incentivava seus alunos a reviverem o antigo pensamento chinês. Ele e outros eruditos prosperavam no meio da nova veia de conservadorismo que ia de encontro ao esforço de integração da China com o mundo. O professor Ding vira com satisfação Tang Jie e outros alunos desenvolverem um apetite pelos clássicos e rechaçarem o assalto da ocidentalização.

"O fato é que somos muito ocidentalizados", afirmou Tang. "Agora começamos a ler velhos livros chineses e redescobrimos a China antiga." Os jovens neoconservadores de Shanghai convidaram Harvey Mansfield para jantar quando passava pela cidade. Eles "estão bem cientes de que seu país, cujo ressurgimento sentem e admiram, não dispõe de um princípio orientador", escreveu Mansfield num e-mail para mim depois da visita.

> Alguns deles acham [...] que o liberalismo no Ocidente perdeu a fé em si mesmo, e se voltam para Leo Strauss em busca de um

> conservadorismo baseado em princípios, em "direito natural". Esse conservadorismo é distinto de um conservadorismo de statu quo, pois eles não estão satisfeitos com um país que tem só o statu quo, mas não tem um princípio.

Esse renovado orgulho afetava a visão que Tang e seus pares tinham da economia. Achavam eles que o mundo lucrava com a China, mas bloqueava suas tentativas de investimentos no exterior. O amigo de Tang fez uma lista de exemplos de empresas chinesas que haviam tentado investir nos Estados Unidos. "A proposta da Huawei para comprar a 3Com foi rejeitada", afirmou ele. "A da CNOOC para comprar ações da Unocal e a compra de parte da IBM pela Lenovo causaram repercussões políticas. Se o argumento não é de mercado, é político. Achamos que o mundo é um livre mercado…"

Antes que pudesse concluir, Tang o interrompeu. "Isso é o que vocês, os Estados Unidos, nos ensinaram", disse. "Abrimos nosso mercado, mas quando tentamos comprar suas empresas deparamos com obstáculos políticos. Não é justo."

A opinião deles, que era tão popular na China independentemente de divisas ideológicas, tinha certa validade: políticos americanos invocavam preocupações de segurança nacional, com variados graus de credibilidade, para se opor ao investimento direto chinês. Mas o ponto de vista de Tang, impregnado de vitimização, também obscurecia algumas provas em contrário: a China havia tido êxito em outros negócios no exterior — seu fundo de riqueza soberana tem ações no Grupo Blackstone e no Morgan Stanley — e, apesar de ter adotado medidas para abrir seus mercados a estrangeiros, a verdade é que a China continuava igualmente inclinada a rejeitar uma tentativa americana de comprar ativos sensíveis, como os de uma empresa petrolífera.

A crença de Tang de que os Estados Unidos procurariam obstruir a ascensão da China — "uma nova Guerra Fria" — se expandia da economia para uma política mais ampla. Variadas questões, de importância relativamente menor para os americanos, como o apoio a Taiwan e a insistência de Washington na valorização do iuane, se espalharam pela China, convertendo-se num sentimento de contenção estratégica.

Tang ficou na fazenda da família por cinco dias antes de poder voltar para Shanghai e terminar seu filme. Vasculhou a internet em busca de fotografias, escolhendo algumas que lhe pareceram evocativas — um homem erguendo o braço num mar de bandeiras chinesas que lembrava *A liberdade guiando o povo*, de Delacroix — e outras que encarnavam o momento político: um mutilado chinês numa cadeira de rodas carregando a tocha olímpica em Paris, por exemplo, e rechaçando manifestantes que tentavam tomá-la.

Para a trilha sonora, digitou "música solene" no Baidu, um mecanismo chinês de busca, e conferiu os resultados. Chegou a uma peça de Vangelis, compositor pop da Grécia, de estilo parecido com Yanni, mais conhecido pela música do filme *Carruagens de fogo*. A trilha de Vangelis de que Tang mais gostava era a de um filme com Gerard Depardieu sobre Cristóvão Colombo chamado *1492: A conquista do paraíso*. Ele olhou por alguns segundos para Depardieu em pé, masculamente, no convés de um navio, velejando através do Atlântico. Perfeito, pensou Tang: "Era uma época de globalização".

Compilou erros da imprensa estrangeira — policiais do Nepal identificados numa legenda como chineses; tibetanos presos na Índia, e não no Tibete — e digitou uma mensagem: "Todos de pé para que o mundo ouça a nossa voz!". Escreveu errado alguns títulos em inglês, porque tinha pressa, mas estava ansioso para divulgar o vídeo. Postou-o no Sina e enviou uma mensagem para o bulletin board de Fudan. O vídeo logo ganhou popularidade, e seu sucesso elevou os ânimos. Ele descobriu que não era o único a querer projetar sua noção da verdade. Em toda a China, pessoas assistiam ao vídeo, passavam-no adiante, e o aplaudiam e incentivavam.

O professor Ding ficou muito feliz com a façanha do seu aluno. "Pensávamos que eles fossem apenas uma geração pós-moderna, ocidentalizada", lembrou Ding. "Claro, os alunos que eu conhecia eram muito bons, mas e a geração como um todo? Eu não andava muito satisfeito. Ver o conteúdo do vídeo de Tang Jie, e o tamanho da sua popularidade entre os jovens, me deixou muito feliz. Muito feliz."

Nem todo mundo gostou. Jovens patriotas estavam tão divididos na China que algumas pessoas, mudando um pouco a entonação em chinês, pronunciavam "jovens furiosos" como "jovens insolentes". Se os ativistas julgavam estar defendendo a imagem do país no exterior, não havia muitos sinais de êxito. Depois de semanas de retórica patriótica vinda da China, uma pesquisa de opinião patrocinada pelo *Financial Times* mostrou que os europeus consideravam a China a maior ameaça à estabilidade global, mais do que os Estados Unidos. Mas a erupção da juventude furiosa fora ainda mais desconcertante para os interessados no avanço da democracia. Pela idade e pelo nível de instrução, Tang e seus colegas herdaram um longo legado de ativismo que remontava a 1919 — quando manifestantes nacionalistas exigiram "Dona Democracia" e "Dona Ciência" — até 1989, quando estudantes tomaram a praça Tiananmen e ergueram uma escultura inspirada na Estátua da Liberdade. Estávamos a um ano do vigésimo aniversário daquele movimento, mas minhas experiências com Tang e seus amigos deixavam claro que a prosperidade, os computadores e a ocidentalização não tinham impelido a elite chinesa no rumo da democracia, como os estrangeiros esperavam depois de Tiananmen. Em vez disso, a prosperidade e a força do partido haviam convencido bem mais gente do que se supunha a postergar o idealismo, desde que sua vida continuasse melhorando.

Em 1989 os estudantes se rebelaram contra a corrupção e o abuso de poder. "Hoje essas questões não desapareceram, e até pioraram", me disse certa tarde Li Datong, editor de um jornal liberal, em tom de desespero, quando os protestos se espalhavam. "Mas a geração jovem atual faz vista grossa. Nunca os vi reagir a esses grandes problemas internos. Em vez disso, assumem uma atitude utilitária, oportunista."

Uma caricatura de jovens chineses insinuava que eles não sabiam praticamente nada sobre a repressão na praça Tiananmen — conhecida em chinês como "o incidente de Quatro de Junho" — porque as autoridades a expurgaram da história oficial do país. Não que esse problema não possa ser contornado. Na realidade, qualquer pessoa que se esforçasse um pouco para utilizar um servidor proxy descobriria tudo que quisesse saber sobre Tiananmen. Apesar disso, os jovens chineses assimilaram a mensagem do partido, de que o movimento de 1989 foi equivocado e ingênuo. "Aceitamos todos os valores de direitos humanos, de democracia", disse Tang Jie. "Aceitamos. O problema é pôr em prática."

Conheci dezenas de estudantes e jovens profissionais urbanos naquela primavera, e com frequência tocávamos no assunto da praça Tiananmen. Numa conversa típica, uma aluna do quarto ano da universidade me perguntou se deveria interpretar o massacre de manifestantes na Universidade Estadual de Kent em 1970 como um reflexo justo da liberdade americana. Liu Yang, estudante de engenharia ambiental, disse: "O Quatro de Junho não poderia nem deveria ter êxito naquela época. Se tivesse, a China estaria pior, e não melhor".

Liu, que tinha 26 anos, não muito tempo antes se definia como liberal. Quando adolescente, ele e os amigos gostavam de criticar o Partido Comunista. "Nos anos 1990, eu achava que o governo chinês não era muito bom. Talvez precisássemos estabelecer um governo melhor", me disse ele. "O problema é que não sabíamos que governo seria esse. Por isso, deixamos o Partido Comunista chinês ficar. O outro problema é que não tínhamos poder para expulsá-lo. Ele comanda o Exército!"

Quando saiu da faculdade, Liu conseguiu um bom emprego como engenheiro numa empresa de serviços petrolíferos. Ganhava mais dinheiro num mês do que os pais, trabalhadores rurais aposentados, em um ano. Acabou economizando o suficiente para, com bolsas, matricular-se num programa de doutorado em Stanford. Tinha pouco interesse pelo espetáculo patriótico das Olimpíadas, até ver a confusão em torno da tocha em Paris. "Ficamos furiosos", contou ele, e quando a tocha passou por San Francisco ele e outros estudantes chineses foram até a rota de revezamento dar apoio.

Eu estava em San Francisco no fim daquela primavera, e Liu e eu combinamos um encontro num Starbucks perto do seu dormitório em Palo Alto. Ele chegou em sua mountain bike usando uma jaqueta felpuda e calças jeans. A data do nosso encontro, ambos estávamos cientes, era um 4 de junho, dezenove anos depois que os soldados sufocaram o levante em Tiananmen. O bulletin board dos estudantes chineses no exterior fervilhou a tarde inteira com discussões sobre esse aniversário. Liu mencionou a famosa fotografia de um desconhecido em pé na frente de um tanque — a imagem mais provocadora da história moderna da China.

"Nós realmente reconhecemos o seu valor. Realmente achamos que foi corajoso", me disse Liu. Mas sobre aquela geração ele comentou o seguinte: "Eles lutaram pela China, por um país melhor. O governo cometeu falhas. Mas, no fim das contas, é preciso admitir que o governo chinês tinha que usar de todos os meios ao seu alcance para reprimir aquele evento".

Sentado no fresco sossego de uma noite da Califórnia, bebericando seu café, Liu disse que não pretendia pôr em risco tudo que sua geração desfrutava na China só para apressar as liberdades que ele viera a conhecer nos Estados Unidos. "Vocês vivem numa democracia?", perguntou. "Comem pão, bebem café. Nada disso é produzido pela democracia. Os indianos têm democracia, alguns países africanos têm democracia. Mas não conseguem alimentar seu próprio povo. Os chineses começaram a pensar: 'Uma coisa é o conforto, outra coisa é a democracia'", prosseguiu Liu. "Se a democracia pode realmente nos dar conforto, ótimo. Mas, mesmo que não haja democracia, se pudermos ter conforto, as boas coisas da vida, por que deveríamos optar pela democracia?"

Quando a tocha olímpica por fim retornou à China, em maio, para a última etapa da jornada até Beijing, os chineses pareciam determinados a compensar os dissabores de que fora vítima no exterior. Multidões transbordavam ao longo da rota da tocha. Certa tarde, Tang Jie e eu fomos ver a tocha atravessar um subúrbio de Shanghai.

Naquela época, o país ainda vivia em estado de choque como resultado do terremoto em Sichuan. Foi o maior desastre em trinta anos, mas também provocou um raro momento de coesão nacional. Donativos não paravam de chegar, mostrando o lado positivo do patriotismo que irrompera semanas antes. Mas a explosão de nacionalismo daquela primavera trazia em si um espírito de violência que pessoa nenhuma com idade suficiente para se lembrar das Guardas Vermelhas — ou da ascensão dos skinheads na Europa — poderia facilmente ignorar. Na Universidade de Duke, Grace Wang, uma caloura chinesa, tentou servir de mediadora entre manifestantes a favor do Tibete e manifestantes a favor da China no campus. Na internet, porém, ela foi tachada de "traidora da raça". As pessoas descobriram o endereço de sua mãe na cidade de Qingdao, à beira-mar, e causaram severos danos à sua casa. As ameaças a jornalistas estrangeiros não deram em nada. Não houve derramamento de sangue. Depois do caos em torno da tocha em Paris, os esforços chineses para boicotar o Carrefour perderam ímpeto. Os líderes chineses, percebendo que sua imagem se deteriorava no exterior, puseram freio aos estudantes, fazendo um apelo para que se limitassem ao "patriotismo racional".

No táxi a caminho do local por onde passaria a tocha, percebi que a ferocidade adquirida pelo conflito causava certo mal-estar a Tang Jie. "Não queremos nenhuma violência", disse. Ele queria convencer os companheiros na China de que descobrir a verdade sobre o mundo ao seu redor não era mais simplesmente uma questão de aceitar o que lhes dizia a mídia, fosse estrangeira ou nacional. "Não estamos limitados a duas opções apenas. Temos nossa própria mídia também. Dispomos de pessoas com câmeras e gravadores. Elas têm a verdade." Achava que a sua geração havia aprendido uma coisa de vital importância naquela primavera. "Agora já sabem: preciso usar meu próprio cérebro."

De longe, era fácil minimizar a importância dos jovens nacionalistas da China, descrevendo-os como peões usados pelo Estado, mas de perto essa imagem era menos convincente. O governo tratava com cautela os patriotas da internet, pois sabia que o orgulho que sentiam era da nação chinesa, não necessariamente do partido. Sua paixão poderia tomar rumos imprevisíveis. Depois que um site nacionalista foi fechado pela censura, em 2004, um comentarista escreveu: "Nosso governo é fraco como uma ovelhinha!". O governo permitia que o nacionalismo crescesse em determinados momentos, mas se esforçava para controlá-lo em outros. Na primavera do ano seguinte, quando o Japão aprovou um novo livro didático, que segundo os críticos omitia as atrocidades cometidas pelo país em tempos de guerra, patriotas em Beijing traçaram planos de protesto e os divulgaram em salas de bate-papo, bulletin boards e mensagens de texto. Dez mil manifestantes saíram às ruas, atirando tintas e garrafas contra a embaixada japonesa. Apesar das advertências do governo para que parassem, outros milhares marcharam em Shanghai na semana seguinte — uma das maiores manifestações na China em muitos anos —, praticando atos de vandalismo contra o consulado japonês. Em certo momento, a polícia de Shanghai teve de cortar os serviços de telefonia celular no centro de Shanghai, para impedir que as multidões se organizassem.

Xu Wu, professor da Universidade Estadual do Arizona, estudou o surgimento do nacionalismo on-line. "Até agora, o governo chinês foi capaz de mantê-lo sob controle", argumentou. "Mas isso é o que chamo de 'praça Tiananmen virtual'. Eles não precisam mais ir lá. Podem fazer a mesma coisa on-line, às vezes causando até mais danos."

Quando Tang Jie e eu nos aproximávamos da rota da tocha, ele olhou para a multidão e disse: "Veja essa gente. Cada um acha que a Olimpíada é sua". Ambulantes vendiam camisetas, bandanas, bandeiras chinesas. Tang me sugeriu que esperasse a tocha passar, porque depois os vendedores reduziriam os preços pela metade. Ele levava uma pequena sacola de plástico da qual tirou um lenço vermelho do tipo que as crianças chinesas usam para indicar sua filiação aos Jovens Pioneiros, espécie de versão socialista dos Escoteiros. Amarrou-o no pescoço e sorriu. Ofereceu um para um adolescente que passava, e ele educadamente o rejeitou.

O ar estava estagnado e denso, debaixo de uma cobertura de névoa, mas o estado de espírito era cheio de vida e energia. Faltava pouco para a chegada da tocha, e a cidade saía de casa para dar uma olhada: um homem de terno escuro, suado e alisando o cabelo; um operário da construção civil de capacete laranja e galochas de agricultor; um mensageiro de hotel num uniforme com tantos botões e galões dourados que mais parecia um almirante. Alguns espectadores mais jovens usavam camisetas inspiradas nas recentes dificuldades da China: "Anti-Riot & Explore the Truth", dizia uma popular mensagem em inglês. À nossa volta, as pessoas disputavam um bom lugar para ver. Uma mulher pendurou-se num poste de luz. Um jovem de bandana vermelha subiu numa árvore.

O entusiasmo da multidão deixou Tang animado, lembrando que o futuro da China lhes pertencia — a ele e às pessoas à sua volta. "Quando estou aqui, sinto profundamente a emoção comum a todos os jovens chineses", disse ele. "Temos autoconfiança."

A polícia bloqueou a rua. Um frisson percorreu a multidão. As pessoas chegaram perto do meio-fio, esforçando-se para enxergar por cima das cabeças umas das outras. Mas Tang Jie ficou atrás. Era um homem paciente.

10. Milagres e máquinas mágicas

Lin Yifu, o soldado que fugiu a nado de Quemoy, estudava na Universidade de Pequim em 1980 quando o economista da Universidade de Chicago Theodore Schultz, que acabara de receber o prêmio Nobel, visitou Beijing para fazer uma palestra. Lin foi designado para ser o intérprete, porque aprendeu a falar bem inglês em seus anos em Taiwan. Schultz ficou muito bem impressionado; voltou para Chicago e o ajudou a conseguir uma bolsa. Lin Yifu novamente seria o primeiro — dessa vez o primeiro estudante chinês desde a Revolução Cultural a fazer doutorado em economia nos Estados Unidos. Não bastasse isso, ainda foi escolhido para ir a Chicago, o cadinho do pensamento do livre mercado. Em 1982, Lin chegou aos Estados Unidos, o que lhe permitiu reencontrar a mulher e os filhos, que também foram para lá. Desde sua deserção, ele e a mulher, Chen Yunying, vinham mantendo contatos ocasionais, em segredo. Ela chegou a mandar-lhe um poema com o verso: "Eu o compreendo, compreendo o que você fez". Nos Estados Unidos, Chen doutorou-se na Universidade George Washington.

Quando estava em Chicago, Lin iniciou o estudo do renascimento da China que o cativaria por décadas, chegando a conclusões que provocariam muita controvérsia. Depois de terminarem seus doutorados, Lin e a mulher voltaram para Beijing em 1987, onde ele deparou com um problema delicado. Tendo retornado dos Estados Unidos, como poderia explicar Milton Friedman para socialistas?

"Fui a todas as reuniões e não disse nada", contou-me. Mas acabaria encontrando sua voz. "Ficaram surpresos, porque falei em termos similares aos deles, numa linguagem que conseguiam entender", acrescentou. Por exemplo, quando, no fim dos anos 1990, os armazéns chineses ficaram abarrotados de televisores, geladeiras e outros bens de consumo não vendidos, muitos economistas atribuíram a causa do problema à baixa renda, mas Lin discordava. "As pessoas não tinham infraestrutura para consumir aquele tipo de produto", explicou. Tornou-se um dos defensores mais eloquentes de pesados investimentos em eletricidade, água encanada e estradas para o interior do país, proposta adotada pelo partido num pacote de reformas decretadas sob o slogan "A nova zona rural socialista".

O fim da Guerra Fria e a repressão na praça Tiananmen abalaram o establishment chinês política e economicamente. Zhao Ziyang, o membro reformista da equipe econômica original de Deng Xiaoping, foi considerado culpado por não sufocar as manifestações antes; consultorias de especialistas que ele criara foram dissolvidas, e vários economistas foram presos por apoiar os protestos. Zhao foi condenado à prisão domiciliar, e assim permaneceu durante quinze anos, atirando bolas de golfe contra uma rede em seu quintal e gravando suas memórias secretas até morrer. O governo chinês apagou-o da história oficial do êxito do país.

Em termos econômicos, foi um momento de reavaliação: nos dois anos que se seguiram a Tiananmen, o crescimento econômico caiu mais drasticamente do que em qualquer outra época desde 1976; Deng viu seu êxito escapar-lhe das mãos e mandou os economistas da China voltarem à mesa de trabalho. As reformas foram retomadas, mas, para impedir a repetição de Tiananmen, o partido ofereceu ao povo um acordo essencial: mais liberdade nas atividades econômicas, em troca de menos liberdade na vida política. Eram os ingredientes de um paradoxo: o partido deflagrava a ambição e o desenvolvimento pessoal numa instância da vida e suprimia essas mesmas tendências na outra. Como estratégia econômica, a abordagem punha a China em descompasso com o pensamento econômico predominante no Ocidente, que recomendava ao bloco soviético, em processo de desmoronamento, adotar uma "terapia de choque": cortar gastos, privatizar empresas estatais e abrir as fronteiras para o comércio e o investimento estrangeiros, receita que ficou conhecida como Consenso de Washington.

Em 1994, num pequeno escritório emprestado pelo departamento de geografia da Universidade de Pequim, Lin e mais quatro economistas fundaram o Centro para Pesquisa Econômica da China, um grupo de pensadores que visava atrair especialistas chineses formados no exterior. Ele trabalhava como um condenado, geralmente debruçado sobre a mesa até uma ou duas da manhã, para recomeçar às oito. Entre os colegas, era conhecido como um sujeito extremamente motivado e, em certo nível, inacessível. Ao longo dos anos, escreveu dezoito livros e dezenas de monografias, e dizia aos seus alunos: "Minha ambição é morrer na mesa de trabalho". Seu centro de pesquisa ampliou-se e, enquanto isso, Lin foi ganhando influência, tornando-se conselheiro de planos quinquenais e outros projetos do governo. Não pertencia ao círculo mais fechado que tomava as decisões no partido — jamais poderia pertencer —, mas foi uma trajetória notável para um imigrante que chegou a ser suspeito de espionar a China para Taiwan.

* * *

A cada ano, Lin via mais defeitos no ponto de vista ocidental predominante — que tinha incentivado a terapia de choque na antiga União Soviética — e mais se convencia de que a chave para a ascensão da China estava numa fusão de mercado e governo forte. Na década seguinte ao colapso soviético, boa parte da Europa Oriental, que não perdeu tempo em adotar o livre mercado, foi afligida pelo desemprego, pela estagnação e pela instabilidade política, o que pôs em xeque a abordagem da terapia de choque. Na mesma época, os anos 1990, a economia da China, seguindo um híbrido que não se encaixava em nenhuma das extremidades do espectro, começou a crescer. Em algumas áreas prevalecia o capitalismo desenfreado, e noutras o rígido controle governamental. O foco no crescimento era implacável. Sempre que o partido era obrigado a optar entre crescimento e meio ambiente, o crescimento vencia; entre seguridade social e crescimento, o crescimento vencia. Os custos da transformação foram altos. Os seguros de saúde e os fundos de previdência evaporaram; a poluição ambiental provocou danos severos à paisagem; incorporadores imobiliários demoliram vastos trechos das cidades para construir novas habitações. O descontentamento público aumentava, mas o partido usou a força e a resoluta marcha da prosperidade para neutralizá-lo.

Apesar de tudo, os indicadores eram claros: em 1949, a expectativa de vida era de 36 anos, e o índice de alfabetização chegava a 20%. Em 2012, a expectativa de vida já era de 75 anos, e o índice de alfabetização passava dos 90%. Jeffrey Sachs, economista da Universidade Columbia, escreveu: "A China será provavelmente o primeiro dos grandes países do século XX afetados pela pobreza a eliminá-la no século XXI". Quando a China formulou um plano de estímulo para combater os efeitos da crise financeira global de 2008, a quantidade de aeroportos e estradas já era tão grande que os planejadores, de início, tiveram dificuldade para decidir o que mais construir.

Lin estava formulando suas opiniões sobre o papel da reforma política no êxito econômico, e a posição em que se achava não o tornava nem um pouco benquisto entre os liberais chineses que pregavam a democratização. Publicou o livro *O milagre da China*, em coautoria com Fang Cai e Zhou Li, que examinava atentamente o desarranjo produzido pelo colapso da União Soviética, e concluía: "Quanto mais radical a reforma, mais violentos serão os conflitos sociais destruidores e a oposição à reforma". Lin promovia a "abordagem reparadora gradualista" da China. Numa palestra na Universidade de Cambridge no outono de 2007, assinalou "o fracasso das reformas do Consenso de Washington". Disse, gracejando, que as políticas de terapia de choque ordenadas pelo FMI eram mais propriamente "choque sem terapia", e estavam destinadas a produzir o "caos econômico". Lembrou aos presentes que os defensores do Consenso de Washington tinham avisado que a decisão tomada pela China de fazer a reforma lentamente seria, em suas palavras, "a pior estratégia de transição possível", condenada a "resultar em inevitável colapso econômico". Lin se tornara dentro da China o mais destacado e zeloso pregador da via chinesa de prosperidade.

Em novembro de 2007, Lin recebeu um telefonema do Banco Mundial, que faz empréstimos e oferece consultoria para combater a pobreza. Seu presidente, Robert Zoellick, estava de partida para Beijing e queria ouvir as opiniões de Lin sobre a economia da China. Eles se encontraram no quarto de hotel de Zoellick, e dois meses depois o banco ofereceu a Lin o cargo de economista-chefe. Foi mais uma primeira vez: ele seria o primeiro cidadão chinês — a rigor, o primeiro de qualquer país em desenvolvimento — a servir num cargo anteriormente ocupado apenas por pessoas muito conhecidas da mídia mundial, incluindo Joseph Stiglitz, prêmio Nobel de economia e professor da Universidade Columbia, e Lawrence Summers, antigo secretário do Tesouro e chefe do Conselho Econômico Nacional do presidente Obama.

O presidente Mao considerava o Banco Mundial uma ferramenta de agressão imperialista, mas agora a China era seu terceiro maior acionista e estava explicitamente determinada a se fazer ouvir nas instituições econômicas internacionais. Em junho de 2008, Lin e a mulher se mudaram para Washington. Toda a bagagem que levavam cabia em duas malas. Alugaram uma casa numa parte mais afastada de Georgetown, com um pátio onde Lin podia escrever ao ar livre. Puseram uma esteira ergométrica na cozinha. Nas viagens de negócios, quando colegas saíam para interações sociais, ele subia para o quarto de hotel e trabalhava até tarde da noite.

Quando visitei Lin em Washington, numa escaldante tarde de agosto, encontrei-o num espaçoso escritório de canto, no quarto andar da sede do Banco Mundial, um edifício de treze andares a poucas quadras da Casa Branca. Ele recuou com a cadeira atrás da mesa, onde trabalhava, como sempre, numa monografia. "Como pode um país em desenvolvimento alcançar os países desenvolvidos?", perguntou. Era a questão polêmica que ocupava o centro do seu trabalho, e ele agora estava em posição de pôr em prática sua própria resposta. "Vemos muitos fracassos e poucos êxitos", disse. Lin tinha uma equipe de quase trezentos economistas e outros pesquisadores, cujo trabalho ajudava o Banco Mundial e os governos de países pobres a adotar estratégias para aumentar os níveis de renda, assunto que durante décadas fora objeto de divergências ideológicas.

Poucas semanas depois de sua chegada, o planeta foi atingido pela mais séria crise financeira desde a Grande Depressão. A crise pôs Lin diante de um enigma: autoridades dos Estados Unidos, da Europa e do FMI intimavam a China a valorizar sua moeda, para aumentar o poder aquisitivo dos consumidores chineses e tornar produtos de outros países relativamente mais baratos. O senador Charles Schumer, democrata de Nova York, disse a jornalistas: "A manipulação da moeda da China é como um pé na garganta da nossa recuperação". Mas Lin tinha opinião bem diferente. Forçar a China a valorizar sua moeda "não corrigirá esse desequilíbrio e poderá retardar a recuperação mundial", afirmou ele a uma plateia em Hong Kong, argumentando que essa medida serviria apenas para oprimir o consumidor e a demanda nos Estados Unidos, porque valorizar a moeda tornaria os produtos chineses mais caros, e não ajudaria a economia americana, porque os americanos não fabricam muitos dos produtos que compram da China.

A crise financeira alterou fundamentalmente a fórmula responsável pela explosão econômica da China: a demanda da América do Norte e da Europa por produtos chineses despencou e, para impedir uma desaceleração, o governo de Beijing mudou a ênfase para o investimento. Canalizou recursos públicos para ferrovias, estradas, portos e propriedades. Reduziu os impostos sobre bens imóveis e recomendou aos bancos que emprestassem — o crescimento dos empréstimos em 2009 foi maior do que o PIB da Índia. Entre os altos funcionários do governo, a mania da construção desencadeou vastas ambições: a cidade de Wuhan planejou construir 225 quilômetros de linhas de metrô nos sete anos que a cidade de Nova York reservou para construir três quilômetros e meio no metrô da Segunda Avenida.

A recessão também deu a Lin a oportunidade de aperfeiçoar sua perspectiva. Não muito tempo antes, intelectuais e autoridades chineses relutavam em apresentar a experiência do país como alternativa para as fórmulas ocidentais, com medo de fomentar a rivalidade ou de acabar chamando a atenção para o fato de que a maioria dos chineses ainda é muito pobre. Enquanto os países ocidentais enfrentavam dificuldades, a China sofreu muito menos danos. Um diplomata ocidental em Beijing me disse: "Uma lição da crise é que nós, economistas, deveríamos ser mais humildes. Acho que precisamos admitir a possibilidade de que a China esteja quase se tornando um Estado econômico plenamente desenvolvido sem adotar reformas políticas substanciais". Quando funcionários do Banco Mundial visitaram Beijing para comemorar os trinta anos decorridos desde que a China voltara a filiar-se ao banco, Zoellick elogiou a redução da pobreza na China e afirmou: "Nós, e o mundo, temos muito a aprender com isso".

No banco, Lin produziu uma série de monografias destinadas a "revisitar" o entendimento de como países pobres poderiam ficar ricos, em boa parte um sacrilégio em relação ao Consenso de Washington que prevaleceu nos anos 1990. Escrevendo em conjunto com o economista camaronense Célestin Monga, ele sustentava que os governos precisavam "voltar para o centro do palco". A política industrial, na qual governos buscam apoiar certos setores, conhecida por seus detratores como "escolha dos vencedores", tinha má fama no Ocidente, disse ele, e por uma boa razão: era mais frequente fracassar do que ter êxito. Mas ele afirmava que a única coisa pior do que isso era não ter uma política industrial. Mencionava um estudo recente abrangendo trinta economias de crescimento rápido. "Em todos os países bem-sucedidos, o governo tem função bastante proativa", me disse ele. Defendia uma política industrial "branda", na qual um vigoroso livre mercado produzisse novas indústrias e empresas, e o governo identificasse as que tinham melhores possibilidades e as ajudasse a crescer, concedendo-lhes isenções tributárias e construindo a infraestrutura, como portos e estradas por todo o continente chinês. Era o casamento de Chicago com Beijing: para sair da pobreza, ele e Monga escreveram, os mercados eram "indispensáveis", mas o governo seria "igualmente indispensável".

Usava sua posição no Banco Mundial para argumentar que a abordagem da China tinha virtudes fundamentais, as quais outros países poderiam tentar imitar. Quando visitava países em desenvolvimento, fazia questão de dizer que eles lhe recordavam a China de três décadas antes. "Será que outros países em desenvolvimento conseguiriam desempenho similar ao da China nas três últimas décadas?", perguntou ele num discurso a que dera o título de "O milagre da China desmistificado". "A resposta é: claramente, sim." Recomendava aos países pobres que, se quisessem enriquecer, postergassem as reformas políticas, do contrário mergulhariam no mesmo caos da Rússia pós-soviética. Assinalava as virtudes de livrar-se não da repressão, mas "do medo da pobreza e da fome, das quais trago vivas lembranças de minha infância". Quando escrevia em seu próprio nome, e não em nome do banco, era ainda mais teatral: recusava o "argumento otimista, talvez ingênuo, apresentado por alguns especialistas, de que as democracias [...] têm maior chance de realizar reformas econômicas". Citava Deng Xiaoping, que certa vez disse: "Os Estados Unidos se gabam do seu sistema político, mas o presidente diz uma coisa durante as eleições, outra coisa quando assume, outra coisa no meio do mandato, e outra coisa quando sai".

Numa cálida noite em Beijing, dois meses depois, Lin, de volta à capital chinesa para passar uns dias, entrou num sedã Audi preto, com motorista, para atravessar a cidade e participar da comemoração do décimo aniversário de um programa de MBA que ele ajudara a fundar. A cerimônia foi realizada num tradicional pátio chinês, ensombrado por glicínias e macieiras, que noutros tempos pertencera à residência da imperatriz viúva Cixi. Para aquela noite, porém, estava especialmente enfeitado com um tapete vermelho e refletores dignos de um desfile de modas. O vinho corria solto, e uma centena de convidados — na maioria casais de meia-idade, ex-alunos e colegas — aguardava com espírito festivo a chegada de Lin e sua mulher, a essa altura uma das maiores especialistas em educação do país e membro do Congresso Nacional do Povo. Quando o casal entrou, a plateia endinheirada aplaudiu, e convidados se aglomeraram em torno deles, todos querendo tirar fotos com Lin. Uma equipe de televisão entrou para uma entrevista. Um adolescente pediu um autógrafo. Lin sentou-se a uma mesa sossegada, mas um dos convidados aproveitou para alugar sua atenção discorrendo sobre uma estimulante oportunidade no negócio de construção de campos de golfe. A expressão facial de Lin era polida, mas desesperada, e os convidados acudiram para levá-lo, juntamente com a mulher, para o refúgio de uma área privada, onde ele se preparou para o discurso.

Lin subiu no palco e contemplou os convidados. Começou falando sobre as "transformações de fazer tremer a terra" na economia da China na década anterior, e declarou: "Os próximos dez ou quinze anos vão ser ainda mais espetaculares". A multidão aplaudiu. Ele assinalou que, quando o programa International Executive MBA de Beijing começara, em 2000, a China tinha menos de doze empresas na Global Fortune 500, enquanto os Estados Unidos registravam quase duzentas. "Acredito que em 2025, quando se tornar a maior do mundo e dividir a cena com os Estados Unidos, a economia chinesa representará 20% da economia mundial", disse. "Provavelmente haverá cem empresas chinesas na Fortune 500." E concluiu com uma exortação: "Espero que, ao construir a economia da China, os senhores ajudem também a criar uma sociedade melhor, mais harmoniosa, no país".

"Sociedade harmoniosa" não era uma expressão que os intelectuais chineses usariam sem hesitação. Era o lema preferido do presidente Hu Jintao para sintetizar a meta de uma sociedade justa e estável, mas os críticos de Hu passaram a usá-la como sinônimo de repressão e de medidas para silenciar a dissidência. (De um site tirado do ar, dizia-se que fora "harmonizado".) Lin usava a expressão num sentido positivo, compatível com sua persistente fé no poder de um governo forte. Em 1999, Yang Xiaokai, destacado economista liberal, afirmou numa palestra que "sem reforma política não há justiça, o que conduz à insatisfação pública". Yang indagava se a China poderia ser um país forte sem democracia. Mas, em resposta, Lin chamou a atenção para a vantagem econômica da China sobre a Índia, escrevendo: "Seja pelo ritmo, seja pela qualidade do crescimento econômico, o fato é que a China está indo melhor do que a Índia". Na opinião de Lin, a China já estava se tornando um país forte sem democracia, e dizia haver poucas provas que recomendassem uma mudança. Quando perguntei a Lin sobre o debate, sua resposta foi que ele e Yang, que morreu em 2004, eram bons amigos, mas discordavam. "Ele achava que, se a China quiser ser bem-sucedida, precisa adotar uma constituição ao estilo da britânica ou da americana primeiro", disse. "Eu não penso assim: acho que não sabemos que tipo de estrutura de governo é a melhor do mundo."

À medida que Lin ganhava renome, sua vida era perturbada por um fato extraordinário: mais de três décadas depois da travessia a nado, ainda havia uma ordem de prisão contra ele, emitida pelo Ministério da Defesa em Taiwan, por "desertar para o lado inimigo". Depois de tantos anos, boa parte da opinião pública taiwanesa passara a ver o seu sucesso com orgulho nacional, e importantes políticos do país tinham pedido às Forças Armadas que encerrassem o caso, mas o ministro da Defesa reiterou que, se Lin pisasse em solo taiwanês, seria preso e acusado de traição militar.

Seu irmão mais velho, Lin Wang-sung, disse aos jornalistas: "Não entendo por que as pessoas o consideram um vilão. Tudo que meu irmão queria era realizar suas ambições". Quando o pai de Lin morreu, em 2002, a família pediu permissão para que ele fosse ao sepultamento, mas as Forças Armadas recusaram o pedido, dizendo que ele "deve suportar a desonra pela vida inteira". Não teve escolha senão assistir ao funeral em Beijing, por videoconferência. Montou um altar em seu escritório e se ajoelhou. Numa oração fúnebre lida em voz alta, ele escreveu: "Quando minha mãe estava morrendo, não pude estar presente para ajudar. Quando meu pai estava acamado, ainda não havia como voltar para casa. Não posso me despedir deles na estrada para a eternidade [...]. Que pecado, não ser bom filho! Que os céus me castiguem!".

Lin progredira na República Popular tornando-se seu mais ardente porta-voz econômico. Para aqueles que divergiam dessa opinião, a China se tornava um lugar difícil. Poucos dias depois de assistir ao discurso de Lin sobre o brilhante futuro econômico do país, fui ver Wu Jinglian, que emergira como um dos principais consultores econômicos da China na década que se seguiu ao início das reformas. Tinha quase oitenta anos, um homem pequeno, de olhos vivos, sempre atentos por baixo de revoltos cabelos brancos. Trabalhava num minúsculo escritório na periferia da cidade. Continuava a ser consultor oficial do gabinete chinês, porém mais parecia um provocador inconveniente. "É totalmente óbvio que o maior problema que a China enfrenta hoje é a corrupção", afirmou. "A corrupção é o que explica a distância entre ricos e pobres. De onde vem essa corrupção? Do fato de que o governo continua a controlar recursos demais."

Numa furiosa torrente de ensaios e livros, Wu mostrou que o capitalismo de conchavo e a distância entre ricos e pobres eram provas de que o modelo econômico da China tinha ido até onde seria possível ir sem que o governo permitisse maior abertura política para mediar demandas conflitantes. Nos últimos anos, chegara até a afirmar que o país precisava adotar uma democracia ao estilo ocidental, e os nacionalistas o amaldiçoaram por essa apostasia. A certa altura, o debate degenerou em ataque pessoal: o *Diário do Povo* publicou rumores, em circulação na internet, de que Wu estaria sendo investigado por espionar para os Estados Unidos. Era uma afirmação absurda — o governo acabou divulgando uma declaração apoiando Wu e questionando a validade da acusação —, mas o relevo dado ao ataque deixou claro que suas críticas tinham irritado gente poderosa com acesso ao *Diário do Povo*.

Perguntei a Wu se a situação havia melhorado. Ele suspirou. "Um mês atrás, mais ou menos, saiu um artigo num site dizendo que alguém tinha me atacado com um tijolo, deixando-me inconsciente, mas que sobrevivi", disse ele. Não era verdade, e perguntei o que achava daquilo. "Era uma sugestão para que as pessoas usassem de violência", prosseguiu. "O artigo era assinado pela 'Associação Chinesa para Eliminação de Traidores'." Wu não fazia ideia de quem poderia estar por trás daquele esforço para satanizá-lo, mas os suspeitos proliferavam: a extrema direita nacionalista? Figuras poderosas que se opunham às reformas?

Na China, os interesses financeiros tinham crescido tanto que mesmo os debates econômicos mais herméticos provocavam intensa oposição. Wu havia sugerido, pouco tempo antes, que seria conveniente deixar a moeda chinesa se valorizar, e logo depois leu a reação on-line. "Um dos comentários ao artigo dizia onde eu morava e mencionava o fato de que a segurança era precária", disse ele. E deu uma risada não muito convincente. "Escrever isso seria contra a lei nos Estados Unidos. Na China, ninguém dá a mínima."

À medida que o debate se ampliava, palavras antes benignas ganhavam cunho político. Lin Yifu gostava de descrever o boom econômico como o "milagre da China", mas o escritor e crítico liberal Liu Xiaobo implicou com a expressão; escreveu que só conseguia ver "o 'milagre' da corrupção sistêmica, o 'milagre' de uma sociedade injusta, o 'milagre' da decadência moral, e o 'milagre' de um futuro desperdiçado". O boom estava se transformando num "paraíso de barões ladrões", apontou ele. "Só com dinheiro o partido consegue manter o controle das principais cidades da China, cooptar elites, satisfazer o impulso de muita gente que quer enriquecer da noite para o dia, e esmagar a resistência de qualquer grupo rival que surja. Só com dinheiro o partido consegue participar de tramoias com as potências ocidentais; só com dinheiro pode subornar países inescrupulosos e comprar apoio diplomático."

Aos 51 anos, Liu Xiaobo era magro e anguloso como um galgo, com cabelo curto que se estreitava em V no alto da testa. Fumava um cigarro atrás do outro e exibia um senso de humor sagaz e irônico. Fora criado na Manchúria. Quando tinha onze anos, sua escola fechou por causa da Revolução Cultural — uma "emancipação provisória", em suas palavras —, e o gosto pela independência o encaminhou para uma vida de pensamento não convencional. Fez doutorado em literatura na Universidade Normal de Beijing, mas não era muito bom nas genuflexões necessárias para avançar no mundo acadêmico chinês. Achava que os escritores chineses "não sabem escrever criativamente porque sua própria vida não lhes pertence". Não era muito mais tolerante com os sinólogos ocidentais, tendo observado, certa vez, que "95% deles são imprestáveis". Embora sua intenção não fosse ofender, não tinha receio de fazê-lo. "Talvez minha personalidade me leve a dar com a cara na parede aonde quer que eu vá", escreveu ele para o estudioso Geremie Barmé. "Aceito que seja assim, ainda que no fim das contas eu acabe com o crânio rachado."

Liu escreveu dezessete livros e centenas de poemas, artigos e ensaios. Boa parte de sua obra era ferozmente política, e isso tinha um custo: até o primeiro semestre de 2008, havia cumprido três penas de prisão, começando com uma condenação por "propaganda e incitação contrarrevolucionárias" por seu papel nas manifestações da praça Tiananmen. Ele negou as acusações, mas adotou o rótulo de "mão negra", dizendo que era uma "medalha de honra" e uma das poucas coisas que podia levar consigo para trás das grades. Num poema criado no presídio, ele escreveu: "Além de uma mentira/ não possuo nada".

Com o passar dos anos, Liu Xiaobo parou de traçar distinções muito nítidas entre prisões, campos de detenção e campos de trabalhos forçados. "Na prisão, fui mantido dentro de um pequeno curral com uma parede." Quando cumpria pena num campo de trabalhos forçados em 1996, por "perturbar a ordem social", casou com sua companheira de longa data, a artista Liu Xia. Os guardas perguntaram uma segunda vez se a noiva sabia o que estava fazendo. "Sei!", respondeu ela. "Aquele 'inimigo do Estado' aí! Quero me casar com ele!"

Quando foi solto, em 1999, depois de três anos de ausência, voltou para seu apartamento e descobriu que havia ali um computador. Como recordou num ensaio:

> Um amigo o tinha dado para minha mulher, e ela já o estava usando, para aprender a digitar e entrar na internet. Mostrou-me como fazer, e praticamente todos os amigos que foram nos ver nos dias seguintes recomendaram que eu me entendesse com o computador. Tentei algumas vezes, mas escrever frases numa máquina me parecia errado. Evitei o computador, e continuei a escrever com uma caneta-tinteiro.

Só depois de submeter seu primeiro artigo por e-mail ele despertou para as possibilidades da tecnologia. "Em poucas horas, tive uma resposta do editor — e de repente me dei conta do maravilhoso poder da internet." A mulher nunca mais teve o computador de volta. Liu conhecera todos os velhos rituais da dissensão, a "era da bicicleta e do telefone", como dizia, quando intelectuais precisavam esperar por um funeral ou por um aniversário para se reunirem sem despertar as suspeitas que o governo tinha de grandes grupos. A internet rompia barreiras de dialeto, classe e geografia de tal maneira que os editores da primeira revista chinesa on-line, *Túnel*, escreveram em 1997: "A razão pela qual os autocratas tapam nossos ouvidos e olhos e esterilizam nosso pensamento é que monopolizam a tecnologia de disseminação de informação. As redes de computador alteraram essa equação".

Esse idealismo não chegava a ser universal. No mundo inteiro, críticos do "ciberutopismo" afirmavam que a rede oferecia apenas uma ilusão de abertura e um frouxo senso de comunidade, que fortalecia governos autoritários criando uma válvula de escape e aliviando a pressão por mudanças mais profundas. Mas para Liu esses fatores não anulavam os benefícios do ativismo na era digital. Durante anos, a agência de correios tinha interceptado os originais que tentava enviar para o exterior; se estivesse preparando uma carta aberta de protesto, passava um mês inteiro indo de um lado para outro da cidade, até encontrar pessoas que pensavam da mesma maneira para assiná-la. "Então levava vários dias (no mínimo) para chegar a um consenso sobre questões de conteúdo, redação e oportunidade", escreveu. "Em seguida, era preciso encontrar um lugar onde uma carta escrita à mão pudesse ser composta e impressa. E então era preciso tirar cópias." Liu Xiaobo tornara-se um ciberutopista sem nenhum pudor. "Poucos cliques do mouse, a troca de alguns e-mails, e pronto, está feito", escreveu. "A internet é como uma máquina mágica, e ajudou minha escrita a explodir como um gêiser."

No segundo semestre de 2008, sentado atrás da porta do seu apartamento de quinto andar sem elevador em Beijing, Liu Xiaobo estava escrevendo algo que suspeitava que fosse ter mais impacto do que qualquer escrito anterior seu. O que ele escrevia, exatamente, teria que permanecer em segredo por enquanto, mas, quando estivesse pronto, seria divulgado, com a assistência da tecnologia que ele chamava de "dádiva de Deus para a China".

Certa tarde, no inverno anterior, Liu e eu estávamos numa casa de chá perto do seu apartamento. Ele parecia mais emaciado do que de costume, o cinto das calças dando quase duas voltas na cintura, o sobretudo de inverno lhe caía dos ombros como de um cabide. Sua gagueira, sempre em segundo plano, pronunciara-se. Ele tossia ao beber o chá. Era, àquela altura, o mais destacado dissidente do país, o que significava ser uma celebridade entre os intelectuais chineses, mas quase desconhecido da população em geral. Seus escritos estavam proibidos na China havia anos, e os censores da internet aboliam seus ensaios. Ele publicava no exterior, mas não falava inglês, e rejeitara ofertas para se estabelecer fora do país. A China era sua terra, quer o governo gostasse ou não.

Naquele dia me chamou a atenção uma inesperada calma que se irradiava dele. Os anos passados atrás das grades abrandaram seu rancor, e ele explicava, com técnica e paciência, os argumentos de uma nova carta aberta — uma advertência aos líderes chineses de que corriam o risco de "uma crise de legitimidade" se não dessem atenção aos clamores por reforma política.

"Os países ocidentais estão pedindo ao governo chinês que cumpra suas promessas de progredir na questão dos direitos humanos, mas, se nenhuma voz se manifestar dentro do país, o governo dirá: 'É só uma demanda externa; a população nacional não exige nada disso'", me disse ele. "Quero mostrar que não é desejo apenas da comunidade internacional, mas também do povo chinês, progredir na questão dos direitos humanos."

Liu me surpreendia com seu otimismo. Enquanto a China se ajustava ao mundo, ele suspeitava que o "regime atual pode ficar mais confiante". Disse isso e recostou-se na cadeira, deliciando-se com o som das próprias previsões. "Pode se tornar mais suave, mais flexível, mais aberto." Entendia que era seu dever seguir escrevendo e argumentando. "Quer funcione, quer não, continuarei a pedir ao governo que cumpra suas promessas."

E foi o que fez, tornando-se mais ambicioso com o passar dos meses. Quando o outono cedeu lugar ao inverno, ele e um pequeno grupo de colaboradores se aproximavam da conclusão de seu projeto secreto — uma minuciosa declaração pedindo direitos humanos e reforma política. "A realidade política, que qualquer um pode ver, é que a China tem muitas leis, mas não vive sob o império da lei; tem uma Constituição, mas não um governo constitucional", escreveram. "A elite governante continua apegada a seu poder autoritário, e rechaça qualquer movimento de mudança política."

Fugindo ao fraseado dos costumeiros manifestos de dissidência, eles não limitaram seus argumentos a um caso único ou a uma cláusula obscura; pediam dezenove reformas políticas fundamentais, incluindo eleições regulares, tribunais independentes, proibição do controle político das Forças Armadas e o fim da prática de "ver as palavras como se fossem crimes". Inspiraram-se na Carta 77, um manifesto que Václav Havel e outros ativistas tchecos divulgaram mais de três décadas antes, unidos, como escreveram na época, "pela vontade de fazer um esforço, individual e coletivamente, para que os direitos humanos sejam respeitados em nosso país e no mundo inteiro". No caso da China, Liu e os coautores concluíram a introdução aludindo a um relógio que marcava o tempo de forma inexorável: "O declínio do sistema atual chegou a um ponto em que a mudança deixou de ser opcional".

Decidiram, entre eles, divulgá-lo para o público naquele inverno, em 10 de dezembro de 2008 — o sexagésimo aniversário da Declaração Universal dos Direitos Humanos da ONU. Deram-lhe o nome de Carta 08. Dispunham de 303 signatários originais, mas alguém precisava ser o principal patrono, e Liu concordou em assumir esse papel. Para a maioria, teria sido um projeto nada atraente. "O primeiro pássaro a erguer o pescoço", como gostam de dizer os chineses, "é o que leva o tiro."

11. Um coro de solistas

O boom imobiliário atingiu Beijing de leste para oeste, do velho para o novo — passando pelo Global Trade Mansion até a Torre do Tambor, e no segundo semestre de 2008 fui expulso do meu bairro pelos preços altos. Encontrei um lugar mais barato um quilômetro e meio a oeste, numa rua que já fora reconstruída, chamada alameda Flor de Algodão. Era ladeada de álamos e de pátios dilapidados, muito populares entre trabalhadores migrantes de Shandong, Anhui e de outras partes, que se destacavam na população por serem mais baixos, mais escuros e mais alertas do que a gente da cidade. Os migrantes dormiam em beliches em minúsculos quartos alugados, salvo nas noites mais quentes, quando puxavam seus colchões para a rua na esperança de pegarem um vento.

Pode-se aprender bastante sobre economia sem sair do *hutong*. Eu podia estimar o nível de desemprego pelo número de diaristas aglomerados numa esquina da alameda Choco em busca de trabalho. Eram homens de meia-idade, de paletós remendados e empoeirados e sapatos de couro artificial, escorando o peso do corpo ora numa perna, ora noutra. Quando a crise financeira piorou, seu número triplicou. Observando-os, consegui entender por que a Home Depot não conseguia romantizar na China as reformas do tipo faça-você-mesmo. Os homens seguravam cartazes anunciando habilidades, e o jeito como cada um se oferecia me lembrava muito o outro lado da moeda das listas de exigências de quem procurava namoro pela internet. "SEI CONSTRUIR CASAS PEQUENAS, INSTALAR DRYWALL, PISOS DE CERÂMICA, PISOS DE TIJOLOS, VEDAÇÃO, PAREDES INTERNAS, PINTAR, DESENTUPIR CANOS, LIDAR COM SANCAS, DECORAÇÃO, ÁGUA, ELETRICIDADE."

A vida era inconstante, e ninguém parecia muito longe do sucesso, ou do fracasso. A poucas casas da minha, uma minúscula barraca de venda de biscoitos abriu em fevereiro. Tinha um balcão frigorífico que dava para a rua, e o vapor escapava pela abertura para o ar frio. Uma mulher de meia-idade com chapéu de papel e avental azul berrava energicamente para os passantes, oferecendo-lhes porções para provarem. Chamava-se sra. Guo, e tinha um forte sotaque da província de Henan; atendia ao balcão enquanto o marido, sujeito alto e tranquilo, surrava a massa atrás dela numa nuvem de farinha de trigo e vapor. Era uma operação que lhes tomava 24 horas por dia, descontando as sete horas em que estendiam um lençol na frente e dormiam sobre as mesas.

Mas, depois de algumas semanas, parei para o café da manhã e vi que tinham colado um aviso de ALUGA-SE na janela. "Não estávamos ganhando dinheiro nenhum", disse a sra. Guo. O aluguel custava o equivalente a 150 dólares, muito alto para eles. "As pessoas passam de bicicleta. Este lugar não é bom para andar", acrescentou ela, e tentei não olhar para as muitas pessoas que passavam andando enquanto conversávamos. Não me ocorreu nada para dizer. O vendedor de sutiãs do outro lado da viela ia bem, e a loja de conveniência com uma maquininha de cachorro-quente a um iuane também. "Estamos nos mudando para Fuxingmen — outro velho bairro de Beijing, mais ou menos um quilômetro e meio ao sul — para ver o que acontece", comentou ela. Dois dias depois, voltei e o lugar já estava vazio. Pela janela, tudo que dava para ver eram pegadas no chão. Eles abriram e fecharam em sete semanas.

Logo chegou o sr. Ye. Era um homem nervoso, de 25 anos, da província de Fujian, que aprendera o indispensável para preparar crepes à moda de Beijing e tentava se firmar num mercado competitivo. (A rua estava infestada de crepes.) Não durou sequer toda a primavera. Em pouco tempo, a banca ostentava uma nova e impressionante placa — A LOJA DE MATERIAL DE CONSTRUÇÃO GRANDE PÁSSARO MÍTICO — e eu me preparei para satisfazer ali todas as minhas necessidades em matéria de ferragens. Mas, quando abriu, tratava-se na verdade de um bordel. Tinha apenas uma funcionária — ela sentava-se cautelosamente à janela, onde antes ficava o vendedor de biscoitos —, mas o bordel só durou duas semanas. Quando veio o outono, o lugar estava escuro, com a vistosa placa ainda pendurada no alto. Era difícil saber de quem era a culpa: talvez da crise financeira, ou da localização, ou simplesmente do incansável agito da vida de um *hutong* moderno.

À noite, o lugar mais movimentado na alameda Flor de Algodão era a lan house, um vasto espaço de teto baixo com filas e filas de raquíticos computadores onde jovens de olhos vesgos sentavam-se por horas a fio fumando e jogando. Havia lugares como esse em praticamente todas as cidades que visitei, por mais distantes que fossem. As janelas eram quase sempre vedadas, como as de um cassino, e me davam a impressão de serem os únicos lugares na China onde as pessoas não corriam contra o tempo.

Apesar de toda a energia que a internet infundia a intelectuais como Liu Xiaobo, a maior parte da vida on-line na China, como em qualquer outro país, dizia respeito a questões menos sérias. Em abril de 2010, quando os pesquisadores notaram um pico no número de usuários chineses tentando driblar os censores, a causa podia ter sido um despertar da consciência política; na verdade, tratava-se de uma estrela pornô japonesa, Sola Aoi, que tinha aberto uma conta no Twitter, e os rapazes chineses não poupavam esforços para acessá-la. Mas havia muitas maneiras de chamar a atenção na internet chinesa. Blogueiros começaram a identificar fotos que propagandistas do partido tinham falsificado para fazer multidões parecerem maiores, ou dirigentes, mais importantes. Técnicas que o Departamento vinha usando com êxito havia décadas agora eram temas de piada: um blogueiro percebeu que uma reportagem da mídia estatal sobre o novo caça chinês incluía trechos do Filme *Top Gun: Ases indomáveis.* Bastava olhar com atenção, e lá estava Tom Cruise destruindo um MiG soviético.

Na internet, as pessoas se livravam do hábito que Orwell chamou de "pretobranco" — a "leal prontidão para dizer que preto é branco quando a disciplina do partido assim o exige". Rituais que o tempo consagrara perdiam eficácia. Quando a televisão estatal mostrou o presidente Hu Jintao em visita a uma família de baixa renda em moradias subsidiadas no dia do Ano-Novo, a mãe lhe disse: "Sou muito grata ao partido e ao governo por terem construído um país tão bom como o nosso". Mas na internet logo se descobriu que a mãe era uma servidora pública da polícia de trânsito da cidade; sua imagem como mãe de família de baixa renda foi desfeita quando se constatou que ela postara fotos em que aparecia passeando nas férias com a filha em Shanghai e na ilha balneária de Hainan.

A mídia oficial era aos poucos enfraquecida pela rede. O blogueiro Ran Yunfei chamava-a de "sistema de linguagem paralela", e a tensão entre as linguagens reanimou a veia de irreverência que durante décadas tinha definhado na China. Autocratas quase nunca reagem bem à ironia, e aqueles eram especialmente hostis ao humor: logo depois da revolução de 1949, o partido criou um comitê para avaliar a comédia chinesa; o comitê concluiu oficialmente que os comediantes stand-up deveriam substituir a sátira pelo "louvor". Na rede, a tendência ao louvor era menos acentuada. Quando o governo inaugurou a nova sede da Televisão Central da China — duas torres altas, inclinadas, que se juntam no topo —, houve quem começasse a chamá-la de Cuecão. Desconcertado, o partido sugeriu "Janela do conhecimento", ou *zhichuang*, que as pessoas adotaram, mas com uma ligeira variação de pronúncia, que altera o significado para "hemorroida".

Na internet, os adolescentes chineses assistiam de graça a episódios legendados de *Friends* no exato momento em que um *apparatchik* da televisão estatal chamado Qin Mingxin esbravejava diante dos repórteres dizendo que tinha pensado na possibilidade de levar *Friends* ao ar na televisão chinesa, mas mudou de ideia ao assistir à série. "Eu pensava que o programa era sobre amizade. Mas, depois de uma cuidadosa pré-avaliação, descobri que todos os episódios têm qualquer coisa a ver com sexo", disse ele. Mesmo quando podia controlar o que a população via, o partido ficava nervoso com a reação das pessoas. Depois de dar sua bênção a uma peça muito cara sobre ele próprio intitulada *A fundação de um partido*, o partido recrutou uma longa lista de astros de cinema para participarem voluntariamente. Quando as pessoas começaram a dar notas ao filme num site popular sobre cultura chamado Douban, porém, as críticas negativas foram tão numerosas que o site suspendeu de maneira abrupta o sistema de avaliação.

Fundamentalmente, a cultura da internet era o oposto quase perfeito da cultura do Partido Comunista: os dirigentes chineses davam o maior valor à solenidade, ao conformismo e ao sigilo; a rede consagrava a informalidade, a novidade e, acima de tudo, a divulgação. Quatro anos depois que o jornalista Shi Tao foi preso por revelar uma ordem da censura, essas ordens agora vazavam para o Ocidente poucas horas depois de baixadas pelo Departamento, pelo Escritório do Conselho Estatal de Informação e por outras repartições. Os censores retiravam-nas o mais depressa possível, mas nunca faltava quem as coletasse e postasse de novo, contornando as barreiras e agindo fora do alcance dos censores. O China Digital Times, um site de notícias no exterior, criou um arquivo ao qual deu o nome de "Diretrizes do Ministério da Verdade", em homenagem a Orwell. As diretrizes geralmente eram sucintas e incisivas como um tuíte, como se o Estado tivesse adotado as cadências da tecnologia que o molestava. Cada uma delas parecia a imagem invertida de um título da imprensa estatal:

> Todos os sites devem apagar sem delongas um ensaio intitulado "Muitos altos funcionários espetacularmente corruptos têm sua execução adiada".

Inscrevi-me para receber as Diretrizes do Ministério da Verdade por e-mail, mas eram entregues por telefone, com o mesmo zumbido que acompanhava as mensagens de texto.

> *Bzzzz*
> Todos os sites devem remover imediatamente o artigo intitulado "Na China, 94% insatisfeitos com riqueza concentrada desproporcionalmente no topo".
> *Bzzzz*
> Anúncio: o Clube de Golfe de Yu Lin oferece uma oportunidade inédita: "Compre um título de sócio comercial, ganhe dois grátis".
> *Bzzzz*
> Nenhuma mídia deve exagerar o aumento recebido pelo Exército de Libertação Popular.
> *Bzzzz*
> Todos os tipos de recibos a preços ótimos. Não seja enganado na internet. Qualquer coisa que precise, ligue para 13811902313.

* * *

A rede era um clamor de novas vozes, e uma das primeiras que notei foi a de Han Han, um homem de 26 anos que morava em Shanghai. Seu blog tinha algo da aparência de uma dessas adolescentes fanáticas por roupas e músicas da moda, com fundo azul-claro e a foto de um cãozinho labrador amarelo no canto. Mas, dia após dia, ele desancava a pomposidade e as hipocrisias dos burocratas. Enquanto a geração mais velha usava o eufemismo e a alegoria para sugerir a verdade, Han perguntava diretamente por que o governo hasteava a bandeira a meio pau pela morte de políticos, mas não por desastres que provocavam a morte de grande número de civis. ("Tenho uma solução bem chinesa", escreveu. "Dobrar a altura dos mastros de bandeira. Agradaria a todos os lados.") Ele dava alfinetadas aludindo a boatos de que altos dirigentes tinham amantes dispendiosas. ("Quando se gasta cem iuanes pelos serviços íntimos de uma mulher, dá-se a isso o nome de obscenidade; quando se gasta um milhão, chama-se refinamento.") Zombava da estratégia do partido, que tentava conseguir apoio atulhando a rede com mensagens pró-governo. ("Não é porque vemos uma multidão em pé numa esquina comendo merda que vamos querer abrir caminho para dar uma mordida.")

Han Han não era dissidente. No espectro da política chinesa, ocupava posição altamente ambígua. Às vezes sua voz era uma das mais explícitas da China. "Quantas coisas más a Televisão Central da China fez no passado? Substituir a verdade por mentiras, manipular a opinião pública, profanar a cultura, abusar dos fatos, ocultar malfeitorias, acobertar problemas e criar falsas imagens de harmonia." (Essa postagem, como muitas outras suas, foi abolida pelos censores, embora leitores tivessem se antecipado fazendo-a circular amplamente.) Suas críticas com frequência o faziam entrar em choque com a "juventude furiosa". Quando

Tang Jie e seus amigos distribuíam vídeos nacionalistas na primavera de 2008, Han Han escreveu:

> Como é que o respeito próprio do país pode ser tão frágil e tão raso? [...] Se alguém diz que vocês são uma turba, vocês o amaldiçoam, o atacam, e dizem "não somos uma turba". É como se alguém o chamasse de idiota e você pegasse um grande cartaz e o segurasse na frente do cachorro do irmão da namorada dele dizendo "Não sou idiota". O recado seria dado, mas apesar disso ele continuaria achando que você é um idiota.

Um site pró-governo certa vez incluiu Han Han numa lista de "escravos do Ocidente" e colocou o nó corrediço de uma forca em cima de sua foto. Mas ele também sabia ser calculadamente elíptico: quando precisava mencionar uma palavra problemática que com certeza deflagraria os filtros automáticos da internet, escrevia "palavra problemática" e deixava aos leitores a tarefa de adivinhá-la.

Em setembro de 2008, não muito tempo depois de terminada a Olimpíada, ele ultrapassou uma estrela de cinema e tornou-se o mais popular blogueiro pessoal da China, com base no número total de leitores que acumulou. Atraíra mais de 250 mil visitantes desde que começou; só os blogs com sugestões e conselhos sobre o mercado de ações da China eram mais lidos. Eu estava indo a Shanghai, e perguntei a Han Han se podia visitá-lo. Ele sugeriu que nos encontrássemos na estrada. Uma ou duas vezes por semana, saía do centro de Shanghai para retornar à aldeia onde fora criado, numa casa de fazenda agora ocupada pelos avós.

Ele foi me buscar numa van GMC preta com película fumê nas janelas, dirigida por seu amigo Sun Qiang. Han usava a van para as viagens mais longas, porque tinha medo de avião. Media 1,75 metro de altura e pesava menos de cinquenta quilos. Tinha as maçãs do rosto salientes de um artista de novela coreano e olhos negros ensombrados por cabelos bastos de cão pastor. Gostava de usar um uniforme de tons cinza e branco e brins — a estética dominante na cultura pop chinesa. Sua figura bem cuidada e fanfarrona era quase o oposto de Liu Xiaobo e do arquétipo amarrotado do intelectual chinês. Han Han tinha um estilo igualmente em débito com Kerouac e Timberlake. Pessoalmente, era caloroso e lacônico, e falava com um sorriso que tendia a disfarçar o gume abrasador de seus comentários.

A internet tinha alterado os rumos da vida de Han Han. Quando estava no quarto ano do ensino médio, em 1998, foi reprovado em sete disciplinas e abandonou os estudos. No ano seguinte, enviou uns originais escritos à mão para um editor; era um romance intitulado *Porta tripla*, sobre um estudante chinês que suportava "horas de interminável vazio", copiando lições "do quadro-negro para o caderno e para a prova" enquanto a mãe lhe dava pílulas destinadas a aumentar o seu QI. Han comparava o sistema escolar da China a uma fábrica de hashis — um sistema projetado para lançar produtos "exatamente do mesmo tamanho". Outro editor já tinha achado o romance deprimente, em descompasso com a época; os livros que faziam sucesso entre os jovens chineses eram mais parecidos com *Garota de Harvard*, povoados de ambiciosos estudantes das melhores universidades, que seguravam gelo nas mãos para fortalecer o caráter. Mas um editor se entusiasmou com o romance de Han e imprimiu 30 mil exemplares. A tiragem esgotou-se em três dias. Mais 30 mil exemplares foram impressos e vendidos.

Para os cânones globais da literatura sobre as ansiedades e angústias da adolescência, o romance era brando, mas na China não tinha antecedentes: uma sátira mordaz sobre ensino e autoridade, escrita por um joão-ninguém. A televisão estatal mobilizou-se para conter o frenesi, dedicando uma hora de suas transmissões nacionais a uma discussão do assunto, mas a estratégia produziu o efeito contrário. Na TV, Han Han projetava um ar de insolente glamour, com o cabelo cortado de um jeito que lhe cobria a testa e o olho esquerdo. Quando educadores de terno e gravata investiram com violência contra a "rebeldia" que "pode contribuir para a instabilidade social", Han sorriu, interrompeu-os e disse: "Pelo visto, a experiência de vida dos senhores foi ainda mais vazia do que a minha". Ficou famoso instantaneamente — sedutor porta-voz de uma nova espécie de contestação juvenil. A imprensa chinesa proclamou a existência de uma "febre de Han Han".

Porta tripla vendou mais de 2 milhões de exemplares, colocando-se entre os romances mais vendidos na China nas duas últimas décadas. Nos anos seguintes, Han publicou mais quatro romances e várias compilações de ensaios sobre os assuntos que conhecia melhor: adolescentes, moças e carros. Venderam outros milhões, embora nem mesmo seu editor, Lu Jinbo, presidente da Guomai Cultura e Mídia, os considere literatura. "Seus romances costumam ter começo, mas não têm fim", me disse Lu. Em 2006, Han Han lançou um blog e mudou inegavelmente de foco, passando a tratar das questões mais sensíveis da China: corrupção do partido, censura, exploração de jovens trabalhadores, poluição, distância entre ricos e pobres. Foi como se Stephenie Meyer, autora dos livros sobre vampiros adolescentes, deixasse de lado a série Crepúsculo e começasse a dirigir a atenção dos fãs para a malversação de recursos públicos. Han Han era o santo padroeiro dos jovens batalhadores, que viam nele um jeito de conciliar seu nascente ceticismo com a recompensa material que tanto cobiçavam. Em seu mundo, ser político não significava mais ser pobre.

"Logo que comecei a ganhar dinheiro escrevendo, passei a comprar carros esportivos e a correr", contou ele, enquanto avançávamos lentamente pelo trânsito da hora do rush. "Os outros motoristas me olhavam de cima para baixo, pensando: 'Você é um escritor, era de esperar que nem soubesse dirigir'."

Por quase uma década, Han manteve uma carreira paralela, como piloto de corrida, com respeitável histórico em competições para a equipe da Volkswagen de Shanghai e em ralis off-road para a Subaru. Era um mundo de patrocínios e banhos de champanhe, desnorteadoramente incompatível com sua vida de escritor. Em geral, seus leitores não tinham interesse nenhum por corridas de automóvel, mas as identidades sobrepostas produziram uma celebridade ímpar: enquanto ele aparecia em capas de revista, sites independentes — Han Han Digest, Danwei, ChinaGeeks — analisavam seus pronunciamentos. Certa vez ele começou a dar uma entrevista para a televisão dizendo o seguinte: "Se você fala chinês, sabe quem eu sou" — uma bravata menos absurda do que parece.

Era o único crítico do governo que contava com patrocínio de empresas, um vendedor entusiasmado e afinado com as sensibilidades dos *bubozu*. Uma cadeia de roupas baratas chamada Vancl pôs seu rosto em anúncios com o slogan "Eu sou Vancl". A marca de bebidas Johnnie Walker colocou uma foto sua ao lado da frase "Sonhar é concretizar cada ideia que passa por nossa cabeça". Ele tinha emprestado seu nome a um relógio suíço fabricado especialmente pela Hublot, que foi leiloado para levantar fundos para instituições de caridade e trazia a inscrição em inglês "For Freedom".

Já perto de Tinglin, sua cidade natal, pegamos estradas menores até um córrego com uma ponte de concreto poucos centímetros mais larga do que a van. Ao volante, Sun Qiang hesitou. Han espiou por entre os bancos dianteiros e adotou um tom meio sério, meio de brincadeira: "Esta ponte é o teste!". Chegamos intactos ao outro lado. "Tive muitos contratempos ali", lembrou.

A periferia de Shanghai era um anel cada vez mais corroído de pequenas fazendas e fábricas, a pouca distância de carro da mais assombrosa riqueza. O nevoeiro cobria campos agrestes atravessados por trilhas. Chegamos a uma casa de fazenda de tijolo, de dois andares, com um estreito terreno na frente. Os avós de Han — pequenos, envoltos em roupas de algodão — saíram a passo lento para nos receber. Um golden retriever ficou enlouquecido. Passamos por uma sala de visitas acometida pela fria umidade do campo e saímos num pequeno pátio, onde Han sorriu e me fez sinal para entrar pela janela em seu lado da casa. "Um pequeno defeito de projeto", observou ele. "Não colocamos porta deste lado."

Dentro ficava o refúgio dos sonhos de um adolescente da China rural: uma surrada moto Yamaha encostada numa parede, uma gigantesca tela de televisão adornando outra. Uma segunda tela gigante tinha como acessórios um volante e pedais para os jogos de corrida de carro. No centro do quarto havia uma mesa de sinuca, e Han juntou as bolas e começou. Mantinha-se em constante e afoito movimento. Para indicar sua rara e plena atenção, colocou seus dois telefones virados para baixo, enquanto eles zumbiam e baliam em protesto. Na mesa, acertei uma bola e errei a segunda. Ele encaçapou o resto.

A transformação da cidade natal de Han ocupava lugar de destaque em sua visão da China. Ele apontou para um conjunto industrial ao longe, uma fábrica de produtos químicos, que responsabilizava por ter estragado o regato onde costumava pegar lagostim. No blog, ele escreveu:

> Meu avô é capaz de dizer qual é o dia da semana só pela cor da água. O mau cheiro está por toda parte. O Escritório de Proteção Ambiental diz que a qualidade da água é normal, embora o rio esteja cheio de peixes mortos [...]. Em diferentes momentos, mi-

nha cidade natal planejou construir o maior porto industrial da Ásia, e o maior jardim de esculturas a céu aberto da Ásia, e o maior shopping center de produtos eletrônicos da Ásia. Até agora, tudo que produziu foi milhares de hectares de entulho, inacabado e desperdiçado.

Han costumava ser descrito como símbolo da juventude da China, o que não era exatamente um elogio. Ele vinha da primeira geração nascida depois da morte de Mao e do início da política de filho único — a *baling hou*, ou "geração pós-80" —, que servia como ponto de referência em discussões chinesas sobre valores e caráter nacional, mais ou menos como os *baby boomers* nos debates americanos: uma geração que cresceu em meio a transformações radicais que afastaram os filhos dos pais e se tornou muito exigente consigo mesma, ou muito tolerante consigo mesma, dependendo de quem fala.

Em seus escritos, Han atacava a verdade oficial sobre a ascensão da China, recomendando aos operários que não aplaudissem as manchetes sobre uma nova prosperidade quando sua "mão de obra mal paga não significa nada além de mais um parafuso no Rolls-Royce do patrão". Depois que uma mulher de 47 anos ateou fogo no próprio corpo para impedir que uma equipe demolisse sua casa, ele escreveu: "Não ter virado cinzas [...] ter todos os membros da família vivos, esse é o parâmetro de uma vida feliz".

Saímos para andar no frio, e mencionei que suas críticas pareciam não levar em conta os benefícios do período mais próspero da história chinesa. Ele me lançou um olhar de esguelha. Disse que a escala do crescimento da China obscurece os detalhes sobre a distribuição do espólio. "Para as corridas de rali, a gente viaja muito por toda parte, porque os ralis são em estradas de terra, passando geralmente por lugares pequenos e pobres. Ali os jovens não ligam para literatura, arte, cinema, liberdade, democracia, mas sabem que precisam de uma coisa: justiça. O que veem à sua volta é injusto."

Para ilustrar o que dizia, mencionou um recorte de jornal que tinha lido recentemente sobre um operário migrante de dezessete anos que ficou em pé 72 horas no corredor de um trem para chegar em casa. Era o tipo da provação que os jornais chineses sempre apresentavam como exemplos de fortaleza, de ânimo. Mas Han tinha outra opinião sobre a experiência de ficar em pé dentro de um trem por dois dias e meio. "O sujeito teve que usar fraldão", disse Han, horrorizado. Aquilo foi a base da postagem seguinte no seu blog. Jovens chineses, escreveu ele, eram cada vez mais "usados pelo processo de urbanização". E explicou quais eram as condições do negócio que a explosão econômica oferecia à sua geração: "Trabalhe o ano inteiro, fique na fila o dia inteiro, compre um bilhete pelo preço normal, use fraldão e fique em pé durante toda a viagem para casa — que coisa mais digna!".

Quando estava escrevendo, Han acordava ao meio-dia e costumava trabalhar, rapidamente e sozinho, até alta madrugada. Era casado com Lily Jin, amiga dos tempos de colégio, que servia como assistente e guardiã. "Han Han confia muito nas pessoas, quase ingenuamente", comentou ela. "No passado, foi enganado por editores e perdeu dinheiro com isso." Quando tiveram uma filha, o acontecimento foi anunciado pelas revistas de fofoca com toda a pompa de uma paternidade real ("Han Han se torna pai, fala pela primeira vez sobre a filha").

Ele se descrevia orgulhosamente como "caipirão". Ao contrário de outros destacados críticos do governo, tinha poucos laços com o Ocidente; esteve na Europa, mas não nos Estados Unidos, e não dava a mínima para a literatura ocidental. Desde o início via em sua identidade "rebelde" um clichê — "Se eu fosse rebelde, não estaria dirigindo um Audi ou uma BMW", dizia — e levava a vida num ritmo sossegado: não fumava, raramente bebia e não tinha o menor interesse por casas noturnas.

Os pais de Han haviam trabalhado para o governo: a mãe, Zhou Qiaorong, concedia benefícios num escritório local de previdência social; o pai, Han Renjun, tentara escrever ficção, mas acabou empacado num jornal local do partido, muito ressentido com as exigências para avançar na profissão. "Não gostava do tipo de vida em que a gente precisa beber todos os dias e puxar o saco dos líderes", me disse o filho. Antes de saberem se iam ter um filho ou uma filha, os pais concordaram em chamar o bebê de Han Han, pseudônimo que o pai havia abandonado. Quando a obra do filho se tornou conhecida, seus apartes dirigidos ao establishment complicaram o emprego dos pais no governo; ele então propôs sustentá-los financeiramente, e os pais se aposentaram cedo.

Quando Han era pequeno, o pai guardava a literatura nas prateleiras mais baixas, onde o menino pudesse alcançar, e mantinha os tratados políticos ortodoxos no alto. Quanto mais lia, mais encontrava divergências entre "os textos escolares e a verdade", nas palavras do próprio Han. "Não acredito que ninguém que de fato ame a literatura possa amar Mao Tsé-tung", me disse ele. "São coisas incompatíveis. Mesmo deixando de lado sua atuação política, ou as muitas coisas ruins que fez, ou quantas pessoas morreram de fome por sua causa, ou quantas pessoas matou, uma coisa é certa: Mao Tsé-tung era inimigo dos escritores."

Como aluno da Escola Secundária nº 2 de Songjiang, ele escrevia esporadicamente, e quando tinha dezesseis anos uma revista de Shanghai resolveu convidar jovens escritores para participarem do Concurso de Ensaios Novo Conceito. Ele já havia participado de concursos. "Pediam que escrevêssemos sobre uma boa ação que tivéssemos praticado, como por exemplo ajudar uma senhora a atravessar a rua, ou devolver uma carteira de dinheiro que alguém perdeu. Pouco importava que a hipótese mais realista fosse enfiar a carteira no bolso." Mas o Novo Conceito pretendia ser diferente, e a tarefa de Han na última fase foi abstrata: um juiz deixou cair um pedaço de papel dentro de um copo vazio — esse era o tema. "Eu tinha uma ideia meio vaga de que o papel caindo no fundo do copo nos dizia alguma coisa sobre a vida", contou. "Tudo papo furado." Tirou o primeiro lugar.

Mas então foi reprovado na escola. Às vésperas de um novo fracasso, abandonou os estudos, o que o deixou desesperado para publicar seu manuscrito — "me testar", como disse ele. "Eu tinha dito a meus colegas e professores que era um bom escritor e poderia viver disso, mas acharam que eu era maluco." Apenas duas décadas antes, Han poderia ter sido preso por suas críticas ao Estado, mas quando *Porta tripla* finalmente foi lançado causou grande sensação entre os jovens, e não só por ser uma crítica honesta do sistema educacional da China. Nas palavras do escritor Chen Cun, de Shanghai, a existência de Han lhes dava "o direito de escolher seu próprio ídolo".

O editor Lu Jinbo achava que os fãs de Han gravitavam em torno dele por uma razão bem simples: viam em sua vida e em seus escritos um raro tipo de verdade. "Na China, nossa cultura nos obriga a dizer coisas que realmente não queremos dizer. Se digo 'Venha, por favor, à minha casa hoje para jantar', a verdade é que não quero mesmo que você venha. E você dirá: 'Muita gentileza sua, mas já tenho compromisso'. Era assim que as pessoas se comunicavam, fossem os líderes no jornal ou a gente comum. Todo chinês sabe que o que se diz e o que se pensa geralmente não combinam. Mas Han Han não é assim. Ele não leva em conta os sentimentos alheios, e simplesmente fala o que tem na cabeça, ou não diz nada." Em suma, concluiu Lu: "Se Han Han diz 'Isto é verdade', dez milhões de fãs dirão 'Isto é verdade'. Se ele diz 'Isto é falso', então é falso".

Autenticidade, ou aparência de autenticidade, tinha se tornado um dos bens mais raros na China. Nos cinco anos transcorridos desde que Gong Haiyan conheceu falsos solteiros on-line, a epidemia de fraudes chegou a todos os desvãos da vida, e de forma ainda mais escandalosa no caso da indústria de laticínios. Em 2008 uma fabricante de leite, Sanlu, descobriu que os fazendeiros acrescentavam melamina para aumentar os níveis de proteína, mas a empresa não ordenou um recall; em vez disso, convenceu o governo local a proibir a imprensa de informar o fato. Na época em que o Ministério da Saúde advertiu o público, 300 mil crianças estavam doentes; seis tinham morrido. Os pais chineses com condições de viajar começaram a comprar tanto leite em pó em Hong Kong que a cidade impôs um limite legal de duas latas por pessoa.

Entre intelectuais, Han Han era uma figura polêmica. Leung Man-tou, escritor e comentarista de TV de Hong Kong, disse entusiasmado que Han tinha tudo para ser "outro Lu Xun", o mais festejado crítico social da China. O artista Ai Weiwei foi ainda mais longe, declarando a um repórter que "Han é mais influente do que Lu Xun, porque seus escritos atingem mais gente". Mas outros rejeitam a comparação. Quando perguntei sobre ele a Lydia H. Liu, especialista em literatura e mídia da Universidade Columbia, ela respondeu: "Han Han é apenas a imagem refletida do espelho das pessoas que gostam dele. Assim sendo, como é que esse reflexo poderia transformá-los? Não transformará". E acrescentou: "A primeira coisa que aparece em seu blog não é o que ele escreve, mas um anúncio da Subaru".

Mas servir de espelho para os fãs era talvez sua maior virtude. Ele deu voz ao que outros pensavam, mas não diziam. Enquanto os intelectuais e dissidentes mais audaciosos da China se destacavam por serem atípicos em excesso, Han se destacava justamente na arte de ser típico, permitindo que seus fãs se identificassem tanto com ele que os princípios que defendia se tornavam acessíveis. Sua biografia continha todas as pequenas vitórias e humilhações, todos os motivos de aspiração e cinismo que acompanham o fato de ser jovem e inquieto na China — e isso lhe deu poder. Por duas décadas depois de Tiananmen, os jovens chineses tinham sido apolíticos, não só porque as condições básicas da vida melhoraram, mas também porque a alternativa era assustadora e desalentadora. Os escritos de Han não reordenaram a vida política da juventude chinesa nem guiaram a mão dos líderes políticos, mas ele era um poderoso porta-voz das alegrias do ceticismo.

A despeito de seus conflitos com a juventude furiosa, Han Han tinha algo em comum com Tang Jie: ambos buscavam saídas para canalizar seu descontentamento e para expressar sua ideia de China. Eles se viam como lados opostos de uma nascente guerra de culturas na China, e apesar disso ambos se entregavam ao novo hábito do desenvolvimento pessoal e à possibilidade exploratória de cultivar um gosto político. E ambos o faziam na internet, diferentemente da geração anterior de ativistas que lotaram a praça Tiananmen. Han Han e Tang Jie tinham crescido numa era de riqueza e aspiração e, não obstante suas divergências, nenhum deles poderia sequer pensar em desistir da determinação de ser ouvido.

Quando se tornou grande demais para continuar confinado em um blog, Han Han lançou uma revista chamada *Duchangtuan*, que significa "Um coro de solistas". O editor, temendo repercussões políticas, obrigou-o a cortar 50% do conteúdo do primeiro número, mas alguns trechos interessantes ficaram. A reportagem mais bem bolada chamava-se "Todo mundo pergunta a todo mundo", uma meditação farsesca sobre como as informações são negadas na China; leitores imaginavam perguntas — para namorados, para agências do governo — e os editores tentavam encontrar as respostas, por mais difíceis que fossem. Dez horas depois que foi posta em circulação, a revista era a mais vendida na Amazon chinesa. As livrarias a vendiam em balcões separados para atender à intensa demanda. Os censores ficaram apreensivos. Poucos dias mais tarde, meu telefone tocou. Era uma diretriz para os editores de notícias baixada pelo escritório do Departamento de Propaganda em Shanghai:

> Nenhuma atividade e nenhum comentário sobre Han Han, excetuando-se corridas de automóvel, devem ser noticiados.

Han preparou um segundo número, em dezembro de 2010, mas o editor recebeu ordem para suspendê-lo. Montanhas de revistas foram recolhidas e recicladas. "As pessoas ficaram preocupadas", me disse Han posteriormente. Estávamos no escritório que ele havia alugado, àquela altura meio vazio. "Talvez tenham pensado: 'Ora, você começou como escritor publicando em *nossas* revistas, que nós controlamos. Agora está tentando assumir o controle?'." Ele se perguntava o que o fechamento significava para o futuro da cultura chinesa. "Não podemos continuar restritos a pandas e chá a vida inteira", resumiu ele. "Que outras coisas nós temos? Seda? A Grande Muralha? Isso não é a China."

Quando a revista *Time* fez uma seleção de candidatos para sua lista anual de pessoas mais influentes do mundo em 2010, Han Han foi incluído. As autoridades chinesas não ficaram nada satisfeitas. Bloquearam a combinação de "Han Han" e "*Time*" nos mecanismos de busca chineses, e o *Diário do Povo* perguntou numa manchete: A REVISTA *TIME* ESTARÁ SOFRENDO DE SEVERA MIOPIA? Han não se sentia nem um pouco triunfante; não se iludia sobre o que um indivíduo tinha pela frente na China. E escreveu:

> Talvez meus escritos ajudem as pessoas a manifestarem alguma raiva, algum ressentimento. Mas, além disso, para que servem?

> Essa "influência" é uma ilusão. Na China, influência é coisa que só pertence aos que estão no poder, àqueles que podem fazer nuvem virar chuva, que podem decidir quem vive e quem morre, àqueles que podem manter alguém em algum ponto entre a vida e a morte. Essas são as pessoas que de fato têm influência [...]. O resto de nós somos apenas personagens sob um refletor no palco. Eles são os donos do teatro, e podem baixar a cortina, apagar as luzes, fechar a porta, e soltar os cachorros lá dentro.

Essa postagem recebeu 25 mil comentários, alguns impregnados de uma devoção extremada. ("Estou pronto para dar a vida em defesa de Han Han — homem de coragem e integridade.") A lista da *Time* baseou-se em votação pública e, na contagem final, Han ficou em segundo lugar no mundo inteiro, atrás do líder de oposição iraquiano Mir-Hossein Mousavi.

Certa tarde, depois de ver Han participar de uma corrida de carros, deparei com um pequeno mas entusiástico grupo de fãs esperando para vê-lo. Entre eles estava Wei Feiran, um jovem de dezenove anos, magro, musculoso, de cabelos espetados, da província de Anhui, que só faltava levitar de emoção e expectativa. Tinha lido *Porta tripla* na escola e foi profundamente afetado. Inspirado pela tentativa de Han de publicar uma revista, agora ele e um grupo de amigos estavam tentando lançar a sua, na cidade de Changsha. "Eu quero, de verdade, fazê-la bem-feita. Sou meio idealista", contou Wei. "Estamos fazendo nós mesmos, por nossa conta, sem nenhuma empresa, sem ninguém por trás." Para o número de lançamento, queriam entrevistar Han, por isso Wei tinha viajado catorze horas de trem para encontrá-lo.

Sempre que me falavam da sua obra, os fãs de Han a descreviam como uma revelação — "uma injeção de adrenalina que nos desperta da nossa apatia", nas palavras de um blogueiro. Por um tempo, Wei Feiran tinha ajudado a manter um site de fãs, que colecionava e comentava postagens de Han no blog. "Fomos obrigados a fechar pela Patrulha da Internet de Ningxia", explicou Wei. "Nosso site tinha todas as postagens que ele escreveu, e nos disseram que isso era uma questão muito delicada." Entreouvindo nossa conversa, uma menina tímida, de suéter laranja, nos interrompeu: "Han Han representa a pessoa que todos nós queremos nos tornar, e as coisas que todos nós queremos fazer, mas não temos coragem".

Sempre que interagia com os jovens admiradores de Han eu pensava em Michael, o estudante do Crazy English de Li Yang. Michael também admirava Han, e quando voltei a vê-lo sacou o celular para me mostrar um aplicativo que tinha baixado com todos os livros de Han num mesmo lugar.

Não muito tempo depois que conheci Michael, ele começou a dar aulas fora do Crazy English. Para atrair alunos, comprou um pequeno alto-falante e passou a ensinar de graça num parque em Guangzhou debaixo de um cartaz de sete metros e meio que ele mesmo redigira para sugerir algum tipo de posição oficial: "BOAS-VINDAS ÀS OLIMPÍADAS, CONVOCAÇÃO PARA OS JOGOS ASIÁTICOS, ATIVIDADES AO AR LIVRE COM VOLUNTÁRIOS DE INGLÊS". Michael tomou 50 mil iuanes emprestados de uma cooperativa de crédito do bairro, apesar das objeções dos pais, que temiam que fosse muito arriscado. "Toda a família era contra", lembrou. Mas, depois de dois meses, conseguiu atrair alunos pagantes. Usando de artimanhas também obteve um pequeno contrato com uma campanha local de propaganda das Olimpíadas, para gravar cem frases básicas que voluntários pudessem memorizar. "Fiquei muito orgulhoso", escreveu em seu diário. "O dinheiro que ganhei deu para comprar novos ternos e uma gravata."

Em janeiro de 2009, deixou o Crazy English e se associou com outro professor para formar uma empresa a que deram o nome de Beautiful Sound English. Michael se encarregava das vendas, e o sócio era o principal professor. Michael começou a marcar palestras em outras cidades, e seu negócio decolou.

A qualidade do inglês de Michael sempre me surpreendeu. Para alguém que nunca saiu da China, era articulado e eloquente, e cometia uma quantidade até que pequena de erros quando conversava ou escrevia — basicamente porque não havia quase nada que ele não estivesse disposto a fazer para melhorar. Quando um professor de música sugeriu que afiasse sua pronúncia segurando um espelho e fazendo movimentos exagerados com a boca, Michael seguiu seu conselho mesmo dentro do ônibus, atraindo olhares estranhos. Quando outro professor lhe disse para gritar ainda mais alto do que Li Yang recomendava, Michael obedeceu. "Não alcancei minha meta", escreveu no diário. "Tudo que consegui foi uma faringite crônica." Um médico teve que receitar tratamentos de inalação para reparar os danos.

Acima de tudo, Michael vasculhava a internet à procura de gravações em inglês que o atraíssem, e então as recitava repetidamente, para melhorar o sotaque. Leu para mim uma das que mais gostava: "Uma coisa incrível está acontecendo na Verizon Wireless que mudará a maneira como os Estados Unidos falam. Uma coisa grande. Uma coisa ousada. Uma coisa nova." Ouvindo-o, percebi que há uma qualidade universal no som da capacidade de convencer, mesmo quando não nos importamos com aquilo que vendemos. Ele prosseguiu: "Apresentamos conversas ilimitadas para qualquer ponto do país com Verizon Wireless. Agora trinta dólares a menos do que em qualquer outra época, na maior e mais confiável rede sem fio da América. Verizon". Michael sorriu.

Ele adorava especialmente as vozes de comerciais e de apresentadores de rádio; mudou o tom de voz e repetiu uma chamada do noticiário: "Cinco pessoas sofreram ferimentos leves quando um terremoto de 6,2 na escala Richter atingiu Taiwan nesta manhã... James Pomfret informa". Estava tentando aprender a imitar determinado sotaque sulista. "Alô, aqui é Vic Johnson. No ano anterior à minha descoberta dos ensinamentos de Bob Proctor, eu ganhei 14 027 dólares." Michael não lembrava onde tinha achado aquilo, mas adorava o tom nasalizado do locutor. "Em poucos anos eu ganhava isso numa semana. E agora não é raro para mim ganhar isso — e muito mais — em questão de minutos. Não quero nem pensar como seria minha vida se eu não tivesse conhecido Bob Proctor."

Um aspecto da vida no qual Michael não progredia era na relação com o sexo oposto. Desde a faculdade, ele havia tido dois relacionamentos sérios, que naufragaram em parte por causa da sua obsessão pelos estudos. "Elas geralmente acham que uma pessoa que acorda no meio da noite para ouvir gravações em inglês é meio ridícula", escreveu. Ele era, no fundo, um romântico — "Se a mulher nos ama, ela não se importa com nada mais além da nossa alma", me disse ele — e estava em descompasso com a importância que sua geração dava às finanças. Mostrou-me uma série de cenas que escreveu para os alunos praticarem, e seu modo de ver o mundo transparecia nos exercícios que preparou para a sala de aula:

A: Você está bonita hoje.
B: Obrigada.
A: Você me ama?
B: Não, só amo o dinheiro.

De vez em quando, Michael me pedia que desse uma olhada em seus escritos em chinês, ou que fizesse uma revisão gramatical das passagens que escrevia para os alunos. Eu geralmente me surpreendia com a naturalidade com que se colocava no centro da história. Na China, as gerações anteriores costumavam evitar isso. Certa vez pedi a seu pai que me falasse das três décadas que passou trabalhando numa mina de carvão. Ele respondeu: "Todas as minas são perigosas. Era muito difícil naquela época. Ganhávamos sessenta iuanes por mês". E isso era tudo que tinha a dizer sobre o assunto. Já Michael via sua própria vida como uma fábula épica de frustração e triunfo. E escreveu: "Fui extremamente solitário e confuso de 2002 a 2007. Eu queria ser grande. Não queria levar uma vida comum [...]. Será que estava destinado a ser um fracasso? O que deveria fazer? Talvez estivesse condenado a ser uma pessoa comum". A possibilidade de conformar-se o ofendia. "Por que eu deveria ser como todo mundo — só porque nasci numa família pobre?", escreveu.

Ele concebia o estudo de inglês como uma coisa que lhe era devida. Como dizia aos alunos: "Vocês são donos do próprio destino. Merecem ser felizes. Merecem ser diferentes neste mundo".

12. A arte da resistência

Quanto mais o partido lutava contra a indócil cultura da internet chinesa, mais indócil ela se tornava. Quando, em 2009, as autoridades declararam sua intenção de livrar a rede de "vulgaridades on-line", os usuários reagiram inventando um sorridente desenho simbólico — uma criatura mítica, que lembrava uma alpaca — chamado Cavalo de Lama da Grama, que, em mandarim, soa parecido com "No cu da sua mãe". Da noite para o dia, o Cavalo de Lama da Grama galopava e pastava em todos os campos da internet, cantando em videoclipes e aparecendo em desenhos animados — geralmente cabriolando com outra criatura cartunesca, o Caranguejo de Água Doce, um jogo de palavras com o conceito de "harmonia", tão amado pelo partido e que Lin Yifu costumava pregar para o seu público. Cada nova sátira, cada expressão de sentido duplo, era, na verdade, um dedo levantado na cara do Estado. Os censores baixaram urgentes instruções. Recebi uma mensagem de texto que dizia:

> Nenhum conteúdo relativo a "Cavalo de Lama da Grama" deve ser promovido ou exagerado (isso vale para quaisquer criaturas míticas e também para caranguejos de água doce).

Não adiantou. Logo o Cavalo de Lama da Grama estava nas camisetas, e era parte da fauna de bichinhos de pelúcia para crianças. Ninguém adotou o simbolismo com tanto entusiasmo como o artista Ai Weiwei, que postou uma foto dele mesmo nu, saltando e segurando um Cavalo de Lama da Grama de pelúcia sobre os genitais. Deu à foto o título de "Cavalo de Lama da Grama Cobrindo o Meio" — que soa de forma quase idêntica à frase "No cu da sua mãe, Comitê Central do Partido".

Desde que Ai Weiwei criou os candelabros para parodiar a nova opulência da China e estreitou relações com o Ocidente mandando pessoas à Alemanha, seu reconhecimento como artista e arquiteto só tem crescido. A participação em projetos públicos lhe permitiu entrar em contato com a política de uma forma que até então raramente tivera oportunidade, e ele começou a ver "como a coisa funciona", segundo disse, acrescentando: "Então o que se vê é muita crítica sobre o jeito como tudo funciona". À medida que suas críticas se intensificavam, Ai Weiwei se tornava o mais decidido inovador entre os provocadores na China. Quando foi contratado como consultor artístico da Herzog & De Meuron, a firma suíça que projetava o Estádio Nacional da China para as Olimpíadas de Beijing, suas opiniões deram uma guinada brusca. Antes que o estádio ficasse pronto, repudiou os jogos, para ele um "sorriso falso" que escondia os problemas da China.

Ai Weiwei era uma figura falstafiana: barriga ampla, rosto carnudo e expressivo e uma barba preta e branca que escorria até o peito. Causava uma impressão de imponência, até revelar uma caprichosa e extravagante visão do mundo. "A barba é a sua maquiagem", me disse seu irmão, Ai Dan. O artista vivia e trabalhava na periferia nordeste de Beijing, num conjunto de ateliês que ele mesmo projetara, uma colmeia de excêntrica criatividade que um amigo descreveu como "cruzamento de mosteiro com facção criminosa". Atrás de um portão de metal pintado de azul-turquesa, havia um pátio com gramado e bambuais cercado de arejados prédios de tijolo e concreto. Ele e a mulher, Lu Qing, também artista, moravam em um lado do pátio, e dezenas de assistentes ocupavam o outro. Visitantes circulavam livremente, bem como um velho e doente cocker spaniel chamado Danni e uma tribo de gatos semisselvagens que de vez em quando destruíam as maquetes arquitetônicas de Ai.

Ele e a mulher não tiveram filhos. Mas ele tinha um filho ainda bebê, fruto de uma relação extraconjugal com uma mulher que trabalhou num de seus filmes. Os dois viviam ali perto, e Ai passava parte do dia com eles. Ai nunca quis ser pai. "Ela disse: 'Sim, eu quero ter o bebê'", contou ele. "Eu disse: 'Normalmente eu não acharia boa ideia ter um bebê, mas se você insiste, é claro, é um direito seu, e assumirei plena responsabilidade como pai.'" Gostou de descobrir que estava enganado a respeito de ser pai. "A chamada inteligência humana, não devemos superestimá-la", disse. "Quando um acidente acontece, isso pode ser bacana."

Ai passava muito tempo na estrada; tinha um apartamento em Manhattan, no bairro de Chelsea. Mas, quando estava na China, sua órbita girava rigorosamente em torno do ateliê, que adquiriu na vida cultural de Beijing um papel semelhante ao da Factory de Andy Warhol. Andava dia e noite entre os prédios, e era difícil saber quando estava trabalhando e quando não estava, o que ficou ainda menos claro nos últimos anos, quando a fronteira entre sua arte e sua vida se tornou mais indistinta. Desde que descobriu o Twitter, era um dos usuários mais ativos da China, sendo comum dedicar-lhe oito horas por dia. Perguntei-lhe se o Twitter não o estaria afastando de sua arte. "Acho que meu ponto de vista e meu jeito de viver *são* a minha arte mais importante", observou. "As outras obras podem ser mais colecionáveis, coisas que se penduram na parede, mas isso é apenas uma perspectiva convencional. Não devíamos agir assim ou assado só porque foi assim que fez Rembrandt. Se Shakespeare estivesse vivo, poderia estar escrevendo no Twitter." Ele gostava da espontaneidade, mas também via no Twitter um significado mais profundo para o povo chinês; era, dizia, sua "primeira oportunidade, em mil anos, de exercer a liberdade de expressão" sem que o Estado se intrometesse entre as palavras e o público.

Dez meses depois do terremoto em Sichuan, e nove meses após a investigação de Hu Shuli sobre as escolas que desabaram, Ai Weiwei ficou obcecado por um detalhe: o governo se recusava a contar, ou identificar pelo nome, os alunos mortos. Apesar de reiterados pedidos, o governo não produziu nenhuma lista, nenhum cômputo das vítimas, nenhum relatório sobre o que dera errado. Pais que insistiam muito em pedir informações eram detidos. Isso chocou e enfureceu Ai de uma forma que questões políticas mais abstratas quase nunca eram capazes de fazê-lo. "Começamos a fazer perguntas bem simples: quem são os mortos? Como se chamam?", me disse ele. Numa postagem no blog inusitadamente severa até mesmo em se tratando dele, Ai escreveu o seguinte a respeito das autoridades responsáveis pela área do desastre: "Elas escondem os fatos em nome da preservação da estabilidade. Intimidam, prendem, processam pais que exigem a verdade, e descaradamente pisoteiam a Constituição e os direitos básicos do homem".

Naquele mês de dezembro, ele lançou o que chamava de investigação cidadã do terremoto, uma tentativa de documentar como e por que tantas escolas desabaram — e reunir todos os nomes que pudesse. Alistou voluntários e mandou-os a Sichuan para investigar. Eles reuniram 5212 nomes, cruzando-os com dados obtidos de pais, empresas de seguro e outras fontes. O resultado preencheu oitenta folhas de papel coladas numa parede do seu escritório — uma planilha contendo milhares de nomes e datas de nascimento. A cada dia o escritório de Ai postava no Twitter uma lista dos alunos nascidos naquela data que tinham morrido no terremoto. "Hoje são dezessete", me disse Ai certa manhã de inverno no ateliê. "O maior número em qualquer dia até agora."

Estávamos sentados em seu escritório, e ele, como de hábito, tuitava ao teclado. Enquanto falávamos, consultava o relógio, e avisou que era hora de ir ao tribunal. No ano anterior, seu escritório tinha despachado mais de 150 cartas para repartições do governo pedindo informações sobre vítimas do terremoto e problemas de construção, invocando a Lei de Livre Acesso a Informações do Governo. Ainda não recebera uma resposta substantiva. E, naquele dia, planejava mover uma ação contra o Ministério de Assuntos Civis, por não ter respondido aos seus pedidos.

Entrou no banco do carona de um pequeno sedã preto, acompanhado do motorista e de uma mulher chamada Liu Yanping, que cuidava da campanha das cartas. "De acordo com a política em vigor, eles têm que responder dentro de quinze dias úteis", comentou ela, segurando uma resma de papéis no colo. Perguntei-lhe se era advogada, e ela riu: "Por muito tempo, fiquei em casa cuidando de meu filho", acrescentou. "Em seu blog, Ai Weiwei procurava voluntários, e eu lhe mandei um e-mail. O trabalho parecia interessante, e fiquei curiosa." O resultado foi um emprego em tempo integral e outras experiências novas. Não muito tempo depois de ter ingressado na equipe de Ai, ela foi presa em Sichuan, onde divulgava o julgamento de um ativista do terremoto; passou dois dias sob custódia por "perturbar a ordem social".

Chegamos ao Segundo Tribunal Popular Intermediário de Beijing, uma moderna torre com um grande arco na entrada e um modesto escritório nos fundos para encaminhar novos casos. Passamos por um detector de metais, onde dois jovens de uniforme de guarda concentravam-se na leitura de uma revista em quadrinhos. Havia filas diante de guichês ao estilo de caixa de banco, e num deles, perto de nós, uma velhinha minúscula numa jaqueta acolchoada cor-de-rosa berrava por uma abertura retangular no vidro. "Como é que o outro lado pode vencer sem ter provas?", berrou. "Subornaram o presidente do tribunal?" Do outro lado do vidro, duas mulheres de uniforme escutavam com ar resignado, dando a entender que a velhinha já falava assim havia algum tempo.

Ai e Liu entraram na fila diante do guichê número 1 e, quando chegou a sua vez, entregaram os papéis pela abertura para um homem de meia-idade num blazer cor de canela. Parecia exausto e desanimado. Leu os papéis cuidadosamente e identificou um problema: "Vocês dizem que precisam que o Ministério de Assuntos Civis torne públicas essas informações, mas por que se interessam por isso?".

Ai se inclinou para falar pela abertura no guichê. "Na verdade, de acordo com a regulamentação", argumentou, "qualquer pessoa tem o direito de pedir essas informações, mesmo que você não concorde." Depois de algum vaivém, Ai e Liu consentiram em descrever seus objetivos, e foram sentar numa sala de espera cheia de gente segurando papéis parecidos. "Eles não querem aceitar isso", disse Ai, "porque, depois que entra na via legal, eles terão que fazer algum tipo de julgamento." Quando Ai e Liu conseguiram chegar de novo ao guichê, uma hora tinha passado. Dessa vez descobriram que haviam usado a cor errada. Materiais escritos precisavam ser em tinta preta, e a que usaram era azul. Voltaram a sentar-se para reescrever, e depois entraram de novo na fila.

"O castelo de Kafka", murmurou Ai. Duas horas se transformaram em três, e lhe perguntei por que se dava a esse trabalho, se não esperava uma resposta. "Quero mostrar que o sistema não funciona", respondeu. "Não basta dizer que não funciona. É preciso passar por ele." Vinte minutos antes da hora do fechamento, o homem atrás do vidro finalmente aceitou o pedido, e Ai e Liu, satisfeitos, se viraram para ir embora. A velhinha ainda berrava.

Ai Weiwei sempre achou que tinha nascido na família errada — ou, pelo menos, numa família nada promissora. O pai, Ai Qing, foi uma das figuras literárias mais destacadas da China. Ingressou no Partido Comunista quando jovem e adquiriu reputação de escrever versos acessíveis imbuídos do espírito da revolução. Ficou particularmente impressionado com o presidente Mao, para quem escreveu um poema de louvor que começava assim: "Onde quer que Mao Tsé-tung apareça/ sonoros aplausos irrompem".

Em 1957, quando Ai Qing tinha 47 anos, ele e a mulher, Gao Ying, jovem funcionária da associação de escritores, tiveram um filho. Naquela época, a Campanha Antidireitista, um dos expurgos maoistas de intelectuais, ganhava força, e a devoção de Ai Qing ao partido foi posta em dúvida. Ele tinha escrito uma fábula, "O sonho do jardineiro", ressaltando a necessidade de permitir uma maior diversidade de opiniões criativas. Na história, o jardineiro que cultiva apenas rosas chinesas percebe que está "causando insatisfação entre outros tipos de flores". Um colega poeta, Feng Zhi, atacou Ai Qing, dizendo que ele tinha caído num "lodaçal de formalismo reacionário".

Ai Qing foi destituído de seus títulos e expulso da associação de escritores. À noite ele batia com a cabeça na parede e perguntava: "Vocês acham que sou contra o partido?". Naquelas semanas de miséria, o casal precisou dar nome ao filho bebê. O pai abriu ao acaso o dicionário e pôs o dedo num caractere: 威, que se pronuncia *wei*, e significa "poder". Mas era ironia demais, naquelas circunstâncias, e ele alterou ligeiramente o tom, para um *wei* diferente, 未, que significa "ainda não". Assim, o filho ficou sendo "Ainda não, ainda não".

A família foi mandada para uma remota região de Xinjiang, onde Ai Qing ficou incumbido de limpar banheiros públicos, treze por dia. Para obter alimento extra, a família juntava os cascos decepados de ovelhas que os açougueiros jogavam fora, e os leitõezinhos que morriam congelados. Quando a Revolução Cultural começou, as coisas pioraram. Os difamadores de Ai Qing derramavam-lhe tinta no rosto, e crianças lhe jogavam pedras. A família foi designada para morar numa caverna subterrânea, usada para animais de fazenda darem à luz. Ali permaneceram cinco anos. Sobre o pai, Ai me disse: "Aquele período de sua vida foi o fundo do poço absoluto, o mais doloroso. Ele tentou várias vezes o suicídio".

Quando criança, Ai Weiwei se distraía trabalhando com as mãos, fazendo patins para gelo e pólvora. Os pais de Ai não podiam proteger o filho contra o que Ai Dan chamava de "a pressão, a humilhação e o desespero". A respeito do irmão, Ai Dan observou: "Era uma criança sensível, frágil, por isso falava e ouvia mais do que outras pessoas". Na adolescência, Weiwei escreveu uma carta para o irmão na qual recordava sua infância: "O som de móveis quebrando e de pessoas pedindo clemência; o gato esganado até morrer [...] as intimidações e os xingamentos diante das pessoas. Éramos tão jovens, mas tínhamos que tolerar todos os crimes". Ele decidiu que nunca mais seria prisioneiro do destino que seu país impusesse. "Quero uma vida melhor para mim, controlar meu próprio destino."

Ai completou o ensino médio no ano em que a família teve permissão para voltar a Beijing. Já despertara para a arte, e um tradutor amigo da família lhe deu livros proibidos sobre Degas e Van Gogh, que ele fazia circular como um talismã entre os amigos. (Também ganhou um livro sobre Jasper Johns, mas as imagens de mapas e bandeiras o desnortearam, e foi "direto para o lixo".) Ele gravitava em torno do grupo de artistas de vanguarda conhecido como As Estrelas, cujo ativismo era vigiado de perto. Em 1979, Deng Xiaoping pôs fim a um movimento chamado Muro da Democracia; sua figura central, Wei Jingsheng, foi condenada a quinze anos de prisão, acusada de vazar segredos de Estado. Depois disso, lembrava-se Ai Weiwei, "senti que não podia mais viver neste país". Sua namorada na época estava de mudança para a Califórnia, para estudar, e em fevereiro de 1981 ele se juntou a ela.

Em Nova York, Ai estudou inglês e encontrou um apartamento de subsolo barato perto da rua Sete Leste com a Segunda Avenida. Passava os fins de semana percorrendo as galerias, passeando pela cidade, como "um peixe da lama que se enterra em qualquer lugar onde haja lama", nas palavras do irmão. Ficou inebriado com a energia em estado bruto do East Village, que para ele parecia "um vulcão com fumaça sempre se erguendo no topo". Joan Lebold Cohen, historiadora de arte chinesa, conheceu muitos artistas chineses em Nova York naquela época, e se lembra de uma visita ao prédio de Ai. "O lugar exalava um forte cheiro de urina. Seu apartamento só tinha um quarto, nenhum móvel, apenas uma cama no chão e uma TV. E ele vivia grudado à televisão. Acho que eram as audiências sobre o caso Irã-Contras. Estava exaltadíssimo com a ideia de que o governo pudesse se submeter àquela limpeza, àquela agonia, àquela destruição. Não conseguia acreditar que tudo fosse feito em público."

Fazia os trabalhos que aparecessem — faxineiro, jardineiro, babá, operário da construção —, mas principalmente jogava 21 em Atlantic City. (Ia com tanta frequência que, anos depois, a imprensa especializada informou que jogadores que o conheciam ficaram espantados quando descobriram que ele também era artista.) Ganhava algum dinheiro como retratista de calçada, evitando trabalhar para imigrantes como ele, porque sempre tentavam baixar o preço. Logo Ai abandonou a pintura e começou a explorar as possibilidades dos objetos. Pegou um violino de um amigo, tirou o braço e as cordas e colocou um cabo de pá. (O amigo não gostou.)

Ai acumulava influências. Num recital de poesias na igreja de são Marcos de Bowery, conheceu Allen Ginsberg, e disso nasceu uma improvável amizade. Mas ninguém o influenciou mais profundamente do que Duchamp, cuja subversão da ortodoxia era emocionante para artistas chineses criados no realismo acadêmico. Ai entregou-se à fotografia e vendeu fotos sobre as últimas notícias para o *New York Times*. Documentou protestos em Tompkins Square Park, e teve suas primeiras escaramuças com a polícia. “Ser ameaçado vicia”, diria ele, mais tarde, a um entrevistador chinês. “Quando aqueles que estão no poder se apaixonam por nós, nos sentimos valorizados.”

O mercado de arte chinesa contemporânea, porém, era tétrico. Como lembrou Joan Cohen: “Um curador que abordei me disse: ‘Não mostramos arte do Terceiro Mundo’”. Quando Cohen procurou o Guggenheim, diz ela, “não só o curador não me recebeu, como nem mesmo sua secretária quis me ver”. Ao tomar conhecimento, em abril de 1993, de que seu pai estava doente, Ai voltou para Beijing. Ao chegar, descobriu que nos anos que haviam se passado desde Tiananmen muitos jovens intelectuais chineses tinham se desligado da vida pública. Uma camiseta popular trazia o desenho de três macacos cobrindo os ouvidos, os olhos e a boca, com a frase: “Evite o perigo”.

Em 1999, Ai Weiwei arrendou alguns campos de hortaliças na aldeia de Caochangdi, nos arredores de Beijing, e fez o traçado de um conjunto de ateliês numa única tarde. Não tinha prática como arquiteto, mas o projeto se destacou, atraindo uma chuva de encomendas para edifícios e instalações públicas de arte. Não demorou para que tivesse um dos mais influentes escritórios de arquitetura da China, ao qual deu o nome de FAKE Design — uma vênia ao seu êxito acidental e ao seu fascínio por questões de autenticidade. ("Não sei nada de arquitetura", gostava de dizer.)

Com o passar dos anos, Ai Weiwei gastava cada vez mais tempo no ponto de interseção da política com a livre expressão e a tecnologia. O site chinês Sina ofereceu-se para hospedar um blog seu, e ele de início o usou de maneira inusitada — expondo a própria vida a escrutínio, postando dezenas, às vezes centenas, de instantâneos todos os dias, sobre as visitas que recebia, seus gatos, suas andanças. O blog lhe deu o público mais amplo que já conhecera. Começou a escrever comentários sobre assuntos que iam muito além da arte. Mencionava um país chamado "C", governado por "glutões atarracados e estúpidos" que "gastavam 200 bilhões de iuanes com bebidas e jantares e uma quantia igual com o orçamento militar todos os anos". Diferentemente de jornalistas, que precisavam obedecer às diretrizes do Departamento, Ai Weiwei estava em uma posição nova; não tinha nenhum emprego do qual pudesse ser demitido por manifestar suas opiniões.

Concentrava-se num assunto delicado atrás do outro. "Ele lia as notícias e dizia: 'Como é que pode?'", lembrou Zhao Zhao, artista mais jovem que trabalhava como assistente de Ai. "E então, no dia seguinte, e no outro dia, continuava dizendo a mesma coisa." Em maio de 2009, ele já era uma das vozes mais destacadas da China, e autoridades policiais visitaram Ai e a mãe dele para perguntar sobre suas atividades. Ele respondeu com uma carta aberta, divulgada on-line:

> Instalar uma escuta no meu telefone eu tolero. Vigiar minha residência eu tolero. Mas entrar em minha casa e me ameaçar diante de minha mãe de 76 anos, eis uma coisa que não posso tolerar. Vocês não sabem o que quer dizer direitos humanos, mas será que sabem alguma coisa sobre a Constituição?

No dia seguinte, o blog foi tirado do ar.

A interseção da riqueza com o autoritarismo resultou em uma situação difícil para os membros da nova classe criativa da China. Eles não foram os primeiros artistas a lidar com uma sociedade que apoiava as artes mas suprimia a livre expressão. Mies van der Rohe trabalhou com os nazistas e foi criticado por isso. Na China, durante a Revolução Cultural, artistas foram proibidos de tocar Bach, Beethoven e outros compositores, e só podiam encenar as "óperas revolucionárias" pré-aprovadas. As pressões atuais eram mais sutis. Nunca houve tanto dinheiro disponível para as artes na China, mas receber esses espólios pressupunha tolerar os limites à livre expressão. Escritores, pintores e cineastas tinham que decidir quanto de sua obra era ativismo e quanto era produção de mercadoria. Precisavam encontrar um ponto de equilíbrio entre as pressões de um mercado comercial superaquecido, as expectativas estrangeiras sobre artistas mourejando na República Popular e, é claro, o partido.

Para entender melhor a situação, visitei Xu Bing, que ganhou fama nos anos 1980, quando produziu uma obra muitíssimo polêmica, da qual fazia parte *Um livro do céu*, conjunto de livros impressos à mão e de pergaminhos compostos inteiramente de falsos pictogramas — uma crítica à cultura ultraconservadora da China. Xu mudou-se para os Estados Unidos e fez sucesso, recebendo uma "bolsa para gênios" da Fundação MacArthur e conseguindo altos preços por sua arte. Então, em 2008, surpreendeu o mundo artístico chinês desfazendo-se de seu status de forasteiro e voltando a Beijing para assumir a vice-presidência da Academia Central de Belas-Artes, a principal escola de arte oficial do país. Encontrei-me com Xu Bing num museu de Beijing, onde ele instalava um conjunto de gigantescas fênix de aço penduradas em guindastes. Pegamos alguma coisa para beber e eu lhe perguntei por que tinha voltado para a China da maneira que voltou. "Este lugar, a rigor, ainda tem diversos problemas, como a disparidade entre ricos e pobres, e questões de mão de obra imigrante e coisas do gênero. Mas a verdade é que já resolveu, de fato, muitos outros problemas. A economia da China se desenvolve bem depressa. Estou interessado em saber *por que* isso aconteceu."

"Minha escola tem reuniões constantemente", prosseguiu. Elas são um fato da vida numa organização administrada pelo Estado. "As reuniões, você acaba descobrindo, são na verdade chatas e inúteis. Às vezes, durante as reuniões, escrevo ensaios literários, e as pessoas acham que estou tomando notas, que sou especialmente dedicado", disse. Deu uma risada e continuou: "Mas então penso que a China faz essas reuniões todos os dias, e, embora esses encontros não signifiquem nada, o fato é que a China se desenvolve muito rápido. Como aconteceu? Deve ter havido uma razão. É isso que me interessa".

Ai Weiwei ocupava um nicho especialmente gauche no mundo da arte chinesa contemporânea: no exterior, sua reputação crescia (assim como seus preços) — ele recebeu uma cobiçada encomenda para encher o Turbine Hall, no Tate Modern, de Londres —, mas na China nunca foi convidado para realizar uma exposição importante, e suas relações com os outros artistas eram mornas. "Galerias e revistas lhe mandam coisas, mas ele nem abre", me contou Zhao Zhao.

Pedi a Feng Boyi, curador e crítico que tinha trabalhado com Ai ao longo dos anos, para descrever como outros intelectuais viam Ai. "Alguns realmente o admiram, sobretudo jovens fora dos círculos artísticos", disse Feng. Mas entre alguns artistas prevalece outra opinião. "Eles o atacam. Dizem que ele só quer causar rebuliço. Não reconhecem sua abordagem."

Diversos artistas chineses, assim como outras elites, tiveram contato com o liberalismo ocidental ou viveram no exterior, mas, como no caso de Tang Jie e do engenheiro de Stanford que conheci em Palo Alto, essa exposição reforça o seu patriotismo e os torna resistentes às críticas ocidentais à China. Para seus detratores, Ai Weiwei se mostrou solícito demais em satisfazer as expectativas ocidentais sobre "os dissidentes", disposto demais a reduzir a complexidade da China de hoje aos pontos de vista inflexíveis que tanto atraem as simpatias estrangeiras. Acusaram-no de hipocrisia — por criticar a passividade alheia em face da injustiça, embora seu famoso nome de família e seu perfil no Ocidente parecessem lhe dar um nível de proteção com que outros não contam. Pelo fato de expor mais no exterior, Ai foi acusado de preferir que estrangeiros projetassem sobre ele seus anseios morais a encarar as ambiguidades da China. (Em dado momento, havia tantos comentários on-line conjecturando que ele tinha renunciado à cidadania chinesa que Ai se sentiu obrigado a postar imagens de seu passaporte.)

A certa altura, Ai Weiwei chegou a ser amigo íntimo de Xu Bing, o bolsista da MacArthur que ingressara na Academia Central. Mas depois eles se afastaram, e perguntei a Xu o que achava das atividades políticas de Ai. "Ele conserva certos ideais, como democracia e liberdade, que lhe causaram profunda impressão, coisas herdadas da época da Guerra Fria", explicou Xu. "Essas coisas não são desprovidas de valor, elas têm valor, e na China de hoje ele desempenha uma função. É significativa e necessária. Mas quando voltei para a China achei que estava muito diferente de quando ele voltou. Não podemos manter uma atitude de Guerra Fria, particularmente na China atual, porque há um mundo de diferenças entre a China hoje e a da Guerra Fria."

E acrescentou: "Nem todo mundo pode ser como Ai Weiwei, porque nesse caso a China não se desenvolveria, não é? Mas, se a China não admite um homem como Ai Weiwei, bem, aí temos um problema".

Dois meses depois de o blog ter sido tirado do ar, Ai Weiwei foi a Chengdu, a capital de Sichuan, para o julgamento de Tan Zuoren, ativista do terremoto acusado de incitar a subversão do Estado. Às três da madrugada de 12 de agosto, enquanto Ai dormia no hotel, a polícia bateu à sua porta e mandou abrir. Ele respondeu que não tinha como saber se eram o que diziam ser, e pegou o telefone para falar com a polícia. (Também ligou um gravador para capturar a cena.) Antes de completar a chamada, os policiais arrombaram a porta. Houve luta corporal, e ele foi esmurrado no rosto, acima da maçã direita. "Eram três ou quatro pessoas", me disse ele. "Me arrastaram. Rasgaram minha camisa e bateram em minha cabeça."

A polícia o levou, juntamente com onze voluntários e assistentes, para outro hotel, e ali os deteve até o fim do dia, quando o julgamento de Tan terminou. Quatro semanas depois, Ai, em Munique para instalar uma exposição, sentiu uma dor de cabeça persistente e uma fraqueza no braço esquerdo. Foi ao médico, que descobriu um hematoma subdural — sangue acumulado do lado direito do cérebro — causado por traumatismo contuso. O médico achou que ele corria risco de vida, e fez uma cirurgia aquela noite mesmo. De sua cama de hospital, enquanto se recuperava, Ai postou no Twitter cópias de exames de imagem do cérebro, as declarações do médico e fotos suas no hospital com um dreno projetando-se do couro cabeludo. Em seguida, prosseguiu com a maior exposição da carreira: uma vasta instalação que cobria uma parede externa da Haus der Kunst de Munique com um mosaico de 9 mil mochilas de crianças, de cores vivas, feitas sob encomenda. Em gigantescos caracteres chineses, as mochilas soletravam a declaração da mãe de uma criança morta no terremoto: "Ela viveu feliz nesta terra por sete anos".

Nos meses seguintes à cirurgia, Ai recuperou-se plenamente, embora ficasse cansado com facilidade e tivesse problemas para se lembrar das palavras. Ao mesmo tempo, começou a notar sinais de que o governo o observava mais de perto. Suas contas no Gmail foram hackeadas e as configurações, alteradas para encaminhar as mensagens para endereços desconhecidos. Seu banco foi oficialmente intimado a analisar suas finanças. Um par de câmeras de vigilância apareceu em postes de telefone na frente do seu portão, registrando o que entrava e saía — apesar da redundância de monitorar alguém que vive transmitindo todos os detalhes de sua própria vida. Quando tentou fazer DVDs de seus documentários, os serviços de copiagem tiveram medo de ser punidos por se associarem a ele. "Nem mesmo um produtor pornô pegaria o serviço", lembrou Zuoxiao Zuzhou, roqueiro que trabalha na produção de mídia de Ai.

Ai Weiwei acabou pegando aversão ao jeito oblíquo de se posicionar como dissidente na China. Por tradição, esperava-se dos intelectuais que acondicionassem suas críticas ao governo de um modo que preservasse a aparência de união. Como dizia um ditado, eles deveriam "apontar para a amoreira se quisessem denegrir o freixo". Ai Weiwei perdeu a paciência com isso. Quando um grupo de artistas menos conhecidos, que protestavam contra planos de demolir seus ateliês em nome do desenvolvimento, o procurou para pedir conselho, ele disse: "Se protestarem, mas não publicarem nada sobre o protesto, é como se tivessem protestado dentro de casa". Ai e os outros artistas organizaram uma passeata pela avenida da Paz Eterna, no centro de Beijing — gesto imensamente simbólico, por causa da proximidade da praça Tiananmen. A polícia bloqueou a marcha de maneira pacífica, depois de algumas centenas de metros, mas a bravata chamou atenção muito além do mundo da arte. Pu Zhiqiang, destacado ativista legal, me disse: "Durante vinte anos, achei que protestar na avenida Chang'an fosse absolutamente fora de cogitação. Ele fez isso. E como é que eles podiam impedir?".

Na China, a dinâmica subversiva da era da internet — o renascimento da ironia, a busca da comunidade, a coragem de reclamar — provocou um apetite por uma nova espécie de voz crítica. A editora Hu Shuli e seus jornalistas não poderiam saciá-la; não tinham nem a independência nem o desejo de canalizar a indignação popular. Dissidentes clássicos, como Liu Xiaobo, eram sérios e elitistas demais para falar em nome do público mais amplo. Tang Jie e os nacionalistas afastavam as pessoas com sua ferocidade, e Han Han geralmente era falastrão demais para dividir o palco com os mais velhos. Mas Ai Weiwei combinava inatacáveis credenciais Vermelhas com um jeitão populista; falava um dialeto comum que misturava ironia, imaginação e fúria.

"Há quem acredite que ele faz um tipo de arte performática", comentou Chen Danqing, pintor e crítico social chinês. "Mas acho que ele superou essa definição há muito tempo. E está fazendo uma coisa mais interessante, mais ambígua. Quer ver até onde pode ir o poder do indivíduo."

13. Sete frases

A tecnologia que Liu Xiaobo chamava de "dádiva de Deus para a China" acabou levando a polícia a bater à sua porta. Durante meses, as autoridades monitoraram seus e-mails e bate-papos on-line. Em dezembro de 2008, ele e seus coautores tinham coletado as primeiras trezentas assinaturas para a declaração a que deram o nome de Carta 08, e já se preparavam para divulgá-la. Dois dias antes que pudessem fazê-lo, um grupo de policiais se reuniu na escada do lado de fora do apartamento de Liu.

Quando as autoridades o levaram, Liu não resistiu. Sua mulher, Liu Xia, não foi informada sobre o local para onde ele estava indo, nem o motivo. Passaram-se dias. O advogado de Liu, Mo Shaoping, tentou descobrir quem no governo custodiava seu cliente, ou para onde ele fora levado, mas a agência local que cuidava de dissidentes políticos — a Divisão de Assuntos Gerais do Escritório de Segurança Pública de Beijing — era, como o Departamento Central de Propaganda, um prédio inexistente. Não tinha endereço divulgado nem número de telefone conhecido. Quando o advogado resolveu aparecer pessoalmente na porta da frente, os funcionários se recusaram a admitir que se tratava do escritório que procurava. Mo ficou sem saber o que fazer, e recorreu a uma técnica mais antiga: datilografou o pedido de informação, endereçou-o ao escritório secreto e enfiou-o na caixa de correio.

Poucos dias depois da prisão de Liu, quando a Carta 08 finalmente foi divulgada, o que a declaração pedia era mudança gradual, não um rompimento abrupto; os autores haviam modulado a mensagem de propósito. Queriam atingir um público além dos intelectuais marginais, para convencer homens e mulheres comuns que tinham horror à perspectiva de instabilidade geral, mas talvez pudessem reconhecer seu desejo no pedido de reforma. "O declínio do sistema atual chegou a um ponto em que a mudança deixou de ser opcional", escreveram Liu e seus coautores, que propunham dezenove reformas, como tribunais independentes e eleições para os cargos mais altos. No papel, seu apelo por direitos humanos, democracia e pelo império da lei tinha semelhanças com a linguagem do próprio governo: a Constituição nacional continha garantias como o Artigo 35, que assegurava "liberdade de expressão, de imprensa, de reunião, de associação, de desfile e de manifestação". Na prática, porém, a Constituição não tinha autoridade jurídica sobre o partido, por isso era em grande parte inútil. Quando o partido louvava a "democracia", o que queria dizer era "centralismo democrático", o conceito de debate dentro de suas próprias fileiras, e adesão incondicional às decisões finais.

Quatro meses decorreram sem qualquer notícia do paradeiro de Liu. Então, em 23 de junho de 2009, as autoridades informaram à sua mulher que o marido seria processado por "incitação para subverter o poder do Estado". O julgamento começaria dois dias antes do Natal. "Incitação para subverter o poder do Estado" era um crime com características bem chinesas. Outros governos autoritários geralmente preferiam encarcerar dissidentes por razões mais concretas; na União Soviética, Natan Sharansky foi preso por ser espião (não era). Em Mianmar, a antiga junta manteve Aung San Suu Kyi em prisão domiciliar durante anos para "sua própria segurança", nas palavras oficiais. Mas o governo chinês não via necessidade desses artifícios, e denunciou Liu Xiaobo com base em, exatamente, sete frases tiradas de seus escritos — palavras que, segundo a promotoria, continham "rumor e calúnia" contra a "ditadura democrática popular". No caso de um dos artigos ofensivos, só o título já serviu de base para uma acusação separada: ele intitulara um ensaio de "Mudar um regime mudando uma sociedade".

O que o partido não declarou era que considerava Liu um tipo especial de ameaça. Seus contatos no exterior e seu entusiasmo pela internet fundiam dois dos tópicos mais neurálgicos do partido: a ameaça de uma "revolução colorida" e o potencial de organização da rede mundial de computadores. No ano anterior, o presidente Hu Jintao tinha dito ao Politburo: o que vai determinar "a estabilidade do Estado é sabermos lidar com a internet".

No julgamento de Liu naquele mês de dezembro, a acusação só precisou de catorze minutos para apresentar o caso. Quando chegou a vez de Liu falar, ele não negou nenhuma acusação. Em vez disso, leu uma declaração na qual previa que a sentença contra ele não "passaria no teste da história".

> Anseio pelo dia em que nosso país será uma terra de livre expressão: um país onde as palavras de cada cidadão sejam ouvidas com respeito igual; um país onde diferentes valores, ideias, crenças e opiniões políticas possam competir umas com as outras enquanto coexistem de forma pacífica; um país onde a expressão dos pontos de vista tanto da maioria como das minorias seja garantida e, em particular, onde as opiniões políticas que diferem das dos titulares do poder sejam plenamente respeitadas e protegidas; um país onde todas as opiniões políticas se propaguem a céu aberto para

que os cidadãos possam escolher as suas, e onde cada cidadão possa expressar opiniões sem o mais leve temor; um país onde seja impossível sofrer perseguição por expressar pontos de vista políticos. E espero que eu seja a última vítima na longa crônica chinesa de tratar palavras como crimes.

Na metade da declaração de Liu, o juiz o interrompeu abruptamente, dizendo que a promotoria usara apenas catorze minutos, e por isso a defesa teria que fazer o mesmo. (Os advogados chineses nunca tinham deparado com esse princípio antes.) Dois dias depois, no Natal de 2009, o tribunal condenou Liu a onze anos de prisão. Era uma longa pena pelos padrões chineses; ativistas locais a interpretaram como um aviso para outros como ele, em consonância com o espírito do velho ditado que manda "matar uma galinha para amedrontar os macacos".

A severidade da sentença foi surpreendente em parte porque a carta produzira uma fraca reação pública. Os censores a derrubaram logo que apareceu, e o momento de sua divulgação fora mal calculado: o povo chinês ainda desfrutava das boas sensações deixadas pelas Olimpíadas; no começo da primavera, o vídeo do estudante de filosofia Tang Jie tinha produzido boa repercussão na sensibilidade chinesa às críticas do Ocidente. Além disso, a crise financeira se ampliava, e a condução da economia pelos dirigentes chineses parecia hábil em comparação com muitos políticos ocidentais. Roland Soong, escritor e tradutor, escreveu: "A Carta 08 morreu ao chegar, graças a George W. Bush". Os novos membros da classe média, segundo previa, "não vão arriscar seus apartamentos, carros, aparelhos de TV, máquinas de lavar e esperanças numa oração".

De início, o governo pareceu concordar; mal se deu ao trabalho de reconhecer publicamente a Carta 08. Mas, nos meses seguintes, o documento começou a atrair assinaturas de intelectuais, agricultores, adolescentes e ex-funcionários públicos. Com o tempo, esse número chegou a 12 mil — uma minoria infinitesimal da população da China, mas simbolicamente significativa: era a maior campanha coordenada contra o domínio do partido único desde 1949. Refletia a atitude de um grupo de pessoas comuns que não tinham medo de assinar seus nomes, pessoas que até então viviam, como escreveu um dos signatários, "numa espécie de Estado separado e solitário". O partido não poderia continuar calado. Em outubro de 2010, a imprensa estatal denunciou a carta como "totalmente obsoleta", escrita para "confundir o pensamento das pessoas" e provocar uma "revolução violenta". Pediu ao povo que se lembrasse do Século de Humilhação: "Adotar esse tipo de carta reduziria a China a um apêndice do Ocidente; acabaria com o progresso da sociedade chinesa e com a felicidade do povo".

Dois meses depois da condenação, Liu apelou da sentença. O recurso foi negado. Quando repórteres estrangeiros pediram ao porta-voz do Ministério do Exterior, Ma Zhaoxu, informações sobre a decisão, ele considerou a pergunta imprópria, porque, como disse, "não há dissidentes na China". Em seguida, tentou alegrar o ambiente: o Ano-Novo chinês se aproximava, e no fim da entrevista coletiva ele desejou a todos um feliz Ano do Tigre, segurando um tigre de pelúcia. Recomendou aos jornalistas que fossem "muito cuidadosos ao fazer perguntas", do contrário o "tigre aqui pode não ficar muito feliz com vocês".

Do outro lado da cidade, em seu ateliê, Ai Weiwei leu a declaração — "não há dissidentes na China" —, e a frase ficou em sua cabeça. Era assim que o descreviam, em número cada vez maior, os visitantes que recebia, mas a palavra "dissidente" lhe pareceu simples demais para descrever a nova amplitude de dissidência que lançava raízes na China. No Ocidente, havia nessa palavra uma desafiadora clareza moral em face do poder opressor, mas na China tornar-se "dissidente" era algo complexo num sentido que os estrangeiros geralmente subestimavam.

Uma das razões é que o governo da China não é um alvo fácil; ele conseguiu melhorar a vida de centenas de milhões de pessoas, mesmo privando-as de liberdade política. Quando o governo deparava com um crítico, em geral tentava apresentar seus argumentos nos termos mais práticos possíveis: Wen Kejian, ativista de direitos humanos e bem-sucedido homem de negócios, lembrava-se de ter sido visitado por policiais, que tentaram afastá-lo da política dizendo: "Veja seu carro acabado, já com sete ou oito anos. Todos os seus amigos têm Mercedes". Wen escutou, mas achava os argumentos dos policiais tão risíveis quanto eles consideravam os seus. Cada lado tentava convencer o outro, mas ambos falavam línguas diferentes. Era o que os chineses chamam de "conversa de galinha com pato". *Cocoricó. Quá, quá.* Nenhum dos lados entendia coisa nenhuma.

Além das óbvias pressões das forças de segurança, tornar-se dissidente poderia arruinar as relações com amigos e clientes. Na China, os intelectuais costumavam desconfiar dos dissidentes que tinham muitos admiradores estrangeiros, ou que pareciam menos interessados em obter resultados práticos do que em fomentar o tipo de conflito político explícito que o pensamento clássico chinês sempre evitou. Ai Weiwei se divertia com o confronto. Depois de passar a ser seguido por agentes de segurança à paisana, pôs a polícia atrás deles, iniciando uma trapalhada à Irmãos Marx com instâncias policiais sobrepostas: "uma novela do absurdo que desandou", como dizia. Inverteu a lógica costumeira entre arte e política: em vez de colocar a arte a serviço de seu protesto, colocava o aparelho do autoritarismo dentro de sua arte.

Por vezes, parecia congenitamente incapaz de cooperação. À certa altura, lhe pediram que criasse uma peça para expor em

Copenhague, num lugar de destaque que costuma ser ocupado pela estátua da Pequena Sereia, de Edvard Eriksen, a qual fora emprestada para Shanghai. Em vez de substituí-la por outra estátua, Ai resolveu instalar um circuito fechado de vídeo com imagens ao vivo da habitação temporária da Sereia na China. Os dinamarqueses acharam feia a enorme câmera de vigilância que ele projetou. "Esta é a nossa vida real", comentou. "Todo mundo está sob algum tipo de câmera de vigilância. Não é bonito."

Sempre que sopesava os custos e benefícios da dissidência, o ativista chinês no fundo sabia muito bem o que poderia acontecer se o governo perdesse a paciência. Bastava lembrar o nome de Gao Zhisheng. Em 2005, Gao era um advogado em ascensão, classificado entre os dez melhores do país pelo Ministério da Justiça em 2001. Quanto mais fazia sucesso nos tribunais, mais belicoso ficava, e mais vontade tinha de pegar casos delicados em defesa dos praticantes de Falun Gong, o banido movimento espiritual. Foi preso por criticar a administração da justiça pelo governo, mas se recusou a parar e, em setembro de 2007, viu um grupo de homens se aproximar dele na calçada e sentiu um duro golpe na nuca. Puseram-lhe um capuz na cabeça.

Gao foi levado de carro para um lugar desconhecido, onde lhe retiraram o capuz. Depois, tiraram-lhe toda a roupa. Foi surrado com cassetetes e eletrocutado. "Então, duas pessoas esticaram meus braços e me prenderam no chão", escreveu ele num relato contrabandeado para fora do país. "Usaram palitos de dente para espetar meus genitais." A tortura durou catorze dias. Ficou detido por mais cinco semanas. Finalmente foi solto, e lhe avisaram que jamais descrevesse como fora tratado, caso contrário da próxima vez "será na frente de sua mulher e de seus filhos". Quando um repórter o procurou, dois anos depois, Gao tinha renunciado à vida de ativista. Limitou-se a declarar: "Não tenho capacidade de perseverar".

Ai Weiwei voltou a examinar a declaração "não há dissidentes na China". Digitou várias mensagens para suas dezenas de milhares de seguidores tentando entender o que o governo queria dizer:

1. Todos os dissidentes são criminosos.
2. Só criminosos têm opiniões dissidentes.
3. O que distingue criminosos de não criminosos é o fato de serem dissidentes.
4. Se você acha que há dissidentes na China, você é criminoso.
5. A China não tem dissidentes porque eles são criminosos.
6. Ora, alguém aí quer discordar desta opinião?

O partido tinha tanta experiência em conter dissidentes do tipo clássico que era fácil deixar de perceber a rapidez com que seus problemas de informação se proliferavam. Como a internet havia superado fazia tempo aquilo que os censores no Departamento eram capazes de administrar, o trabalho de fiscalizar a rede foi distribuído entre diversas agências, incluindo o Escritório de Assuntos da Internet. O escritório era sincero em relação à dimensão do desafio. O vice-diretor, Liu Zhengrong, admitiu, pesaroso: "Nosso maior desafio é que a internet ainda está crescendo".

No velho sistema de mídia, os censores confiavam na anaconda no lustre — a certeza de que Hu Shuli e seus colegas editores se autocensurariam para proteger o direito de continuar publicando —, mas na internet não havia como saber quem escreveria alguma coisa perigosa até ela ser escrita. Os censores podiam eliminar comentários rapidamente, mas apesar de sua rapidez o processo ainda era lento demais para impedir que fossem encaminhados, salvos e digeridos. Numa escala inédita na história chinesa, palavras eram ditas antes e censuradas depois.

Isso criava outro problema: a censura, antes um processo abstrato e invisível, confinado a diretrizes secretas e a debates nas redações, passou a ser plenamente visível. Sempre que uma autoridade tirava do ar uma das postagens do blog de Han Han, isso não era apenas o equivalente digital de interceptar um dos originais de Liu Xiaobo na agência dos correios. Era um ato testemunhado por milhões de usuários da internet que, de outra forma, seguiriam sua vida sem nem parar para pensar na mecânica superprotetora da censura. Era um sinal, como me disse Han Han, de que "há alguma coisa que você não quer que eu saiba de jeito nenhum. Por isso, agora eu *realmente* quero saber".

Uma geração de seus fãs já começava a acreditar que "seja lá o que for que você tente acobertar se torna verdade", disse ele. Numa de suas palestras, ele declarou: "Não posso escrever sobre política, não posso escrever sobre o sistema, não posso escrever sobre o judiciário, não posso escrever sobre muitos temas históricos, não posso escrever sobre censura, não posso escrever sobre arte".

O máximo que o partido poderia esperar era impedir um diálogo na internet antes que começasse — filtrando automaticamente certas palavras. Como as questões políticas surgiam de uma hora para outra, os censores tinham que manter um glossário atualizado de termos tabu, parecido com a lista de diretrizes para a mídia que eu recebia pelo telefone. O Escritório de Assuntos da Internet baixava instruções, em certas ocasiões várias vezes por dia, para os sites do país. Uma palavra podia ser permitida num dia e banida no outro. Digitar no Baidu, a versão chinesa do Google, produzia a seguinte mensagem: "Resultados da pesquisa não são exibidos porque podem não estar de acordo com as leis, os regulamentos e as políticas correspondentes".

Mas as pessoas também se adaptavam com rapidez. Para contornar os filtros, substituíam as palavras por caracteres chineses parecidos, criando uma espécie de código, uma linguagem oculta, como quando os censores bloquearam "Carta 08" — *ling ba xianzhang* — as pessoas passaram a chamá-la de "*linba xian-*

zhang". (Não fazia diferença se isso significava "Nódulos linfáticos do magistrado municipal".)

O governo disputava uma corrida contra a imaginação, e estava sempre atrás. Não havia época do ano mais difícil do que junho, quando se aproximava o aniversário da repressão na praça Tiananmen, e as pessoas ficavam imaginando formas indiretas de discutir o assunto. Além dos termos que nunca saíam da lista negra — "protestos pela democracia", "1989", "4 de junho" —, os censores precisavam acrescentar palavras codificadas com a mesma rapidez com que eram inventadas. Li a última lista de palavras proibidas, que, em si, já parecia uma comemoração:

Tiro
Aglomeração
Reforma
Nunca esquecer

Para o caso de falharem os esforços de censura, o partido testou um último recurso: o botão de desligar. Em 5 de julho de 2009, membros da minoria muçulmana uigur na cidade de Urumqi, no extremo oeste da China, protestaram contra o tratamento dado pela polícia a uma briga entre hans e uigures. O protesto tornou-se violento, e quase duzentas pessoas morreram, na maioria hans, que tinham sido atacados por razões étnicas. Seguiram-se ações de retaliação em bairros uigures e, num esforço para impedir que as pessoas se comunicassem e se organizassem, o governo desativou abruptamente as mensagens de texto, cortou linhas telefônicas interurbanas e vedou quase por completo o acesso à internet. O blecaute digital durou dez meses, com drásticos efeitos econômicos: as exportações de Xinjiang, a região autônoma uigur, despencaram mais de 44%. Mas o partido estava disposto a aceitar os imensos danos econômicos para sufocar o que considerava uma ameaça política. No caso de uma crise política mais ampla que venha a ocorrer algum dia, a China provavelmente tem muitos canais de entrada e saída para impor um blecaute completo em escala nacional, porém mesmo uma versão limitada teria profundo efeito.

A revolta de Xinjiang foi um momento decisivo em vários outros sentidos também. No ano anterior, Hu Shuli e a revista *Caijing* tinham demonstrado que o êxito investigativo poderia ser popular. Quanto mais informações o povo chinês recebia, mais parecia querer. Hu Shuli triplicou o tamanho da redação, para mais de duzentos repórteres. A revista contratou uma ex-banqueira de investimentos, Daphne Wu, como gerente administrativa, e ela triplicou as vendas, em dois anos, para 170 milhões de iuanes. Ela e Hu tinham planos que iam além de uma revista impressa; imaginavam "uma plataforma completa de mídia de informações e comentários", como me disse Wu em seu escritório com vista para Beijing. Ela falava mais como uma executiva do Vale do Silício do que como alguém do ramo de notícias na China. "Não importa o suporte que você esteja usando, o que queremos é fornecer material de qualidade", disse.

Mas, à medida que a revista ficava mais lucrativa e arrojada, as relações de Hu Shuli com o patrão, Wang Boming, se desgastavam. Quanto mais ela viajava e estudava publicações estrangeiras, mais cresciam suas aspirações. Queria ter sua própria empresa de mídia, uma que pudesse funcionar de acordo com padrões internacionais. Já Wang tinha outras prioridades; ele entrara no ramo editorial para ganhar dinheiro e desfrutar do pequeno glamour da vida de magnata da mídia — não para ser um mártir político. Estava preocupado. Quando conversei com ele sobre Hu, uma expressão de desalento lhe perpassou pelo rosto, sugerindo que não era o que pretendia. "Não sabíamos que esse nível de risco era parte do pacote", argumentou.

No primeiro semestre de 2009, o governo avisou a *Caijing* que não investigasse a corrupção financeira dentro do sistema da TV estatal, ou uma lista de outros temas altamente sensíveis. "Mas eles foram em frente assim mesmo", comentou Wang. Tragou fundo um cigarro. E acrescentou que revelar escândalos era popular entre os leitores, mas não entre os anunciantes. "Numa página está seu anúncio, na outra um artigo dizendo que sua empresa é uma farsa", disse. "Você não imagina os telefonemas que recebemos. *Caijing* nunca faz uma reportagem positiva. Todas as empresas falam com Shuli na esperança de que saia um bom artigo, e é sempre negativo!"

No verão daquele ano, as relações entre editora e publisher tinham sofrido forte deterioração. Quando os tumultos irromperam em Xinjiang e a internet foi suspensa, autoridades de propaganda só permitiram que jornalistas oficialmente credenciados acessassem a rede. Hu Shuli despachara três repórteres para a região, embora as autoridades só tivessem dado permissão para mandar dois. O terceiro tomou emprestada a credencial de um amigo para entrar na sala de imprensa com acesso à internet. Foi descoberto, e funcionários tentaram fazer uma busca em seu laptop. Ele resistiu, e enfrentou um guarda. As autoridades o puseram num avião de volta para Beijing.

A notícia da afronta chegou aos altos escalões do governo. Autoridades de propaganda já tinham repreendido severamente *Caijing* naquele ano, e os patrões de Hu Shuli prepararam uma lista de medidas para colocá-la de novo sob controle. A partir de então, a revista deveria submeter toda reportagem de capa para aprovação; aceitaria instruções "sem fazer perguntas" e, o mais importante, abandonaria a cobertura política e "voltaria a dedicar-se a informações positivas sobre finanças e economia".

Hu Shuli ficou indignada. "Qual é a definição de 'notícias políticas'?", perguntou a Wang Boming. "E de 'notícias positivas'?

Quem vai julgar?" Nas semanas seguintes, ela tentou se ajustar às novas regras. Mas os chefes vetavam uma reportagem depois da outra. Após a terceira rejeição, ela ficou com medo de que seus melhores editores pedissem demissão. Quando os chefes rejeitaram a quarta, ela publicou assim mesmo.

Quando se espalhou a notícia de que Hu Shuli estava batendo de frente com seus patrões, ela enxergou uma saída. Outros investidores a procuraram, e ela percebeu que o apoio deles talvez lhe permitisse ganhar mais controle sobre a revista. Sua tensão com Wang Boming ia além da mera liberdade editorial. *Caijing* era a mais lucrativa das revistas de Wang, e ela queria que uma parte maior ainda dos lucros fosse usada para ampliar a operação, temendo que, se não fizesse isso, ficaria para trás na nova era da internet.

Ela procurou Wang para lhe propor um audacioso plano de operação de compra, que dividiria o controle da empresa: 40% para os investidores, 30% para os editores de Hu e 30% para a empresa de Wang. Mais importante ainda, ela queria a palavra final sobre as decisões editoriais. Se era para alguém negociar com o Departamento, que fosse ela. "Acho que, como editora profissional, eu deveria ser a pessoa que toma a decisão final", disse ela.

Mas, aos olhos de Wang Boming, a proposta era uma traição. Ele a ajudara a obter mais liberdade para praticar jornalismo do que qualquer outra pessoa na China — e em vez de lhe ser grata ela queria mais, assim como os cidadãos chineses exigiam mais da classe governante, que considerava já ter cedido o bastante. Estava sendo ingênua, pensou Wang. Ou, pior, queria aplausos — enrolando-se na bandeira da liberdade de expressão para disfarçar o desejo de assumir o controle da empresa. Ele rejeitou o negócio.

Em setembro, o arranjo desmoronou: a gerente administrativa, Daphne Wu, e sessenta funcionários seus pediram demissão, ao mesmo tempo que, na redação, editores anunciaram que também iam sair, para recomeçar juntos. "Venham conosco", propôs Wang Shuo, braço direito de Hu, a um grupo de jovens editores e repórteres. A verdade era que não estava claro o que e como iam recomeçar, mas cada um teve de fazer uma opção. Os editores demissionários, na esperança de encorajar uma debandada geral, deram aos colegas três dias para decidir.

Para os repórteres que precisavam decidir, era um dilema: quem daria proteção política a Hu agora? Os investidores apostariam nela novamente? Além disso, os repórteres tinham muitas queixas sobre seu jeito de administrar: apesar de falar tanto em transparência e controle recíproco, tinha uma veia ditatorial; alguns de seus repórteres investigativos achavam que ela poupava amigos em altas posições, e os altos salários pagos nos primeiros tempos de *Caijing* não acompanharam o crescimento da economia chinesa. Os repórteres poderiam ter triplicado o salário se fossem trabalhar para as indústrias que cobriam.

Mas, apesar de todas as incertezas, a mera existência de Hu já exercia um poderoso efeito sobre os emergentes jornalistas mais jovens que a cercavam. "Costumamos dizer que a cada cem anos aparece alguém como Shuli", explicou Cao Haili, o repórter que cobriu o vírus da SARS. "Ela é realmente única. Nos Estados Unidos, pode ser que vocês tenham centenas de pessoas assim, mas na China é muito raro."

Em 9 de novembro, Hu Shuli deixou a revista, e 140 jornalistas da redação saíram junto com ela. Para Hu, sair era uma opção, ainda que não a que ela gostaria. "Pode-se dizer que fomos expulsos. Pode-se dizer que saímos. É muito difícil saber", afirmou. Ela se esforçava para ver o lado positivo. "Talvez possamos fazer uma coisa maior e mais interessante", disse. Mas, entre os intelectuais chineses, poucos viam razão para otimismo. "Ela sujou a espada de sangue e a roupa de pólvora", escreveu o blogueiro Hecaitou. "Vai ser difícil achar outra Hu Shuli."

* * *

Em 8 de outubro de 2010, dez meses depois que Liu Xiaobo foi condenado, o Comitê Nobel lhe outorgou o prêmio da Paz "por sua longa e não violenta luta pelos direitos humanos fundamentais". Foi o primeiro cidadão chinês a receber o galardão, sem contar o Dalai Lama, que vivia no exílio fazia décadas. A premiação de Liu Xiaobo deixou os líderes chineses furiosos; o governo denunciou o prêmio de Liu como uma "profanação" do legado de Alfred Nobel. Durante anos a China cobiçara o prêmio Nobel como um reconhecimento do progresso do país e uma prova de aceitação mundial. A obsessão era tão intensa que especialistas a batizaram de "complexo de Nobel", e a cada outono discutiam as chances de a China ser agraciada, como torcedores em uma competição esportiva. Chegou a haver um debate na televisão intitulado "A que distância estamos do prêmio Nobel?".

Quando o prêmio foi anunciado, a maioria dos chineses nunca tinha ouvido falar em Liu, por isso a mídia estatal tratou de consolidar a primeira impressão: deu grande destaque em todo o país a um artigo informando que ele ganhava a vida "falando mal do próprio país". O perfil era um clássico do gênero: descrevia-o como colecionador de vinhos finos e porcelanas, e retratava-o dizendo aos colegas de prisão: "Não sou como vocês. Dinheiro não me falta. Os estrangeiros me pagam todo ano, mesmo quando estou na cadeia". Liu "não poupava esforços trabalhando para forças ocidentais anti-China" e, ao fazê-lo, "cruzou a linha da liberdade de expressão e mergulhou no crime".

Para os ativistas, a notícia do prêmio foi um espanto. "Muitos romperam em lágrimas, até mesmo em soluços incontroláveis", diria um deles posteriormente. Em Beijing, blogueiros, advogados e acadêmicos se reuniram nos fundos de um restaurante para comemorar, mas a polícia chegou e deteve vinte pessoas.

Quando o anúncio foi feito, Han Han, em seu blog, brincou com censores e leitores; tudo que postou foi um par de aspas delimitando um espaço vazio. A postagem atraiu 1,5 milhão de acessos e mais de 28 mil comentários.

Dois dias depois que Liu ganhou o prêmio, sua mulher, Liu Xia, foi visitá-lo na prisão de Jinzhou, na província de Liaoning. "Isto é para as almas perdidas do Quatro de Junho", disse ele à esposa. De volta a Beijing, ela foi posta em prisão domiciliar. O governo impediu-a, e a qualquer outra pessoa, de ir a Oslo receber o prêmio; isso só tinha acontecido uma vez, em 1935, quando Hitler proibiu parentes de irem em nome de Carl von Ossietzky, o escritor e pacifista alemão, então num leito de hospital, cercado de guardas, recém-saído de um campo de concentração. O telefone e as conexões de internet de Liu Xia foram cortados, e ela ficou proibida de manter contato com qualquer pessoa exceto a mãe — era o começo de uma campanha de isolamento que duraria anos.

Com a aproximação da cerimônia de dezembro, a China fez um apelo para que outros países a boicotassem. A imprensa estatal definiu isso como "tomar partido", e o vice-ministro do Exterior, Cui Tiankai, diplomata experiente, formado na Johns Hopkins, perguntou a outros países: "Querem ser parte do jogo político de contestar o sistema judicial da China ou desenvolver uma verdadeira relação de amizade com o governo e o povo chinês?". Quarenta e cinco países compareceram, e dezenove não, incluindo Iraque, Paquistão, Rússia, Arábia Saudita e Vietnã. (A primeira página do *China Daily* declarou que A MAIORIA DOS PAÍSES OPÕE-SE A PRÊMIO PARA LIU.) Na frente do apartamento de Liu em Beijing, equipes de operários ergueram rapidamente uma cerca de metal para impedir que fotógrafos obtivessem imagens de Liu Xia em prisão domiciliar. Quando a BBC transmitiu a cerimônia, as telas de TV da China ficaram sem sinal.

Ao longo dos anos, presenciei muitas vezes essa tática. Décadas atrás, a tela escura tinha sido um reflexo apropriado da pestanejante visão de mundo da China, sua escuridão e seu isolamento. Mas agora o instinto de esconder do público fatos nada lisonjeiros contrastava absurdamente com a abertura e a sofisticação de outras instâncias da vida chinesa, e parecia depreciar o que os chineses tinham batalhado tanto para conquistar. A China não era a Alemanha de Hitler, mas os dirigentes locais estavam dispostos a se misturar com os nazistas na história do prêmio Nobel. Ou as forças mais vigorosas do governo chinês não eram sábias o bastante para perceber o prejuízo, ou as forças mais sábias não eram suficientemente vigorosas para convencer as demais.

Os cidadãos chineses não ficaram sabendo muita coisa sobre a cerimônia. Nunca ouviram o apresentador citar as palavras de Liu, segundo as quais a reforma política deveria ser "gradual, pacífica, ordeira e controlada". Não viram a medalha do prêmio e o certificado postos sobre uma cadeira azul vazia no palco. Dentro da China, o momento foi registrado apenas como uma espécie de fantasma. Na lista negra da internet daquele inverno, os censores inscreveram uma nova pesquisa tabu: "cadeira vazia".

14. O germe no galinheiro

As pessoas de óculos escuros não chamaram a atenção de imediato. Quando os primeiros retratos apareceram nos sites de mídia social chineses, no segundo semestre de 2011, abrangiam algumas dezenas de homens e mulheres. Logo havia mais imagens de gente de óculos escuros, incluindo crianças, estrangeiros e figuras de avatar. A informação apareceu nos blogs e se espalhou. Quando o número ultrapassou os quinhentos, os censores começaram a apagá-las, mas elas continuaram a circular, e para aqueles que sabiam o que estavam vendo as imagens foram um marco importante: talvez a primeira campanha política viral da China. Era um tributo a um homem que praticamente nenhum dos participantes tinha conhecido: o advogado camponês cego Chen Guangcheng.

Seis anos depois que tentei falar com Chen em sua casa na aldeia de Dongshigu, o governo local não esmoreceu na determinação de conter a divulgação de suas ideias, ainda que tivesse de colocá-lo em quarentena, como se fosse o vetor de uma febre. Na época da minha visita, no segundo semestre de 2005, ele foi convocado para um encontro com Liu Jie, vice-prefeito local. Liu quis saber por que Chen decidira falar com repórteres estrangeiros sobre os abusos do sistema de filho único. "Por que você não trata do assunto pelos canais oficiais competentes, em vez de falar com forças hostis de outros países?"

Àquela altura, porém, ficava claro que, ao falar publicamente, Chen tinha cruzado uma linha que o Estado não podia tolerar. Sem ser acusado de nenhum crime, foi posto em prisão domiciliar e teve o telefone cortado. Dois meses depois, houve um apagão — problema comum em regiões do interior que cresciam depressa — e, para sua surpresa, o blecaute desativou o equipamento de interferência eletrônica que impedia o telefone de funcionar e o mantinha isolado. Chen conseguiu ligar para seu advogado em Beijing, que me avisou — e eu liguei para o número de Chen. Ele riu da esquisitice da situação, e fez uma pausa, como se tentasse adotar um tom apropriadamente grave para a ocasião. "Quero contar ao mundo inteiro", disse, com toda a pompa, "que este governo local não obedece à sua própria lei." Não conseguia entender por que suas tentativas de alertar o governo o tinham levado ao isolamento. Indaguei qual era a grande pergunta que lhe vinha à mente. E ele respondeu: "Fico pensando se o governo central não quer acabar com isso, ou se não tem capacidade de acabar com isso".

Em março, quando Chen estava em prisão domiciliar havia quase seis meses, seu irmão e amigos da aldeia insistiram com a polícia para saber das razões do confinamento. Ele era acusado de "destruição de propriedade" e de "reunir uma multidão para perturbar o trânsito", embora seus defensores tivessem dificuldade para conciliar essa acusação com as limitações físicas do acusado. Na noite da véspera do julgamento, seu advogado foi detido; Chen foi representado por advogados indicados pelo próprio tribunal, que não convocaram testemunhas. Foi considerado culpado por destruir propriedades e perturbar o trânsito, e condenado a quatro anos e três meses de prisão.

Na China dos imperadores, uma maneira de chamar a atenção dos líderes — para apelar de uma decisão dos tribunais ou expor abusos de poder — era bater num tambor instalado com essa finalidade no portão da corte local. Se isso não produzisse uma resposta, as pessoas se jogavam no chão diante das liteiras dos mandarins. Os reclamantes que conseguiam apresentar uma apelação eram conhecidos oficialmente como *yuanmin* — "pessoas com queixas" — e tinham direito a acompanhar suas demandas, nível a nível, por todo o percurso até a capital.

Quando o Partido Comunista chegou ao poder, reteve alguma coisa do antigo sistema: estabeleceu o Escritório de Cartas e Visitas para receber as Pessoas com Queixas e encaminhar os casos para as seções apropriadas do governo. Mas, no século XXI, o Escritório de Cartas e Visitas é uma relíquia de outras eras; a quantidade de casos é esmagadora, e suas operações, um mistério. Um estudo revelou que o escritório resolveu apenas 0,2% dos casos recebidos. Os tribunais quase nunca dão plena atenção aos casos, por isso quando Pessoas com Queixas perdem suas causas, ou não têm notícias de sua tramitação, isso só as leva a se dedicar cada vez mais integralmente a cruzadas por justiça, que se alongam durante anos.

Os herdeiros modernos das Pessoas com Queixas eram conhecidos como "peticionários", e eu costumava receber telefonemas seus. Vinham atrás de mim na esperança de que a atenção de um repórter estrangeiro pudesse forçar o governo a resolver seus casos. Quando me descobriam, o mínimo que eu podia fazer era ouvi-los, mas praticamente sem poder nenhum de ajudar. Seus casos eram intricados e confusos, e o processo de peticionar era uma odisseia, que levava milhares de pessoas a acamparem na periferia de Beijing, em favelas conhecidas como "aldeias de peticionários", onde se perdiam no meio de uma montanha de amarfanhados documentos legais. Às vezes eu ficava sem saber se estavam perdidos no labirinto de suas disputas porque adoeciam ou porque tinham enlouquecido com a própria odisseia.

Quando a internet apareceu, as Pessoas com Queixas foram as primeiras a adotá-la. Em setembro de 2002, um surto de envenenamento alimentar na cidade de Nanjing matou mais de quarenta pessoas, mas o noticiário nacional do começo da noite ignorou o assunto; em vez disso, uma das reportagens tratava de operários "manifestando sua profunda gratidão pela compaixão" de dirigentes do partido, e da inauguração de um festival local de fantasias. As pessoas foram à rede fazer suas queixas. "Chineses comuns não são seres humanos?", perguntou alguém. Outro escreveu: "É mais difícil fechar a boca do povo do que bloquear o curso de um rio".

Não demorou para que as Pessoas com Queixas passassem a usar a nova tecnologia para localizar umas às outras. Um homem de 25 anos chamado Zhang Xianzhu, ao descobrir que foi excluído do serviço público porque seu teste de hepatite tinha dado positivo, localizou pela internet outros que tinham passado pela mesma experiência, e juntos forçaram uma mudança de legislação contra esse tipo de discriminação. Logo apareceram campanhas semelhantes exigindo mais direitos para gays e lésbicas, pessoas com crenças religiosas minoritárias e portadores de diabetes. O instinto de organizar-se foi se tornando cada vez mais disseminado.

Em 2007, uma mensagem de texto espalhou-se pela cidade de Xiamen denunciando um projeto de instalação de uma fábrica de produtos químicos. A linguagem inspirava o medo:

> A produção desse químico altamente tóxico será como jogar uma bomba atômica na cidade [...]. Em nome de nossos netos, vá à

> luta! Participe de uma marcha de 10 mil pessoas às oito da manhã de 1º de junho. Encaminhe esta mensagem a todos os seus amigos em Xiamen.

Mas, em vez de uma manifestação barulhenta, os organizadores convocaram uma "passeata de protesto", uma marcha discreta que não provocasse reação violenta da polícia. Milhares de homens e mulheres apareceram — chineses urbanos, endinheirados, do Novo Estrato de Renda Média, alguns com crianças nos braços —, todos caminhando calmamente em forma de protesto. O governo local foi apanhado de surpresa: sempre calculara que, como previra Mêncio, "os que têm prosperidade tendem a preservar a estabilidade social". Mas Mêncio nunca falou em passeata de protesto. Aquilo seria uma tentativa de preservar a estabilidade ou de perturbá-la? Certamente não se tratava de perturbação da ordem pública, mas também não estava dentro da lei. Depois de vários dias e muitas discussões com a multidão, o governo local concordou em adiar o plano para a fábrica de produtos químicos, até ser feita uma "reavaliação".

O novo espírito de protesto, ao mesmo tempo coordenado e moderado, representava um inédito e delicado problema para as autoridades. Como disse Jerome Cohen, sinólogo da Faculdade de Direito da Universidade de Nova York: "Será que eles vão ter um sistema jurídico que realmente cuide desses assuntos, reduza as tensões e satisfaça necessidades, ou tudo não passa de um faz de conta, que levará as pessoas às ruas e a todos os tipos de protesto, e à falta de estabilidade e harmonia?". Cohen viu a luta de Chen Guangcheng como um teste para descobrir se o sistema autoritário é capaz de atender à maré montante de ambições. Chen um dia perguntou a Cohen: "O que eles querem que eu faça? Saia às ruas? O que eu quero é ir aos tribunais". Nesse sentido, disse Cohen, Chen "não era um dissidente, embora eles sejam bem capazes de transformá-lo em um".

Cohen o conhecia desde 2003, quando o Programa de Liderança para Visitantes Internacionais do Departamento de Estado convidou Chen para uma viagem pelos Estados Unidos. Quando o Departamento de Estado perguntou a Cohen se ele tinha tempo para ver um advogado chinês, o professor andava muito ocupado, e perguntou: "Onde ele fez curso de direito?".

"Ele não fez curso de direito", respondeu a pessoa do outro lado da linha.

"Então por que você está me ligando?", quis saber Cohen.

"Esse sujeito é especial. Acho que o senhor vai gostar de vê-lo."

Eles se encontraram, e Cohen me disse: "Depois de meia hora, ficou claro que eu estava lidando com uma pessoa incomum". Foi o começo de uma improvável aliança. Cohen, de 73 anos, era alto e calvo, com um lustroso bigode branco e uma queda por gravatas-borboleta; tinha trabalhado com dois ministros da Suprema Corte dos Estados Unidos antes de se tornar o primeiro advogado ocidental a exercer a profissão na República Popular. Era tido como o decano dos especialistas estrangeiros em direito chinês. Quando ele e Chen se encontraram pela segunda vez, em Beijing, Cohen lhe comprou uma pilha de livros de direito, e Chen lhe disse: "Você jamais entenderá o que estou enfrentando, e o que estou tentando fazer, se não vier à aldeia de Dongshigu".

Cohen e a mulher, Joan (historiadora da arte que, por coincidência, tinha feito amizade com Ai Weiwei em Nova York), fizeram uma viagem de Nova York a Dongshigu. Mesmo depois de décadas de trabalho na China, se surpreenderam com o nível de pobreza. Cohen conheceu clientes de Chen. "É difícil imaginar gente em condição pior", observou Cohen. "Coxos, humilhados, anões, gente de todo tipo, que não conseguiam autorização para abrir uma loja se não subornassem as autoridades, ou se sujeitassem à tributação injusta, ou aos abusos da polícia." Cohen viu os livros que tinha comprado para Chen: todos com os cantos das folhas dobrados. "A mulher e o irmão mais velho liam para ele."

Antes de Cohen sair, Chen traçou seu plano: queria difundir a lei boca a boca, instruindo duzentos aldeões sobre os fundamentos dos tribunais, para que pudessem cuidar de casos como ele fizera. Cohen perguntou: "Você acha mesmo que as autoridades locais nos deixarão alugar uma sala no centro administrativo para treinar pessoas que vão desafiá-las e lhes criar dificuldades?".

"Acho", respondeu Chen.

Pela época em que Chen Guangcheng foi preso, o partido tinha concluído que seu método de controle da difusão de ideias era muito fraco. No primeiro semestre de 2007, o presidente Hu Jintao disse a seus colegas do Politburo que filtros digitais e censores humanos já não eram suficientes. O partido precisava "usar" a internet, disse. Precisava "afirmar sua supremacia sobre a opinião pública on-line".

Para conseguir isso, o partido ampliou um corpo do que chamou de "assistentes de opinião pública", que vasculhavam a rede disfarçados de usuários comuns, buscando estimular o debate, em vez de suprimi-lo. Recebiam meio iuane para cada comentário que postassem, e seus detratores os batizaram de "partido de cinquenta centavos". Mais ou menos como os funcionários do Departamento, deles se esperava que fossem onipresentes, mas invisíveis; estavam proibidos de admitir que trabalhavam para o partido. Mas Ai Weiwei espalhou a notícia de que daria um iPad para qualquer assistente de opinião pública que estivesse disposto a contar como agia. Um homem de 26 anos, que se identificou como W., aceitou a proposta. Tinha estudado jornalismo e arranjado trabalhos ocasionais na TV, mas a maior parte de sua renda vinha das atividades como assistente de opinião pública de meio período.

Cada tarefa, explicou W., começava com uma ordem para "influenciar o entendimento público" ou "estabilizar as emoções dos netizens". Se ele elogiasse abertamente o governo, as pessoas o ignoravam, ou zombavam dele chamando-o de "cinquenta centavos", por isso ele usava de alguns artifícios: se houvesse uma multidão se formando, contava uma piada idiota, ou inseria um anúncio maçante, para afugentar leitores. Se as pessoas criticavam o partido por causa, por exemplo, do aumento do preço da gasolina, ele lançava uma ideia incendiária: "Se você é pobre demais para andar de carro, azar o seu". "Quando as pessoas liam isso, começavam a me atacar", disse ele, "e aos poucos o assunto mudava do preço da gasolina para os meus comentários. Missão cumprida."

W. não fingia ter orgulho do seu trabalho. Fazia-o por dinheiro, e não queria que a família ou os amigos soubessem, porque, como disse, podia "prejudicar minha reputação". "Todo mundo tem sede de saber a verdade, até eu... Temos mais liberdade de expressão do que antes. Mas, ao mesmo tempo, quando se consegue essa liberdade, começa-se a perceber que outras pessoas têm mais liberdade ainda. E nos sentimos presos de novo. A comparação é que deprime." Ai Weiwei postou a entrevista com o assistente e, em questão de minutos, os censores a apagaram. Não tinha importância: já estava circulando.

Ceticismo e postura crítica eram como músculos, e cresciam ao ser exercitados. Uma após outra, tempestades de crítica, conhecidas como "incidentes de internet", varriam o país. A certa altura, organizações trabalhistas usaram fóruns on-line e celulares para mobilizar uma enxurrada de greves em mais de quarenta fábricas em dois meses — uma onda de agitação especialmente enervante para o partido, que, mais que ninguém, conhecia a força potencial de trabalhadores mobilizados. Todas as instituições, por mais obscuras que fossem, agora eram avaliadas em público. Certa vez visitei uma minúscula escola técnica na zona rural de Sichuan e, alguns anos depois, quando fui procurar notícias a respeito, a primeira coisa que apareceu foi o apelo de um aluno ao prefeito dizendo que a escola tinha "enganado" os estudantes classificando-os como "parcialmente formados" em seus diplomas. "Nós pagamos mensalidade para obter diploma integral", escreveu o estudante. "Não temos nem mais lágrimas para chorar." Quando reclamaram, os diplomados foram convocados pelas autoridades locais, que os admoestaram a não fazerem confusão. "Não criamos problema, nem desordem, nem nada. Não violamos a lei nem a moralidade social", escreveu. "Só queríamos uma explicação."

Em Shanghai, pais descobriram que, por terem sido registrados no campo, a escola não oferecia serviços de saúde para seus filhos. Postaram uma reclamação com o título "Vivemos num país rigidamente hierarquizado". "Como é que essa escola pode sequer tentar ensinar nossos filhos a amar o partido e amar o país?", escreveram. Em outro caso, bastante simbólico à sua maneira, um roteirista de um bem-sucedido programa de televisão chamado *Na luta*, sobre homens e mulheres jovens que alcançavam o sucesso pelo próprio esforço, queixou-se na internet: "Quantos telespectadores preciso atingir para conseguir pagar as contas?".

O partido metera-se numa encrenca que ele próprio criara: ao longo dos anos, tantos canais de expressão foram bloqueados que as pessoas não tinham escolha senão participar de uma espécie de agitação que sempre foi o maior medo do partido. Por isso, ele respondeu reprimindo com mais dureza ainda, e o ciclo continuou. Quando proprietários de casas na próspera cidade costeira de Ningbo fizeram vários dias de manifestações contra o plano de construção de outro complexo químico, o governo local acabou concordando em desistir da fábrica, mas, por garantia, os censores bloquearam na internet o lema dos manifestantes: "Queremos sobreviver, queremos sair dessa".

As pessoas entravam na internet para se queixar quando o suborno que pagavam não produzia os efeitos desejados. Um magnata do ramo imobiliário em Hunan chamado Huang Yubiao tentara comprar uma cadeira no Legislativo da província, mas depois de pagar mais de 50 mil dólares lhe disseram que a propina era insuficiente. (Como vingança, ele postou um vídeo mostrando os intermediários que receberam o dinheiro.) Da mesma forma, uma jovem chamada Wang Qian queixou-se de ter oferecido 15 mil dólares para comprar uma vaga no Exército (uma posição cobiçada, porque podia abrir outras opções de apadrinhamento), mas seus recrutadores lhe disseram que outros cadetes tinham oferecido mais.

Funcionários do governo não eram os únicos alvos de reclamação. Clientes se queixaram à empresária do serviço de encontros Gong Haiyan que estavam sendo enganadas por charlatães. Ela foi acusada de fazer vista grossa aos vigaristas que rondavam as listas de membros. Um homem foi preso e depois condenado por um tribunal de Beijing a dois anos e meio de prisão por dar um golpe em uma mulher que supostamente conhecera através do site Jiayuan. A empresa se recusou a assumir qualquer responsabilidade, mas suas ações sofreram uma desvalorização de 40%. Os clientes estavam se afastando. Para se proteger das fraudes, a empresa criou um sistema que permitia às pessoas autenticar seu perfil submetendo cópias de documentos oficiais — contracheques, identidades, pedidos de divórcio — e, quanto mais documentos forneciam, mais estrelas eram acrescentadas ao lado de seus nomes. Uma equipe de especialistas em documentação foi contratada para identificar falsificações e atividades suspeitas, como as de usuários que mudavam com frequência o nome ou a data de nascimento.

As críticas, porém, não paravam de chegar. O *Semanário Jinghua*, jornal patrocinado pelo Estado, criticou os "Conselheiros VIPs da caça ao casamento de alto nível" da empresa, uma equipe de alcoviteiros especiais que só lidavam com os clientes mais ricos, na maioria homens, aproximando-os das usuárias mais cobiçadas. Os solteiros-diamante, como esses clientes eram chamados, gastavam até 50 mil dólares por cinco encontros, o que cheirava a serviço de acompanhantes em versão high-tech. Quando perguntei a Gong o que tinha a dizer, ela não se mostrou nem um pouco constrangida. Afirmou que era, simplesmente, uma questão de oferta e procura. "Solteiros-diamante procuram mulheres jovens e bonitas. E algumas dessas mulheres jovens e bonitas querem casar com esse tipo de homem", disse. "Uma combinação perfeita."

Como resultado da publicidade negativa, os concorrentes do Jiayuan cresceram; os serviços de encontros pela internet, que a bem dizer não existiam na China quando Gong começou, tinham se tornado uma indústria de mais de 1 bilhão de iuanes, e a empresa precisava de um administrador veterano. Em março de 2012, com a renda e o preço das ações caindo, Jiayuan contratou um experiente executivo da área de tecnologia, Linguang Wu, para ser copresidente da empresa. A indústria amorosa tornava-se implacável. Antes de assumir, Wu dirigia um jogo de tiro on-line chamado World of Tanks.

Se antes as pessoas ficavam deslumbradas por acessar a internet, agora suas expectativas eram muito altas, e ninguém fazia a menor questão de esconder o desprezo que sentia por aqueles que tentavam cercear sua liberdade na rede. Não havia ninguém mais desprezado do que um professor de ciência da computação chamado Fang Binxing, de cinquenta e poucos anos. Fang desempenhara papel central no projeto arquitetônico da censura, e a mídia estatal escrevia sobre ele com admiração, como "pai do Grande Firewall". Mas, quando Fang abriu sua própria conta nas mídias sociais, um usuário sugeriu aos outros: "Rápido, rápido, vamos jogar tijolos em Fang Binxing". Outro fez coro: "Inimigos do povo um dia ainda serão julgados". Os censores removeram rapidamente os insultos, mas não conseguiram acompanhar o ritmo, e os comentários devastadores chegaram aos montes. Fang foi chamado de "eunuco" e de "lacaio". Alguém produziu no Photoshop uma imagem de sua cabeça em forma de boneco vodu com um alfinete na testa. Em termos digitais, Fang caíra nas garras de uma multidão furiosa.

Menos de três horas depois de ter sido localizado pelos usuários da internet, o Pai do Grande Firewall fechou sua conta e se afastou do mundo digital que ajudara a criar. Poucos meses depois, em maio de 2011, quando Fang dava uma palestra na Universidade de Wuhan, um aluno lhe atirou um ovo, seguido de um sapato, que o atingiu no peito. Professores tentaram segurar o atirador de sapato, um estudante de ciências de uma faculdade próxima, mas outros colegas o escudaram, garantindo sua segurança. Ficou imediatamente famoso on-line. Pessoas lhe ofereceram dinheiro e férias em Hong Kong e Cingapura. Uma blogueira se prontificou a ir para a cama com ele.

Quando lhe perguntaram por que fez aquilo, o estudante respondeu que foi um gesto de desespero. "Não tenho uma plataforma onde possa debater em pé de igualdade com Fang Binxing", declarou a um repórter chinês. "Por isso, só me restava recorrer a esse modo um tanto radical de manifestar minha insatisfação."

Quando Chen Guangcheng foi solto, em setembro de 2009, tinha cumprido integralmente sua pena. Não havia mais acusações contra ele. Apesar disso, ao voltar para a aldeia de Dongshigu, descobriu que o governo local tinha se preparado para sua chegada. Mandara instalar venezianas de aço nas janelas da casa, refletores em volta do quintal de terra e câmeras para vigiar o lugar 24 horas por dia. Equipes de guardas se revezavam em plantões. Cohen e Chen fizeram uma estimativa de quanto custavam a vigilância, as refeições e outros itens necessários para manter o advogado cego isolado do mundo à sua volta, e chegaram a um total de 7 milhões de dólares.

Mas, no que dizia respeito a Chen, o castigo era acima de tudo mental: de vez em quando, os guardas levavam todos os objetos da casa para o pátio e deixavam para ele e a família o trabalho de colocá-los de volta. Os guardas confiscaram telefone e computador, e entortaram as hastes da tomada da televisão, para que não pudesse ser usada. A certa altura, Chen conseguiu enviar clandestinamente um vídeo descrevendo suas condições, mas quando o estratagema foi descoberto os guardas o puniram enrolando-o num cobertor e surrando-o.

A tática de isolamento que mais preocupava Chen, no entanto, não era aplicada a ele mesmo; os guardas impediram sua filha de seis anos de frequentar a escola. E foi isso, aparentemente, que levou os cidadãos de Beijing, Shanghai e outras cidades grandes, com experiência em tecnologia, a agirem. Em 23 de outubro de 2011, trinta deles tentaram visitar Chen, mas os guardas tomaram seus celulares e câmeras, atacaram-nos a pedradas e obrigaram-nos a deixar a cidade. Esse espetáculo despertou o interesse de pessoas como He Peirong, professora de inglês de Nanjing, que nunca tinha ouvido falar em Chen até que um amigo mencionou o caso naquele outono. "A primeira coisa que fiz foi checar se o que Chen Guangcheng estava dizendo tinha fundamento", lembrou. Quanto mais informações conseguia sobre as condições do confinamento, mais se sentia indignada. "Ainda que um dia ele tivesse violado a lei em sua atividade de direitos humanos, acho que já pagou o que devia. A forma como foi tratado depois de solto me chocou muito. Nunca imaginei que esse tipo de brutalidade acontecesse hoje na China. Meus amigos, mesmo alguns que eram policiais, não acreditaram quando lhes contei."

He Peirong postou uma fotografia sua de óculos escuros, aderindo à campanha on-line. Começou a escrever um blog sobre o caso Chen, e sobre sua intenção de visitá-lo em seu aniversário, no dia 5 de novembro. A polícia, pelo visto, leu; cinco dias antes da data marcada, policiais começaram a segui-la, levando-a de carro para a escola e aconselhando-a a não ir à aldeia. A certa altura, diz ela, propuseram pagar-lhe uma viagem de férias, para que se mantivesse longe. Quando recusou, eles a puseram em prisão domiciliar até que o aniversário passasse. Ela não desistiu; juntamente com outros defensores de Chen, distribuiu 4 mil adesivos de para-choque com o rosto do advogado no estilo e nas cores do logo da KFC, com os dizeres "Free CGC". (Se a polícia perguntasse, diziam que era um anúncio de "free chicken", frango de graça.) O jeito de protestar revelava muito sobre os que participavam do protesto. "Em relação a outras atividades de direitos humanos na China, era um tipo de apoio diferente", me disse He Peirong. "Acho que o adesivo de para-choque do movimento Chen Guangcheng representava a visão da classe média, porque só quem podia participar era quem tinha carro."

A campanha foi parar no noticiário internacional, e duas semanas depois o governo local fez uma concessão: permitiu que a filha de Chen fosse à escola. Mas Chen continuava trancado em casa. O caso era constrangedor para o governo, mas, quanto mais Chen e seus defensores reclamavam, mais o governo relutava em parecer disposto a ceder a pressões. Quando um repórter estrangeiro fez uma pergunta sobre as condições de Chen, durante uma entrevista coletiva no Congresso Nacional do Povo, seu questionamento foi eliminado da transcrição.

15. Tempestade de areia

A primavera é época de tempestade de areia em Beijing. O vento vem das estepes mongóis, arrastando grãos soltos em sua viagem. Antes que uma tempestade atinja a capital, dá para vê-la aproximar-se: o céu ganha uma estranha cor pálida, e a areia começa a acumular-se na base das vidraças, como pequenas barragens de neve. Em março de 2011, a casa de *hutong* onde eu morava com Sarabeth Berman (então minha noiva, depois minha mulher) estava ressecada depois do inverno. Meus vizinhos faziam as primeiras viagens da estação ao mercado de flores na periferia da capital, a fim de trazerem alguma cor para dentro de casa. Os floristas de Beijing, porém, tinham recebido recentemente uma ordem inusitada: não vender jasmins. Trata-se de uma das flores favoritas dos chineses, perfeita para o chá, com pequenas pétalas brancas que os poetas clássicos associavam à inocência. Mas naquele ano a polícia avisou aos vendedores que, por maior que fosse o preço oferecido, *nada de jasmins*. E se alguém aparecesse para comprar deveriam anotar o número da placa e denunciar.

Na política chinesa, a flor adquiriu aroma de subversão. Poucas semanas antes, em 17 de dezembro, na Tunísia, o bacharel desempregado Mohammed Bouazizi, de 26 anos, vendia frutas sem licença quando um policial confiscou seus produtos e esbofeteou-o por reclamar. Bouazizi era o único que ganhava dinheiro numa família de onze. Foi à delegacia da província pedir ajuda, mas ninguém quis recebê-lo. Desesperado e humilhado, encharcou o corpo de tíner e acendeu um fósforo.

Quando morreu, semanas depois, sua história tinha deflagrado uma onda de manifestações contra o governo autoritário do presidente Zine El Abidine Ben Ali. A polícia interveio, vídeos de celular se espalharam pelo YouTube e pelo Facebook, e os protestos cresceram, passando a incluir queixas contra corrupção, desemprego, inflação e restrições à liberdade política. Dentro de um mês, o movimento tinha expulsado o presidente tunisiano do cargo e inspirado protestos em todo o mundo árabe. No exterior, as pessoas falavam em Revolução de Jasmim, a flor nacional da Tunísia, mas os tunisianos chamavam-na de Revolução da Dignidade. Fosse qual fosse o nome, o protesto chamou a atenção imediata da China. Quando o presidente Hosni Mubarak caiu no Cairo, Ai Weiwei tuitou: "Hoje somos todos egípcios".

Os dirigentes chineses apresentavam uma imagem de despreocupação. Zhao Qizheng, antigo chefe do escritório de informações do governo, disse: "A ideia de que uma Revolução de Jasmim possa acontecer na China é ridícula e irrealista ao extremo". O *Diário de Beijing* declarou: "Todo mundo sabe que a estabilidade é uma bênção e o caos é uma calamidade". Num artigo, o *China Daily* mencionou a importância da "estabilidade" sete vezes. Mas, intramuros, o partido reagiu de forma diferente. Meu telefone tocou. Era um vazamento do Departamento, uma mensagem para editores de todo o país:

Não fazer comparações entre sistemas políticos no Oriente Médio e o sistema em nosso país. Quando os nomes dos governantes de Egito, Tunísia, Líbia e de outros países aparecerem em nossa mídia, os dos líderes chineses nunca devem ser citados juntos.

A Primavera Árabe preocupou mais os dirigentes chineses do que qualquer outro acontecimento em décadas. "Uma única faísca", observou certa vez Mao, "pode começar um incêndio na planície." Era fácil superestimar o poder da tecnologia, mas ela sem dúvida tinha ajudado os adversários do autoritarismo. O outro motivo de descontentamento do partido era filosófico: ele costumava afirmar que homens e mulheres em países em desenvolvimento tinham mais interesse em acumular riqueza e manter a estabilidade do que em buscar "noções ocidentais" de democracia e direitos humanos. Ficou difícil sustentar esse argumento num momento em que homens e mulheres do mundo árabe marchavam pela democracia e pelos direitos humanos.

Alguns potentados, como o rei da Jordânia, responderam à Primavera Árabe prometendo mais liberdades, na esperança de evitar uma explosão. Mas os líderes chineses optaram pelo caminho oposto. A lição que tiraram da queda de Mubarak foi a mesma que tinham tirado do colapso da União Soviética: protestos não contidos conduzem à rebelião aberta. O Politburo designou Wu Bangguo, um de seus conservadores mais ortodoxos, para tirar das prateleiras sua teoria dos "Cinco Nãos": a China não teria partidos de oposição, não teria princípios alternativos, não teria separação de poderes, não teria um sistema federativo e não teria um programa de privatização em grande escala. "Se vacilarmos", disse ele numa reunião de 3 mil legisladores em Beijing, "o Estado afundará no abismo."

No sábado, 19 de fevereiro, um aviso anônimo apareceu num site chinês no exterior convocando as pessoas para se reunir às duas da tarde do dia seguinte em treze cidades chinesas e "marchar em silêncio segurando um jasmim". O governo mobilizou dezenas de milhares de policiais e agentes de segurança para ficar a postos, caso houvesse problemas. O jornal militar, o *Diário do Exército de Libertação Popular*, alertou para uma "guerra sem fumaça" com o objetivo de "ocidentalizar e desmembrar o país".

Na hora marcada para os protestos, as autoridades de Beijing bloquearam as mensagens de texto em boa parte da cidade. A maioria das pessoas que apareceram eram jornalistas estrangeiros. Diante de um McDonald's no distrito comercial de Wangfujing, uma multidão chinesa de cerca de duzentas pessoas se formou, mas era impossível saber quem era manifestante, quem era polícia e quem só estava observando com ar apalermado. Um dos presentes, para minha surpresa, era Tang Jie, o jovem nacionalista de Shanghai. "Eu só queria dar uma olhada, e pensei que pudesse haver alguma comoção", me disse ele. "Achei que ninguém fosse aparecer, só repórteres. Tiramos fotos de jornalistas", acrescentou, rindo. "Não houve revolução nenhuma."

Nos três anos decorridos desde que o conheci, Tang tinha concluído seu doutorado em filosofia e transformado o patriotismo em profissão: quando seu vídeo se tornou uma grande sensação on-line, vinculou-o a outras pessoas com ideias semelhantes — como Rao Jin, o criador de Anti-CNN.com, site que criticava o noticiário ocidental sobre a China. Rao Jin estava criando uma produtora, e Tang se mudara para Beijing para participar. Deram à empresa o nome de April Media (ou m4), em referência ao mês do levante para defender a tocha olímpica. Faziam traduções de artigos estrangeiros e versões para o inglês de textos chineses, produziam vídeos e palestras e esperavam, como diziam, "oferecer uma imagem verdadeira e mais objetiva do mundo".

Poucas horas depois da tentativa de protesto, Tang Jie ficou sabendo que dois companheiros ativistas voltaram do McDonald's com o vídeo de uma cena inusitada: o embaixador americano em Beijing, Jon Huntsman Jr., havia feito uma breve aparição na multidão. O embaixador insistia em dizer que foi coincidência — alegou que tinha saído para dar um passeio depois do almoço —, mas para os nacionalistas chineses era uma prova de que os Estados Unidos tentavam fomentar uma "Revolução de Jasmim Chinesa". No vídeo, um homem pergunta a Huntsman: "O senhor quer ver o caos na China, não quer?". O embaixador respondeu que não, e saiu rapidamente de cena, mas Tang Jie viu ali uma possibilidade de sucesso. Pôs mãos à obra, acrescentando legendas e sobrepondo seus argumentos em balões vermelhos: "Certo, a China tem muitos problemas!", escreveu. "Mas não queremos ser outro Iraque! Não queremos ser outra Tunísia! Não queremos ser outro Egito! Se o país mergulhar no caos, será que os Estados Unidos e os chamados 'reformistas' alimentarão nosso um bilhão e trezentos milhões de pessoas? Não venham estragar tudo, porra!"

Quando terminou eram três da manhã, e antes de postar o vídeo para o público teve um momento de hesitação; as autoridades haviam alertado seu site para que não comentasse os protestos ou a agitação no Oriente Médio. "Mas percebi que tinha de postá-lo", ressaltou. "Qualquer organização jornalística com um material desse nas mãos saberia que era notícia." Apertou o botão e, no fim do dia, tinha criado um incidente diplomático. O Ministério das Relações Exteriores queixou-se da aparição de Huntsman, e Tang passou a atender chamadas de repórteres de lugares tão distantes como Salt Lake City, a cidade natal do embaixador.

Na semana seguinte visitei Tang Jie em seu novo escritório em Beijing, num conjunto comercial não muito longe do estádio olímpico. Ele parecia animado. Dormia num sofá vermelho quebrado no escritório enquanto procurava um lugar para morar na cidade, mas estava empolgado com a nova empreitada comercial. O escritório tinha a estética Ikea que vi em muitos negócios recém-estabelecidos, e havia pôsteres nas paredes com fotos inspiradoras: bandeiras ao vento, trigo nos campos. O lema da empresa era "Nosso Palco. Nossa Esperança. Nossa História. Nossa Fé".

Descemos para ir até uma lanchonete. Durante o almoço, mencionei que tinha conhecido Han Han, o escritor e empresário mais ou menos da idade de Tang. Tang Jie bufou: "Ele é simplista demais, às vezes ingênuo", observou. "Mostra alguns problemas da China, mas as considerações são todas muito superficiais. Só diz coisas como 'o governo é ruim'." Notei que o site de Tang falava de muitas questões que eles também retratavam — corrupção, poluição, a necessidade de reforma política —, mas Tang tinha outra opinião. "A diferença entre nós e Han Han é que tentamos ser construtivos. Por exemplo, ele fala de corrupção e dos elevados preços de moradia, e isso deixa as pessoas exasperadas. O que estamos dizendo é: vamos fazer as coisas passo a passo. Tem que ser um processo."

Apesar do fracasso dos protestos de jasmim, os organizadores fizeram outra tentativa no fim de semana seguinte. Uma nota em sites chineses no exterior dizia: "Os direitos do povo chinês são uma coisa pela qual o próprio povo chinês deve lutar". Pedia ao partido que criasse um Judiciário independente, que combatesse a desigualdade de renda e a corrupção e, se não pudesse, que "deixasse o palco da história". Em sua escolha de slogans, os organizadores combinavam o prático ("Queremos trabalho, queremos moradia!") com o abstrato ("Queremos imparcialidade, queremos justiça!").

Assim como os estudantes chineses no exterior tinham desempenhado papel vital no levante nacionalista poucos anos antes, agora o outro lado dessa coorte se manifestava. Estudantes em Seul, Paris, Boston e outras cidades, escrevendo em nome do que chamavam de Movimento Jasmim, criaram um blog e uma página no Facebook, grupos do Google e um feed do Twitter. Fizeram um apelo aos "operários demitidos e vítimas de despejo forçado a participar de manifestações, gritar slogans, e exigir liberdade, democracia e reforma política, para acabar com o 'governo de partido único'".

No mundo real, no entanto, havia poucos sinais de que o ativismo ia além da internet. Na hora marcada para o protesto seguinte, as autoridades não quiseram correr riscos. Mandaram centenas de policiais, à paisana e fardados; uma unidade altamente especializada, com coletes à prova de bala, foi equipada com fuzis automáticos e cães de ataque. A polícia ligou para jornalistas estrangeiros de antemão, aconselhando-os a ficar longe, mas dezenas apareceram assim mesmo, e a polícia os dispersou à força. Stephen Engle, repórter da Bloomberg, foi jogado no chão, arrastado por uma perna, chutado e espancado. Um cinegrafista foi atacado por policiais, esmurrado e chutado no rosto. Posteriormente, quando repórteres pediram ao Ministério do Exterior que investigasse, um porta-voz fez as promessas de hábito e disse, sem rodeios, que, se os jornalistas quisessem "criar problema para a China", então "não há lei que possa protegê-los". Os protestos acabaram. Num esforço final, os organizadores pediram que as pessoas fossem ao McDonald's numa determinada hora e simplesmente pedissem o número 3.

A retaliação não demorou. Pessoas que tinham se manifestado a favor dos protestos começaram a desaparecer, pelo menos temporariamente. Algumas foram atender à campainha e sumiram; outras andavam pela calçada quando foram agarradas e enfiadas em carros. Na manhã de 3 de abril de 2011, um domingo, o artista Ai Weiwei estava no Aeroporto Internacional da Capital Beijing preparando-se para embarcar num voo para Hong Kong quando foi tirado da fila e levado para um escritório. Em seu ateliê, do outro lado da cidade, um assistente espiou pelo portão turquesa e viu um grupo de policiais. A polícia chegara também à casa do filho de Ai, que morava com a mãe não muito longe do ateliê. E, noutra parte de Beijing, um repórter chamado Wen Tao, que costumava fazer a cobertura das atividades de Ai, foi arrastado para dentro de um sedã preto. Outros três assistentes de Ai foram detidos em circunstâncias parecidas.

No ateliê, a polícia recolheu dezenas de computadores e discos rígidos. Pôs oito assistentes sob custódia, e segurou a mulher de Ai, Lu Qing, no ateliê para interrogá-la. Quando caía a noite, liberou os assistentes do ateliê, mas não deu qualquer pista sobre Ai Weiwei e os outros. Quando a notícia das prisões começou a espalhar-se, os censores da internet atualizaram a lista negra para incluir:

Ai Weiwei
Weiwei
Ai Wei
Ai Gordo

Algumas referências mais elípticas escaparam aos censores, e se espalharam rapidamente, incluindo uma que reformulava as palavras do teólogo Martin Niemöller:

> Quando um homem gordo perde a liberdade, você diz: "Não tem nada a ver comigo, porque sou magro". Quando um homem barbudo perde a liberdade, você diz: "Não tem nada a ver comigo, porque não sou barbudo". Quando um homem que vendia sementes de girassol perde a liberdade, você diz: "Não tem nada a ver comigo, porque não vendo sementes de girassol". Mas, quando vierem atrás dos magros e sem barba que nunca venderam sementes de girassol, não sobrará ninguém para defender você.

Em meados de abril, grupos de direitos humanos já diziam que era o pior ataque à liberdade de expressão desde a praça Tiananmen, duas décadas antes. Duzentas pessoas tinham sido interrogadas ou postas em prisão domiciliar, e supunha-se que outras trezentas estivessem detidas. A lista incluía não apenas dissidentes de renome, mas também celebridades da mídia e jornalistas. Alguns, quando soltos, descreveram variadas experiências. Um advogado chamado Jin Guanghong disse que foi amarrado e espancado em uma cama numa clínica de psiquiatria, e que lhe aplicaram injeções. Alguns contaram que a polícia os incentivara a lembrar o que tinha acontecido com Gao Zhisheng, o advogado que escreveu sobre as torturas a que fora submetido. No caso da ativista Li Tiantian, os interrogadores exigiram que ela narrasse detalhes de seu histórico sexual para uma sala cheia de guardas. Também a aconselharam a jamais contar como foi tratada. Mas ela publicou um relato on-line assim mesmo. "Lá no fundo eu estava morrendo de vergonha", escreveu ela, "como se estivesse sendo espancada e continuasse sorrindo, dizendo que não sentia dor. Sem opções. Desamparada."

Enquanto a repressão se intensificava, a secretária de Estado Hillary Clinton acusou os governantes chineses de "tentarem parar a história, o que é inútil". O *Diário do Povo* respondeu citando uma sondagem realizada pelo Centro de Pesquisas Pew em vinte países, na qual o povo chinês manifestou o mais alto nível de satisfação — 87%. No meio disso tudo, era fácil ignorar um relatório rotineiro de orçamento, que revelava um surpreendente marco histórico: pela primeira vez a República Popular gastava mais em segurança interna do que em defesa externa; investia mais dinheiro no policiamento e vigilância do seu próprio povo do que na defesa contra ameaças de fora. Mas o *Diário do Povo* afirmou que os protestos tinham fracassado porque um "país anteriormente atrasado e pobre foi transformado na segunda maior economia [...] o mundo inteiro o tem na mais alta estima".

* * *

Passaram-se dias sem notícias do paradeiro de Ai Weiwei. Sua mãe e sua irmã mais velha acabaram fazendo o que estava ao seu alcance: colaram em diversos pontos do bairro um folheto escrito à mão e sepultado no meio de avisos de "Para alugar" e de "Cão perdido". No topo, escreveram DESAPARECIDO:

> AI WEIWEI, SEXO MASCULINO, 53 ANOS
>
> Em 3 de abril de 2011, por volta de 8h30 da manhã, no Aeroporto Internacional da Capital Beijing, antes de embarcar num voo para Hong Kong foi levado por dois homens. Mais de cinquenta horas já se passaram, e seu paradeiro ainda é desconhecido.

No fim daquela tarde, o Ministério do Exterior anunciou que Ai estava sendo investigado por "crimes econômicos", o que não tinha "nada a ver com direitos humanos ou liberdade de expressão". *Global Times*, o tabloide do partido, denunciou Ai como um "dissidente da sociedade chinesa", que tinha de "pagar um preço" por sua rebeldia. "A China, no geral, está progredindo, e ninguém tem o poder de fazer um país tentar adaptar-se a seus gostos e antipatias pessoais."

Saindo do aeroporto, o artista foi posto no banco traseiro de uma van branca, com dois policiais que lhe seguravam os braços. Puseram-lhe um capuz preto. Quando o veículo parou, Ai foi levado para dentro de uma casa e posto numa cadeira. O capuz foi retirado, e havia um homem musculoso, de cabelo curto, observando-o. Ai se preparou para apanhar. Em vez disso, os guardas lhe esvaziaram os bolsos, tiraram o cinto e prenderam a mão direita ao braço da cadeira com uma algema. Ele esperou oito horas preso à cadeira. Então, dois interrogadores chegaram. Um deles abriu um laptop. O outro acendeu um cigarro. O fumante era um sujeito de meia-idade, de paletó esportivo listrado com reforço nos cotovelos. Para Ai, ele seria o sr. Li. Pelas duas horas seguintes, o sr. Li lhe fez perguntas sobre contatos no exterior, fontes de renda e mensagens políticas em suas obras de arte. Repassou os tuítes e as postagens de blog escritos por Ai no período de um ano, linha por linha. Perguntou se o artista sabia quem estava por trás das convocações para uma Revolução de Jasmim. Ai pediu um advogado. "A lei não vai ajudá-lo", alertou o homem. "Obedeça às ordens, será mais fácil para o senhor."

Apesar da preocupação, Ai estava fascinado. Depois de tentar descrever o partido de tantos ângulos diferentes, agora estava diante dele, face a face. Os interrogadores pareciam fazer um grande esforço para entender em que mundo Ai Weiwei vivia: o sr. Li lhe perguntou sobre a mecânica de preparar um nu artístico. Quando indagaram sobre suas finanças e o artista disse que uma escultura podia valer 80 mil dólares, o interrogador de início não conseguiu acreditar.

O sr. Li contou que sua prisão vinha sendo preparada havia um ano. "Para nós foi uma decisão muito difícil: prendê-lo ou não prendê-lo. Mas decidimos que era preciso prendê-lo", disse ele. "O senhor constrange o governo, o que vai de encontro aos interesses nacionais. Passou a fazer parte de uma estratégia estrangeira de 'evolução pacífica'." Li disse que, ao fim e ao cabo, o Estado tinha que "esmagá-lo". Ele provavelmente seria acusado de "incitação para subverter o poder do Estado", a mesma acusação feita contra o escritor Liu Xiaobo.

Nos dias seguintes, Ai não ficou sozinho em nenhum momento. Foi transferido para um complexo militar e posto numa sala estreita e sem janelas com paredes forradas, como um manicômio. Dois guardas de uniforme verde-oliva nunca se afastavam mais de um metro dele; às vezes se sentavam a dez centímetros de seu rosto. Acompanhavam-no quando ia ao vaso sanitário e ao chuveiro. Se andava pela sala, eles andavam juntos. Ordenaram-lhe que dormisse com as mãos bem à vista, e pedisse permissão para tocar o próprio rosto. Ai ficava imaginando quem seriam aqueles homens. Será que se viam como defensores do esforço da China para enriquecer? Será que se julgavam combatentes de uma luta contra atos egoístas e destrutivos de indivíduos como ele? Ou será que se viam a uma luz mais sombria, como músculos de um corpo atormentado pelos temores da mortalidade?

O interrogatório prosseguia, mas Ai não sofreu nenhum abuso físico. O medo deu lugar ao cansaço. Perdeu peso. Tomava remédio contra diabetes, pressão alta, problemas cardíacos e a lesão na cabeça. Um médico o examinava constantemente — às vezes a cada três horas. Ele começou a perder a noção do tempo. Já não sabia bem por que estava ali. Em suas palavras, era como se estivesse cambaleando, sozinho, "numa tempestade de areia".

Depois de seis semanas, deram-lhe, sem mais explicações, uma camisa branca limpa e uma ordem para tomar banho. Ia ver a mulher. Circulavam boatos de que Ai estava sendo torturado, e o governo sofria pressões para refutá-los. A encenação o deixou furioso. "Não quero vê-la", disse, "porque os senhores me informaram que eu não tinha a menor possibilidade de ver um advogado. E o que eu poderia contar a ela sobre o que aconteceu nesse um mês e meio?" A oferta não era negociável. Instruíram-no a dizer que estava sendo investigado por "crimes econômicos", e desfrutava de boa saúde. E nada mais.

A prisão de Ai Weiwei atraiu a atenção internacional num nível que sua arte propriamente jamais fora capaz. Da noite para o dia, ele se tornou um dos mais famosos dissidentes do mundo.

Defensores faziam manifestações diante de embaixadas da China. Seu retrato — a barba, os olhos de pálpebras intumescidas, as bochechas de joelho de porco — foi projetado em fachadas de prédios e gravado em camisetas vendidas na Europa e nos Estados Unidos. O escultor britânico Anish Kapoor convocou um protesto mundial, e dedicou sua mais recente obra a Ai — uma colossal instalação roxa, inflada dentro do Grand Palais em Paris, à qual deu o título de *Leviathan*. No *New York Times*, Salman Rushdie invocou as grandes batalhas entre a arte e a tirania — Augusto contra Ovídio, Stálin contra Mandelstam — e escreveu: "Hoje o governo da China é a maior ameaça mundial à liberdade de expressão, por isso precisamos de Ai Weiwei".

Dentro da China, as reações foram mais complicadas. Num jantar poucos dias depois que Ai desapareceu, uma marchand americana de arte chinesa, com profundas raízes na capital, me repreendeu por escrever sobre a prisão. "A hora é de evitar o confronto", recomendou, citando uma cláusula da legislação chinesa que permite à polícia deter um suspeito por trinta dias sem acusação formal, e previu que Ai seria solto de acordo com a letra da lei. "Pare de constranger a China", acrescentou. "Deixe passar os trinta dias." Nossa anfitriã, que havia muito tempo residia na China, e tinha bem menos confiança nos tribunais chineses, disse à marchand: "Passei vinte anos defendendo a China, mas não há como defender isto. Você não podia estar mais equivocada". O jantar não durou muito.

A verdade era que eu tinha dúvidas sobre até que ponto deveria escrever sobre Ai Weiwei — ou, em casos similares, sobre o advogado cego Chen Guangcheng, ou o Nobel Liu Xiaobo. O que essas dificuldades nos revelam sobre a China? Se o consumidor médio de notícias no Ocidente lê (assiste, ou escuta) apenas uma notícia sobre a China por semana, essa notícia deveria tratar de pessoas que levavam uma vida dramática ou uma vida típica? A maior dificuldade para quem escrevia sobre a China não era contornar a burocracia autoritária, nem passar de vez em quando por uma delegacia de polícia. Era lidar com proporções: até que ponto se deveria acentuar a luz ou a escuridão? A oportunidade ou a repressão? De longe, era difícil para um estrangeiro julgar, mas descobri que de perto não era muito menos complexo, porque dependia da direção do olhar.

O estereótipo sobre os jornalistas ocidentais era o de que dávamos demasiada atenção aos dissidentes. Isso acontecia porque, segundo nos diziam, simpatizávamos com suas esperanças de democracia liberal, e porque eles sabiam falar inglês e dar declarações de efeito. De fato, o drama inerente à situação do indivíduo que enfrenta o Estado era, sem sombra de dúvida, sedutor, e ajudava a explicar por que a imagem mais famosa da China dos últimos trinta anos não era a de ascensão econômica, mas a do homem em pé diante do tanque perto da praça Tiananmen. Sempre que escrevia sobre abusos contra os direitos humanos, eu já sabia que as reações mais críticas viriam de outros expatriados na China. Eu estava ciente de que estrangeiros sem motivos para investigar o país podiam passar anos na China sem falar com alguém que tivesse sido torturado ou trancafiado sem julgamento, e para essas pessoas o foco da minha atenção estava equivocado. Dissidentes famosos em Nova York e Paris eram desconhecidos dos chineses comuns, e isso sugeria que a discussão sobre democracia e direitos humanos não se afinava com as preocupações diárias do povo em geral.

Mas esses argumentos não me convenciam muito. A popularidade sempre me pareceu um jeito estranho de avaliar a importância de uma ideia num país que censura ideias. (Um grupo de pesquisadores de Harvard descobriu, mais tarde, que a notícia da prisão de Ai foi um dos assuntos mais severamente censurados do ano, o que joga por terra a noção de que o povo chinês não deu importância à sua prisão.) O *Global Times* declarou que a visão de mundo de Ai não era "a percepção predominante na sociedade chinesa". Em certo sentido, o jornal tinha razão: o estilo de vida de Ai Weiwei afastava-se, decididamente, do estilo predominante. Mas, no terreno das ideias, isso já não era tão claro: o desabamento das escolas no terremoto tinha cativado as atenções dos chineses comuns, e não apenas da elite urbana, e ao tentar conferir dignidade à morte de algumas das pessoas mais vulneráveis da China, Ai Weiwei punha em prática uma ideia que muita gente apoiava. Mesmo que fosse uma minoria, ignorar o impacto de um pequeno grupo de pessoas de convicção me parecia um erro de interpretação da história chinesa, na qual pequenos grupos com frequência exerceram grande força.

Entender por que Ai Weiwei foi preso — ou por que Gao Zhisheng sofreu abusos, ou por que Liu Xiaobo estava na cadeia — era indispensável para o bom entendimento da China. O grau de aceitação de uma figura como Ai Weiwei era uma pista sobre o quanto a China tinha avançado, ou não, em direção a uma sociedade moderna e aberta.

Quando o tempo de detenção se estendeu para dois meses, a prisão de Ai Weiwei dividiu os círculos artísticos da China: muitos se assustaram com a prisão, um indício de que ninguém era famoso demais, ou bem relacionado demais, para escapar de ser isolado. Mas vários outros se ressentiam das críticas de Weiwei a companheiros intelectuais, e achavam sua conduta inútil e hostil. Em Beijing, houve quem revirasse os olhos diante do clamor internacional. Tornou-se moda sussurrar que Ai Weiwei e Liu Xiaobo eram messiânicos.

Mesmo entre os que ficaram horrorizados, a prisão foi esclarecedora: ajudou-os a estabelecer os limites do que julgavam poder realizar. Numa conversa que tive com o escritor Han Han, ele me disse: "Sobre o desaparecimento de Ai Weiwei, não há nada que possamos fazer". Estávamos num lugar estranho para uma conversa sobre política: uma pista de corrida de carros nos subúrbios de Shanghai. Modelos desengonçadas circulavam a passos largos em roupas minúsculas de vinil: minissaias da Volkswagen, camisetas da Kia que deixavam a cintura à mostra. Han Han usava um uniforme prateado de piloto, com propagandas da Volkswagen no meio, da Red Bull nos punhos e da Homark Aluminum Alloy Whells no bíceps direito. Estávamos na tenda da equipe, onde o ar cheirava a combustível e borracha, e carros zuniam pelas curvas como abelhas irritadas. Pilotos entravam e saíam, pavoneando-se, abrindo as abas das tendas como sultões em filmes antigos.

Nos últimos anos, Han e Ai Weiwei tinham mantido uma relação cordial, ainda que distante. O artista elogiara a obra de Han, e o escritor, em sua revista, publicara uma radiografia da cabeça de Ai Weiwei depois do trauma craniocerebral. Mas agora Han escolhia as palavras com cuidado: "Se o governo acha que Ai é um grande problema, deveria dizê-lo; tem o poder de prendê-lo, se quiser. Ficaria tudo bem se todo mundo soubesse o que está acontecendo. A razão que deram foi 'crimes econômicos'. Ai é artista e é famoso, portanto, se dizem que cometeu 'crimes econômicos', é preciso que mostrem as provas". Mas Han Han não postaria nada no blog sobre o assunto. Disse-me que seria "inútil". "O sistema pode bloquear automaticamente o nome."

Enquanto falávamos, eu me dei conta de como era fácil ignorar as distinções entre chineses que à primeira vista pareciam compartilhar ideias. Poucos dias antes, o escritor Ma Jian, que morava em Londres, tinha conjecturado, num artigo publicado fora da China, que, com Ai Weiwei preso, os próximos alvos seriam Han Han e três outros críticos de renome. "O regime não vai parar de perseguir enquanto as únicas vozes ouvidas forem as de seus artistas 'oficiais'", escreveu Ma. Mas juntar Han Han e Ai Weiwei num mesmo pacote de liberais que buscam a reforma política obscurecia profundas diferenças. "A crítica de Ai é mais direta, e ele persiste mais num único assunto", me disse Han. "Já no meu caso, eu critico uma coisa, eles não gostam, e se me pedem para parar de falar naquilo eu critico outra coisa. Temos centenas de coisas para criticar."

Descobrir até onde qualquer indivíduo podia ir na vida criativa chinesa era como traçar uma linha na areia na maré baixa no escuro; o terreno político muda continuamente. O trecho que um minuto antes era firme pode estar inundado no momento seguinte. Han Han mantinha uma intermitente *détente* com o governo, mas estava disposto a permanecer do lado seguro das linhas que conseguia ver, sem alimentar muitas ilusões. Nunca tentou levar seu ativismo da internet para as ruas, e era contrário à ideia de convocar eleições multipartidárias. "O partido ganhará de qualquer jeito, porque é rico e pode subornar", observou ele. "É melhor que a cultura seja mais vibrante, e a mídia, mais aberta." Os de fora costumavam confundir sua demanda por abertura com a demanda imediata por democracia, mas a diferença era fundamental.

Em 22 de junho, seu octogésimo primeiro dia sob custódia, Ai Weiwei foi informado de que ficaria dez anos na prisão — ou seria solto aquela tarde, desde que concordasse em aceitar a acusação de "evasão fiscal". Deram-lhe uma declaração para assinar. Ele pediu para falar com um advogado, mas negaram. "Se não assinar", informou-lhe um dos interrogadores, "não temos como soltá-lo nunca, porque não conseguimos terminar o nosso trabalho." Aquele momento foi uma revelação. "Na verdade, você não está lutando contra um sistema", explicou ele. "Está lidando com duas pessoas muito subalternas, que não acreditam que você seja criminoso, mas não conseguem terminar seu trabalho. E elas também se sentem muito frustradas."

A cláusula mais importante de sua soltura era não falar com estrangeiros, nem escrever na internet durante um ano. Ele assinou a declaração. Depois, foi levado de carro para uma delegacia, onde sua mulher o aguardava. O caso prosseguiria, mas por ora estava livre. Ficou perplexo. Por que o soltaram? Só lhe restava conjecturar. Teria sido pressão diplomática? O primeiro-ministro Wen Jiabao preparava-se para visitar a Grã-Bretanha e a Alemanha, onde haveria protestos contra a prisão de Ai, mas a única explicação oficial foi dada pela agência de notícias estatal, que informou que a empresa de Ai Weiwei tinha sonegado "um imenso volume de impostos, destruindo, deliberadamente, documentos contábeis". Ai foi solto sob fiança, dizia ainda a declaração, devido "à sua boa atitude de confessar seus crimes, assim como a uma doença crônica".

Quando chegou ao ateliê, uma multidão de câmeras de TV o aguardava na escaldante noite de verão. Seus braços magros emergiram de uma surrada camiseta azul para segurar o cós das calças na cintura. Tinha perdido treze quilos, e a polícia ficara com seu cinto. Os repórteres o cercaram e ele pediu compreensão. Não tinha permissão para falar. O clima era estranho; não estava claro se aquilo era uma vitória ou uma derrota. Como a saída de Hu Shuli da *Caijing*, a libertação de Ai Weiwei o lançou numa custosa espécie de liberdade. Nos anos decorridos desde que o partido resolvera construir uma "sociedade harmoniosa" — a noção de um país sem diferenças —, eu vira vozes dentro da China se tornarem mais exigentes, e o partido se erguer para enfrentar o desafio. A busca da verdade, que tinha começado dentro dos limites de instituições como a revista de Hu Shuli, ampliara-

-se ao longo dos anos, absorvendo também indivíduos como Ai Weiwei e Chen Guangcheng, que não representavam instituição nenhuma e que, para o governo, eram mais difíceis de controlar. Em seguida a busca se expandira ainda mais, englobando as opiniões do povo nas ruas, agora amplificadas com a ajuda da tecnologia.

Com tantas vozes clamando ao mesmo tempo, a visão alimentada pelo partido de uma "melodia central", um consenso ideológico, se fragmentava. Os chineses se voltavam uns para os outros à procura não apenas de informações, mas também de lealdade. Um ano depois do advento do site de microblogging Weibo, um estudo revelou que 70% dos usuários na China recorriam à mídia social como principal fonte de notícias; nos Estados Unidos, esse número era de 9%.

A autoridade derradeira do partido era, naturalmente, física: a capacidade de trancafiar os críticos. Ao observar um abatido Ai Weiwei passar pelo portão turquesa e entrar em casa — para aguardar a próxima medida do governo —, me perguntei se o partido não teria afinal recuperado a autoridade que vinha perdendo sobre a manifestação do pensamento na China. Com a força bruta, o partido voltara a ditar os termos dessa manifestação no país. Em menos de um mês percebi o quanto estava errado.

16. Tempestade de raios

A Estação Ferroviária Sul de Beijing tem formato de disco voador — o teto abobadado, cor de prata, iluminado por claraboias. Contém tanto aço quanto o prédio do Empire State, e pode receber 240 milhões de pessoas por ano, 30% a mais do que a Penn Station em Nova York, a mais movimentada dos Estados Unidos. Quando a estação Sul de Beijing foi inaugurada, em 2008, era a maior da Ásia; depois Shanghai lhe roubou a coroa. Nos últimos anos, cerca de trezentas estações foram construídas ou revitalizadas pelo Ministério das Ferrovias da China, que tem quase tantos empregados quanto o governo americano.

Na manhã de 23 de julho de 2011, passageiros atravessaram às pressas a estação, atendendo à última chamada para embarcar no trem-bala D301, que partia para o sul na maior, mais rápida e mais nova ferrovia de alta velocidade do mundo, a Expresso da Harmonia. Seguiria para Fuzhou, a 1900 quilômetros de distância. Ao chegar à plataforma, os passageiros encontraram um veículo que mais parecia um jato sem asas do que um trem: um tubo de liga de alumínio de quatrocentos metros de comprimento, com dezesseis vagões, pintado de branco brilhante e listras azuis. Os convidados foram conduzidos a bordo por comissárias de chapéu à moda Pan Am e saias justas estilo "lápis"; cada comissária, de acordo com o regulamento, deveria ter pelo menos 1,67 metro de altura, e era treinada para sorrir mostrando exatamente oito dentes. Uma universitária de vinte anos de idade chamada Zhu Ping ocupou seu lugar, e passou uma mensagem de texto para a colega de quarto dizendo que logo mais "voaria" para casa nos trilhos. "Até meu laptop está mais rápido do que de costume", escreveu ela.

Para a família Cao, no vagão-leito, viajar com estilo era um símbolo de triunfo. O casal havia emigrado para o Queens, em Nova York, duas décadas antes, e tinham conseguido empregos estáveis como zeladores no Aeroporto LaGuardia. Mandaram dois filhos para a faculdade, tornaram-se cidadãos americanos e agora estavam de volta à China, numa excursão, posando para fotos com chapéus combinando, postando-se eretos sob o retrato de Mao na praça Tiananmen. Sua próxima parada era uma reunião com parentes em Fuzhou. Aquela era a primeira viagem de férias que faziam na vida. O filho Henry, dono de uma loja de câmeras e acessórios para fotografia no Colorado, voltava, pela primeira vez, a um país que aprendera a recordar como um lugar pobre.

Até recentemente, os trens da China tinham sido símbolos de atraso. Mais de um século antes, a imperatriz viúva, quando recebeu de presente uma locomotiva em miniatura para transportá-la pela Cidade Imperial, achou a "carroça tocada a fogo" tão ofensiva à ordem natural das coisas que proibiu o seu uso, fazendo questão de que sua carruagem continuasse a ser puxada por eunucos. O presidente Mao construiu trilhos cruzando o interior de um lado para outro, parcialmente para uso militar, mas para a gente comum as viagens continuaram a ser uma lástima, em trens superlotados e sempre atrasados, que recebiam apelidos de acordo com a mancha de fuligem dos vagões: "peles verdes" os mais lentos, "peles vermelhas", um pouco melhores. Mesmo depois que o Japão introduziu os trens de alta velocidade, nos anos 1950, e a Europa logo em seguida, a China ficou para trás, com duas polegadas de trilho por pessoa, como lamuriava a imprensa estatal — "menor que o comprimento de um cigarro".

Em 2003, o ministro das Ferrovias da China, Liu Zhijun, encarregou-se de planos para construir 12 mil quilômetros — mais do que existia no resto do mundo. Para qualquer pessoa que conhecesse os trens da China, era difícil imaginar. "Em 1995, se você me dissesse onde a China estaria hoje, eu ia achar que você estava pirado", me disse Richard Di Bona, consultor britânico de transportes em Hong Kong. Com um investimento total de mais de 250 bilhões de dólares, a iniciativa seria o mais caro projeto de obras públicas do mundo desde o Sistema de Rodovias Interestaduais do presidente Eisenhower nos anos 1950.

Para completar a primeira estrada até 2008, o ministro Liu, cuja ambição e extravagância lhe valeram o apelido de Liu Grande Salto, fez suas equipes de operários e engenheiros trabalharem em turnos, 24 horas por dia, instalando trilhos, revisando projetos e cavando túneis. "Para dar um grande salto", Liu gostava de dizer, "é preciso sacrificar uma geração." (Alguns colegas o chamavam de Liu Lunático.) A agência estatal de notícias tratava como celebridade um engenheiro chamado Xin Li, que ficou tanto tempo no computador que perdeu parte da visão do olho esquerdo. ("Continuarei trabalhando mesmo sem um olho", disse ele a um repórter.) Quando a primeira linha de alta velocidade foi inaugurada, em 2008, estourara o orçamento em 75% e era pautada quase totalmente em projetos alemães, mas ninguém se importou muito com isso durante a cerimônia. Na viagem inaugural de outra linha, Liu sentou-se numa cadeira ao lado do maquinista e disse: "Se alguém vai morrer, serei o primeiro".

Naquele outono, para ajudar a prevenir os efeitos da recessão global, os governantes chineses mais que dobraram os gastos com ferrovias de alta velocidade e elevaram a meta para 16 mil quilômetros de trilhos até 2020, extensão que equivalia à da primeira ferrovia transcontinental dos Estados Unidos multiplicada por cinco. A China se preparava para exportar sua tecnologia ferroviária para o Irã, a Venezuela e a Turquia. Planejou uma linha para transporte de carga através das montanhas da Colômbia capaz de concorrer com o Canal do Panamá, e assinou contrato para construir o "expresso peregrino", que transportaria fiéis entre Meca e Medina. Em janeiro de 2011, o presidente Obama mencionou a explosão ferroviária chinesa no discurso do Estado da União como prova de que "nossa infraestrutura já foi a melhor, mas perdemos a posição de liderança". No mês seguinte, o governador da Flórida, Rick Scott, bloqueou a construção do primeiro trem de alta velocidade dos Estados Unidos, rejeitando recursos federais. A Amtrak anunciou planos para alcançar velocidades comparáveis às da China até 2040.

De Beijing, o trem D301 disparou para o sul e para o leste através de campos verdinhos de arroz em direção à costa. Para Henry Cao, sentado perto de uma janela no último compartimento do segundo vagão, o trem parecia flutuar, contornando longas e elegantes curvas e estremecendo, de vez em quando, com o *uomp* de um trem que seguia na direção oposta. Enquanto o sol se punha, uma tempestade de verão começou a se formar, e Henry via raios tremeluzirem nas nuvens. Estirou-se na cama dobrável do vagão. A seus pés, a mãe viajava sentada com as costas eretas. Era uma mulher baixa, de cabelos ondulados, e usava uma blusa de listras azuis e brancas. Vivera metade da vida nos Estados Unidos, mas mantinha os hábitos dos viajantes chineses, levando numa pochete mais de 10 mil dólares em espécie, além de joias de jade para dar de presente. O marido ia sentado ao lado com seu iPhone, e capturou o trêmulo flagrante do velocímetro digital no fim do vagão, que indicava trezentos quilômetros por hora.

Às sete e meia da noite, nos arredores da cidade de Wenzhou, um raio atingiu uma pesada caixa de metal ao lado dos trilhos. A caixa, do tamanho de uma secadora de roupas, era parte de um sistema de sinalização que permitia a maquinistas e controladores de tráfego saberem onde estavam os trens. Como os túneis bloqueiam os sinais de radar, os trens dependem muito de equipamento conectado por cabos, como a caixa ao lado dos trilhos, que ajuda maquinistas e controladores a falarem entre si e operar os sinais, dando aos maquinistas os comandos básicos de parar e seguir. Quando o raio atingiu a caixa, o fusível estourou, causando dois problemas catastróficos: interrompeu as comunicações e congelou os sinais no verde.

Numa estação próxima, um técnico capturou sinais truncados dos trilhos. Ordenou a uma equipe de mecânicos que saísse na tempestade para investigar e relatar o problema a um controlador de tráfego em Shanghai chamado Zhang Hua. O trem com a família Cao ainda estava a quilômetros de distância, mas outra composição, D3115, que também ia para Fuzhou, com 1072 pessoas a bordo, seguia na frente do D301. Zhang contatou o D3115 para avisar ao maquinista que, devido ao sinal defeituoso, seu trem talvez fosse desligado automaticamente. Nesse caso, deveria assumir o controle manual e seguir com cautela até chegar a uma seção com a operação normalizada. Como previsto, o computador parou o trem, mas quando o maquinista tentou prosseguir o motor não ligava, apesar de repetidas tentativas. Acionou Shanghai seis vezes em cinco minutos, mas não conseguiu completar a ligação. Em seu trem, um passageiro pôs na internet uma foto do vagão no escuro, com a pergunta: “Que aconteceu com este trem depois daquela tempestade maluca?? Está mais lento que uma lesma... Espero que não aconteça nada".

O controlador Zhang dividia sua atenção entre dez trens. Como não tinha ouvido mais nada do D3115, deve ter imaginado que o trem voltara a funcionar e seguira em frente. O trem com a família Cao já estava atrasado meia hora, e às 20h24 Zhang o autorizou a prosseguir. Cinco minutos depois, o maquinista do primeiro trem por fim conseguiu ligar o motor, voltando a avançar lentamente. Quando chegou a uma seção em perfeito funcionamento dos trilhos, sua composição apareceu de repente nas telas do sistema, como se surgisse do nada, e um controlador percebeu o desastre iminente. O trem que vinha atrás tinha luz verde e avançava pelo trilho. O controlador alertou o maquinista: "D301, cuidado! Há um trem na sua zona. O D3115 está indo na sua frente! Cuidado, o.k.? O equipamento...". Nesse momento, a linha caiu.

O maquinista do D301, Pan Yiheng, era um ferroviário de 38 anos, nariz chato e olhos afastados. Nos segundos finais, Pan puxou um freio de mão de emergência. Seu trem passava por um estreito viaduto sobre um vale plano, e logo na frente ia o D3115, tão lentamente que era como se fosse um muro.

A colisão empalou Pan na alavanca do freio, e atirou Henry Cao no espaço. Seu corpo retesou-se para receber o impacto. Não houve impacto. Em vez disso, ele percebeu que estava caindo — não saberia dizer por quanto tempo. "Escutei a voz de minha mãe gritando", me disse ele depois. "E então tudo se apagou." Seu vagão saltou dos trilhos, com outros dois, tombando num campo vinte metros abaixo. Um quarto vagão, repleto de passageiros e emitindo faíscas, ficou pendurado, balançando verticalmente na borda do viaduto. Henry acordou num hospital, onde os médicos lhe removeram o baço e um rim. Tinha um tornozelo esmagado, costelas quebradas e traumatismo craniano. Quando recuperou em parte a lucidez, foi informado de que os pais estavam mortos. No caos do resgate, os 10 mil dólares de sua mãe tinham desaparecido.

* * *

O desastre de Wenzhou matou quarenta pessoas e feriu 192. Por razões práticas e simbólicas, o governo fez o possível para recolocar os trens em movimento, e dentro de 24 horas anunciou que a ferrovia voltara a funcionar. O Departamento Central de Propaganda ordenou aos editores que dessem um mínimo de atenção ao desastre. "Não façam perguntas, não expliquem", advertiu. Quando os jornais saíram na manhã seguinte, o primeiro desastre entre trens de alta velocidade na China não foi notícia de primeira página.

Mas, em vez de seguir em frente, o público queria saber o que tinha acontecido, e por quê. Não se tratava de um ônibus que saiu da pista num lugarejo remoto de província; dezenas de homens e mulheres morreram vitimados por uma das mais magníficas conquistas tecnológicas do país — numa nova era interconectada, quando passageiros tinham celulares, e testemunhas e críticos enfim dispunham de ferramentas para contestar os propagandistas. Apenas três anos haviam decorrido desde o terremoto em Sichuan, que deixara um número de mortos incomparavelmente maior. Mas o desastre de trem ocasionou repercussões diferentes na China.

As pessoas queriam saber por que um sobrevivente de dois anos de idade foi encontrado entre os destroços depois que os socorristas suspenderam as buscas. Um porta-voz da ferrovia usou a palavra "milagre". Mas os críticos o ironizaram, descrevendo sua explicação como um "insulto à inteligência do povo chinês". Nos dias que se seguiram ao desastre, o assunto da colisão gerou 10 milhões de mensagens no Weibo, de gente de todos os cantos do país, expressando sentimentos como este: "Quando um país é tão corrupto que um raio pode provocar um desastre de trem [...] nenhum de nós está livre. A China hoje é um trem correndo numa tempestade de raios [...]. Somos todos passageiros".

A certa altura, as autoridades cavaram um buraco e enterraram parte do trem destroçado, alegando que precisavam de terra firme para os esforços de recuperação. Quando foram acusadas por repórteres de tentar frustrar uma investigação, um infeliz porta-voz respondeu: "Quer os senhores acreditem ou não, eu acredito", frase que se espalhou pela internet como símbolo da desgastada credibilidade do governo. (O trem foi exumado e o porta-voz, demitido: a última notícia que se teve dele foi que estava trabalhando na Polônia.)

Dias depois a empresa estatal que produzia caixas de sinalização pediu desculpas por erros de projeto. Mas, para muita gente na China, a atenção dada a uma única peça defeituosa disfarçava o provável papel desempenhado por um problema mais profundo, escondido mas detectável na ascensão da China: o da corrupção generalizada e da negligência moral, que já permitira que leite contaminado por produtos químicos fosse vendido no mercado, escolas fossem construídas com material de baixa qualidade na zona de terremotos de Sichuan, e pontes instáveis fossem inauguradas antes da hora para atingir metas políticas. Um apresentador de televisão, Qiu Qiming, tornou-se um improvável porta-voz do momento quando ignorou o texto preparado e perguntou ao vivo: "Será que podemos beber um copo de leite que seja confiável? Ficar num apartamento que não desabe? Viajar por ruas de nossas cidades que não desmoronem?".

Ao primeiro-ministro, Wen Jiabao, só restou visitar o lugar do desastre e prometer uma investigação. "Se descobrirmos que há corrupção por trás disto, vamos cuidar do assunto nos termos da lei, e não seremos lenientes", disse. "Só assim seremos justos com aqueles que morreram." Quando as pessoas começaram a perguntar por que Wen demorara cinco dias para fazer a visita, ele respondeu que estava muito doente e tinha passado os onze dias anteriores na cama. (Houve quem desenterrasse na internet manchetes e fotos referentes àqueles dias que mostravam Wen recebendo dignitários e presidindo reuniões.)

O público não esqueceu as promessas de Wen quando o primeiro prazo dado para a investigação se esgotou, e as demandas por uma prestação de contas mais completa continuaram. Finalmente, em dezembro, as autoridades divulgaram um relatório minucioso e sem precedentes. Reconheceram "graves falhas de projeto", "descaso no gerenciamento da segurança" e problemas de licitação e teste. Além disso, responsabilizaram 54 pessoas no governo e na indústria, a começar por Liu Grande Salto. Quando conversei com um engenheiro que trabalhara na construção da ferrovia, ele me disse: "Eu não saberia identificar com precisão as etapas que foram negligenciadas, ou que não duraram o tempo necessário, porque o processo foi todo abreviado, do começo ao fim". E acrescentou: "Há uma expressão chinesa que diz que, quando se dá um salto muito grande, pode-se rasgar o saco".

O ministro das Ferrovias, Liu Zhijun, à primeira vista não parecia um candidato a cair dramaticamente em desgraça diante do público. Filho de agricultor, pequeno e magro, tinha problemas de visão e era dentuço. Foi criado numa aldeia nos arredores da cidade de Wuhan e abandonou a escola quando adolescente para trabalhar num emprego que consistia em andar pelos trilhos com um martelo e um medidor. Tinha um senso inato de como chegar ao poder. Boa caligrafia era raridade na província, e Liu aperfeiçoou sua letra, tornando-se o calígrafo predileto de chefes de instrução limitada que precisavam escrever cartas. Casou-se com uma mulher de família bem relacionada politicamente, tornando-se membro do partido aos 21 anos. Era um marqueteiro incansável das ferrovias e de si mesmo, e subiu depressa, passando a chefiar escritórios de província antes de sua ascensão para a sede do poder em Beijing. Em 2003, como ministro das Ferrovias, comandava um império burocrático que só perdia em escala e independência para as Forças Armadas, com força policial, tribunais e juízes próprios, e bilhões de dólares à disposição. Seu ministério, um estado dentro do Estado, era conhecido na China como *tie laoda* — "Chefia de Ferro".

Liu mantinha os cabelos negros e esquisitamente penteados para esconder a calvície, e usava óculos de armação de chifre quadrada tão comuns entre os altos burocratas que eram conhecidos como "óculos de dirigente". Um colega de Liu, um ferroviário que trabalhava em estreita colaboração com ele, me disse: "Desde a revolução, muitas autoridades chinesas têm a mesma aparência. O mesmo rosto, o mesmo uniforme, até a mesma personalidade. Fazem tudo por etapas, e contentam-se em sentar e aguardar a promoção. Mas Liu Zhijun era diferente". Se era possível conferir glamour a um emprego de ferrovia, ele estava disposto a fazê-lo. Gostava de convocar reuniões depois da meia-noite e de ostentar seus hábitos de trabalho. Mesmo depois de ascender às altas esferas do poder, jamais deixou de adular os superiores. Certo verão, quando o presidente Hu Jintao voltava de trem para Beijing, Liu correu tão freneticamente até a plataforma para recebê-lo que quase perdeu os mocassins. "Eu gritava: 'Ministro Liu, seus sapatos! Não vá cair!'", contou um funcionário. "Mas ele não dava a mínima. Continuava correndo e rindo."

O sucesso de Liu foi muito vantajoso para seu irmão, Liu Zhixiang, que entrou no ministério e fez carreira meteórica. Gostava de contar piadas e era de temperamento imprevisível. Em janeiro de 2005, foi detido para responder a perguntas sobre apropriação indébita, cobrança de propinas e seu papel no assassinato de um empreiteiro que ameaçou denunciá-lo. A essa altura, já era vice-chefe do Escritório de Ferrovias de Wuhan. (A vítima foi morta a canivetadas diante da mulher. De acordo com uma publicação jurídica oficial, o homem tinha feito uma previsão em seu testamento: "Se eu for morto, terá sido pelas mãos do corrupto funcionário Liu Zhixiang".) O irmão do ministro embolsava uma fatia tão grande da venda de passagens que acumulou o equivalente a 50 milhões de dólares em espécie, imóveis, joias e objetos de arte. Quando os investigadores o apanharam, vivia entre montanhas de dinheiro tão grandes e desorganizadas que as cédulas tinham começado a mofar. (Estocar dinheiro é um dos problemas que mais atormentam os funcionários corruptos chineses, pois a cédula mais alta em circulação, uma nota de cem iuanes, vale cerca de quinze dólares.) Ele foi condenado à morte, mas a sentença foi suspensa e comutada para dezesseis anos de prisão. Em vez de cumprir pena numa penitenciária, foi transferido para um hospital, onde, segundo consta, continuou a comandar negócios da estrada de ferro por telefone.

De volta a Beijing, o ministro Liu cercou-se de assessores leais. O *capo di tutti capi* era o engenheiro Zhang Shuguang, que uma vez compareceu a uma conferência sobre ferrovias vestindo sobretudo de peles e cachecol branco e gostava de descrever seu estilo de negociação como "punho cerrado". Durante boa parte de sua carreira, chefiou a divisão de trens de passageiros, controlando colossais alocações de verbas. "Tudo dependia de um aceno de sua cabeça", me disse Zang Qiji, membro aposentado da Academia de Ciências Ferroviárias. Zhang praticamente não entendia nada de ciência, mas queria impor respeito e tentou garantir vaga numa sociedade acadêmica de elite mandando dois professores escreverem um livro em seu nome. (Não conseguiu entrar por um voto.)

Liu apostava tudo em ferrovias de alta velocidade. Para prevenir inflação no custo da terra, da mão de obra e de materiais, pregava a pressa como virtude máxima. "Precisamos aproveitar a oportunidade, construir mais ferrovias, e construir rápido", disse numa conferência em 2009. As ambições de Liu e as do autoritarismo chinês formavam uma combinação imprevisível. O ministério era sua própria agência reguladora, quase sem supervisão, e o ministro e seus assessores não toleravam contestação. Quando o professor Zhao Jian, da Universidade Jiaotong, de Beijing, criticou publicamente o ritmo de construção das ferrovias de alta velocidade, Liu o convocou e aconselhou que se calasse. Zhao recusou-se a ceder, e foi chamado pelo reitor da universidade. "Ele me disse para não continuar a manifestar minhas opiniões", lembrou Zhao. O professor resistiu, mas suas preocupações foram ignoradas, pelo menos até o desastre. "Mas então já era tarde demais", acrescentou.

A obsessão por velocidade englobava tudo. O sistema crescia tão depressa que quase tudo que um fornecedor produzisse achava comprador, independentemente da qualidade. De acordo com investigadores, o sinal que falhou no desastre de Wenzhou foi desenvolvido em seis meses, a partir de junho de 2007, pela Corporação de Sinais e Comunicações Ferroviários da China. A empresa estatal tinha cerca de 1300 engenheiros, mas estava assoberbada por demandas de prazo, e os investigadores do desastre descobriram que os encarregados do sinal tinham realizado apenas uma "descuidada" inspeção, que "não descobriu graves defeitos e importantes riscos ocultos". O escritório encarregado era "caótico", um lugar onde "arquivos sumiam". Apesar disso, o sinal passou pela inspeção em 2008 e foi instalado no país todo. Quando a indústria distribuiu prêmios para novas tecnologias aquele ano, o dispositivo ganhou o prêmio mais importante. Mas um engenheiro dentro da empresa me disse, posteriormente, que não ficou surpreso ao saber que o trabalho tinha sido feito às pressas.

Havia outros fatores suspeitos. Em abril de 2010, o diretor da Ferrovia Central do Japão, Yoshiyuki Kasai, disse que a China estava construindo trens baseados, em grande parte, em projetos japoneses. Quando as Indústrias Pesadas Kawasaki ameaçaram processar os chineses por usarem sua tecnologia como se fosse chinesa, o ministro das Ferrovias em Beijing rejeitou a queixa, segundo ele um indicativo de "um frágil estado de espírito e de falta de confiança". Kasai também chamou a atenção para o fato de que a China estava operando os trens a velocidades 25% acima do permitido no Japão. "Chegar assim tão perto do limite é uma coisa que nós nunca fazemos, em hipótese nenhuma", disse ele ao *Financial Times*, de Londres.

Nos dias que antecederam o desastre, a corrida para construir as ferrovias acrescentou um último e letal fator a essa mistura. Em junho, o governo havia feito coincidir a inauguração da linha mais destacada até aquela altura, a Beijing-Shanghai, com o nonagésimo aniversário do Partido Comunista chinês. Um ano inteiro tinha sido suprimido do calendário das obras, e as primeiras semanas de funcionamento foram estorvadas por atrasos e falhas de energia. De acordo com um administrador no ministério, os funcionários das ferrovias de alta velocidade haviam sido advertidos de que novos atrasos afetariam o valor de seus bônus. Na noite de 23 de julho de 2011, quando os trens começaram a se acumular, controladores e equipes de manutenção correram para consertar o sinal defeituoso e ignoraram a solução mais simples: parar os trens para fazer o reparo. Wang Mengshu, estudioso da Academia Chinesa de Engenharia, vice-chefe do comitê que investigava o acidente, me disse: "O pessoal da manutenção não estava muito familiarizado com seu trabalho, e não quis parar os trens. Ninguém teve coragem".

Na época do desastre, Liu Grande Salto já não dirigia o Ministério das Ferrovias. Em agosto de 2010, a Auditoria Nacional tinha examinado os livros de uma grande empresa estatal e deparado com uma "comissão" de 16 milhões de dólares paga a um intermediário em troca de contratos no sistema de ferrovias de alta velocidade. Descobriu-se que o intermediário representava os interesses de uma mulher chamada Ding Shumiao, que talvez personificasse mais do que qualquer outra pessoa o enriquecimento súbito resultante da explosão ferroviária da China. Ding era uma produtora de ovos analfabeta da zona rural de Shanxi — 1,75 metro de altura, ombros largos e voz alta e penetrante. Nos anos 1980, quando Deng Xiaoping lançou o país na rota do livre mercado, ela coletava ovos com os vizinhos para vender na calçada da sede do distrito. Sem alvará, isso era ilegal. Os ovos foram confiscados, e anos depois ela ainda falava do constrangimento que sofrera. Na época, passou a administrar um pequeno e próspero restaurante, onde oferecia comida de graça para fregueses poderosos e exagerava o próprio sucesso. "Se tinha um iuane, dizia ter dez", me disse um dos seus colegas de longa data. "Assim parecia ter mais influência do que tinha, e aos poucos as pessoas começaram a achar que poderiam tirar proveito da sua amizade."

O restaurante se tornou ponto favorito de executivos do ramo de carvão e de funcionários públicos. Não demorou para que ela se envolvesse no transporte de carvão. Depois passou a usar suas relações para ter acesso barato às rotas de fretes mais cobiçadas e, segundo Wang, do comitê investigador, revender os direitos "por dez vezes o que pagara". Fez amizade com Liu Grande Salto por volta de 2003 e, graças às suas ligações com o setor de estradas de ferro, prosperou. Sua empresa, a Broad Union, assinou joint ventures e forneceu ao ministério rodas de trem, barreiras antirruído e outros produtos. Em dois anos, os ativos da Broad Union triplicaram, atingindo o equivalente a 680 milhões de dólares em 2010, de acordo com a agência estatal de notícias.

Shumiao, o prenome de Ding, traía suas origens rurais, por isso ela mudou para Yuxin, por sugestão de seu conselheiro de feng shui. Era fácil ridicularizá-la — alguns a chamavam de Dona Ding Pateta —, mas o fato é que ela era dotada de grande talento para cultivar relações de negócios. Um colega de longa data me disse: "Tentei ensiná-la a analisar o mercado, a dirigir uma empresa, mas ela disse: 'Não preciso saber nada disso'". A imprensa chinesa descreveu sua audaciosa ascensão social. Para conseguir contatos no exterior, ela financiou um clube "para diplomatas internacionais", que conseguiu atrair a visita, em 2010, do ex-primeiro-ministro da Grã-Bretanha Tony Blair. Suas faustosas recepções conquistaram membros do Politburo. Ela ingressou na câmara baixa do Legislativo da província e fez tantas doações para instituições beneficentes em 2010 que ficou em sexto lugar na lista de filantropos chineses da *Forbes*.

Ding foi detida em janeiro de 2011, denunciada por suborno e negociatas, e considerada culpada de ter pagado 15 milhões de dólares em propinas para que Liu e outros ajudassem 23 empresas a garantirem contratos de construção ferroviária no valor de 30 bilhões de dólares. Pelos serviços que prestava, ela acumulou somas impressionantes: as comissões que recebeu de empreiteiros totalizavam 300 milhões de dólares. Como muitos outros, Ding tinha descoberto o que os auditores do governo só mais tarde vieram a constatar: que o mais famoso projeto de obras públicas da China era um ecossistema quase perfeitamente propício à corrupção — opaco, não supervisionado e transbordando dinheiro em espécie. Em alguns casos, o processo de licitação foi encurtado de cinco dias para treze horas. Noutros, os lances eram puro teatro, porque as obras já tinham começado. O dinheiro evaporava: por exemplo, 78 milhões de dólares reservados para a indenização de pessoas que tiveram suas casas demolidas para dar passagem aos trilhos desapareceram. Intermediários contavam com comissões de 1% a 6%. "Se um projeto é de quatro bilhões e meio, o intermediário leva para casa duzentos milhões", relatou Wang. "E, é claro, ninguém abre a boca."

Um dos mais comuns esquemas de extorsão era a subcontratação ilegal. Um único contrato era dividido, vendido mediante propina e revendido várias vezes até chegar à base da cadeia alimentar do trabalho, onde a mão de obra era barata e não qualificada. Empregos no Ministério das Ferrovias podiam ser comprados e vendidos: 4500 dólares por uma vaga de comissário de bordo, 15 mil dólares por uma de supervisor. Em novembro de 2011, descobriu-se que um ex-cozinheiro, sem nenhuma experiência em engenharia, estava construindo uma ponte ferroviária de alta velocidade usando uma equipe de trabalhadores migrantes, que colocavam pedra triturada nos alicerces em vez de cimento. Nos círculos ferroviários, a prática de substituir os materiais adequados por outros mais baratos era comum o bastante para merecer uma expressão própria: "touliang huanzhu" — roubar as vigas dos pilares.

Com tantas propinas passando de mão em mão, não era de surpreender que partes da ferrovia estourassem violentamente o orçamento. Uma estação em Guangzhou, com custo previsto de 316 milhões de dólares, acabou custando sete vezes mais. O ministério era tão grande que burocratas criavam departamentos fictícios e gastavam por conta. Um vídeo promocional de cinco minutos, visto por pouquíssima gente, custou quase 3 milhões de dólares. O vídeo levou os investigadores à vice-chefe de propaganda do ministério, uma mulher que guardava em casa 1,5 milhão de dólares em espécie e as escrituras de nove casas.

Repórteres que tentavam denunciar a corrupção no mundo das ferrovias acabavam perdidos em becos sem saída. Dois anos antes do desastre, um jornalista chamado Chen Jieren publicou um artigo sobre problemas no ministério intitulado "Cinco razões para que Liu Zhijun seja responsabilizado e renuncie", mas o conteúdo foi apagado de todos os grandes portais da internet. Chen soube depois que Liu controlava uma verba de suborno usada para comprar a lealdade de editores de grandes veículos de mídia e sites. Outras agências do governo também tinham sérios problemas em suas finanças — de cinquenta que foram auditadas, 49 apresentavam irregularidades —, mas o volume de dinheiro em espécie disponível no mundo das ferrovias era, em si, um planeta à parte. Liao Ran, especialista da Transparência Internacional na Ásia, disse ao *International Herald Tribune* que as ferrovias de alta velocidade chinesas estavam se transformando no "maior escândalo financeiro não apenas na China, mas provavelmente no mundo".

Em fevereiro de 2011, cinco meses antes do desastre ferroviário, o partido enfim resolveu agir para deter Liu Zhijun. De acordo com Wang Mengshu, os investigadores chegaram à conclusão de que Liu estava disposto a usar seus ganhos ilícitos para, mediante suborno, ingressar no Comitê Central do partido e, posteriormente, no Politburo. Ele chegou a dizer a Ding Shumiao: "Me separe quatrocentos milhões. Vou precisar distribuir algum dinheiro", me contou Wang. Quatrocentos milhões de iuanes equivalem a cerca de 64 milhões de dólares. Liu conseguiu juntar quase 13 milhões de iuanes antes de ser apanhado, segundo Wang. "O governo central temia que, se chegasse a distribuir quatrocentos milhões em propinas, ele acabaria conseguindo comprar um cargo no governo. É por isso que foi preso."

Liu foi expulso do partido em maio, por "severas violações disciplinares" e "responsabilidade primária de liderança por sério problema de corrupção no sistema ferroviário". Um relato na imprensa estatal afirmou que Liu cobrava 4% de comissão em negócios relativos às ferrovias; outro informou que ele acumulou 152 milhões de dólares em propinas. Foi o mais alto dirigente a ser preso por corrupção em cinco anos. Mas foi a vida privada de Liu que apanhou as pessoas de surpresa. O ministério o acusou de "má conduta sexual", e o jornal *Ming Pao*, de Hong Kong, noticiou que ele tinha dezoito amantes. Dizia-se que a amiga Ding o ajudara a dispor das atrizes de um programa de televisão no qual ela investira. É comum surpreender autoridades chinesas cometendo múltiplos pecados da carne, o que levou o presidente Hu Jintao a fazer um discurso anos atrás alertando seus camaradas contra as "muitas tentações do poder, da riqueza e das mulheres bonitas". Mas a imagem de um Liu Grande Salto correndo atrás de rabos de saia, e a simples logística de manter dezoito amantes, fez dele motivo de piada. Quando perguntei a um colega de Liu se a história das amantes era verdade, ele respondeu: "Depende da sua definição de amante".

Quando o libidinoso Liu finalmente foi deposto, pelo menos mais oito altos funcionários tinham sido demitidos ou estavam sob investigação, incluindo Zhang, o bombástico assessor de Liu. A mídia local informou que Zhang, com salário anual de menos de 5 mil dólares, tinha comprado uma mansão perto de Los Angeles, alimentando conjecturas de que ele se preparava para juntar-se ao êxodo de funcionários públicos que transferiam sua fortuna para o exterior. Nos últimos anos, quadros corruptos que mandaram a família para o exterior ficaram conhecidos em chinês como "funcionários nus". Em 2011, um relatório interno postado na internet pelo banco central estimava que, desde 1990, 18 mil funcionários corruptos tinham fugido do país, depois de roubar 120 bilhões de dólares — dinheiro suficiente para comprar a Disney ou a Amazon. (O relatório foi imediatamente removido.)

Nos meses que passei conversando com as pessoas sobre a ascensão e queda de Liu Zhijun, sua história parecia desnortear tanto inimigos como amigos. Os rivais reconheciam que, ao contrário de muitos dirigentes corruptos, Liu tinha feito alguma coisa importante: produzira um sistema ferroviário que, mesmo com problemas, estava alterando fundamentalmente as noções de distância e tempo da gente comum em todo o país. Do outro lado, seus defensores se viam na desconfortável posição de argumentar que ele não havia feito nada que os colegas não fizessem também. Um simpático colega de Liu, um militar, me disse que a certa altura tinha ficado difícil para Liu evitar a corrupção: "Dentro do sistema hoje, quem não aceita propinas tem que sair. Não há como ficar. Se três de nós estivermos num departamento e você for o único que não aceita suborno, nós dois vamos nos sentir seguros?".

Não muito tempo depois do desastre, conheci um empreiteiro terceirizado da ferrovia a quem perguntei se as coisas tinham melhorado depois da queda de Liu. Ele soltou uma gargalhada sem um pingo de humor: "Aproveitaram para dar um show, mas as regras ainda são as mesmas", disse. "Pegaram Ding Shumiao, mas ela é apenas uma pessoa. Há muitas, muitas Ding Shumiaos."

Semanas depois da colisão em Wenzhou, o Ministério das Ferrovias anunciou uma série de medidas em nome da segurança: recolheu 54 trens-bala para submeter a testes, suspendeu a construção de novas linhas e deu ordem para que os trens desacelerassem, reduzindo a velocidade máxima de 350 quilômetros por hora para trezentos. Mas não demorou para que a explosão ferroviária fosse retomada, e o primeiro aniversário do desastre de Wenzhou foi vigiado de perto. A imprensa estatal teve ordem para não visitar o local do acidente, e os sobreviventes foram aconselhados a ficar calados. Quando um deles, um homem de vinte e poucos anos chamado Deng Qian, tentou visitar o lugar naquele dia, foi seguido pela polícia, que gravou seus movimentos em vídeo. "A mensagem que me deram foi clara: agora sou inimigo deles, uma ameaça", me disse ele. "Acho que vão ficar de olho em nós para sempre."

Henry Cao passou cinco meses num hospital chinês recuperando-se de fraturas ósseas, danos neurológicos e a perda de um rim e do baço. Quando voltou a viver com a família no Colorado, teve que fechar a loja de câmeras e acessórios para fotografia. Ele e o irmão, Leo, foram à China buscar os corpos dos pais. Pediram para fazer uma cerimônia fúnebre na aldeia em Fujian, de onde eram originários, mas o governo proibiu; os pais foram sepultados num cemitério em Long Island.

Liu Zhijun acabaria indo a julgamento. O veredicto não foi nenhum mistério — 98% dos julgamentos chineses terminam em condenação —, mas um indicador confiável do destino de Liu era o fato de que o partido já tinha iniciado um dos seus mais duradouros rituais. Assim como técnicos costumavam varrer os políticos que caíam em desgraça dos arquivos, os censores já tinham assaltado a internet para remover anos de delirantes notícias e documentários em louvor das realizações de Liu, deixando apenas alguns comentários satíricos sobre sua prisão. Não demorou para que Liu Grande Salto fosse expurgado tão completamente da história das conquistas da China que era como se nunca tivesse existido.

A essa altura, o desastre de Wenzhou já tinha se tornado um símbolo dos riscos que o Partido Comunista encontraria pela frente. A colisão atingiu homens e mulheres de classe média que haviam aceitado a grande permuta da moderna política chinesa na era pós-socialista: permitir que o partido reinasse inconteste, desde que fosse razoavelmente competente. O desastre violava esse acordo, e para muita gente se tornou o que o Furacão Katrina representava para os americanos: o fracasso icônico do desempenho governamental. Era um julgamento impiedoso. Gerald Ollivier, alto especialista em infraestrutura do Bando Mundial em

Beijing, chamou a atenção para o fato de que os trens ainda eram de longe o meio de transporte mais seguro da China. "Se a gente para para pensar, os trens de alta velocidade da China devem transportar pelo menos quatrocentos milhões de pessoas por ano", observou. "Quantas pessoas morreram nas ferrovias de alta velocidade da China nos últimos quatro anos? Quarenta. É o número de mortos em acidentes rodoviários no país a cada cinco ou seis horas. Portanto, em termos de segurança, é de longe o meio de transporte mais seguro. O acidente do ano passado foi sem dúvida muito trágico, e não deveria ter acontecido. Mas, em comparação com a alternativa de transportar as pessoas de carro, é pelo menos cem vezes mais seguro."

Apesar disso, na China, as pessoas tendiam a citar uma estatística bem diferente: em 47 anos de serviço, os trens de alta velocidade do Japão registraram apenas uma morte, um passageiro atingido quando uma porta fechava. Ficava claro que partes da nova China tinham sido construídas mais depressa do que seria prudente. Três anos foram reservados para a construção de uma das pontes mais longas do norte da China, mas ela foi terminada em dezoito meses, e nove meses depois, em agosto de 2012, caiu, matando três pessoas e ferindo cinco. Autoridades locais culparam caminhões com excesso de peso, embora fosse a sexta ponte a cair num único ano.

As pessoas já não se contentavam apenas com a riqueza trazida pela ascensão da China. A queda de Liu Grande Salto tinha dramatizado uma cultura do privilégio que perdera o controle de si mesma. Durante anos, Liu se dedicara a melhorar suas perspectivas pessoais e as do país. Perdera o senso de proporção, e a questão agora era saber se o governo a que servia também tinha perdido.

17. Tudo que reluz

A primeira coisa que Hu Gang me ensinou sobre como subornar um juiz foi a importância da comida. "Todos dizem não ao primeiro convite. Depois de três ou quatro, não há um que não aceite, e quando se come junto é meio caminho andado para se tornar alguém da família." Apesar de tudo que se diz sobre corrupção na China, os detalhes sobre como realmente funcionava — a sutil mecânica, os rituais, os tabus — continuavam sendo um mistério. Com o passar dos anos, consegui juntar um pedaço aqui e outro ali, depois de passar um tempo em Macau, conhecer a história de Liu Grande Salto e ler as reportagens investigativas de Hu Shuli, mas isso tudo fornecia apenas fragmentos. Quando conheci Hu Gang, comecei a preencher as lacunas.

À primeira vista, Hu Gang não parecia um instrutor muito óbvio das sombrias artes do sucesso. Quando o conheci, ele era romancista — um homenzinho meticuloso de cinquenta anos, que se metia na vida da filha com um misto de preocupação e orgulho, e que ouvia seus conselhos para não exagerar no almoço. Mas, como para tantos antes dele, quando oportunidades se ofereciam de todos os lados, foi-lhe impossível resistir. Hu tinha feito faculdade de filosofia, e depois de formado iniciou uma sossegada carreira no departamento de recursos humanos da universidade. Quando a economia da China decolou, conseguiu emprego numa casa de leilões, vendendo pintura clássica chinesa e ganhando comissão para cada peça que negociava. "Descobri que muitas das pinturas e muitos dos pergaminhos que as pessoas nos mandavam eram falsos, o que me deixava fascinado", me disse ele durante um almoço. "Pensei comigo, ora, mesmo assim posso vender isso por um bom preço, apesar de lá no fundo não me sentir muito bem."

Seu desconforto não durou muito. Estava tão envolvido com peças de arte falsificadas que resolveu tentar produzir algumas. Descobriu, para sua surpresa, que tinha talento para imitar as vigorosas pinceladas de um Qi Baishi e o realismo de um Xu Beihong. Além disso, ampliou o negócio de leilões, passando a lidar com arrestos, nos quais a assinatura de um juiz dá direito a uma robusta comissão na venda de prédios, terrenos e outros bens. Todo mundo parecia aceitar propinas, disse Hu. "Então, comecei a pensar: se outros podem fazer, por que não eu?"

Mas, como em quase tudo na China, a concorrência era grande; muita gente brigava pela chance de subornar algumas pessoas com poder, e Hu percebeu de imediato que precisava ir além dos simples presentes. Estabeleceu uma rede de relações pessoais e, nisso, se sentiu em casa; subornou juízes primeiro com cigarros, depois com banquetes e com visitas a salões de massagem. Ninguém lhe ensinou, mas era meticuloso e criou certas regras: nunca oferecer propina a um estranho; reservar presentes em dinheiro para o outono, quando chegavam as taxas de matrícula dos filhos. Em pouco tempo, mantinha relações com tantos juízes que teve de fazer três visitas a um salão de massagens num único dia. "Três vezes num dia" — ressaltou, me olhando com ar de espanto. "É desagradável. É cansativo."

* * *

Ao longo dos séculos, cada geração de líderes chineses apresentou sua estratégia para acabar com a corrupção. O imperador Zhu Yuanzhang, no século XIV, mandou executar e esfolar funcionários ladrões, além de empalhá-los para que suas carcaças fossem erguidas como manequins e contempladas por visitantes. Os efeitos não perduraram. Os altos cargos continuaram a ser um meio de enriquecimento tão confiável que um cortesão chamado Heshen, quando finalmente caiu em desgraça, em 1799, tinha acumulado uma fortuna dez vezes maior do que o orçamento anual do governo. Em 1935, o escritor e tradutor Lin Yutang comentou: "Na China um homem pode ser preso por roubar uma bolsa, mas não por roubar o tesouro nacional".

Na era moderna, corrupção e crescimento prosperaram juntos. Nos anos 1980, uma caixa de cigarros chineses Double Happiness e duas garrafas de licor Red Star bastavam para garantir uma transferência de emprego ou o cartão de provisionamento para uma máquina de lavar. Mas em 1992, quando o governo começou a distribuir terras e fábricas para o setor privado, houve uma explosão de corrupção. No primeiro ano, o montante médio recuperado em casos de corrupção mais do que triplicou, chegando a 6 mil dólares. Cigarros Double Happiness acabaram cedendo a vez a bolsas Hermès, carros esportivos e mensalidades escolares de filhos que estudavam no exterior. Quanto maior o negócio, mais alto o funcionário que precisava aprová-lo, e as propinas iam subindo de acordo com os degraus hierárquicos. Funcionários e homens de negócios se juntavam para formar "guarda-chuvas de proteção", medida que os sinólogos chamavam de "mafianização" do Estado.

Se de início os efeitos eram abstratos, logo se tornaram concretos. Caso após caso, os desastres que enfureciam a opinião pública chinesa tinham raízes em suborno, fraude, apropriação indébita e clientelismo. As escolas que desmoronaram no terremoto de Sichuan foram mal construídas em virtude das comissões pagas; o trem que colidiu em Wenzhou era administrado por uma das agências mais corruptas do país. No caso dos alimentos infantis contaminados, que matou crianças em 2008, produtores de leite e intermediários começaram subornando inspetores do governo, para que ignorassem a presença de produtos químicos. Então, quando crianças adoeceram, empresas de laticínio subornaram as organizações de mídia para não divulgar.

Com criatividade, qualquer coisa podia se tornar propina. Homens de negócios arranjavam jogos de pôquer para que os funcionários ganhassem sempre. O álcool era um meio tão confiável que a mídia estatal admitia que a venda da bebida mais famosa do país, Kweichow Moutai, era "um índice da corrupção na China". Vendia tanto em 2011 que a empresa pagou os maiores dividendos da história das bolsas de valores da China. A demanda era tão alta que a empresa precisou racionar a distribuição para as lojas.

Certa vez passei pela casa de Mao Yushi, economista liberal que vivia perto da sede da poderosa agência de planejamento da China, a Comissão Nacional de Desenvolvimento e Reforma. Ele comentou que a comissão estava rodeada de lojas de presentes que vendiam álcool e porcelana. Cidadãos à procura de ajuda aprenderam a fazer compras antes de sair para seus encontros. "Toda essa gente de fora da cidade entra no prédio carregando sacolas grandes e pequenas, e sai de mãos vazias", observou o economista. "Quando os funcionários terminam o expediente, saem do prédio carregando sacolas grandes e pequenas, mas não têm condição de consumir tudo, por isso as revendem para as lojas de presentes, que, por sua vez, vendem os presentes para outras pessoas que vêm a Beijing com uma missão. Foi nisso que nossa rua se transformou."

Servidores públicos — que oficialmente ganham de 20 mil a 30 mil dólares por ano — tornam-se fregueses tão assíduos da Gucci e da Louis Vuitton que as butiques de luxo de Beijing acabam com seus estoques quando o Congresso Nacional do Povo está em sessão. (Os políticos aprenderam a ligar com antecedência para reservar seus artigos favoritos.) Em alguns casos, um homem de negócios acompanhava um funcionário público dentro da loja, mas, se sua presença chamasse atenção, deixava o número do cartão de crédito para pagar a conta. Na maioria das vezes, era difícil saber quem estava pagando para quem, mas de vez em quando uma ação judicial permitia entrever de que forma o dinheiro mudava de mãos. Quando a polícia de Macau prendeu Ao Man Long, o secretário regional de transporte e obras públicas, ele tinha uma compilação do que chamava de "cadernos de amizades", documentando 1 milhão de dólares em propinas.

A segunda coisa que Hu Gang me ensinou sobre como subornar juízes foi que não se recebia nada em troca durante pelo menos seis meses. "A amizade vem antes de tudo", comentou. "Uma amizade tão íntima que não há mais segredos." Enquanto conversávamos, ele construía uma pequena montanha de carne de porco na tigela. "Só depois de demonstrar lealdade é que se pode mostrar habilidade, mostrar que é capaz de fazer o que diz poder fazer, e que para o outro sempre valerá a pena." Cerrou os olhos e mastigou em silêncio por um momento, enquanto refletia. "Com esses cuidados", disse, "qualquer um pode ser obrigado a dizer o que quer, e o vínculo é inquebrável."

A estratégia de Hu Gang era dispendiosa. Em seu primeiro ano subornando juízes, gastou 250 mil iuanes em presentes, mulheres e restaurantes. Mas, depois de cinco anos, as compensações eram abundantes. Ele era dono de uma das maiores casas de leilão da cidade e de um modesto pé-de-meia de 1,5 milhão de dólares. Vivia num ciclo: "Dormia até o meio-dia e começava minha ronda, que incluía tomar conta das amantes de todos eles", lembrou.

Mas mesmo então achou que faltava alguma coisa. "Se eu ganhasse três milhões ou cinco milhões por ano, só pensava em ganhar mais no ano seguinte. Se sou o terceiro da cidade, o que devo fazer para ser o primeiro? É como se estivesse correndo e, quando estamos correndo, não há como parar. Nós simplesmente corremos. Não se pensa nas implicações filosóficas. Em termos psicológicos, estamos num mundo só nosso."

Para pessoas de fora, a escala da corrupção política na China era difícil de compreender, em parte porque a maioria não era atingida. Em comparação com outros países em desenvolvimento, na China o visitante não se via obrigado a pagar as costumeiras propinas para funcionários da alfândega ou policiais na rua; e os estrangeiros, a não ser que frequentassem escolas ou hospitais públicos, jamais sentiam o sub-reptício movimento de corrupção que alcança quase todos os desvãos da sociedade chinesa. No papel, a educação pública chinesa era gratuita e garantida para todos, mas os pais tinham que pagar uma "cota de patrocínio" para conseguir acesso às melhores escolas; em Beijing, chegava a 16 mil dólares — mais de duas vezes o salário médio anual. No país inteiro, 46% dos pais declararam numa pesquisa que só tendo fortes "conexões sociais" ou pagando pesadas taxas conseguiriam dar uma boa instrução aos filhos. Em 2011, de acordo com um relatório da Academia de Ciências Sociais da China, as autoridades faziam denúncias de corrupção ao ritmo de uma por dia contra dirigentes de departamento, equivalente ao do prefeito de uma cidade.

Pagar para ter poder era tão comum que, em 2012, o *Dicionário chinês moderno*, autoridade nacional em linguagem, foi obrigado a acrescentar a palavra "maiguan" — "comprar uma promoção do governo". Em alguns casos, a lista de opções parecia um cardápio de restaurante. Numa pequena cidade da Mongólia Interior, o cargo de planejador-chefe era vendido por 103 mil dólares. O de secretário municipal do partido estava à venda por 101 mil dólares. Havia certa lógica: nas democracias fracas, as pessoas pagam pelo cargo comprando votos; num Estado onde não havia votos para comprar, pagava-se para quem distribuía os empregos. Até as Forças Armadas eram infestadas pela prática da concessão de cargos; comandantes recebiam uma sequência de pagamentos de uma pirâmide de leais oficiais abaixo deles. Dizia-se que um general de uma estrela podia esperar receber 10 milhões de dólares em presentes e transações comerciais; um comandante de quatro estrelas recebia pelo menos 50 milhões.

Todo país tem sua dose de corrupção, mas a China estava chegando a um patamar inédito. Para os do topo, a tentação alcançava proporções inteiramente desconhecidas no Ocidente. Nem sempre era fácil saber se uma fortuna construída a partir do zero era legítima ou ilegítima, mas um cargo político era rota segura para a riqueza, e também numa escala à parte. Em 2012, os sete membros mais ricos do Legislativo nacional da China tinham uma fortuna combinada de 90 bilhões de dólares — mais de dez vezes o valor do patrimônio conjunto de todos os membros do Congresso dos Estados Unidos.

A combinação de tanto dinheiro e tão pouca transparência interferia nos mais solenes rituais do partido. O ano de 2012 deveria ser reservado para uma encenação política muito bem ensaiada — a transferência de poder de uma geração de altos *apparatchiks* para outra. Os planos eram precisos: num determinado dia do segundo semestre do ano, o novo elenco atravessaria o palco do Grande Salão do Povo, uns polidamente batendo palmas para os outros, diante de uma pintura de dezoito metros de altura da Grande Muralha. Mas mal o ano começou e os planos passaram a desandar.

Wang Lijun era um ex-chefe de polícia da cidade de Chongqing, na parte ocidental do país: fora elogiado pela imprensa do partido por sua severidade e por suas inovações, que incluíam o aperfeiçoamento do transplante de órgãos de prisioneiros executados. Mas em 6 de fevereiro ele fugiu de carro para o consulado dos Estados Unidos em Chengdu e pediu proteção aos americanos. Contou que tinha descoberto um assassinato, atribuindo a culpa à família do seu chefe, Bo Xilai, o secretário do partido em Chongqing, que era, até aquele momento, um dos principais candidatos a subir no palco do Grande Salão no outono. A vítima era um comerciante britânico local chamado Neil Heywood, um homem de 41 anos, que usava ternos de linho claros e era muito reservado, um "personagem de romance de Graham Greene — sempre imaculado, muito nobre, muito erudito", nas palavras de um amigo de Heywood para a imprensa britânica. Heywood tinha trabalhado para uma firma de inteligência corporativa fundada por antigos funcionários da MI6, e dirigia um Jaguar por Beijing com a placa número 007. (Amigos achavam que ele estava mais para Walter Mitty do que para James Bond.) Quando o corpo foi descoberto naquele inverno no sórdido quarto de uma pousada de montanha chamada Hotel Lucky Holiday, a polícia atribuiu a morte ao álcool, mas o chefe de polícia disse aos americanos que Heywood estava trabalhando como solucionador de problemas para a família de Bo Xilai, e que quando a mulher de Bo se desencantou com o inglês mandou envenená-lo.

Bo era uma das figuras mais carismáticas na elite da política chinesa, um populista que distribuía tapinhas nas costas e beijava crianças. Eu o conheci no meio de sua trajetória ascendente, quando dirigia o Ministério do Comércio e aguardava sua vez de conquistar uma vaga no Politburo. Bo era um aristocrata de Beijing, o alto e sempre impecavelmente apresentável filho de um chefe do partido, com as mãos macias de um príncipe herdeiro. Sua mulher, Gu Kailai, era uma advogada de renome que tinha publicado um livro sobre seu sucesso nas salas dos tribunais — a "Jackie Kennedy da China", como diria um colega americano. Quando se tornou secretário do partido em Chongqing, Bo percebeu que havia ali uma oportunidade de passar uma rasteira nos rivais liberais, e reinventou-se como uma espécie de versão chinesa de Huey Long. Enrolado na bandeira do maoismo, incentivava cidadãos a cantar "hinos vermelhos", como "União é poder" e "Revolucionários são para sempre jovens". Ele e sua polícia detiveram milhares de magnatas, rivais políticos e supostos criminosos, numa campanha de prisões e tortura a que deu o nome de "Esmagar os negros".

Conheci-o quando seguia o prefeito de Chicago, Richard M. Daley, para ver como era o contato de um político americano com a política chinesa. Esperávamos na antessala do gabinete de Bo quando ele irrompeu porta afora, rindo e se despedindo dos visitantes anteriores: uma delegação de africanos altos e magros que pareciam muito satisfeitos com aquela acolhida calorosa. Perguntei a uma senhora que servia chá quem eram.

"Sudão", respondeu ela.

Na porta de entrada, Bo acenou para os sudaneses, girou nos calcanhares e abraçou o visitante seguinte. Antes que eu fosse conduzido para fora da sala, Bo tinha temperado suas boas-vindas com pitadas de inglês, gesto raro num funcionário chinês. Na última vez em que o vi, sentado ao lado de Daley, um homem baixo e atarracado da zona sul de Chicago, Bo Xilai parecia um astro de cinema.

Se Wang Lijun, o chefe de polícia, não tivesse tentado fugir, ninguém talvez nunca viesse a saber mais nada sobre Bo Xilai e o mundo que construíra. Mas as revelações de Wang eram espantosas. Ele acabou não recebendo asilo dos americanos, e saiu do consulado abatido, diretamente para as mãos das autoridades chinesas, que o julgaram por traição e por receber propinas — um claro recado a qualquer um que pensasse em desertar. Mas sua história precisava ser contada, e quando vazou para o público, os mitos que jaziam no coração do poder chinês começaram a ser desbastados.

Boatos sobre o que Wang tinha dito espalharam-se pela internet e pelas vielas. Os censores do partido tentaram abafá-los, mas os danos políticos sofridos por Bo Xilai foram fatais. Em dois meses, foi afastado do cargo, e o governo se preparou para levá-lo a julgamento por suborno, abuso de poder e outros crimes. O partido tentava desesperadamente encontrar um meio de aparentar que buscava justiça e ao mesmo tempo impedir a divulgação de detalhes indecorosos. Num julgamento de apenas um dia, sua mulher, Gu Kailai, foi condenada pela morte do inglês, embora isso não ajudasse muito a acalmar as suspeitas do público; quando apareceu no tribunal mais gorda do que nas fotos, espectadores chineses conjecturaram que a ré na verdade seria uma dublê, paga para assumir a responsabilidade. (Por mais que o governo negasse, o mito persistiu; o comentarista liberal Zhang Yihe escreveu: "Isso faz lembrar o menino que costumava gritar 'olha o lobo', e tanto mentiu que ninguém mais acreditava nele, e então foi devorado".) A queda de Bo deixou um severo legado. Para começar, desfez a ficção do humilde servidor público na China. Numa época em que seu salário oficial equivalia a 19 mil dólares por ano, descobriu-se que sua família tinha adquirido empresas com valor de mais de 100 milhões de dólares.

Para homens de negócios estrangeiros, o destino do inglês era desconcertante. Fazia lembrar que, mesmo com a China crescendo e desenvolvendo-se, hábitos do mundo do crime organizado existiam sob a superfície do comércio e da política, e de vez em quando afloravam. Um sucateiro britânico chamado Anil Srivastav certa vez me contou sobre a terrível negociação de uma carga de metal que estava enfrentando. "Vieram umas pessoas e me arrastaram para fora. Eu gritei 'Socorro! Socorro!', mas ninguém olhou", disse. "Enfiaram-me numa van e me levaram." Acabou sendo solto, mas não sem se dar conta de que esse tipo de coisa não acontecia só no cinema.

Para o público chinês, a queda de Bo trazia uma mensagem ainda mais poderosa sobre as informações que agora remoinhavam à sua volta: um boato espalhado on-line, que fora denunciado e banido pelos censores, transformara-se em fato da noite para o dia. No Weibo, um usuário chamado Jieyigongjiang escreveu: "Ficou provado que os ataques espalhados por 'forças reacionárias internacionais' eram verdadeiros. Diante disso, em que outras 'verdades' expostas pela mídia estrangeira devemos acreditar?".

O escândalo se tornara a marcação rítmica da ascensão da China. A combinação de tecnologia, riqueza e épica indiscrição afastava a cortina que outrora protegera os líderes do Partido Comunista de olhares externos. Nunca os cidadãos da República Popular tinham descoberto tanta coisa sobre as mordomias dos seus dirigentes. Durante dois anos, um obscuro funcionário do Partido Comunista chamado Han Feng fez mais de quinhentas anotações num diário privado, descrevendo sua vida como chefe do Escritório de Monopólio do Tabaco na cidade sulista de Laibin. Quando o diário de Han Feng vazou para a internet — ele jamais soube como —, a vida que narrava era repleta de banquetes, casos extraconjugais e ociosas viagens de serviço, tudo entremeado de rituais do Partido Comunista. Depois de um típico dia de trabalho, ele escreveu:

> 6 de novembro, terça-feira (11ºC a 25ºC, ensolarado): Editei um discurso sobre "Modos Civilizados". No almoço, Li Dehui e outros de Xiamen chegaram e nós bebemos. Então descansei no dormitório da empresa a tarde toda [...]. Fui jantar, bebi muito [...]. Às dez da noite, a sra. Tan Shanfang apareceu de carro e me arrastou para sua casa. Fizemos amor três vezes, e novamente ao alvorecer.

Depois que seu diário vazou, em março de 2010, Han foi preso, julgado e condenado a treze anos de prisão por aceitar mais de 100 mil dólares em propinas e imóveis. Na cadeia alimentar da política, ele era peixe pequeno, e o partido ficou feliz de poder jogá-lo aos tubarões; quando li sua crônica, o que me impressionou foi a normalidade de tudo; ele não se destacava nem como bandido nem como estadista, era apenas um homem fazendo o possível para agarrar os benefícios que o sistema sacudia diante dele. (Os três abusos mais comuns no uso de dinheiro público — viagens, banquetes e carros — ficaram conhecidos como os "três públicos", e o Ministério das Finanças certa vez calculou que custavam ao país 14 bilhões de iuanes — mais da metade do orçamento da defesa nacional.) No último dia do ano, Han, o funcionário do tabaco, fez uma avaliação de sua vida:

> O trabalho foi melhor este ano do que no ano passado [...]. Minha autoridade cresceu entre os trabalhadores [...]. Meu filho vai bem, e foi recomendado para a faculdade sem ter sequer que fazer prova. Daqui a dois anos conseguirá emprego sem dificuldade. Minhas habilidades fotográficas atingiram novo nível, e tentarei continuar aprendendo sempre. A caça às mulheres está funcionando. Ligado à pequena sra. Pan. Passando bons momentos com frequência com a sra. Tan Shanfang, e gosto do tempo que passo com a sra. Mo Yaodai. Foi um ótimo ano no que diz respeito às mulheres, mas com tantas parceiras preciso cuidar da saúde.

Com o tempo, blogueiros chineses aprenderam a examinar de perto fotos oficiais em busca de sinais de hábitos incompatíveis com os salários declarados. Postaram fotos de departamentos de polícia com Maseratis e Porsches pintadas de azul e branco. Notaram que um funcionário do setor imobiliário chamado Zhou Jiugeng aparecia sempre nas fotos fumando cigarros de 24 dólares o maço, e depois de uma investigação sobre propinas ele foi mandado para a cadeia por onze anos. Outro blogueiro especializou-se em expor camaradas com relógios suspeitamente caros, e ficou conhecido como o Vigia dos Relógios de Pulso.

Os censores mantinham tudo que podiam fora da internet, mas cada novo caso abria um buraco na imagem de um partido que sempre jurara ser o "primeiro a aguentar a severidade, o último a beneficiar-se". Cada novo caso parecia menos exceção do que regra, e cada novo detalhe ressaltava a distância entre a solene apresentação do partido e a realidade escancarada sob a superfície. Uma mulher descreveu on-line sua experiência com o chefe, Yi Junqing, encarregado do Escritório Central de Compilação e Tradução do partido — na realidade o principal sacerdote da ortodoxia e dos valores marxistas. A amante contou que lhe pagara em espécie para conseguir o emprego, e postou três anos de mensagens de texto, além de uma longa narrativa entremeada de sushis, saquês e flertes na hora do almoço.

Outro caso produziu uma batelada de fotos — vazadas de um computador em manutenção — documentando o contorcionismo de cinco homens e mulheres que participavam de uma orgia num quarto de hotel. Os espectadores logo identificaram os rostos de vários funcionários do governo. O problema não era o constrangimento, era a hipocrisia: não muito tempo antes disso, o governo tinha processado um professor de ciência da computação que morava com a mãe e, nas horas vagas, organizava sessões de sexo grupal — uma comunidade na qual era conhecido pelo nome que usava na internet: Fogo Viril Rugidor. Foi preso e condenado a três anos e meio por "licenciosidade pública", uma relíquia dos tempos em que o governo acusava pessoas de "arruaça" por fazer sexo fora do casamento. O caso de Fogo Viril Rugidor tornou-se um grito de guerra dos defensores da privacidade, e com isso a notícia da orgia dos funcionários do governo representou um desafio de relações públicas para o partido. Um governo local decidiu abordá-lo como um caso de confusão de identidades, que o *Diário do Povo* resumiu com o título SUJEITO NU NÃO É CHEFE DO NOSSO PARTIDO. (Na realidade, era.)

Eu tinha dificuldade para me manter atualizado. Houve um funcionário local de Shanxi flagrado com quatro esposas e dez filhos na terra da política de filho único. E as memoráveis imagens de um secretário do partido chamado Lei Zhengfu mandando ver com uma mulher que tinha um terço da sua idade e — o que acrescentava um toque especial — fora contratada por um incorporador local para seduzi-lo e chantageá-lo. (Ele era uma figura corpulenta, ranina, e os internautas punham sua foto sempre ao lado da imagem de Jabba, o Hut, gorduroso vilão dos filmes da série *Star Wars*.)

O último caso que vi antes de desistir de acompanhar essas histórias foi sobre o chefe de polícia no distrito de Usu. Quando se descobriu que ele mantinha relações amorosas simultâneas com duas mulheres que promovera dentro da força policial — enquanto as mantinha num luxuoso apartamento à custa dos contribuintes —, seu gabinete divulgou um esclarecimento que, naquelas circunstâncias, devia parecer boa notícia: as duas amantes do chefe de polícia não eram irmãs *gêmeas*; eram *apenas irmãs*. Quando li esse detalhe, parei de mastigar meu almoço e levantei os olhos, piscando várias vezes, enquanto absorvia as dimensões do fato: aquele "apenas irmãs" apresentado como defesa parecia estabelecer uma nova marca para a imagem dos servidores públicos chineses.

* * *

Os detalhes dos casos eram tão escabrosos que facilmente se esquecia que eles minavam um dos pilares do governo do partido: por milhares de anos, os líderes chineses se amparavam na noção de *de zhi* — "governar pela virtude". "Quando a conduta pessoal do príncipe é correta", escreveu Confúcio, "seu governo é eficaz sem precisar baixar ordens. Se sua conduta é incorreta, pode baixar ordens, mas não serão obedecidas." Da mesma forma, a autoridade do Partido Comunista baseava-se na noção de que, mesmo que burocratas locais fossem corruptos, seus dirigentes representavam tamanho exemplo de sabedoria, justiça e meritocracia que a dissidência e as eleições diretas eram supérfluas e obsoletas. O presidente Hu Jintao disse que "o cultivo da integridade pessoal é tido como a qualidade mais básica de um funcionário honesto". Quando uma autoridade era vista violando o princípio do "governo pela virtude", a reação pública podia ser muito forte: nos anos 1980, a revolta na praça Tiananmen foi alimentada em grande parte pelo aumento da corrupção.

Na onda mais recente, o problema da virtude do partido se refletiu mais agudamente, talvez, num vídeo que cativou as pessoas mais ainda do que os clipes indecorosos: quando repórteres perguntaram a um grupo de crianças de seis anos o que queriam ser quando crescessem, as respostas iniciais foram as de sempre — bombeiro, piloto, artista — até que um menino disse: "Quero ser funcionário público".

"Que tipo de funcionário público?", insistiu o repórter.

"Um corrupto", disse o menino, "porque eles têm um monte de coisas."

As notícias de riqueza extraordinária chegavam a níveis hierárquicos cada vez mais altos. Em junho de 2012, a Bloomberg

News usou documentos corporativos e entrevistas para calcular que a família do novo presidente da China, Xi Jinping, tinha acumulado um patrimônio de centenas de milhões de dólares. Essa fortuna era tão difícil de explicar que o partido nem sequer tentou: em 24 horas, o governo bloqueou o site da Bloomberg — que permaneceria bloqueado na China por tempo indefinido — e proibiu bancos e empresas do país de assinarem novos contratos para usar terminais da Bloomberg. A empresa teria um prejuízo de milhões com as vendas e os anúncios que perdeu.

Enquanto a pressão sobre os governantes chineses aumentava, alguns partidários seus ficavam furiosos com as revelações — e a explosão dessa fúria adquiria estranhas formas, que afetaram nossa vida. Certa tarde, minha mulher, Sarabeth, que trabalhava para uma organização sem fins lucrativos, recebeu um telefonema de uma conhecida sua, esposa de um professor chinês estreitamente relacionado ao partido. Formavam um casal sofisticado — com filho numa das melhores universidades dos Estados Unidos e profundas conexões com os dirigentes mais importantes —, e ela pediu a Sarabeth para terem uma conversa num shopping center das redondezas. Num Starbucks ao lado da loja da Apple, a mulher perguntou sobre o meu trabalho de jornalista, e quis saber se eu era amigo de Michael Forsythe, repórter da Bloomberg que publicara detalhes sobre a riqueza da família de Xi Jinping. Ela pediu a Sarabeth que me transmitisse uma advertência, a ser repassada para Mike. "Ele e a família não podem ficar na China. Já não é seguro", disse ela. "Alguma coisa vai acontecer. Como se fosse um acidente. Ninguém saberá o que aconteceu. Ele simplesmente vai aparecer morto."

Sarabeth, cuja experiência nesses assuntos era limitada, ficou estupefata. Era para valer? Por que a mulher lhe falava sobre aquilo? Sarabeth assimilou o que pôde e perguntou quem estava por trás da ameaça. "Não é a família dele, diretamente", indicou a mulher, referindo-se ao presidente. "São pessoas que o cercam e que querem mostrar lealdade."

Tentei falar com Mike e localizei-o na Europa, onde passava férias com a mulher e os filhos. Ele me disse que tinha recebido a ameaça por outro intermediário. Já conhecia a mulher do professor, que trabalhava como consultora de relações públicas para membros da família do presidente. Ele não sabia mais o que pensar. Será que ela estava tentando ajudá-lo? Ou tentando expulsá-lo do país? A notícia da riqueza da família tinha sido um desastre de relações públicas, e forçá-lo a ir embora talvez impedisse novas revelações. Era um caso de interseção da mídia moderna com uma política caracterizada por práticas de crime organizado.

Especialistas em segurança a serviço da Bloomberg investigaram a ameaça — fazendo entrevistas, estudando conexões — e no fim concluíram que Mike e a família poderiam voltar com segurança para Beijing. Mas era difícil esquecer o incidente. Menos de um ano depois, ele e a família deixaram o continente e se mudaram para Hong Kong. (Em 2013, ele saiu da Bloomberg.)

Se a intenção era suprimir a busca de informações importunas, as ameaças e retaliações não surtiram o efeito desejado. Em outubro, o *New York Times* baseou-se em registros corporativos para calcular que, nos anos em que o primeiro-ministro Wen Jiabao ocupou o cargo, sua família acumulou um patrimônio de 2,7 bilhões de dólares. Antes disso, a família não era conhecida por sua riqueza; o pai fora criador de porcos; a mãe, professora. Mas sua fortuna agora era grande o suficiente para entrar na lista da *Forbes* como uma das mais ricas do mundo.

A notícia esvaziava de conteúdo um dos mantras do partido: antes de os comunistas chegarem, diziam seus membros, a China era governada por quatro famílias dominantes, e o partido devolveu a fortuna dessas famílias para o povo. Ficava cada vez mais claro que a China, no centésimo aniversário do fim da última dinastia, estava retornando a uma forma de aristocracia. A escala de privilégio, e de negócios realizados em proveito próprio valendo-se da posição, desferiu um golpe especialmente arrasador contra a reputação de Wen Jiabao, que se apresentava como um dos estandartes da ala liberal do partido. Vovô Wen, apelido carinhoso que ganhou por causa da atenção que prestava aos pobres, certa vez declarara: "Costumo dizer que não devemos apenas deixar o povo se expressar livremente, mas que é nosso dever criar condições para que o povo critique o trabalho do governo". Apesar disso, às seis horas da mesma manhã em que a fortuna de sua família foi revelada, seu governo bloqueou o site do *New York Times* — que, como o da Bloomberg, continuaria bloqueado.

Como reflexo do processo de decisões políticas, o bloqueio de algumas das fontes de notícias mais influentes do mundo dava uma clara medida da disposição do partido para isolar o povo com o fim exclusivo de se proteger: ele agora impedia os chineses de acessarem Facebook, Twitter, *The New York Times*, Bloomberg News e muitos outros sites. Enquanto isso, na internet, os censores corriam para proteger a imagem do premiê Wen a qualquer custo, banindo novas combinações de palavras, como "primeiro-ministro" + "família" + "centenas de milhões".

Havia outras coisas em jogo além de dinheiro. As pessoas juntavam documentos para mostrar que a vida oficial era muito mais saudável do que a vida comum. Um fabricante de purificadores de ar provocou uma onda de indignação quando, inadvertidamente, divulgou material promocional alardeando que as autoridades da China respiravam com ajuda de duzentos purificadores de alta qualidade instalados em escritórios enclausurados em diversos pontos da capital. "Produzir ar limpo e saudável para nossos líderes nacionais é uma bênção para o povo", dizia a empresa. As pessoas mal começaram a compreender essa bênção quando descobriram que havia uma rede de "fazendas especiais" dedicadas a produzir ingredientes saudáveis para os líderes do partido. (Um relatório do Banco de Desenvolvimento Asiático calculou, em 2007, que anualmente 300 milhões de chineses sofriam de doenças transmitidas pelos alimentos.) Depois que jornalistas do *Southern Weekly* escreveram sobre as fazendas, editores do país inteiro receberam ordem para não permitir que isso voltasse a acontecer.

A última coisa que Hu Gang me ensinou sobre o suborno de juízes foi que essa prática valia a pena. Depois de cinco anos, foi apanhado numa campanha de rotina contra a corrupção nos tribunais. Ao todo, 140 juízes foram pegos, incluindo o chefe do supremo tribunal provincial. Condenado, Hu Gang passou um ano na cadeia.

Ao sair, publicou um romance sob o pseudônimo de Fu Shi, depois outro livro, e preparava um roteiro de TV quando o conheci, em 2012. Tirara algumas conclusões sobre suas experiências. "Apesar de termos um sistema judicial com todo tipo de leis e regulamentos, a aplicação é seletiva", contou ele, ajeitando-se na cadeira, meio sonolento depois do almoço. "As regras, quando favorecem os legisladores, são aplicadas; quando não, são ignoradas. O legislador diz: 'Sou a única regra de verdade, sou o mais poderoso'. Todo mundo sabe disso." Deu uma gargalhada, e disse que a China funciona de acordo com "leis não escritas". E continuou: "Sempre foi assim; o problema apenas ficou mais pronunciado nos últimos anos".

Na maioria dos países, é fácil prever quais são os efeitos de longo prazo da cleptocracia: os economistas calculam que a cada ponto que a corrupção de um país cresce numa escala de um a dez, seu crescimento econômico cai 1%. (Pensem no Haiti de François Duvalier ou no Zaire de Mobutu.) Mas as exceções são importantes. No Japão e na Coreia, a corrupção acompanhou a ascensão do país, não o seu colapso. Nenhum caso salta mais à vista do que o dos Estados Unidos. Quando se descobriu que os responsáveis pela primeira estrada de ferro transcontinental tinham pagado a si próprios para construí-la — no escândalo de 1872 conhecido como Crédit Mobilier —, a escala da roubalheira foi descrita pela imprensa como "a mais danosa exibição de baixeza e corrupção já exposta aos olhos do mundo". De 1866 a 1873, o país instalou 56 mil quilômetros de trilhos, criando imensas fortunas, mas também, como disse Mark Twain, mostrando "vergonhosa corrupção". Os excessos da explosão ferroviária levaram ao Pânico de 1873 e a crises financeiras subsequentes antes que as pressões políticas para conter abusos ganhassem ímpeto durante a Era Progressiva.

Havia duas correntes de opiniões acerca dos efeitos da corrupção sobre o futuro da China. A hipótese otimista era que fazia parte da transição do socialismo para o livre mercado e que, apesar de tudo, produzira rodovias e trens que davam inveja ao mundo desenvolvido. "Os chineses são mais bem-sucedidos", disse o secretário de Transportes dos Estados Unidos Ray LaHood a um repórter, "porque no país deles só três pessoas tomam decisões. No nosso, são 3 mil." O acadêmico Minxin Pei não demonstrava o mesmo entusiasmo. Disse-me que o partido só processava de 3% a 6% de seus membros envolvidos em delitos, e apenas um terço dos condenados ia para a prisão. Quando Andrew Wedeman, cientista político da Universidade Estadual da Geórgia que estuda a China, examinou padrões de suborno e de ações judiciais, esperava descobrir que a mecânica da corrupção chinesa seguisse o sistema hierárquico de clientelismo encontrado no Japão e na Coreia. Em vez disso, concluiu Wedeman, "os indícios sugerem que a corrupção na China contemporânea é, essencialmente, anárquica". Escreveu ele que "a corrupção na China é mais parecida com a corrupção no Zaire do que com a corrupção no Japão". Mas, ao contrário do Zaire, a China punia muita gente: num período de cinco anos, a China puniu 668 mil membros do partido por suborno, corrupção e apropriação indébita; condenou 350 à morte por corrupção e, concluiu Wedeman, "num nível muito elementar, parece ter impedido que a corrupção crescesse descontroladamente".

A hipótese mais sombria afirmava que a ameaça representada pela corrupção chinesa não era econômica, e sim política. De acordo com essa visão, o pacto entre o povo e seus líderes estava desgastado, a classe dominante tentava arrancar o que pudesse dos últimos anos de crescimento frenético e o partido não tinha mais capacidade de reformar-se a partir de dentro do que os soviéticos tiveram. Depois do escândalo de Bo Xilai, alguns soldados rasos do partido começaram a duvidar do vigor da organização. Quatro dirigentes reformados assinaram uma carta aberta em que faziam a seguinte pergunta: "Que encrenca é esta em que o partido se meteu, quando até mesmo suas camadas mais altas estão enredadas numa história mais sinistra do que as das *Mil e uma noites*?". Eles afirmavam que os novos líderes "precisam [...] revelar sua riqueza privada e familiar". Os governantes chineses pensavam que a reforma levaria à instabilidade, mas será que achavam que não fazer nada também levaria? Quando uma economia progride, os cidadãos podem tolerar até mesmo a corrupção mais flagrante. Mas, quando desacelera, esse mesmo nível de corrupção se torna intolerável.

Certa vez perguntei a Hu Gang se ele achava que a China superaria a explosão de corrupção, como os Estados Unidos e a Coreia tinham superado. Ele ficou calado por um tempo, depois disse: "Vejo nossa sociedade como uma enorme lagoa. Durante anos, as pessoas a usaram como privada, porque podíamos nos dar a esse luxo. E gostávamos de ter essa liberdade, mesmo sabendo que a lagoa ficava cada vez mais imunda. Agora precisamos de alguém que se levante e diga a todo mundo que a lagoa está infecta, e que se continuar sendo poluída ninguém sobreviverá".

18. A difícil verdade

O guru do inglês Li Yang estava desmoronando. Nos anos decorridos desde que o conheci, vi legiões de alunos se dedicarem ao Crazy English, e durante todo esse tempo ele se tornava cada vez mais bizarro, cada vez mais belicoso. Quando um tsunami matou dezenas de milhares de pessoas no Japão, em 2011, Li disse que tinha sido um "pequeno castigo de Deus" pela invasão japonesa da China na Segunda Guerra Mundial. Um blogueiro em Shanghai definiu-o como "superstar pirado".

Durante anos, a mais convincente demonstração de sanidade de Li Yang era o apoio da mulher, Kim Lee, mas em setembro de 2011 ela o acusou de violência doméstica e entrou com o pedido de divórcio. Num país onde vítimas de abusos do cônjuge raramente procuram a polícia, a acusação se tornou notícia nacional. "Eu às vezes bato nela, mas nunca achei que fosse levar isso a público, pois não é tradição chinesa expor conflitos familiares para gente de fora", disse Li Yang a um repórter. Nos meses seguintes, Kim Lee emergiu como um ícone improvável, "uma heroína popular das esposas que apanham na China", nas palavras da imprensa chinesa.

O negócio de Li Yang sobreviveu ao escândalo, mas o prejuízo sofrido por sua reputação foi um acontecimento imprevisto que deixou perplexos rapazes e moças que tanta fé depositavam no guru. Quando o aluno que conheci, Michael Zhang, me ligou certa manhã para dar as últimas informações, disse: "Ele bate muito na mulher. Não é um bom pai, não é um professor a ser imitado. Odeio", fez uma pausa, e prosseguiu: "Não, eu não preciso dizer que o odeio". Poucas semanas depois, eu estava no sul da China e peguei um ônibus para ver Michael e seus pais. Eles haviam deixado o apartamento na rua do Garimpo em Guangzhou e se mudado para Qingyuan, uma cidade menor não muito longe dali. Ficava a apenas uma hora de distância, mas Qingyuan parecia mais fuliginosa e interiorana. Ainda não tinha ligação direta por trem de alta velocidade com a capital. Enquanto esperava Michael na rodoviária, parei ao lado de um homem que carregava sua bagagem num galho de árvore sem casca atravessado nos ombros. Quando Michael chegou, parecia fora de lugar com seus fones de ouvido pendurados, de um jeito fashion, no pescoço e blusão esportivo. Deu uma olhada à minha volta, ansioso para apresentar sua nova localização a uma luz mais moderna. "Daqui a três anos isto aqui vai ser uma cidade internacional", constatou. "Odeio Guangzhou. Está assim de ladrões. Fui roubado três vezes lá."

Pegamos um táxi para atravessar a cidade. Ele e os pais moravam no que poderia ser chamado de distrito da cerâmica, com muitas lojas vendendo pias, vasos e azulejos de banheiro. A rua estava coberta de cacos de azulejo de todas as cores imagináveis; lembravam confete. O apartamento ficava no oitavo andar de um conjunto residencial de cimento cinza sem elevador. Enquanto subíamos as escadas, ouvi o eco de construções ao longe. No apartamento, os pais de Michael preparavam o almoço. Não era tão bem-acabado e cosmopolita como o lugar onde moravam em

Guangzhou, embora fosse um pouco maior, e Michael tivesse um quarto separado. Os dizeres nas paredes misturavam seu otimismo de sempre com um pouco de frustração. "Preciso mudar mentalmente todo o rumo de minha vida!", afirmava um. "Não aguento mais!", declarava outro.

Em cima do guarda-roupa havia uma grande caixa de papelão marcada com as palavras "Crazy English". Perguntei o que era, e Michael deu um suspiro. Continha dezenas de livros do Crazy English, que ele pretendera vender. "Li Yang é muito convincente", afirmou. "Convenceu-me a ficar apaixonado pelo Crazy English durante nove anos. Penetrou fundo em minha alma. Fiquei muito esquisito", acrescentou, rindo. "O método do Crazy English é ruim", prosseguiu. "Muitos alunos vieram me dizer: 'Gastei 9 mil iuanes e minha pronúncia ainda não é boa'."

A questão do idioma era difícil. Depois que Michael tomou dinheiro emprestado para fundar o Basic English, a empresa funcionou durante dois anos, mas a sociedade não foi adiante. Michael era encarregado de vendas, e lutava para recrutar alunos. Em janeiro de 2011, o negócio desmoronou. Michael ficou sem dinheiro e endividado. Passou duas semanas sofrendo no apartamento dos pais, andando de um lado para o outro, pensando no que tinha acontecido. Disse-me que a experiência lhe deixara uma lição terrível: não confiar em ninguém, só em nós mesmos.

A família saiu de Guangzhou para economizar mais dinheiro, e agora, no oitavo andar sem elevador de Qingyuan, Michael trabalhava sozinho num projeto: escrever um livro didático de inglês. "Meu sonho é mudar todo o sistema de ensino de chinês-inglês", revelou. Estava convencido de que era capaz de escrever um livro, se alguém lhe desse uma oportunidade. "Tenho força. Sou insubstituível", acrescentou, e nessa declaração ouvi ecos de suas leituras de autoajuda. "Você acredita?", perguntou.

* * *

Quando o almoço estava pronto, reunimo-nos em volta de uma mesa na sala de visitas, onde as paredes exibiam retratos de ícones contrastantes: do lado de fora da porta de Michael, ainda havia um pôster de Li Yang, e na parede adjacente sua mãe, que se convertera ao cristianismo, pusera um cartaz com os dizeres CRISTO É O PILAR QUE SUSTENTA A FAMÍLIA. (Em matéria de cristianismo, Michael não tomara nenhuma decisão: "Eu simplesmente pego a melhor parte de cada religião", disse ele.)

Michael estava ansioso para me falar sobre o projeto do livro: queria tratar do problema que descrevia, em tom depreciativo, como "inglês de exame", o tipo de linguagem que muitos estudantes chineses adquiriam só para passar na prova de admissão à faculdade. Em vez disso, ele queria ensinar as frases da vida real que costumam confundir os estrangeiros. Enumerou rapidamente alguns exemplos: "*Get it. Get up. Knock up. Cheer up. Gimme a break, man. I don't get it, man. I have no idea, man. Shut your mouth, man*". Identificara, também, oitocentas palavras para que os alunos repetissem muitas vezes, para melhorar a pronúncia. Quando demonstrava sua técnica, parecia resumir numa frase a história da China moderna: "Posso, posso, posso. Sofri, sofri, sofri. Ter, ter, ter".

Observei seus pais enquanto eles o ouviam, e tive a impressão de que estavam acostumados. O filho transformara a casa deles numa sala de aula de Inglês como Segunda Língua, muito embora, como a maioria dos de sua geração, não falassem inglês. Só lhes restava esperar que ele estivesse fazendo uma coisa que valesse a pena. Mais tarde, Michael, seus pais e eu fomos ver uma nova aquisição de que muito se orgulhavam: um apartamento em construção, para Michael e a mulher que ele esperava encontrar um dia. Andamos pelo distrito da cerâmica; o pai de Michael usava sapatos camuflados do Exército que se confundiam com os cacos espalhados no chão. Chegamos a um alto e fino arranha-céu com um saguão moderno, lustroso e limpo, e de repente os sapatos de camuflagem pareceram deslocados. No meio do saguão havia uma maquete do conjunto, com minúsculas lâmpadas e figuras de plástico sob palmeiras. O saguão funcionava também como centro de vendas, mas não havia compradores naquele dia; a economia chinesa estava desacelerando, e o mercado imobiliário em Qingyuan não era mais o que tinha sido. Planejávamos visitar o apartamento, mas a torre ainda não estava terminada, e o painel do elevador estava pendurado em fios de uma forma que não inspirava muita confiança. Michael apertou os botões sem vida por alguns instantes, depois sugeriu que visitássemos um apartamento-modelo.

As paredes do apartamento para demonstração eram de concreto aparente, sugerindo um futuro promissor, ou um projeto de construção com dificuldades. Saímos até uma sacada e olhamos para um lago. Do 18º andar, as pessoas lá embaixo pareciam minúsculas, como as da maquete no saguão. O apartamento que Michael e os pais podiam comprar ficava do outro lado do conjunto, perto da loja de ladrilhos e não do lago. Voltamos para o elevador, e Michael parecia pouco à vontade. Falando em inglês, para que os pais não compreendessem, disse: "Não vou morar aqui. Vou trazer meus pais para cá. Preciso voltar para uma cidade grande, como Shenzhen, Beijing ou Shanghai. Qingyuan é zona rural. Segunda classe. Eles só aprendem 'inglês de exame'. Aqui ninguém sonha grande".

Com o passar dos anos, percebi que outros jovens batalhadores como Michael estavam frustrados também. Empregos sem qualificação não eram problema — neles os salários subiam —, mas não havia trabalho não braçal em quantidade suficiente para absorver a safra de mais de 6 milhões de recém-formados nas faculdades. Entre 2003 e 2009, o salário inicial médio dos trabalhadores migrantes aumentou quase 80%, mas para os que tinham diploma de faculdade não houve melhora. Levando em conta a inflação, sua renda na verdade diminuíra. Para jovens chineses batalhadores que queriam a qualquer custo se tornar "equipados com carro e casa" — achar companhia e abrir caminho para o Novo Estrato de Renda Média —, a verdade era dura: as novas fortunas da China estavam fora de proporção. Em 2012, o preço de um apartamento típico numa cidade chinesa era de oito a dez vezes maior do que o salário médio anual. (Mesmo no auge da bolha imobiliária americana, a proporção era de cinco para um.) Os jovens adotaram um apelido zombeteiro: um homem sem conexões que o ajudassem a ficar rico, ou sem dinheiro para casar, chamava a si mesmo de *diaosi* — "fio de pênis". Esses jovens cresceram na época da autoinvenção, com celulares anunciados com slogans como "Meu território, minha decisão" e hinos escolares que lhes diziam: "Sou o maior milagre da natureza". Havia razões para o seu desencanto. Na hora de escolher um único caractere chinês para descrever o ano de 2009, os usuários da internet escolheram 被 (pronuncia-se *bei*), uma preposição da voz passiva, como na frase "ser demitido por" ou "ser abusado por".

Um novo estado de espírito se formou: o súbito crescimento econômico da China tinha melhorado a vida de quase todo mundo, em certo sentido — os salários médios mais que triplicaram na última década —, mas a diferença entre ricos e pobres tinha aumentado mais do que o partido jamais desejava. Em 2001, quando perguntaram ao premiê Zhu Rongji, homem sem papas na língua, se temia que a linha divisória cada vez mais nítida levasse à insatisfação social, ele respondeu: "Ainda não". Ele chamou a atenção para uma medida de desigualdade de renda conhecida como coeficiente de Gini, que vai de 0 a 1, com 1 representando a máxima disparidade. Autoridades chinesas previam que a China seria estável enquanto o coeficiente chinês permanecesse abaixo do que chamavam de "linha do perigo", de 0,4. Onze anos depois, o número cresceu tanto que o governo simplesmente parou de divulgá-lo, dizendo que os ricos ocultavam tanto a sua renda que a estatística não tinha mais credibilidade.

A desigualdade de renda não era uma abstração: uma criança nascida no remoto Platô Qinghai tinha sete vezes mais probabilidade de morrer antes dos cinco anos do que uma criança nascida na capital. O governo estava sendo pressionado a agir. Poderia reformar o sistema tributário — ainda não havia impostos sobre ganhos de capital ou sobre herança —, mas em vez disso adotou uma estratégia mais imediata: em abril de 2011, Beijing proibiu as empresas de usarem a palavra "luxo" em seus nomes e anúncios. A "Confeitaria de Luxo Cisne Negro", que vendia bolos de casamento por 314 mil dólares, passou a chamar-se "Confeitaria Artística Cisne Negro". (A proibição não durou muito.)

Depois de anos sem ousar medir o coeficiente de Gini, em janeiro de 2013 o governo finalmente publicou um número, 0,47, mas muitos especialistas o ignoraram; o economista Xu Xiaonian descreveu-o como um "conto de fadas". (Um cálculo independente chegou a 0,61, mais alto que o do Zimbábue.) Mas, apesar de toda a conversa sobre renda, ficava claro que a maior preocupação das pessoas era com a diferença de oportunidades. Ao consultar o público chinês, em 2009, o sociólogo de Harvard Martin Whyte descobriu que as pessoas tinham uma tolerância surpreendentemente alta com o crescimento da plutocracia. Elas se ressentiam era dos obstáculos que as impediam de ingressar nela: tribunais pífios, abusos de poder, falta de recursos. Dois acadêmicos, Yinqiang Zhang e Tor Eriksson, seguiram a trajetória de famílias chinesas de 1989 a 2006 e descobriram um "alto grau de desigualdade de oportunidades". E escreveram: "A ideia básica por trás das reformas de mercado era que, permitindo que alguns cidadãos enriquecessem, isso, por sua vez, ajudasse o resto a enriquecer também. Nossa análise mostra que pelo menos até agora há poucos sinais de que as reformas tenham nivelado as condições de concorrência". Descobriram ainda que, em outros países em desenvolvimento, o nível de instrução dos pais era o fator mais decisivo para determinar quanto um filho ganharia no futuro. Mas na China o fator decisivo eram as "relações sociais dos pais". Outro estudo de pais e filhos nas cidades chinesas revelou "um nível notavelmente baixo de mobilidade entre gerações". Escrevendo em 2010, os autores puseram a "China urbana entre os lugares de menor mobilidade social do mundo".

Mesmo antes de disporem de estatísticas para comprovar suas afirmações, as pessoas já descreviam novas divisões que se abriam na sociedade; não analisavam apenas as distinções entre Bobos e DINKS (renda dupla, sem filhos) e o Novo Estrato de Renda Média. Havia agora uma linha divisória entre a classe de colarinho-branco e o que as pessoas chamavam de "classe de colarinho preto". Um autor anônimo fez circular um ensaio que a descrevia: "Suas roupas são pretas. Seus carros são pretos. Sua renda é oculta. Sua vida é oculta. Seu trabalho é oculto. Tudo neles é oculto — como um homem de preto, em pé, no escuro".

À medida que a sensação de oportunidades se afunilava, as fortunas construídas a partir do nada perdiam parte do brilho. Huang Guangyu, magnata da eletrônica que estava entre as pessoas mais ricas da China, foi condenado a catorze anos de prisão por negociar com base em informações privilegiadas e outros delitos. Ao todo, as autoridades executaram pelo menos catorze bilionários (em iuanes) no período de oito anos, por crimes que iam de aplicação do esquema de pirâmide financeira à contratação de assassinos de aluguel. (Yuan Baojing, ex-corretor de bolsa que acumulou 3 bilhões de iuanes antes de completar quarenta anos, foi condenado por mandar matar um homem que tentou chantageá-lo.) A lista anual dos ricos foi apelidada de "lista da morte".

A Rainha do Lixo meteu-se em dificuldades de outro tipo. Menos de um ano depois de ser louvada como a mulher mais rica do mundo por seus próprios méritos, a reputação de Cheung Yan começou a deteriorar-se. Um grupo de direitos trabalhistas chamado Estudantes e Acadêmicos contra a Má Conduta Corporativa divulgou a "Dissertação sobre as 'Sweatshops'", uma investigação que acusava sua empresa, a Nine Dragons Paper, de abusos trabalhistas, incluindo acidentes industriais, equipamento de segurança inadequado e discriminação contra portadores de hepatite B, moléstia comum na China. O grupo publicou partes do *Manual dos empregados da Nine Dragons Paper*, no qual as seções "o que pode" e "o que não pode" incluíam "Respeitar os chefes. Parar de falar quando encontrar chefes e cumprimentá-los. Ir sempre atrás dos chefes quando andarem juntos". Os operários estavam sujeitos a uma vasta série de multas, como trezentos iuanes por cuspir pela janela de um ônibus da empresa ou furar a fila da lanchonete; quinhentos iuanes por cochilar, permitir que alguém de fora visse a fábrica, ou jogar mahjong; mil iuanes e demissão por organizar greve ou "espalhar boatos que prejudiquem a empresa". O manual também dizia que os salários eram confidenciais, e que "revelar o salário" ou "perguntar a outros" sobre os seus eram motivo de demissão.

Um jornal chinês citou a exploração da Era Dourada Americana para acusar Cheung de "converter sangue em ouro". Lembrava-se que ela certa vez tinha dito o seguinte: "Se um país não tiver ricos e pobres, não ficará rico, nem próspero". A *Sanlian Shenghuo*, uma revista de renome, escreveu que "se ela ainda tiver algum juízo" renunciará à sua cadeira no órgão consultivo governamental chamado Conferência Consultiva Política do Povo Chinês. "Toda folha de papel produzida pela Nine Dragons", prosseguiu a revista, "está empapada do sangue do trabalhador." Mesmo alguns dos defensores mais entusiastas do livre mercado na China sentiam que uma era chegava ao fim. Num artigo sobre Cheung Yan, a revista *China Entrepreneur* declarou: "Na sociedade chinesa, cinco anos atrás, talvez uma empresa que alcançasse o sucesso nos negócios, embora imperfeita em outros sentidos, fosse tolerada e louvada. Mas as coisas mudaram".

Quando a reportagem saiu, Cheung respondeu furiosamente, dizendo: "Ficamos ricos porque descobrimos o modelo de negócios certo para transformar papel usado em tesouro — e não porque tratamos mal os funcionários". A empresa concedia mais em bônus do que recebia em multas, afirmou. E pôs em dúvida os motivos políticos do grupo de direitos trabalhistas, sugerindo, sombriamente, que "recebeu dinheiro da Europa".

Conversando com ela sobre o assunto, Cheung me disse que a empresa tinha encerrado a prática de multar funcionários. Um executivo mais calculista poderia ter parado ali, mas Cheung sentou-se na beira da poltrona para explicar que, na verdade, ainda achava que multas eram uma tática legítima, nas condições adequadas. "Se não se impõem multas, os funcionários ficam negligentes, se machucam e vêm pedir mais indenização", disse. Depois de uma investigação, o sindicato trabalhista da província criticou o sistema de multas e outras práticas administrativas, mas declarou que a Nine Dragons era "uma empresa relativamente boa". Não adiantou muito: os comentários de Cheung e o relatório acabaram de transformar sua imagem pública. Ela se tornara a anti-heroína de uma era de capitalismo desenfreado.

* * *

Quanto mais tempo eu vivia na China, mais me parecia que as pessoas passaram a ver a explosão econômica como um trem com número limitado de assentos. Para os que conseguiram um lugar — porque chegaram cedo, porque estavam na família certa, porque pagaram o suborno certo —, o progresso ultrapassava qualquer coisa que pudessem imaginar. Para os demais, por mais rápido que suas pernas lhes permitissem correr, tudo que conseguiam ver era o último vagão diminuir na distância.

Em casos extremos, a frustração era explosiva. Em 2010, o número de greves, tumultos e outros "incidentes de massa" tinha dobrado em cinco anos, atingindo 180 mil por ano — quase quinhentos incidentes por dia, de acordo com as estatísticas do governo. Em 24 de julho de 2009, metalúrgicos da província de Jilin, temendo demissões, atacaram o diretor-geral, um jovem bacharel chamado Chen Guojun, matando-o a golpes de tijolo e porrete, e impedindo que a polícia e as ambulâncias o socorressem. O partido, quando dispersava incidentes desse tipo, dizia que o problema eram os membros das "massas que não sabiam a verdade". Cada vez mais, porém, parecia que o problema era a própria verdade. Em certa medida, os resultados da grande corrida nacional a pé que Deng Xiaoping tinha ordenado eram manipulados. Não que o campo fosse desfavorável aos corredores; é que eles não participavam da mesma corrida.

Em janeiro de 2010, um jovem de dezenove anos chamado Ma Xiangqian saltou do telhado do alojamento da fábrica onde trabalhava, a Foxconn Technology, fabricante de iPhones e outros aparelhos eletrônicos. Ele tinha trabalhado na linha de montagem sete noites por semana, onze horas seguidas, antes de ser rebaixado a limpador de banheiro. Nos meses seguintes à morte de

Ma, outros treze funcionários da Foxconn cometeram suicídio. As pessoas se perguntavam se aquilo era como uma febre contagiosa, e assinalavam que a série de suicídios ainda estava dentro do índice esperado para uma fábrica do tamanho de uma cidade.

A Foxconn instalou redes de proteção em volta do telhado dos seus prédios e aumentou os salários, e o número de suicídios diminuiu de forma tão brusca como tinha começado. Para observadores de fora, era fácil imaginar que as condições de trabalho por lá eram péssimas, e a exploração gigantesca, mas essa explicação não correspondia inteiramente à realidade: terapeutas contratados pela Foxconn para conversar com os operários constataram o que sociólogos já haviam começado a detectar em pesquisas realizadas na nova classe média: a primeira geração de operários de linha de montagem sentia-se muito agradecida por ter enfim saído da fazenda, mas a geração mais nova se comparava com colegas mais ricos. "Qual é o sentimento mais comum na China hoje?", escreveu o sociólogo Guo Yuhua, da Universidade Tsinghua, em 2012. "Acho que muita gente diria decepção. Esse sentimento vem de uma melhora de vida insuficiente no meio do rápido desenvolvimento econômico. Vem, igualmente, do contraste entre o grau de elevação do status social individual e a ideia da 'ascensão de um país grande e poderoso'."

Percebi que muita gente ainda invocava *O grande Gatsby* como analogia para o momento que viviam no processo de ascensão da China, mas agora a referência trazia uma conotação sinistra. Citava-se um estudo conhecido como a Curva do Grande Gatsby, conduzido pelo economista trabalhista Miles Corak, que trouxe novos indícios de que a China tinha um dos mais baixos níveis de mobilidade social do mundo. Um blogueiro chinês leu-o e escreveu o seguinte: "Os filhos de ratos se limitarão a cavar buracos [...]. O nascimento determina a classe". *O grande Gatsby* já não parecia a história de um homem que constrói o próprio destino. Outro blogueiro escreveu: "Gângsteres à solta, agricultores deixando a terra e correndo para as cidades grandes da costa leste, a vida agrícola em declínio. O dinheiro se inscrevendo na moralidade [...]. São essas as coisas que a China enfrenta hoje". O Departamento Central de Propaganda anunciou que relatórios sugerindo uma escassez de felicidade não deveriam receber atenção. Em abril de 2012, meu telefone tocou:

> Nenhum site deve postar a notícia intitulada "ONU divulga relatório sobre felicidade no mundo e China fica em 112º lugar".

Quando voltei a Beijing depois da visita a Michael, fazia um dia ensolarado de inverno, e eu peguei minha bicicleta para dar uma longa volta pelo bairro. Pedalei pela avenida da Paz Eterna. Virei à direita para seguir novamente na direção norte e passei pelo Departamento Central de Propaganda, com o seu telhado ao estilo pagode.

Nos anos decorridos desde que me dei conta de sua existência, a busca da verdade na China adquiriu formas inimagináveis, e o Departamento se adaptara. O Departamento tinha ajudado o partido a enfrentar a crise financeira e a silenciar os admiradores da Primavera Árabe. O partido havia encarcerado Liu Xiaobo e Ai Weiwei, e embotado as ambições editoriais de Han Han. Mesmo a caçadora de escândalos Hu Shuli — o pica-pau que queria fazer o sistema crescer mais reto — atingira os limites do que conseguia suportar. E esses esforços intensificaram a determinação do partido em conter e controlar a busca da verdade. Ao mais alto censor da China, Liu Binjie, foi solicitado que avaliasse sua própria atuação nos últimos seis anos. "Objetivamente falando, foi extraordinária", disse Liu.

Sua confiança me parecia prematura. Na China os negócios de Estado sempre foram mantidos longe da vista do público, e só revelados no fim, como fato consumado. Mas agora os ingredientes ainda não cozidos — as negociatas, as disputas, os pecadilhos, as traições — eram atirados ao ar livre, para serem julgados e avaliados. As pessoas avaliavam se os valores do sistema revelado correspondiam às suas aspirações morais. Em 2012, um chinês entrava na internet pela primeira vez a cada dois segundos — e apesar disso o número de usuários da rede mal chegava à metade da população. Antes de ir para a cadeia, Liu Xiaobo assinalou que sua inspiração, a Carta 77 de Havel, tinha aparecido mais de duas décadas antes de o sistema à sua volta evoluir no sentido previsto pelos autores. Na visão de Havel, a chave da existência sob qualquer Partido Comunista era a manutenção de uma vida dupla — a prontidão para dizer uma coisa em público e outra em particular, por temor, por interesse ou por uma combinação das duas coisas. Com o tempo, essa vida dupla se tornava insustentável.

Na China, a vida dupla ia se desgastando. A realidade da desigualdade extrema era inescapável: uma parte da China vivia num universo material diferente do resto do país. Isso também valia em muitos outros países, claro, incluindo o meu, mas na China tinha repercussões especialmente profundas; o país estava a apenas uma geração dos amargos sacrifícios feitos em nome do igualitarismo. Além disso, a distância entre o mito meritocrático da sociedade e sua oligárquica realidade tornava-se clara e mensurável. Em 2012, uma equipe de cientistas políticos (Victor Shih, Christopher Adolph e Mingxing Liu) contestou um dos princípios da ascensão chinesa: o partido sempre sustentara que sua implacável devoção ao desenvolvimento — a "dura verdade", nas palavras de Deng — assegurava a meritocracia, porque ela recompensava quadros que tomavam as decisões econômicas mais astutas. Mas os pesquisadores não encontraram provas disso; pelo contrário, as autoridades chinesas com um bom histórico econômico não tinham mais chance de promoção do que as de histórico medíocre. O que mais importava eram suas ligações com os principais dirigentes.

À medida que o partido ia perdendo o monopólio das informações, sua credibilidade moral também despencava. Para gente como o estudante de filosofia Tang Jie, a busca da verdade não satisfazia seu ceticismo; levava a perguntas mais profundas sobre quem queriam ser e em quem queriam acreditar. No verão de 2012, os internautas notaram que outro termo de busca fora bloqueado. O aniversário das manifestações da praça Tiananmen tinha acabado de passar, e discutia-se o assunto em código, chamando-o de "a verdade" — *zhenxiang*. Os censores descobriram, e quando as pessoas procuravam alguma coisa mais profunda no Weibo o que aparecia era uma advertência: "De acordo com as leis, os regulamentos e as políticas em vigência, os resultados da busca de 'a verdade' não foram exibidos".

PARTE III

FÉ

19. O vazio espiritual

A "febre da insígnia de Mao" tomou conta da China no verão de 1966, quando a United Badge Factory de Shanghai produziu um simples broche de alumínio, de meia polegada de diâmetro, com o rosto do presidente. A Revolução Cultural estava decolando, e os broches causaram sensação. Em poucas semanas, eram produzidos nacionalmente; homens, mulheres e crianças prendiam-nos sobre o coração como sinal de devoção — quanto mais insígnias melhor, espalhando-se pelo peito e pelos braços.

O presidente era representado olhando para a frente, ou de perfil, mas nunca para a direita, que era a direção contrarrevolucionária. Havia broches que brilhavam no escuro e broches feitos de caças americanos derrubados no Vietnã. As inscrições saudavam o presidente como o "Messias do povo trabalhador", o "Grande salvador" e o "Sol vermelho em nossos corações".

A Revolução Cultural foi a última cartada de Mao para alcançar o poder. Depois da catástrofe do Grande Salto para a Frente, seus rivais o deixaram de lado, por isso Mao deflagrou a juventude para "bombardear os quartéis-generais". Isso lhe deu uma nova aura: “Que o pensamento de Mao Tsé-tung controle tudo”, declarava a mídia, e as pessoas confessavam pecados aos pés de sua estátua. Seu *Pequeno livro vermelho* de citações ficou conhecido como detentor de poderes misteriosos: a imprensa estatal afirmava que o livro tinha ajudado uma equipe de cirurgiões a remover um tumor de 45 quilos; e que ajudara operários de Shanghai a erguer em 1,9 centímetro a cidade que afundava.

O toque de Mao adquiria um significado extraterreno: quando uma delegação paquistanesa deu a Mao uma cesta de mangas, em 1968, ele a repassou para operários, que choraram e puseram as frutas em altares; multidões formavam fila e faziam vênia diante delas. Uma manga foi transportada de avião fretado para Shanghai, para que trabalhadores como Wang Xiaoping pudessem vê-la. “Que é uma ‘manga’? Ninguém sabia”, recordou ela num ensaio. “Pessoas experientes diziam que era uma fruta de extrema raridade, como Cogumelos da Imortalidade.” Quando as mangas estragaram, foram preservadas em formaldeído, e réplicas de plástico foram criadas. Um dentista de aldeia que comentou que uma das mangas parecia uma batata-doce foi julgado por difamação e executado.

No exato momento em que Mao se tornava um deus, seus adoradores desmantelavam a antiga infraestrutura religiosa da China. Karl Marx tinha considerado a religião uma “felicidade ilusória”, incompatível com a luta pelo socialismo, e o *Diário do Povo* exortava os jovens a “Esmagar os quatro velhos” — os velhos costumes, a velha cultura, os velhos hábitos e as velhas ideias. A Guarda Vermelha demoliu templos e destruiu objetos sagrados numa onda de violência que os acadêmicos Vincent Goossaert e David A. Palmer descrevem como a “mais completa destruição de todas as formas de vida religiosa na história chinesa e, talvez, na história humana”. Em alguns casos, era impossível distinguir a deificação de Mao da destruição de seus inimigos. O *Pequeno livro vermelho* era usado como "espelho para expor demônios", capaz de desmascarar "inimigos de classe", e em duas províncias o fervor degenerou em canibalismo: inimigos de classe foram eviscerados, e seus órgãos, consumidos em banquetes comunais.

Em 1969, o culto a Mao tinha fugido do controle e ameaçava o futuro da China. O número de mortes crescia, templos estavam em ruínas e até as insígnias criaram um problema: a China fabricou tantos (entre 2 bilhões e 5 bilhões) que o alumínio estava sendo desviado da produção industrial. Mao finalmente mandou acabar com a mania dizendo que o metal precisava ser usado para "fazer aviões para proteger o país".

Depois da morte do presidente, em 1976, colecionadores e especuladores viram uma oportunidade de lucro e juntaram e guardaram insígnias como investimento. Mas o negócio era tão lucrativo que o mercado foi inundado de falsificações. Os talismãs se tornaram mercadorias, e encontrei-os sepultados no bricabraque dos mercados de pulga de Beijing. Agora as fábricas os vendiam on-line por atacado, a sete centavos a peça.

A Revolução Cultural de Mao destruiu os velhos sistemas de crenças da China, mas a revolução econômica de Deng não pôde reconstruí-los. A implacável caça à riqueza tinha aliviado a privação do passado da China, mas não conseguira definir o objetivo ulterior do país e do indivíduo. A verdade estava exposta à vista de todos: o Partido Comunista presidia uma terra de capitalismo selvagem, suborno e irrestrita desigualdade. Em sua corrida desenfreada, a China tinha saltado as barreiras que antes seguravam as forças da corrupção e do descaso moral. Havia um buraco na vida chinesa, que as pessoas chamavam de *jingshen kongxu* — "o vazio espiritual" —, e alguma coisa o preencheria.

No inverno de 2010, mudamo-nos para uma pequena casa de tijolo no Guoxue Hutong — o Beco dos Estudos Nacionais.

Era um nome pomposo para uma rua sem saída, tão estreita e torta que dois carros não passavam ao mesmo tempo. Na primavera, ficava ainda mais estreita, quando o carteado da vizinhança fixava residência do lado da sombra.

O Beco dos Estudos Nacionais — cercado por barulhentos bulevares, ao norte da Cidade Proibida — era um vestígio da velha Beijing, que havia escapado da demolição porque ficava espremido entre dois tesouros: o Templo dos Lamas (o maior mosteiro tibetano de Beijing) e o Templo de Confúcio (um santuário de setecentos anos dedicado ao mais importante filósofo da China). Os templos eram cercados pela maior concentração de cartomantes da cidade, e juntos eles faziam do bairro o pedaço mais espiritualmente vivo da capital. Eu tinha a sensação de estar num caótico mercado a céu aberto, repleto não de produtos, mas de crenças.

O nome do beco vinha de sua localização: "Estudos Nacionais" era uma referência ao misto de filosofia, história e política que está no âmago da cultura chinesa. Definir exatamente o que isso abrange — que história ensinar, que ideias eram válidas — era difícil, mas gerações de pensadores chineses tinham sonhado em encontrar a receita mais poderosa possível para isolar a China das pressões da ocidentalização. Liang Qichao, o mais importante intelectual do começo do século XX, sugeria a promoção da "essência do país", e nos últimos anos líderes chineses voltaram a se comprometer com essa ideia, na esperança de atar o que resta do socialismo às raízes mais profundas da cultura chinesa. A difusão de valores políticos ocidentais deixava-os nervosos e, como o estudante de filosofia Tang Jie, eles abraçaram novamente os clássicos chineses como defesa. Um cartaz foi erguido declarando nosso bairro A TERRA SANTA DOS ESTUDOS NACIONAIS.

Nosso beco não tinha lojas, bares ou restaurantes. Ficava a apenas cem metros da rua principal, Yonghegong Dajie, mas o fato de não ter saída, mais as casas velhas, lhe dava um ar de aldeia cercada por uma cidade de 19 milhões de pessoas. Um vizinho tinha um galo em casa para saudar o amanhecer. Outro fazia exercícios estalando um chicote no ar matinal. Vivíamos em estreita proximidade uns dos outros; sentado à minha escrivaninha, eu ficava esperando escutar, de noite, o momento em que minha vizinha, uma viúva chamada Jin Baozhu, acendia seu fogão, exatamente às seis da tarde; às 18h05, o chiado de óleo quente; às 18h15, o jantar.

Em seu isolamento, a vida no beco tinha um quê de improviso; no ano-novo chinês, um vizinho nos convidou para ver os fogos, o que, estritamente falando, era ilegal. Houve um ano em que eles tombaram e um foguete disparou no meio da multidão. Dois meses depois, a sra. Jin decidiu derrubar a casa e reconstruí-la com mais alguns metros de espaço, que assimilou de um terreno vago. Eu não me importei — ela precisava; sua casa era minúscula —, mas meu senhorio ficou indignado. Acusou-a de "roubar luz do sol" e moveu uma ação contra ela. Não conseguiam chegar a um acordo sobre quem era dono de quê, um pouco porque as pessoas tinham tirado muito umas das outras durante a Revolução Cultural.

Não tão longe da nossa porta de entrada, um quadro de avisos oficial era reservado para "advertências e educação anticultos". Grandes caracteres chineses no alto diziam ESTEJA ATENTO A CULTOS, CRIE HARMONIA. Com tanta atividade espiritual no bairro, o governo estava sempre alerta, preocupado com grupos que representassem uma disputa por lealdade e devoção. Quando o movimento espiritual Falun Gong surgiu na China, nos anos 1990, pedindo mais direitos e reconhecimento, o partido declarou-o um culto, e prendeu seus membros numa ação repressiva que ainda perdura. Um pôster intitulava-se CONTRA AS TRAMAS DIÁRIAS DO FALUN GONG PARA CRIAR PROBLEMAS E CAUSAR DESTRUIÇÃO. Dizia que cultos "usam redes de computador para inventar e espalhar boatos que transformam a ordem social em desordem". Nunca ouvi ninguém no bairro falar em aderir a um culto, mas, se ouvisse, havia um pôster explicando como reagir: NÃO OUÇA, NÃO LEIA, NÃO COMPARTILHE E NÃO PARTICIPE.

Estrangeiros geralmente viam os chineses como pragmáticos, sem tempo para se dedicarem à fé, mas durante milhares de anos o que manteve o país unido foram as crenças e os rituais. A certa altura, Beijing tinha mais templos do que qualquer outra cidade da Ásia. O taoismo e o budismo desenvolveram-se junto com uma multidão de divindades nativas: eruditos oravam para o Deus da Literatura, doentes apelavam para o Deus do Reumatismo, e soldados de artilharia cultuavam o Deus dos Canhões. Beijing atraía peregrinos num raio de milhares de quilômetros de distância, alguns dos quais faziam sua jornada prostrando-se no chão a cada passo, como lagartas-mede-palmos.

Passada a Revolução Cultural, acadêmicos chineses aos poucos tiveram permissão para reinterpretar a crença de Marx de que a religião era "o ópio do povo", afirmando que ele se referia à religião na Alemanha de sua época, não à religião em si. Àquela altura, a China buscava a satisfação material, e as pessoas descobriam que isso era suficiente para acalmar apenas alguns desejos; no que dizia respeito a questões existenciais — sentido das coisas, crescimento pessoal, a própria vida —, era um beco sem saída. De vez em quando, uma onda de patriotismo dava forma e direção à vida do povo, mas era, na definição dada pelo autor japonês Haruki Murakami ao nacionalismo em seu próprio país, "como bebida barata": "Fica-se bêbado depois de alguns goles, e histérico", escreveu ele, "mas depois da bebedeira o que nos resta é apenas uma terrível dor de cabeça na manhã seguinte".

Na época em que nos instalamos no bairro, a China vivia um franco renascimento do fervor religioso. O "vazio espiritual" era preenchido, como disse um estudo, por um "universo religioso que explodia centrifugamente em todas as direções". As pessoas perderam a confiança nas instituições à sua volta: a hipocrisia tomara conta do partido; a imprensa estava mutilada pelo suborno e pela censura, as grandes empresas eram conhecidas pelo clientelismo e pelo nepotismo. O povo dirigia sua fé para outras direções. Nas áreas mais pobres do interior rural, templos eram reabertos e ofereciam uma mistura de taoismo, budismo e das religiões populares. Havia agora entre 60 milhões e 80 milhões de cristãos, uma comunidade do tamanho do Partido Comunista. Conheci juízes pentecostais e magnatas bahaístas.

Diante de tantas opções, alguns se cercavam de certa promiscuidade espiritual: antes das provas escolares da primavera, eu via pais chineses entrarem pelo portão do Templo dos Lamas para pedir boas notas. Depois iam rezar no Templo de Confúcio do outro lado da rua, e alguns até terminavam a tarde numa igreja católica, só para garantir.

Alguns dos grupos de crescimento mais rápido misturavam religião, negócios e autoajuda. Assisti à reunião de uma organização chamada Humano Superior, que recrutava jovens ambiciosos de ambos os sexos para vender produtos de "marketing inspirador", que ajudam os clientes a "analisar sua psicologia". Jornais locais indagavam se seria um programa de "marketing inspirador" ou, quem sabe, uma "religião". O governo acabou fechando-o, e os fundadores foram presos, segundo consta por evasão fiscal.

Durante anos acompanhei histórias de pessoas que corriam atrás da riqueza depois de anos de pobreza. E viajei ao interior para conversar com pessoas sinceras e genuínas, de um tipo ou de outro. Mas, quanto mais tempo permanecia na China, mais tentava entender as mudanças difíceis de constatar — a busca de um significado. Nada causou mais reviravoltas na história chinesa dos últimos cem anos do que a disputa para saber em que acreditar. Eu queria conhecer a vida de homens e mulheres que tentavam descobrir o que era mais importante no mundo, e não precisei ir longe. Nas livrarias do meu bairro, havia títulos em chinês como *Manual para a alma* e *Para que vivemos?*. Da porta da minha casa, eu poderia partir em qualquer direção da rosa dos ventos e encontrar uma resposta diferente.

Exatamente a leste do Beco dos Estudos Nacionais ficava o Templo dos Lamas, espetacular conjunto de pavilhões de madeira e pedra pintados com cores brilhantes e envoltos em fumaça de incenso. É um dos mosteiros tibetanos mais importantes do mundo e, para o governo chinês, um dos pontos mais críticos da cidade. Beijing já foi muito próxima do budismo tibetano; imperadores mantinham milhares de monges na capital para orar pela proteção do império. Mas o Dalai Lama, líder espiritual do Tibete, fugiu da China em 1959, depois de rejeitar a dominação de sua terra natal pelo Partido Comunista, fazendo a pé a árdua jornada pelas montanhas até a Índia. No exílio, recebeu o prêmio Nobel da paz e ajudou a transformar os tibetanos, nas palavras do seu amigo Robert Thurman, ex-monge, professor da Universidade Columbia, nos "bebês focas do movimento pelos direitos humanos". Assim como o papa João Paulo II foi um símbolo de oposição ao império soviético, o Dalai Lama tornou-se a face da resistência ao regime chinês. Depois da revolta do Tibete, no primeiro semestre de 2008, líderes chineses acusaram o Dalai Lama de incentivar a agitação. Ele negou qualquer envolvimento, mas para Beijing tratava-se de um "lobo vestido de monge", empenhado em "dividir a pátria".

Havia sempre policiais fardados e à paisana nas imediações do templo, o que não deixava de ser curioso, porque a maioria dos visitantes não era tibetana; eram majoritariamente jovens e prósperos casais chineses, que vinham queimar incenso e orar por um bebê saudável. Para muitos, o Tibete era o glamoroso Velho Oeste da China, um destino chique, associado a espiritualidade e individualismo rústico. "Quando estou no Tibete", me disse um jovem roqueiro chinês, "eu posso ser livre."

Conheci diversos chineses da etnia han seguidores do budismo tibetano, incluindo um investidor de *private equity* chamado Lin, que usava contas budistas num pulso e um relógio suíço no outro. Lutava para conciliar sua fé com as advertências do governo contra o Dalai Lama. "Quando estudava com professores tibetanos, eu costumava perguntar: 'Vocês são chineses ou tibetanos? Vão usar meu dinheiro para comprar armas?'." Interessara-se um pouco por psicologia e espiritualismo, e acabara ficando com a variedade tibetana do budismo, que lhe parecia mais pura do que a chinesa, já fundida com elementos do taoismo e de outras tradições. Sobre o Dalai Lama, afirmou: "Ele escreveu uns sessenta livros, e provavelmente já li uns trinta".

Estávamos num café ao ar livre em Beijing, e outro amigo sentado conosco — um proprietário de restaurante que por sinal era membro do Partido Comunista — soltou um suspiro teatral e falou: "É muita coragem dele dizer isso". Lin revirou os olhos, e eu tive a impressão de que ele gostava da audácia associada à sua fé. "Acho que o Dalai Lama, na verdade, não é um separatista tibetano", disse. "Se fosse, a essa altura o Tibete estaria fora de controle."

Propagando-se a partir do Templo dos Lamas em todas as direções, havia blocos de minúsculas lojas ocupadas por consultores de feng shui, adivinhos cegos e "nomeadores" que podem revelar, pelo preço certo, o nome mais auspicioso para um bebê ou para um negócio. Depois de décadas na clandestinidade, a cartomancia funcionava abertamente — e prosperava. O sucesso e o fracasso na China dependem de tantos fatores misteriosos, ou de relações ocultas e acordos invisíveis, que as pessoas ansiavam por ajuda divina.

Os adivinhos anunciavam seus serviços com placas nas janelas: PREVÊ O FUTURO POLÍTICO E FINANCEIRO; AVALIA AS POSSIBILIDADES DE CASAMENTO; MELHORA AS NOTAS NA PROVA DE ADMISSÃO PARA A FACULDADE. Procedimentos mais avançados eram oferecidos a pedido, incluindo, de acordo com uma placa, A RESOLUÇÃO DE FEITIÇOS ET CETERA. A loja que pertencia a Shang Degang sempre me lembrava um consultório de obstetra — fotos de clientes sorridentes cobriam os lugares que seriam ocupados por imagens de crianças saudáveis. "Esta jovem, Peng Yuan, não era ninguém quando veio para Beijing", contou ele certa tarde, batendo o dedo na foto de uma mulher de sorriso tenso e rosto vermelho. "Agora é cosmetóloga e amiga de muita gente famosa." Na foto, ela segurava um objeto verde e plano. "Fiz esse prato de jade para ela, e sua sorte mudou."

O escritório de mestre Shang era atulhado de livros não tão antigos, como *Wall Street Feng Shui*, e seus serviços misturavam budismo, taoismo e uma pitada de mistificação. Sua conversa, porém, baseava-se principalmente numa ligação com a história: ele se identificava como descendente de Shang Kexi, um general antigo, e em sua mesa tinha uma cópia encadernada em couro da árvore genealógica de Shang, com uns dez centímetros de espessura. Aquilo impressionava os clientes, uma vez que muitas dessas árvores genealógicas foram destruídas durante a Revolução Cultural. Clientes que jamais poderiam saber os detalhes de sua própria história sentiam certo consolo em conhecer a dele. Sua placa prometia SERVIÇOS SOBRENATURAIS ANTES SÓ DISPONÍVEIS PARA AS CLASSES ALTAS.

Apesar de todos os esforços de Mao, a religião popular ainda florescia em todos os desvãos da vida. No primeiro outono depois que nos mudamos, ouvi o barulho de alguma coisa raspando e cavando no teto acima da minha mesa de trabalho. Não dei importância, mas depois de algumas semanas meu escritório começou a cheirar um pouco a jaula de zoológico. Pela janela, vi certa noite uma criatura peluda sair em disparada pela árvore e enfiar-se num buraco no teto. Toquei no assunto com meu vizinho Huang Wenyi, e ele sorriu.

"É uma doninha", afirmou. "Você devia ficar feliz!" Uma doninha, segundo ele, era sinal de riqueza iminente, assim como ouriços, cobras, raposas e ratos. Como esses animais costumam rondar sepulturas, acredita-se que carreguem a alma de ancestrais. "Não se meta com ela", disse Huang. Falei sobre o animal com nossa empregada, tia Ma, e ela me disse, com ar sério: "Não bata nela. Nunca bata numa doninha".

Mas o cheiro acima de minha mesa tornava o trabalho penoso. Alguma coisa precisava ser feita. Poucos dias depois, eu estava no quintal conversando com um controlador de pragas chamado Han Changdong. Descrevi o que tinha visto. Ele fez um aceno de aprovação com a cabeça. "É uma doninha", disse. "Você é um homem de sorte."

"Mas seu negócio é exterminar pragas", repliquei.

Han deu de ombros e disse: "Os chineses achariam muito auspicioso ter uma doninha dentro de casa". À medida que o concreto ia tomando conta da cidade, disse Han, os últimos animais selvagens se aglomeravam nos becos em busca de madeira e palha. Ele remexeu em sua sacola de ferramentas. "Em minha cidade, você queimaria uma oferenda para agradecer ao Deus da Riqueza. Mas a situação aqui é diferente. Vamos dar um jeito." Tirou da sacola uma vasilha de veneno contra ratos, o que não me deixou muito feliz.

"Espere um pouco", eu disse. "Será que isso é má ideia, do ponto de vista religioso?"

Han refletiu sobre a pergunta e respondeu: "Você vai ficar bem, porque é estrangeiro e não acredita nisso".

Eu já não sabia em que acreditar. Mas era tarde demais. Han já estava enfiando veneno de rato cor-de-rosa nos buracos do teto. Disse que seu trabalho tinha garantia de um ano, com devolução do valor pago se não funcionasse. "Se a doninha voltar, fale comigo."

Fez-se silêncio no teto. Duas semanas depois, o ruído de arranhões voltou — agora mais forte. O cheiro era intenso — o aroma da vingança. Pensei em ligar, mas nunca chamei Han, o controlador de pragas, para falar da garantia de devolução do dinheiro. Comprei um ventilador para arejar o escritório e aprendi a conviver com a doninha acima de mim.

De todos os nossos vizinhos, nenhum era mais próximo que o Templo de Confúcio, com o qual compartilhávamos a parede da cozinha. O santuário era um dos locais mais tranquilos da cidade, uma construção isolada erguida em 1302, com árvores antiquíssimas ao redor e pavilhões altos de madeira que se elevavam sobre nossa casa como uma espécie de consciência externa. De manhã cedo, eu comprava um café e ficava ouvindo do lado de fora os sons do despertar em seu interior: a vassoura sendo passada sobre o chão de pedra, uma torneira sendo aberta, a balbúrdia dos pássaros nas árvores.

O fato de o templo ter sobrevivido foi um pequeno milagre. Outrora existiam milhares de santuários no país para venerar Confúcio, o filósofo e político nascido no século VI a.C. Ele ocupava na história chinesa lugar equivalente ao de Sócrates na do Ocidente, em parte porque sua ideologia incentivava a ordem e a lealdade. "Há governo", escreveu Confúcio, "quando o príncipe é príncipe, e o ministro é ministro; quando o pai é pai, e o filho é filho." Confúcio associava a moralidade à força do Estado: "Aquele que exerce o governo por meio da virtude deve ser comparado à Estrela do Norte, que fica em seu lugar enquanto todas as outras estrelas giram em torno dela". O presidente Mao acreditava na "revolução permanente", e quando começou a Revolução Cultural, em 1966, exortou as jovens Guardas Vermelhas a "Esmagar os quatro velhos": os velhos costumes, a velha cultura, os velhos hábitos e as velhas ideias. Os mais fanáticos denunciaram Confúcio por dar guarida a "maus elementos, direitistas, monstros e aberrações", e um dos lugares-tenentes de Mao deu sinal verde para que seu túmulo fosse profanado. Centenas de templos foram destruídos. Nos anos 1980, o confucionismo tinha uma reputação tão ruim que o historiador Ying-shih Yu o descreveu como uma "alma errante".

Certa manhã de setembro de 2010, ouvi um alto-falante ressoar dentro das paredes do templo. Seguiu-se o barulho de um sino pesado, e depois o de tambores e uma flauta, e de um narrador recitando passagens dos clássicos. A apresentação durou vinte minutos, e foi repetida uma hora mais tarde, e novamente uma hora depois, e mais uma vez no dia seguinte. A alma errante, de uma maneira ou de outra, estava em atividade outra vez. A partir dos anos 1980, quando ficou claro que alguma coisa acabaria preenchendo o "vazio espiritual", o partido decidiu interferir na questão. As velhas virtudes proletárias (revolução, consciência de classe) estavam obsoletas. O Partido no Poder precisava de um vocabulário moral, uma forma de se vincular às glórias da antiga civilização chinesa. A China precisava de uma moralidade e de uma política para o Novo Estrato de Renda Média. O partido ficou intrigado com o renascimento de Confúcio nas comunidades chinesas em Cingapura e Taiwan. Afinal, o sábio era um ícone moral nativo, firmemente incrustado nos "estudos nacionais" da China. Em Beijing, Confúcio foi reabilitado.

O governo abriu mais de quatrocentos "Institutos Confúcio" no mundo para ensinar mandarim e história chinesa. (No exterior, acadêmicos se queixavam de que os Institutos Confúcio barravam debates sobre temas controversos, como Tibete e Taiwan.) Proponentes do renascimento de Confúcio afirmavam que isso defenderia a China da "filosofia egoísta" do Ocidente, e passaram a comparar Qufu, sua cidade natal, a Jerusalém. Perto da caverna onde se acredita que Confúcio tenha nascido, um complexo turístico de 500 milhões de dólares composto de um parque e um museu começou a ser construído; os planos incluíam uma estátua de Confúcio quase do tamanho da Estátua da Liberdade. Em seu material publicitário, Qufu se definia como a "Cidade Sagrada do Oriente". Em 2012, o local recebeu 4,4 milhões de visitantes, superando o número de turistas que foram a Israel. A Associação Chinesa para o Estudo de Confúcio introduziu novas tradições, como incentivar casais a renovarem seus votos matrimoniais em frente à estátua do sábio. Para lhe dar uma nova imagem, historiadores divulgaram o que chamavam de retrato "padronizado": um velho bondoso de manto chinês, com as mãos cruzadas sobre o peito.

Universidades abriram cursos caros para empresários que buscavam "sabedoria comercial" nos clássicos. O National Studies Web, site dedicado ao pensamento de Confúcio, ofereceu ações na Bolsa de Valores de Shenzhen, e alguns confucianos mais empreendedores lançaram o Festival Internacional de Confúcio, patrocinado pela "Confucius Wine Company", no qual dezenas de milhares de pessoas lotaram um estádio em sua cidade natal, com balões gigantes exibindo nomes de sábios antigos, e uma pop star coreana em trajes sumários fez uma apresentação de rock.

Assim como o movimento conservador dos Estados Unidos nos anos 1960 tinha aproveitado os anseios pós-liberais por um recuo para a moralidade e a nobreza, o ressurgimento clássico na China alimentou-se de uma imagem nostálgica do que significava ser chinês. Evocava imagens de um passado mais simples, registrado nas narrativas idealizadas da história chinesa antiga, de nobres cavaleiros e governantes honestos que agiam com clareza moral e determinação. Jovens nacionalistas como Tang Jie organizavam eventos, indo ao Templo de Confúcio vestidos com a clássica túnica acadêmica e reencenando rituais que a maioria das pessoas esquecera havia muito tempo, se é que os conheceram.

O ressurgimento confuciano encontrou um mercado. O best-seller mais surpreendente dos últimos anos foi uma coleção de palestras confucianas dadas por Yu Dan, telegênica professora de estudos de mídia que servia como consultora política do partido. Escreveu ela: "Para avaliar a verdadeira força e prosperidade de um país pode-se simplesmente olhar para o crescimento do PIB sem olhar para a experiência íntima de cada pessoa. Ela se sente segura? É feliz?". Céticos zombavam dela, chamando-a de Canja de Galinha para a Alma Confuciana, mas Yu se tornou a segunda autora mais bem paga do país.

Poucos dias depois que ouvi sons vindos do templo, houve uma reunião para comemorar o aniversário de Confúcio pela primeira vez desde que os comunistas chegaram ao poder, em 1949. Funcionários do governo e professores discursaram, e um grupo de crianças recitou trechos. Imaginei que aquilo poria fim à apresentação musical — mas, na verdade, o show prosseguiu, e ganhou regularidade: a cada hora, das dez às seis, sete dias por semana, com chuva ou sol. O barulho ecoava pelas paredes do Beco dos Estudos Nacionais, e o que de início era novidade aos poucos passou a incomodar os vizinhos. "Fico ouvindo isso na minha cabeça de noite", contou-me Huang certa tarde. "É como se eu tivesse passado o dia num barco, e ainda sentisse o balanço."

Seu rosto se iluminou com uma ideia. "Você deveria ir lá pedir que baixassem o volume."

"Por que eu?", indaguei.

"Você é estrangeiro. Eles lhe darão atenção."

Eu não estava muito convencido de que queria atrair atenção por reclamar do mais famoso filósofo da China. Por outro lado, estava curioso para saber como era o show e marquei uma visita ao diretor do templo, um homem chamado Wu Zhiyou. Não era o que eu esperava; Wu parecia mais um ator representando o pai bondoso numa novela chinesa do que um teólogo: com seus 55 anos, tinha um rosto grande e bonito, um perfeito par de covinhas nas bochechas e uma voz profunda que soava um tanto familiar. Antes de ser destacado para dirigir o templo, Wu passara a maior parte de sua carreira na divisão de pesquisas do Departamento de Propaganda da cidade, e levava jeito para o marketing. Sobre a apresentação, ele explicou: "Esse show atraiu gente de todos os níveis da sociedade, chineses e estrangeiros, homens e mulheres, instruídos e não tão instruídos, especialistas e pessoas comuns".

Perguntei se ele estava muito envolvido na produção. "Sou o produtor-chefe!", disse ele, olhos brilhando. "Supervisiono cada detalhe. Até a voz do narrador é minha."

O show tinha sido concebido em circunstâncias extenuantes, contou ele. Confúcio morreu há mais de 2 mil anos, mas Wu só teve um mês para organizar a apresentação. Contratou um compositor, recrutou dançarinos de uma escola de arte local e selecionou frases dos clássicos para dar alguma forma à apresentação. "A gente precisa de altos e baixos e de um clímax", explicou. "Como num filme ou numa peça. Se for muito monótono, não vai funcionar."

Tive a impressão de que Wu estava bem feliz com a oportunidade de levar Confúcio ao palco. "No colégio, eu era sempre o líder da seção de propaganda do conselho de alunos. Adoro ler em voz alta, e adoro música e arte." Nas horas vagas, ele ainda fazia esquetes humorísticos, uma espécie de versão chinesa da comédia stand-up. Pareceu-me que Wu tinha conseguido transformar o Templo de Confúcio em seu próprio teatro comunitário. E havia planos para o futuro. "Estamos construindo um novo set com estátuas de cerâmica dos setenta e dois discípulos. E precisamos de mais iluminação. Aí então talvez eu possa dizer que está completo."

Wu olhou no relógio. Queria que eu visse o show das três da tarde. Antes que eu saísse, me deu um livro sobre a história do templo e disse: "Depois de ler este livro, suas perguntas deixarão de ser perguntas".

O palco ficava na frente de um pavilhão do lado norte do conjunto. Fora equipado com refletores. O elenco era formado por dezesseis jovens de ambos os sexos vestindo túnicas de acadêmico; cada número de canto e dança tinha por título uma frase dos clássicos, e a interpretação era otimista: "Felicidade" baseava-se na frase "A boa sorte está dentro da má; a má sorte está dentro da boa", e a versão para o palco omitia a metade mais indigesta. O *grand finale*, "Harmonia", vinculava Confúcio ao Partido Comunista. Um panfleto explicava que ele transmitia a "harmoniosa ideologia e harmoniosa sociedade do povo antigo, que terá influência positiva na construção de uma sociedade harmoniosa moderna".

Li o livro que o diretor do templo me deu, e os detalhes sobre eventos antigos me impressionaram: ali se registrava quem tinha plantado quais árvores setecentos anos atrás, e havia vívidos retratos de personagens da história do templo, numa seção chamada "Anedotas de elites". Mas o livro era notoriamente omisso no que dizia respeito a algumas questões, inclusive os anos de 1905 a 1981. Na história oficial do Templo de Confúcio, a maior parte do século XX estava em branco.

Durante o tempo que passei na China, aprendi a não estranhar apresentações da história parecidas com um disco de áudio, em que a música de repente silencia e reaparece adiante como se nada tivesse acontecido. Alguns trechos tinham sido excluídos por ordens superiores: o partido proibia as pessoas de discutir a ação repressora em Tiananmen, ou a fome do Grande Salto para a Frente, já que nunca repudiou esses fatos, não assumiu a responsabilidade por eles e se recusava a decidir que mudanças poderiam impedir que voltassem a acontecer. Por muito tempo, os chineses comuns estiveram dispostos a colaborar com o esquecimento, não só porque eram pobres e queriam tocar a vida, mas também porque muitos tinham sido vítimas em certos momentos e perpetradores em outros.

Mas havia outros livros sobre o Templo de Confúcio, e eles preencheram as lacunas — especialmente com relação à noite de 23 de agosto de 1966. Eram as primeiras semanas da Revolução Cultural, e a ordem de "Esmagar os quatro velhos" transmudara-se num violento ataque à autoridade de qualquer espécie. Naquela noite, um grupo das Guardas Vermelhas intimou um dos mais famosos escritores da China, Lao She, a comparecer ao portão de entrada do Templo de Confúcio.

Ele tinha 67 anos, e era uma das grandes esperanças da China como candidato ao prêmio Nobel de literatura. Fora criado não muito longe dali, na pobreza, filho de um guarda imperial que morreu numa batalha contra exércitos estrangeiros. Em 1924, foi para Londres e ali permaneceu cinco anos, vestindo tweeds, morando perto de Bloomsbury e lendo Conrad e Joyce. Em 1939, publicou *O homem do riquixá*, sobre um jovem puxador de riquixá, honesto, independente, cujo encontro com a injustiça o transforma, nas palavras de Lao She, no "produto degenerado, egoísta, desventurado de uma sociedade doente". Lao se tornou para Beijing o que Victor Hugo foi para Paris, o escritor que era a cara da cidade. O partido o designou "Artista do Povo". Ele não gostava de ser chamado para fazer propaganda, mas, como muitos outros, era um servidor leal, que despejava uma série de críticas sobre seus colegas escritores sempre que eles se voltavam contra o partido.

Agora o alvo era ele. Um grupo da Guarda Vermelha — na maioria, alunas de treze a dezesseis anos de idade — empurrou-o pelo portão do templo e o obrigou a ajoelhar-se no chão de pedra perto de uma fogueira, cercado por outros escritores e artistas. Os acusadores o denunciaram por manter laços com o Ocidente. Berravam "Abaixo os elementos que são contra o partido!", e usavam cintos de couro, com pesadas fivelas de metal, para açoitar os velhos e velhas ali reunidos. Lao She teve um sangramento na cabeça, mas não perdeu a consciência. O suplício continuou por três horas, até que, finalmente, foi levado para uma delegacia de polícia, onde sua mulher o resgatou.

Na manhã seguinte, Lao She acordou cedo e foi andando até um tranquilo lago, chamado Lago da Grande Paz, a noroeste de sua casa. Leu poesia e escreveu até escurecer. Então tirou a camisa e pendurou-a num galho. Encheu os bolsos de pedras e entrou na água.

Quando o corpo foi encontrado no dia seguinte, chamaram seu filho, Shu Yi, para ir buscá-lo. A polícia havia encontrado as roupas do pai, a bengala, os óculos e a caneta, assim como uma resma de papel que ele abandonara. O relato oficial de sua morte explicava que Lao She tinha "se isolado do povo". Como era um "contrarrevolucionário", não pôde ter um enterro decente. A viúva e os filhos puseram seus óculos e sua caneta num caixão e o enterraram.

Fiquei pensando no filho, Shu Yi, que fora buscar o corpo do pai. Devia estar com sessenta e tantos anos, mais ou menos a idade do pai quando morreu. Perguntando aqui e ali, descobri que morava perto da minha casa, a poucos minutos de caminhada. Ele me convidou para ir a seu apartamento. Era atulhado de livros, pergaminhos e pinturas, e me fez lembrar uma loja de cartomante. Shu tinha cabelos brancos e um rosto pesado, bondoso.

Enquanto conversávamos, uma brisa suave vinda de um canal próximo entrava pela janela. Perguntei se ele havia descoberto mais alguma coisa sobre o estado de espírito do pai em seus momentos finais.

"É difícil saber com exatidão, mas acho que a morte foi o último ato de sua luta", disse. "Muitos anos depois, encontrei um artigo chamado 'Poetas', que ele tinha escrito em 1941" — um quarto de século antes de morrer. "Dizia o seguinte: 'Poetas são uma gente estranha. Quando todo mundo está feliz, os poetas podem dizer coisas desoladoras. Quando todo mundo está triste, os poetas podem rir e dançar. Mas, quando o país está em perigo, eles devem se afogar, para que sua morte seja uma advertência em nome da verdade'."

Esse sacrifício era uma tradição na China, remontando ao século III a.C., quando o poeta Qu Yuan se afogou em protesto contra a corrupção. Shu Yi me disse que, "fazendo isso, eles estão reagindo, dizendo a outros qual é a verdade". Seu pai, segundo ele, "preferiria quebrar-se a dobrar-se".

Depois de conversar com Shu Yi, fui ver novamente Wu Zhiyou, o diretor do templo, e lhe perguntei sobre a história da última noite do escritor. Ele deu um suspiro e disse: "É verdade. Durante a Revolução Cultural, houve conflitos aqui. Depois, Lao She voltou para casa e se jogou no lago. Isso pode ser descrito como fato histórico".

Perguntei por que a história escrita do templo não mencionava esse fato. Ele se esforçou para encontrar uma resposta, e eu me preparei para ouvir um pouco de propaganda. Mas Wu então falou uma coisa que me surpreendeu: "É muito triste", lamentou simplesmente. "Deixa as pessoas tristes também. Acho melhor não incluir em livros. É factual, é história, mas não foi por causa do templo. Foi por causa da época. Não pertence aos registros do Templo de Confúcio."

Entendi seu argumento, mas me pareceu incompleto. Lao She foi espancado no templo porque ali era um lugar de ensinamento, de ideias, de história; a permissão para atacar um dos mais famosos romancistas da China era, como muita coisa na Revolução Cultural, uma permissão para atacar a identidade dos chineses e, nas décadas transcorridas desde então, o partido e o povo nunca restabeleceram tudo que perderam naqueles momentos. Mesmo que alguém quisesse marcar o lugar onde o grande cronista de Beijing encerrou a própria vida, isso seria difícil; o Lago da Grande Paz havia sido aterrado décadas antes, durante uma extensão da rede metroviária. Com frequência eu me via impressionado com tudo que o povo da China conseguiu deixar para trás: revolução, guerra, pobreza e as reviravoltas do presente. Meu vizinho Huang Wenyi vivia ao lado da mãe, de 88 anos. Quando lhe perguntei, certa vez, se tinha fotos antigas da família, ela respondeu: "Foram queimadas durante a Revolução Cultural", e riu a risada vazia, muito particular, que os chineses reservam para as coisas terríveis.

Todos os dias, grupos de funcionários públicos do interior e estudantes da cidade apareciam no Templo de Confúcio para fazer uma visita guiada e assistir ao show. Observei uma jovem guia de rabo de cavalo que olhava para um grupo de mulheres chinesas de meia-idade. Ela estendeu as mãos para a frente: "Este é o gesto para prestar homenagem a Confúcio", explicou. Os visitantes esforçaram-se para imitá-la. Percebi que, para muita gente na China, as brechas na história tinham tornado Confúcio um estranho.

Naquele vácuo, algumas pessoas ansiavam dar a Confúcio objetivos políticos mais úteis. Depois que Liu Xiaobo ganhou o prêmio Nobel da paz, um grupo de nacionalistas chineses organizou um "prêmio Confúcio da paz", e o concedeu no ano seguinte a Vladimir Putin por dar "segurança e estabilidade à Rússia". Acadêmicos confucianos denunciaram um plano para a construção de uma grande igreja cristã na cidade natal de Confúcio: "Imploramos aos senhores que respeitem esta terra sagrada para a cultura chinesa", escreveram eles.

Houve quem ficasse insatisfeito com essa versão de Confúcio. A insistência na harmonia parecia deixar pouco espaço para uma política de negociação, para um genuíno confronto de ideias. Li Ling, historiador da Universidade de Pequim, incomodado com o que chamava de "Confúcio manufaturado", escreveu:

> O Confúcio real, o que de fato existiu, não era sábio nem rei [...]. Não tinha poder nem posição social — só moralidade e conhecimento — e ousou criticar a elite do poder de sua época. Viajava promovendo sua política, fundindo o cérebro para ajudar governantes a enfrentar os problemas da época, tentando convencê-los a se livrar de práticas ruins, ser mais corretos [...]. Era um homem atormentado, obcecado e compelido a vagar em defesa de suas ideias, mais parecendo um cão sem dono do que um sábio. Esse era o Confúcio real.

Quando publicou isso, o autor foi denunciado por confucianos como "profeta do apocalipse". Um de seus defensores era Liu Xiaobo. Antes de ir para a cadeia, Liu alertou para o perigo de uma situação em que "os confucianos fossem venerados e todas as outras escolas de pensamento fossem banidas". Em vez de invocar Confúcio, escreveu Liu, os intelectuais deveriam venerar "a independência de pensamento e a autonomia pessoal".

O povo chinês vinha à Terra Santa dos Estudos Nacionais em busca de algum tipo de roteiro moral. Mas raras vezes a busca acabava ali. O partido, para manter o controle sobre a história, oferecia uma caricatura de Confúcio. Gerações de chineses que cresceram aprendendo a condenar as tradições éticas e filosóficas da China descobriram subitamente que o partido as ressuscitara de uma hora para outra, sem muito debate sobre o que tinha acontecido nesse intervalo. Um bairro dedicado a proteger a "essência do país" parecia reforçar a realidade de que não existia mais uma "essência" única.

Havia indícios de que intelectuais liberais não eram os únicos que se irritaram com essa forçada adoção de Confúcio. Em janeiro de 2011, uma gigantesca estátua do sábio apareceu perto da praça Tiananmen, a primeira coisa a ser acrescentada naquele lugar tão crítico desde que o mausoléu de Mao foi construído, na geração anterior. Filósofos e cientistas políticos se perguntavam se aquilo significava uma mudança na plataforma do partido. Mas de repente a estátua sumiu. No meio da noite, três meses depois de chegar, foi transferida para um ponto mais discreto, no pátio de um museu. Por quê? O mistério continuava: o Departamento Central de Propaganda proibiu qualquer discussão sobre o assunto. Restou às pessoas fazer piada, dizendo que Confúcio, mestre itinerante da província de Shandong, tinha sido flagrado tentando viver em Beijing sem autorização.

20. Passando reto

Há momentos na vida de um país em que seus habitantes param para refletir e se perguntam se perderam o rumo. No caso da China, um desses momentos ocorreu na tarde de 13 de outubro de 2011, em Foshan, no extremo sul do país. Foshan é uma cidade comercial, lar de enormes mercados a céu aberto, um depois do outro: Mundo do Ferro e do Aço, Mundo das Flores e Plantas e Cidade das Roupas Infantis, que vende por ano peças suficientes para vestir todos os meninos e meninas dos Estados Unidos, duas vezes.

Um dos maiores, a Cidade das Ferragens, tem uma população permanente de 30 mil pessoas. É especializado em artefatos da construção pesada: correntes de aço, ferramentas motorizadas, tambores de produtos químicos e bobinas de cabos elétricos da grossura do pulso de um homem. É um labirinto de lojas e becos, espalhados por uma área de quarenta hectares, debaixo de um telhado de estanho e plástico que mergulha o mundo num crepúsculo permanente. A Cidade das Ferragens cheira a serragem e diesel. Há 2 mil lojas, um quarteirão atrás do outro, e o local cresceu de forma tão rápida e desordenada, sem nome de rua ou sinal de trânsito, que é fácil se perder ali.

Pouco depois das duas horas daquela tarde, uma jovem mãe e lojista chamada Qu Feifei buscou a filha na creche a poucas quadras de distância e seguiu para sua casa na Cidade das Ferragens. Como mãe, Qu não tinha vergonha de ser amorosa: gastava quatro vezes mais tempo escolhendo um vestido para a filha do que para ela mesma. Qu e o marido eram donos de uma loja minúscula chamada Prosperidade Auspiciosa Rolamentos para Trem de Laminação. Viviam em cima da loja, com os filhos, uma menina de dois anos e um menino de sete, num espaço de armazenagem mal iluminado convertido em residência, onde o teto era pouco mais alto do que um adulto em pé.

O marido de Qu, Wang Chichang, trabalhava na Cidade das Ferragens fazia oito anos. Aos trinta, tinha olhos grandes afastados e franjas que passavam das sobrancelhas. Vinha de um distrito da província de Shandong, outrora famosa por suas peras e seus pêssegos, e agora dedicada à fabricação de produtos químicos. Estudara zootecnia na escola técnica antes de tentar a sorte em Beijing, onde trabalhara na construção civil e numa loja de animais de estimação até descobrir a Cidade das Ferragens. Casados, Qu teve um menino chamado Wang Shuo (que significa "Wang, o Sábio"). Quando veio uma menina, eles pagaram as multas e lhe deram o nome de Wang Yue; todos a chamavam de Pequena Yueyue, ou seja, "Pequena Alegria". Quando ela fez dois anos, era precoce, pegando no ar as palavras do desenho animado *Tigre Esperto*, e gostava de cozinhar de mentirinha enquanto os pais preparavam o jantar na loja. Depois que mãe e filha voltaram da creche naquela tarde, Qu subiu para tirar a roupa do varal, enquanto Wang Yue ficou lá embaixo brincando. Quando a mãe desceu, a filha tinha sumido. Não era algo inusitado — ela sempre corria de um vizinho para o outro —, e Qu saiu para buscá-la.

Já escurecendo, o céu se abriu e a chuva de outono tamborilou com força nas telhas do mercado.

A poucas quadras dali, outro jovem vendedor, chamado Hu Jun, estava de partida para a última incumbência do dia. Como a família Wang, Hu Jun e a mulher tinham uma filha pequena e uma loja de rolamentos, e ele também vinha da província de Shandong, embora o mercado fosse tão grande que as duas famílias não se conheciam. Hu Jun entrou numa van pequena e barata, do tipo que os chineses chamam de "pão de forma", e saiu pelos becos movimentados. Ia receber um pagamento numa parte desconhecida da Cidade das Ferragens, e examinava as placas das lojas enquanto dirigia.

A Pequena Yueyue não tinha ido à casa de nenhum vizinho. Saíra vagando pelos arredores, e de repente estava a duas quadras e meia longe de casa. Passou por fardos de mercadoria à beira da rua que tinham a sua altura. Para atrair fregueses, as lojas do mercado gostavam de deixar alguns artigos na frente, embora isso atulhasse as margens da rua com montanhas de produtos. A menininha, de blusa escura e calça cor-de-rosa, passou por uma loja na esquina, onde um velho e surrado monitor de computador registrava dezesseis ângulos diferentes das câmeras de vigilância. As câmeras gravaram com detalhes tudo o que aconteceu em seguida. Às 5h25, a Pequena Yueyue olhou para trás, mas continuou andando. Quando se virou de frente para a rua, ainda viu a van, mas não teve tempo de desviar e foi atropelada. Hu Jun diria mais tarde que sentiu apenas uma leve pancada no pneu — um impacto tão pequeno que supôs que fossem detritos no chão: um bolo de roupas, uma caixa de papelão. Não parou para verificar.

A Pequena Yueyue foi atingida duas vezes, primeiro pela roda da frente, depois pela de trás, acima da cintura e depois abaixo.

Ela caiu perto de um fardo de mercadoria, e ficou deitada, sem se mexer, salvo por um vago movimento do braço esquerdo.

Vinte segundos depois que ela foi atingida, um homem a pé, de camisa branca e calça escura, aproximou-se. Olhou para onde ela estava e diminuiu o passo. Depois seguiu em frente. Cinco segundos depois, veio uma moto; o motoqueiro olhou por cima do ombro, na direção da criança, mas não reduziu a marcha. Dez segundos depois, passou outro homem, olhou para ela e continuou andando. Nove segundos depois, uma caminhonete se aproximou, atropelou a Pequena Yueyue, passando por cima de suas pernas, e seguiu em frente.

Outras pessoas passaram — uma figura de capa de chuva azul, um motoqueiro de camiseta preta, um trabalhador que fazia um carregamento numa esquina. Um homem numa moto olhou para ela, falou qualquer coisa com o dono de uma loja, depois os dois se afastaram. Quatro minutos após a primeira colisão, a 11ª pessoa que se aproximou foi uma mulher segurando uma menininha pela mão. Tomava conta de uma loja ali perto, e também tinha ido buscar a filha na escola. Parou, perguntou a um dono de loja sobre a criança na rua, e então partiu rapidamente, com pressa de tirar a filha dali. Outros vieram: um motoqueiro, um homem a pé, um funcionário da loja da esquina.

Às 5h31, seis minutos depois que a menina foi atropelada, uma mulher pequena carregando sacolas com latas e garrafas que recolhia no lixo se aproximou. Era a 18ª passante. Mas não passou. Pôs as sacolas no chão e tentou erguer a Pequena Yueyue nos braços. Ouviu a menina gemer, e o pequeno corpo se dobrou como peso morto. A mulher era uma avó analfabeta chamada Chen Xianmei, que reciclava lixo e sucata como meio de vida. Puxou o corpo da criança para perto do meio-fio e olhou em torno à procura de ajuda. Depois abordou lojistas nas proximidades, mas um estava atendendo um freguês e outro lhe disse: “Esta criança não é minha". Chen tentou na quadra seguinte, gritando por ajuda, e ali encontrou a mãe, Qu Feifei, que procurava desesperadamente a filha. Chen levou-a ao meio-fio. A mãe agachou-se no asfalto, tomou Yueyue nos braços e saiu correndo.

Ambulâncias são raridade na China, por isso a mãe e o pai puseram a filha no pequeno Buick da família. Quando chegaram ao Hospital Huangqi, a quinze minutos de distância, enfermeiras de uniforme cor-de-rosa tentavam dar conta de uma torrente de recém-chegados. A sala de espera era limpa e bem construída, mas os cartazes nas paredes alertavam as pessoas sobre os perigos que rondam o sistema de saúde da China. Um deles aconselhava a não tentar subornar um médico para ser mais bem atendido; outro fazia uma advertência contra "cambistas de consultas". Dizia: SE UM ESTRANHO DISSER TER ESTREITAS RELAÇÕES COM UM ESPECIALISTA E TENTAR LEVÁ-LO PARA FORA DO HOSPITAL, NÃO SE DEIXE ENGANAR.

Os médicos descobriram que a Pequena Yueyue sofrera traumatismo craniano e graves lesões cerebrais. De início, repórteres locais achavam que fosse um caso típico de atropelamento com omissão de socorro. Então viram o vídeo das câmeras de vigilância. Imediatamente a história dos dezessete passantes espalhou-se pela China, provocando uma onda de autorrecriminação. O escritor Zhang Lijia questionou: "Como é que podemos pensar em merecer respeito e desempenhar o papel de líder mundial se este é um país de 1,4 bilhão de insensíveis?". O vídeo não parava de passar na televisão e na internet, uma fábula moral sobre a apatia da cidade grande e o embrutecimento do espírito. Para muita gente, o momento cristalizava a sensação de que a enorme competição interna estava pisoteando as pessoas mais vulneráveis da China. O episódio fez brotar uma fonte de culpa coletiva — sobre bebês que adoeciam por ingerir alimento contaminado, sobre crianças soterradas sob escolas que desabavam, e sobre muitos outros casos nos quais pessoas se mostraram indiferentes à sorte de estranhos em situação de necessidade. Pouco antes os jornais chineses tinham noticiado a morte de um homem de 88 anos que caiu numa feira e foi sufocado por um sangramento no nariz porque ninguém teve a iniciativa de mudá-lo de posição.

Repórteres correram para a Cidade das Ferragens e completaram o retrato: numa loja de esquina chamada Nova China Equipamento de Proteção por Atacado, o chefe disse que estava ocupado com a contabilidade e a mulher preparava o jantar: "Ouvi um choro de criança", disse. "Mas só por um instante, depois parou. Não pensei mais no assunto." A imprensa local foi atrás do homem no veículo vermelho de três rodas, mas tudo que ele soube dizer foi "Eu não a vi", frase que repetiu dez vezes. Na internet, as pessoas vasculharam o vídeo e identificaram o proprietário de uma loja de tubulação da esquina: ele tinha saído do estabelecimento, dado uma olhada, e voltado para dentro. Insistia em dizer que não viu a criança ferida na rua, mas as pessoas o chamavam de "sem consciência" e difamaram seu site na internet. Ao mesmo tempo, trataram como celebridade a catadora de lixo que parou para ajudar. Repórteres lhe perguntaram, repetidas vezes, por que interviera. A pergunta a desnorteava. Quando os jornalistas saíram, ela perguntou à nora: "Por que eu deveria ter medo de ajudar uma criança?".

Os chineses se orgulham de sua "humanidade", ideia conhecida como *ren*, tão fundamental para as concepções de moralidade na China como o princípio de "fazer aos outros" o foi para o Ocidente. Mas nos últimos anos, como questão prática, inculcaram-se também nas crianças chinesas preocupações menos inspiradoras, como a expressão "zuo haoshi bei e" — que quer dizer "fazer uma coisa boa e, em troca disso, ser enganado". Era um medo com categorias específicas, como por exemplo a do *peingci'r* — ou seja, a pessoa que "nos acusa de quebrar uma peça de porcelana que já estava quebrada".

Para muita gente, viver na China nessa época e nesse momento era como habitar uma ilha que de repente ficou próspera, mas está cercada por correntes traiçoeiras — permaneça em terra firme e a vida pode ser segura e compensadora; cometa um erro e o mundo pode desabar. Com estreita margem para absorver desastres, a melhor opção para as pessoas era estar sempre na defensiva. Minha amiga Faye Li, jornalista cujo pai era professor de física, me contou que um dia ele andava de bicicleta quando foi derrubado por um carro. "Ele se levantou e saiu pedalando o mais depressa que pôde", contou ela. Só em casa o pai se deu conta de que a vítima era *ele*. Estava convencido de que alguém tentaria se aproveitar dele. "Acho que na China é muito fácil a gente se meter em encrencas", acrescentou ela. Com o passar dos anos, o risco de ajudar alguém era uma hipótese que sempre aparecia nas manchetes do noticiário. Em novembro de 2006, uma senhora de idade caiu numa parada de ônibus em Nanjing e um jovem chamado Peng Yu ajudou-a a ir para o hospital. Ao recuperar-se, ela acusou Peng de tê-la derrubado, e o juiz acatou, condenando o rapaz a pagar mais de 7 mil dólares — sentença dada não com base em provas, apenas naquilo que o juiz chamou de "pensamento lógico": ou seja, na crença de que Peng jamais ajudaria se não fosse motivado pela culpa.

Esse veredicto causou um frenesi e, quanto mais eu me interessava pelo caso da Pequena Yueyue, mais me dava conta de que praticamente todo mundo que eu conhecia tinha ouvido falar no "caso Peng Yu". Com frequência as pessoas contavam histórias parecidas: um solícito jovem membro da classe média urbana caiu em um conto do vigário. A lição nunca mudava: tudo aquilo que se conseguiu juntar na vida, por menos que fosse, podia desaparecer num instante. Um jovem chamado Chen, depois de ter sido falsamente acusado de ferir um ciclista, fez a seguinte declaração aos repórteres: "Não sei se ajudaria de novo, se me visse numa situação parecida".

Embora as chances de se tornar um bom samaritano achacado fossem mínimas, tais casos ganhavam vulto na consciência popular por confirmar as aflições sobre o momento que todos viviam, a sensação de que a corrida para chegar primeiro estava destruindo os princípios éticos da China. Quanto mais as pessoas desprezavam os semelhantes, menos se dispunham a ajudar — e o ciclo continuava. Zhou Runan, antropólogo que estudou a Cidade das Ferragens, me disse que ninguém tinha mais consciência do risco de ser enganado do que os migrantes que viviam longe de sua terra natal. "Nos Estados Unidos, o indivíduo é a base da sociedade civil, mas na China a coletividade está se desfazendo, e não há nada para pôr no lugar [...]. Quando se chega a um lugar novo, fica-se muito arisco; a vida é construída em torno da família, da mulher, do marido, do filho, e tudo o mais se torna secundário", disse ele. "Nossa mente fica compartimentada."

A imprensa chinesa não perdia tempo em reforçar a teoria de que casos como esses refletiam a alienação da vida nas grandes cidades: "PASSANTES INSENSÍVEIS NÃO SÃO PROBLEMA EXCLUSIVAMENTE CHINÊS", declarou o *Global Times*, e o *Diário do Povo* descrevia esses casos como "inevitáveis durante o processo de urbanização". Apesar disso, quanto mais eu analisava as histórias da Pequena Yueyue e de outras pessoas, mais essas explicações me pareciam insatisfatórias.

Os chineses não foram o primeiro povo a suspeitar que a urbanização estava prejudicando sua saúde moral. Em 1964, os americanos ficaram chocados com o assassinato de uma mulher de 28 anos chamada Kitty Genovese em Nova York. O episódio foi assim descrito na época pelo *New York Times*: "Por mais de meia hora, 38 cidadãos respeitáveis e respeitadores da lei em Queens ficaram só olhando enquanto um assassino aproximou-se e esfaqueou uma mulher", e nenhum chamou a polícia ou se dispôs a ajudá-la. Os americanos adotaram a história porque ela confirmava seus temores de estarem se transformando numa sociedade urbana indiferente, e a "síndrome de Genovese", como ficou conhecida, tornou-se uma explicação-padrão na psicologia social.

Só que não foi bem assim. Anos depois, pesquisadores voltaram a procurar testemunhas e a examinar registros dos tribunais e descobriram que apenas três ou quatro pessoas que ouviram os gritos da mulher entenderam o que se passava, e pelo menos uma testemunha provavelmente chamou a polícia durante o ataque, mas os policiais chegaram tarde demais para salvá-la. (A história dos 38 espectadores silenciosos tinha sido repassada ao jornal, não por acaso, pelo delegado de polícia.) No caso da Pequena Yueyue, a apatia talvez não tenha sido o único motivo da hesitação das pessoas. O antropólogo Yan Yunxiang examinou 26 casos de bons samaritanos que tinham sido vítimas de extorsão na China e concluiu que, em todos eles, a polícia e os tribunais locais trataram as pessoas solícitas como culpadas até prova em contrário. Em nenhum dos 26 casos se exigiu que o achacador apresentasse testemunhas para corroborar sua acusação; nem o achacador foi punido, mesmo quando se descobriu que a pessoa que ofereceu ajuda foi acusada falsamente.

Nos anos de explosão econômica, o povo descobriu mais razões para temer a lei do que para confiar nela. Criadas numa época em que os cargos jurídicos eram por vezes vendidos para quem pagasse mais e os juízes eram subornados com regularidade, as pessoas ficavam mais precavidas. Quando o acadêmico Wang Zhengxu fez uma pesquisa de opinião, em 2008, descobriu "uma confiança significativamente menor no governo e no partido entre os cidadãos pós-reforma". A polícia tinha a ideia fixa de conseguir condenações, e inúmeros casos que vieram à tona davam uma ideia das consequências dessa afobação. Um homem chamado She Xianglin cumpriu onze anos de prisão pela morte da esposa, com quem já não convivia — até que um dia ela voltou para visitar a família. Descobriu-se que a mulher se mudara para outra província e casara novamente; o réu, que depois de dez dias e dez noites de tortura confessara o crime, foi libertado em 2005. Um estudo sobre comportamento dos chineses publicado na revista *Science* em 2013 revelou que os jovens locais eram, nas palavras dos pesquisadores, "indivíduos menos confiantes, menos confiáveis, mais avessos a riscos, menos competitivos, mais pessimistas e menos escrupulosos".

Praticamente todo mundo que havia passado pela Pequena Yueyue insistia em dizer que não tinha visto nada, com uma exceção: a mãe que passou com a filha. Seu nome era Lin Qingfei, e quando localizada pelos repórteres não evitou falar do que lhe passara pela cabeça naquele dia: "Ela estava chorando com um fiozinho de voz... Havia um rapaz parado na frente da loja. Perguntei se era filha dele. Ele me despachou com um aceno e não disse nada. Minha filha comentou: 'Aquela menininha está coberta de sangue'. Fiquei apavorada, e tirei minha filha dali". Lin chegou à sua própria loja e contou ao marido o que tinha visto, mas ele estava concentrado no trabalho. "Ninguém teve coragem de tocar nela", disse Lin. "Por que eu teria?"

No hospital, os pais da Pequena Yueyue ficaram se perguntando se a filha não receberia um tratamento melhor caso arrumassem um jeito de ter acesso a um dos hospitais de elite da China, fora do alcance das pessoas comuns. Examinaram a lista de conhecidos no mercado e abordaram um homem que, como eles, era migrante de Shandong, e os pôs em contato com outro migrante, dono de uma loja chamada Abrasivos Rei, que vendia discos de reposição de lixadeiras elétricas. Esse lojista era um veterano do Exército; deu um telefonema e conseguiu transferir a menina para a UTI de um hospital militar em Guangzhou. Tinha visto o vídeo. "Reconheci muitas pessoas que passaram sem parar", diria depois. Quando pediu satisfações a uma delas, ouviu a seguinte resposta: "Nem filha sua ela é. Por que está se metendo numa coisa que não é da sua conta?".

Em 15 de outubro, dois dias depois do atropelamento, a Pequena Yueyue estava num grande quarto de hospital com paredes azul-turquesa, cercada por tubos e prateleiras de máquinas. Fora submetida a uma cirurgia de emergência para abrir a parte de trás do crânio, mas seu estado ainda era grave. A preocupação dos pais agora era saber quem tinha sido o responsável. Bateram de porta em porta perguntando: "Conhece o motorista da van 'pão de forma' que aparece neste vídeo?". Penduraram panfletos em vários pontos da Cidade das Ferragens oferecendo 50 mil iuanes — mais de 8 mil dólares — por pistas que ajudassem a identificar o motorista. Wang postou uma nota on-line, utilizando o pseudônimo Nu'er Hui Haode, que significa "Minha filha vai ficar boa".

Na casa do motorista, Hu Jun, uma sinistra conclusão tomava forma. Seu cunhado foi a primeira pessoa da família a ver o vídeo. "Naquele momento, Hu Jun pensou no que tinha acontecido e se deu conta. 'Acho que bati em alguma coisa dois dias atrás'", me contou seu advogado, Li Wangdong. Hu Jun assistiu ao vídeo. "Ficou paralisado da cabeça aos pés", disse Li.

O motorista se entregou à polícia. "Chovia, e o barulho da chuva no teto era tão alto que não ouvi a criança gritar. Olhei pelo retrovisor do lado direito e não vi nada, por isso continuei a dirigir", disse ele à polícia, de acordo com o *Yangcheng Evening*

News. "Se eu soubesse que tinha atropelado alguém, sem a menor dúvida teria parado." O advogado me contou que nas horas que se seguiram ao incidente ele não agira como um homem culpado. "Não lavou o carro nem o limpou com um pano velho. Não chegou em casa nervoso ou apavorado. Em suas conversas com outros lojistas, não fez nada diferente."

Depois da prisão, repórteres locais tentaram arrancar do pai da menina, Wang Chichang, uma reação. "Realmente não sei o que expressar. Ódio? Raiva? De que serviria? O ódio vai fazer minha filha se recuperar?" Passaram-se dias, e Yueyue continuava na UTI, separada dos pais por uma divisória de vidro. Jamais se recuperaria. Pouco depois da meia-noite, na madrugada de 21 de outubro, morreu de falência múltipla dos órgãos.

Meses depois que as câmeras dos noticiários deixaram a Cidade das Ferragens, eu estava em Foshan e resolvi visitar o local do acidente. Parecia o mesmo mostrado na TV: grandes fardos à margem da rua, no crepúsculo. Entrei na loja mais próxima, chamada Ferragens Inteligentes, e encontrei um homem atrás de uma mesa atulhada. Seu nome era Chen Dongyang. Tinha seus cinquenta e tantos anos, com cabelos penteados para trás, ao estilo presidente Mao, e óculos de leitura na ponta do nariz. Pareceu adivinhar o que me levava ali, e ofereceu-me uma cadeira. Antes que eu pudesse fazer a primeira pergunta, disse que sua filha estava trabalhando naquele dia e "não escutou nada".

Chen e eu conversamos bastante. Para ele, o caso da Pequena Yueyue era uma conversa sobre confiança e desconfiança. "Antigamente, se você visse alguma coisa, sabia que era verdade, porque quem tinha tempo ou dinheiro para falsificar?", perguntou, acrescentando: "Agora até mesmo barbatana de peixe pode ser falsa [...]. Antigamente, se você não tivesse comida suficiente, eu lhe daria um pouco. Era assim que funcionava. Mas, depois da Reforma e da Abertura, é diferente. Se você tiver um bocado de comida e eu também, tentarei tirar o seu e ficar com os dois bocados, sem deixar nada para você. Aprendemos esses maus hábitos com países como o seu", disse ele, sorrindo. "E esquecemos nossas boas tradições. Olhe para mim: nem mesmo me lembrei de lhe servir chá!" Ele se levantou às pressas, e procurou chá na loja, antes de desistir e voltar a sentar-se. Perguntei-lhe se não estava exagerando um pouco, com sua conversa sobre os "bons tempos de antigamente".

"Todo mundo tem algum dinheiro no bolso, mas o dinheiro não está seguro. Para a gente se sentir confortável, é preciso ter uma sensação de segurança", afirmou. Perguntei a Chen como teria reagido se visse a menininha caída na rua. Ele ficou um instante sem dizer nada.

"Se fosse antes da Reforma e da Abertura, eu arriscaria a vida para salvá-la", argumentou. "Mas depois? Eu provavelmente hesitaria. Não teria essa coragem. É o que estou tentando dizer: este é o mundo em que vivemos agora." Chen tinha uma neta, e eu lhe perguntei: "Quando crescer, que tipo de pessoa você quer que ela seja?".

"Vai depender do que estiver acontecendo na sociedade", respondeu ele. "Se pessoas decentes estiverem mandando, ela será uma pessoa decente. Se forem pessoas más, bem, não há outra escolha senão ser má."

Naquela noite, jantei com Chen Xianmei, a avó que tirou a Pequena Yueyue da rua. Talvez fosse a menor pessoa adulta que já conheci, o que sua família atribuía à infância nas montanhas de Guangdong, onde a comida era pouca. Ela só falava um dialeto local que as pessoas se esforçavam para entender. O filho e o genro serviam de intérpretes, de vínculo entre ela e o mundo. De manhã, ela cozinhava para trabalhadores da Cidade das Ferragens; à tarde, caçava parafusos e outros refugos. "Todas essas coisinhas miúdas podem ser revendidas", explicou ela. No dia do acidente, a família a aconselhara a não sair porque estava chovendo. Mas um dia de chuva era uma mina de ouro, segundo ela, porque os outros catadores ficavam em casa.

Quando as pessoas descobriram que ajudou a socorrer a Pequena Yueyue, ela se tornou uma pequena celebridade. Fotógrafos de jornal apareceram e a fotografaram num campo fazendo a colheita para dramatizar suas origens humildes — por mais que ela lhes explicasse que não era tempo de colheita. Recebeu seis convites para ir a Beijing, para as comemorações oficiais de "boas ações", embora, na verdade, as experiências em Beijing a tenham deixado pouco à vontade. "Não consigo compreender o que as pessoas dizem, e as pessoas não conseguem compreender o que eu digo", comentou.

Autoridades locais e empresas privadas faziam questão de ser fotografadas com ela, que recebeu cerca de 13 mil dólares como recompensa. Mas, à medida que seu nome era difundido, a experiência tomou um rumo infeliz. Moradores da aldeia viram a publicidade em torno do seu nome e concluíram que ela havia ganhado muito mais dinheiro do que na verdade recebeu. Vizinhos começaram a lhe pedir empréstimos. Fosse qual fosse a resposta, eles insistiam. Pediram-lhe até que asfaltasse a estrada da aldeia.

Chen Xianmei me disse que era grata pelas recompensas, mas teria preferido que o governo local simplesmente permitisse que seu neto fosse para a escola pública: ele tinha um *hukou* rural, o que o tornava inelegível ao jardim de infância público na cidade, por isso os pais estavam gastando setecentos iuanes por mês numa escola particular, e o dinheiro das recompensas não duraria para sempre.

As curiosas consequências de sua boa ação derramavam-se sobre a vida do filho. Embora ele jurasse para os colegas de trabalho que não era rico, as pessoas estavam convencidas de que sua mãe escondia uma fortuna. A pressão tornou-se tão forte que ele saiu do emprego. Entre os novos empregos, o melhor que conseguiu era cansativo: dirigir uma van "pão de forma" treze horas por dia.

Para os pais da Pequena Yueyue, chegavam doações do país inteiro. Alunos de uma escola local lhes mandaram uma latinha de biscoitos cheia até a borda de cédulas de menor valor. Um jornal bem-intencionado da província natal do pai incentivou as pessoas a ligarem para ele, e a reação o soterrou: num período de cinco minutos, contou 51 chamadas não atendidas.

Ao mesmo tempo, uma teoria maluca deitou raízes na internet: o caso todo era uma fraude. O vídeo, a menina, o médico — tudo era uma grande invenção, diziam as pessoas. Hannah Arendt certa vez identificou "uma espécie peculiar de cinismo" que se estabelece em sociedades com tendência à "consistente e total substituição de verdades factuais por mentiras". A resposta, escreveu ela, era "a recusa absoluta a acreditar na verdade seja lá do que for". Num esforço para acabar com os rumores, o pai convidou repórteres locais a assistir enquanto ele contava as doações recebidas e as depositava num banco. O total chegou a quase 44 mil dólares. Mas a desconfiança de fraude não desapareceu. Pelo fim de outubro, Wang já tentava desesperadamente livrar-se do dinheiro o mais depressa possível. Doou-o a dois pacientes necessitados, e em seguida ele e a mulher sumiram de vista. O pai não gostava de sair. À noite, ambos tinham sonhos recorrentes com a filha; nos do pai, ele a abraçava e carregava nas costas; nos da mãe, a Pequena Yueyue usava sempre um vestido amarelo, e estava sempre rindo. A família não demorou a deixar a Cidade das Ferragens.

No fim, os advogados de acusação decidiram que Hu Jun não fugiu deliberadamente da cena do acidente. A polícia tinha feito uma reconstituição — molhando os telhados da Cidade das Ferragens com a utilização de um carro de bombeiros para simular chuva —, e Hu assumiu sua participação no homicídio culposo. Pediu desculpas à família, e o advogado pediu clemência; mostrou fotos de Hu Jun segurando a própria filha de dez meses. Notei que a filhinha, em vez das tradicionais calcinhas abertas atrás, usava fraldas, talvez o sinal mais inequívoco na China dos primeiros passos galgados por uma família para entrar na classe média. Quando o vídeo foi exibido na sala do tribunal, Hu Jun inclinou a cabeça. Foi condenado a dois anos e seis meses de prisão.

Semanas depois da morte de Yueyue, a cidade de Shenzhen preparou o primeiro projeto para proteger os bons samaritanos de imputabilidade jurídica. Transferia o ônus da prova para os acusadores, e estabelecia punições para falsas acusações que iam de pedidos de desculpas em público à detenção. A lei não exigia que as testemunhas se envolvessem — como é o caso no Japão, na França e noutros países —, mas foi, apesar disso, a maior providência já tomada pela China para alterar sua legislação nesse sentido. Com o tempo, passei a ter pena dos homens e mulheres da Cidade das Ferragens — incluindo, devo dizer, as pessoas que não prestaram socorro. Foram todos arrolados numa parábola, mas a moral da história não fazia justiça à complexidade de sua vida. O público chinês tinha interpretado a morte da Pequena Yueyue mais ou menos da mesma maneira como os americanos dos anos 1960 aceitaram a história de Kitty Genovese, que, vista de perto, era muito mais do que parecida.

A mais clara evidência contrária à teoria de que os chineses deixaram de se importar uns com os outros era o fato de que eles se importavam, *sim*: para cada vídeo de testemunhas indiferentes às outras havia exemplos de gente que se arriscava por alguém. Quando um homem perturbado munido de uma faca invadiu uma escola primária em Henan, em dezembro de 2012, e feriu 22 crianças, fitas do sistema de vigilância mostraram outro homem correndo atrás dele, armado apenas de uma vassoura. Com todo o efeito fragmentador da era do mercado, a cultura da generosidade não estava morrendo: estava crescendo. Organizações filantrópicas privadas, que tinham sido fechadas ou tomadas pelo partido, estavam de volta. Doações de sangue aumentaram tanto que os velhos mercadores de sangue, que costumavam ir de porta em porta, praticamente desapareceram. Depois do terremoto de 2008 em Sichuan, mais de 250 mil voluntários foram ajudar; a maioria era gente jovem, que pagava a viagem do próprio bolso. Zhou Runan, o antropólogo, me disse: "Os jovens estão treinando para se tornar indivíduos bem desenvolvidos, e não pessoas egoístas isoladas. É aí que está a esperança: nos jovens".

Os esforços do partido para promover a moralidade soavam ainda mais vazios. Enquanto eu conversava com as pessoas sobre o caso da Pequena Yueyue, a televisão estatal noticiou o sexagésimo aniversário da descoberta do soldado Lei Feng, ícone de dedicação socialista, pelo presidente Mao. Lei Feng estava presente em todos os pontos de ônibus e cartazes. O partido dera sua bênção a três novos filmes sobre ele, mas a blitz propagandística foi um desastre. Ninguém queria ver os filmes sobre Lei Feng; o *Global Times* fez uma reportagem sobre um cinema que exibia um filme sobre Lei Feng para uma plateia vazia, "caso alguém aparecesse". Na internet, as pessoas zombavam de Lei Feng: fizeram as contas e chegaram à conclusão de que, para coletar tanto estrume quanto alegava, Lei teria que deparar com um monte de esterco a cada onze passos que dava, durante nove horas. Outra postagem sugeria que Lei talvez fosse corrupto, gastando mais com a aparência do que o salário lhe teria permitido. Os dois responsáveis pelas postagens foram detidos. Dizia uma declaração da polícia: "A gloriosa imagem de Lei Feng estava sendo posta em dúvida por alguns usuários da internet. Muitos usuários informaram a polícia a respeito, exigindo rigorosa investigação sobre os autores dos boatos que difamavam a imagem de Lei Feng".

Às vezes fico imaginando se as coisas seriam diferentes na China se os governantes, em vez de desfraldar as bandeiras de Lei Feng e da sociedade harmoniosa, oferecessem indícios tangíveis de que estavam tentando de fato tornar suas instituições mais éticas, dignas de confiança e honestas. Em suas ações, e inações, um Estado interpreta sempre uma visão moral, pelo menos de acordo com Confúcio. "O caráter moral do governante é o vento", disse ele, "o caráter moral dos que ficam abaixo dele é a grama. Quando o vento sopra, a grama se dobra." Em seus abusos e suas fraudes, o governo chinês não estava conseguindo apresentar um argumento convincente sobre o que significava ser chinês no mundo moderno. O partido baseara sua legitimidade na prosperidade, na estabilidade e num panteão de heróis vazios. Ao fazê-lo, desarmara a si mesmo na batalha pela conquista da alma, e levara os chineses, individualmente, a percorrer o mercado de ideias à procura de seus próprios ícones.

21. Cultivo da alma

A certa altura da jornada, perdi contato com um amigo chamado Lin Gu. Era um repórter muito bem relacionado que dizia estar à vontade em qualquer grupo social e se orgulhava de jamais ter acendido o fogão de seu apartamento. Quando indaguei por ele, um amigo me disse que Lin fora para as montanhas iniciar seus estudos para ser monge. Não era tão inusitado assim; a China recentemente se tornara o maior país budista do mundo. Quando Lin voltou a Beijing durante uma folga, jantamos juntos. Encontrei-o na entrada do metrô. Usava uma roupa folgada de algodão marrom e tinha a cabeça raspada. Vivia numa comunidade remota de 24 pessoas, a cerca de duas horas da cidade mais próxima. "É um clichê, não?", disse ele, e deu uma risada. "O monge chinês de classe média?"

Como jornalista na China, Lin vivera de acordo com o que chamava de "regra de ouro": duvidar de tudo. Com 38 anos, tinha crescido depois da Revolução Cultural, na época de vacas gordas, quando a política despertava pouco interesse. A mãe fora uma comunista dedicada quando jovem, mas Lin não gostava daquela devoção. Tinha uma ideia nada lisonjeira do budismo: "Vovôs e vovós se ajoelhando e queimando incenso", comentou. No inverno de 2009, Lin esbanjou numa viagem à Tailândia com a mãe. Antes de tomar o avião, passou por uma livraria em Chengdu e deparou com as memórias de um monge. Não estava preparado para o efeito que o livro teria sobre ele. "Descobri que Buda era uma fonte de inspiração. Ele me convidava a pensar corajosamente sobre este mundo", contou Lin. "Buda era capaz de contestar quaisquer normas sociais, como o sistema de castas da Índia. Ele repensou a base conceptual que tinha desde o comecinho."

Lin passou a viagem à Tailândia no quarto de hotel, absorto na leitura. "Não cheguei nem a entrar na piscina." Na volta, começou a frequentar um instituto budista perto de seu apartamento em Beijing. O momento de transformação veio quando compreendeu a noção, segundo suas palavras, de que "este mundo é fantasia". Sentiu que seria impossível voltar ao que fazia antes. Perguntou-se: "Por que devemos nos apegar ao dinheiro, à fama e ao status social?". E prosseguiu: "Como jornalista na China, dançamos amarrados a uma corrente. Temos que nos virar no espaço de que dispomos. Fazemos o jogo do governo, dos funcionários da propaganda e dos assuntos da nossa reportagem [...]. Perdemos muito tempo e energia tentando contornar todos os obstáculos da máquina de propaganda. A essa altura, estamos exaustos, e a hora do fechamento é implacável. Assim, não ficamos satisfeitos com o lado profissional das nossas reportagens, e invejamos os colegas ocidentais, que podem se concentrar na escrita". O budismo lhe deu as respostas que o jornalismo não poderia dar. "Faz muito tempo que procuro a verdade", disse.

Viver na China nos primeiros anos do século XXI era testemunhar um renascimento espiritual que poderia ser comparado ao Grande Despertar dos Estados Unidos no século XIX. O estereótipo do cidadão chinês satisfeito de poder adiar as questões morais até se equipar com um carro e uma casa parecia cada vez mais desatualizado. Quanto mais as pessoas satisfaziam as necessidades básicas, mais descobriam a verdade, e mais contestavam o velho ordenamento. Para novas fontes de significado, exploravam não apenas a religião, mas também a filosofia, a psicologia e a literatura em busca de novas maneiras de se orientar num mundo de incoerência ideológica e de implacável ambição. Que obrigações teria alguém com um estranho numa sociedade hipercompetitiva e impulsionada pelo mercado? Que responsabilidade teria o cidadão de falar a verdade quando a verdade era perigosa? Seria melhor tentar mudar um sistema autoritário de dentro para fora ou fazer uma oposição de fora para dentro, com o risco de não produzir efeito nenhum?

A busca de respostas despertava e estimulava as pessoas da mesma forma que a busca da riqueza o fizera antes. Certa noite de dezembro de 2012, eu estava no campus da Universidade de Xiamen, na costa sudeste da China, quando os estudantes se reuniram na frente do auditório — em número muito maior do que o prédio poderia abrigar. Entrei e observei a multidão de rostos jovens e ansiosos do outro lado da vidraça. Seguranças nervosos pediam calma. O reitor da universidade tinha telefonado para os organizadores do evento daquela noite, recomendando que não perdessem o controle. A causa dessa expectativa tão fervorosa — uma figura que alcançara um nível de popularidade na China "geralmente reservado para estrelas de cinema de Hollywood e jogadores da NBA", como disse o *China Daily* — era um introvertido nativo de Minnesota chamado Michael J. Sandel. Em Harvard, onde Sandel era professor de filosofia política, ele dava um curso muito popular chamado Justiça, que apresentava aos alunos os pilares do pensamento ocidental: Aristóteles, Kant, Rawls e outros.

Ele aplicava suas teorias de tomadas de decisão morais a dilemas do mundo real. *A tortura pode ser justificada? Você roubaria um remédio do qual seu filho depende para sobreviver?* As aulas foram filmadas para uma série da TV pública americana e disponibilizadas na internet. Quando começaram a circular, voluntários chineses acrescentaram legendas e, depois de dois anos, Sandel atingira um nível quase irracional de celebridade. Suas palestras chinesas sobre filosofia política ocidental tinham sido vistas pelo menos 20 milhões de vezes. A revista *China Newsweek* elegeu-o a "figura estrangeira mais influente" de 2010.

Sandel era um homem cerebral, meticuloso, de cinquenta e tantos anos, com ralos cabelos grisalhos e olhos azul-claros que olhavam o mundo com uma expressão vagamente apreensiva. Mais habituado à vida em Brookline, Massachusetts, com a mulher e os dois filhos, estava aprendendo a conviver com extraordinárias reações no exterior, sobretudo no Leste da Ásia. Em Seul, fez palestras para 14 mil pessoas num estádio; em Tóquio, o preço dos ingressos para suas palestras no mercado negro chegava a quinhentos dólares. Mas, na China, inspirara uma devoção quase religiosa, e suas visitas o fizeram mergulhar numa dimensão alternativa de celebridade. Certa vez, no aeroporto de Shanghai, o funcionário que controlava passaportes o deteve para dizer num arroubo de admiração que era seu fã.

Na frente do auditório de Xiamen, a multidão continuava a crescer, até que os organizadores decidiram que seria mais fácil manter o clima pacífico se abrissem as portas. Assim sendo, apesar das normas sobre incêndio, deixaram a multidão sentar-se nos corredores, até que rapazes e moças ocuparam cada centímetro de espaço. Sandel subiu no palco. Atrás dele, um enorme banner ostentava o título em chinês de seu último livro: *O que o dinheiro não compra*, no qual indagava se muitas características da vida moderna não estariam se transformando naquilo que chamava de "instrumentos de lucro". Num país onde tudo parecia ter uma etiqueta de preço — uma patente militar, um casamento, uma vaga no jardim de infância —, a plateia estava em êxtase. "Não estou sendo contra os mercados em si", disse ele à multidão. "O que estou sugerindo é que nas últimas décadas passamos, quase sem perceber, da economia de mercado para a sociedade de mercado."

Sandel mencionou uma reportagem publicada nos jornais: Wang Shangkun era um estudante de dezessete anos de uma região pobre de Anhui ilegalmente recrutado numa sala de bate-papo para vender seu rim por 3500 dólares, transação que sua mãe descobriu quando ele chegou em casa com um iPad e um iPhone, e depois teve insuficiência renal. O cirurgião e mais oito pessoas — que tinham revendido o rim por dez vezes mais — foram presos. "Há um milhão e meio de pessoas na China que precisam de transplante de órgãos", afirmou Sandel. "Mas naquele ano havia apenas dez mil órgãos disponíveis." Quantos aqui, perguntou, apoiariam um livre mercado, legalizado, de rins?

Um jovem chinês chamado Peter, de blusão de moletom branco e óculos grossos, levantou a mão e apresentou um argumento libertário segundo o qual a legalização do comércio de rins acabaria com o mercado negro. Outros discordaram, e Sandel foi um pouco mais longe. Digamos que um pai chinês vendesse um rim e então, "poucos anos depois, precisasse mandar outro filho para a escola, e alguém viesse e perguntasse se ele venderia o outro rim — ou o coração, se estivesse disposto a dar a vida. Alguma coisa errada nisso?".

Peter pensou um pouco e disse: "Desde que seja algo livre, transparente e aberto, os ricos podem comprar a vida, e isso não é imoral". Um murmúrio de agitação percorreu a multidão; um homem de meia-idade atrás de mim gritou: "Não!". Sandel pôs ordem na sala. "A questão do mercado", interveio, "é, no fundo, a questão de saber como queremos viver juntos. Queremos uma sociedade em que tudo esteja à venda?"

* * *

"Dos vários países que visitei", contou-me Sandel no dia seguinte, "as suposições e convicções do livre mercado estão mais presentes entre os jovens da China do que em qualquer outro lugar, exceto, talvez, os Estados Unidos." O que mais lhe interessava, porém, era a força de compensação — o murmúrio que percorreu a multidão diante da ideia de vender o segundo rim. "Se você tatear e sondar, encontrará um exemplo atrás do outro dos limites da ampliação da lógica do mercado a todas as coisas", disse ele.

Na China, ideias estrangeiras têm a tradição de virar mania. Depois da Primeira Guerra Mundial, John Dewey percorreu o país e inspirou uma legião de seguidores. Posteriormente, foram Freud e Habermas. Sandel fez sua primeira visita na hora certa, em 2007. Ao apresentá-lo na Universidade Tsinghua, em Beijing, o professor Junren Wan disse que a China tinha um "coração que chora". Sandel passara a maior parte da carreira examinando o que chamava de "a responsabilidade moral que temos para com os outros, como nossos concidadãos". Depois de viver em Hopkins, Minnesota, subúrbio de Minneapolis, até os treze anos, ele se mudou com a família para Los Angeles, onde os colegas de classe matavam aula para surfar. Aquilo ia de encontro à sua circunspecção de nativo do Meio-Oeste. "O efeito formativo do sul da Califórnia", afirmou ele, "foi ver o ego irrefreável em ação." Desde cedo, teve o interesse despertado pela política liberal, foi para Brandeis, depois para Oxford como bolsista do Rhodes, e num recesso de inverno ele e um colega de classe resolveram escrever juntos uma dissertação de economia. "Meu amigo tinha hábitos noturnos muito estranhos", lembrou Sandel. "Eu ia para a cama por volta da meia-noite, e ele ficava o tempo todo acordado [...]. Isso me deixava as manhãs livres para ler filosofia." Quando as aulas foram retomadas, tinha lido Kant, Rawls, Nozick e Arendt, e deixou de lado a economia para se dedicar à filosofia.

Nos anos seguintes, propôs uma conversa mais direta sobre moralidade na vida pública. "Martin Luther King bebeu explicitamente em fontes espirituais e religiosas. Robert Kennedy, quando concorreu à presidência em 1968, também enunciou um liberalismo com ressonância moral e espiritual", ele explicou. Mas em 1980 os liberais americanos já tinham posto de lado o discurso da moralidade e da virtude, que passou a ser visto como "o que a direita religiosa faz", segundo ele. "Comecei a achar que alguma coisa estava faltando nessa espécie de política de valores neutros, e acho que não foi por acaso que houve um período, de 1968 a 1992, em que o liberalismo americano esteve mais ou menos moribundo, quando perdeu a capacidade de inspirar."

Na China, em 2010, um grupo de voluntários chamado Televisão para Todos se reuniu para legendar programas estrangeiros. Quando as sitcoms e as séries policiais acabaram, ele se voltou para cursos de faculdades americanas, que começavam a ser disponibilizados na internet. Sandel tinha ido à China antes, para falar a pequenos grupos de estudantes de filosofia, mas, na segunda visita, depois do seu curso on-line, descobriu que alguma coisa tinha acontecido. "Contaram-me que os meninos estavam começando a demarcar lugares à uma e meia para uma palestra às sete da noite", disse ele. "As salas estavam superlotadas, e eu naveguei pelo meio dessa animada massa humana." Sandel tinha visto sua obra causar comoção em outros países, mas nunca tão abruptamente como na China. Em nossa conversa, tentávamos compreender o fenômeno. A grife Harvard só ajudava, claro, e a produção profissional da TV pública americana tornava seu curso mais palatável do que outros. Mas, para os estudantes chineses, o estilo de ensinar também era uma revelação: ele incentivava os alunos a apresentar seus próprios argumentos morais, a travar um vigoroso debate no qual não havia uma única resposta certa, a pensar de forma criativa e independente a respeito de questões complexas e abertas, de uma maneira pouco conhecida nas salas de aula chinesas.

Além do estilo, porém, Sandel percebia uma explicação mais profunda para o intenso interesse chinês em filosofia moral. "Nas sociedades onde o assunto pegou, não havia ocasião, por diferentes motivos, para o debate público sério de grandes questões éticas", explicou ele. Para Sandel, os jovens, principalmente, "sentem uma espécie de vazio em termos de discurso público, e querem coisa melhor". A China, na era dos Bobos e das Fortunas Construídas a Partir do Zero, era a terra do ego sem freios, onde os indivíduos podiam se livrar dos vínculos sociais e da história e tomar suas decisões com base no egoísmo, de um modo que antes era impossível. Era governada por tecnocratas que publicamente adotavam uma ideologia desacreditada com impiedosa eficiência. Ao identificar a prosperidade como "a única verdade sólida", Deng pôs a China no caminho da abundância numa escala que o país jamais vira, mas também dos remédios falsificados, dos montes de cédulas mofadas, e dos solteiros que permanecem sozinhos enquanto estiverem no grupo dos "três sem". Sandel e a filosofia política que ensinava ofereciam aos jovens chineses um vocabulário que lhes parecia útil e desafiador, mas não subversivo, um contexto para discutir a desigualdade, a corrupção e a imparcialidade sem parecer agitação política. Era um jeito de falar de moralidade sem precisar mencionar casos específicos, como o "apenas irmãs" como argumento de defesa ou as ambições desenfreadas atuantes em Macau.

Sandel nunca contestou explicitamente os tabus da política chinesa: a separação de poderes, a preponderância do partido sobre o direito. Mas de vez em quando as autoridades o boicotavam. Certa vez, um grupo de acadêmicos e escritores chineses em

Shanghai o convidou para dar uma palestra pública para uma plateia de oitocentas pessoas, mas na véspera o governo local a cancelou. Sandel perguntou aos organizadores: "Deram alguma explicação?".

"Não", responderam-lhe. "Eles jamais dão explicações."

Às vezes Sandel deparava com o ceticismo de críticos chineses. Para alguns, seus argumentos contra os mercados era excelente em tese, mas as menores noções de equidade já traziam à lembrança cupons de racionamento e prateleiras vazias. Outros afirmavam que, na China, o dinheiro era a única forma de defesa contra abusos de poder, e restringir os mercados serviria apenas para fortalecer a mão do Estado. Mas, depois da palestra de Xiamen, vi Sandel falar para vários outros grupos de universitários em Beijing, e ficou claro que, quando ele descrevia a "skyboxification" da vida — a divisão dos Estados Unidos num mundo para os ricos e outro para os demais —, os ouvintes chineses entendiam que havia muita coisa em comum entre aquele discurso e sua realidade. Após trinta anos marchando para um futuro no qual tudo estava à venda, muita gente na China começou a questioná-lo.

Em sua última noite em Beijing, Sandel fez uma palestra na Universidade de Administração e Economia, e depois se reuniu com um grupo de voluntários estudantis que trabalhavam no aperfeiçoamento da tradução de suas palestras sobre "Justiça". Uma jovem declarou, emocionada: "Sua aula salvou minha alma". Antes que Sandel pudesse perguntar o que ela queria dizer, a multidão o arrastou dali, para tirar fotos e conceder autógrafos. Esperei um pouco e me apresentei. O nome dela era Shi Ye, e tinha 24 anos. Fazia mestrado em recursos humanos, e quando deparou com a obra de Sandel foi como "uma chave que me abriu a mente e me fez duvidar de tudo", contou. "Depois de um mês, comecei a me sentir outra. Isso foi um ano atrás. Geralmente me pergunto: qual é o dilema moral aqui?"

Seus pais tinham sido agricultores, mas depois seu pai entrou no negócio de frutos do mar. "Acompanhei minha mãe em visita ao Buda para orar e colocar alimentos na mesa como oferenda. No passado, eu achava que não havia nada de errado nisso. Mas um ano depois, ao acompanhar minha mãe, perguntei: 'Por que faz isto?'." A mãe não gostou nem um pouco daquelas perguntas. "Ela acha que é pergunta muito estúpida. Comecei a questionar tudo. Não digo que é certo ou errado; apenas questiono."

Shi Ye parou de comprar bilhetes de trem de um cambista, porque, "quando ele os vende pelo preço que quer, isso limita minhas opções. Se não fixasse um preço, eu poderia decidir se comprava classe econômica ou primeira classe, mas assim ele me tira o direito de escolher. É injusto". Ela começou a insistir com os amigos para fazerem o mesmo. "Ainda sou jovem e não tenho poder para mudar muito, mas posso influenciar o modo de pensar das pessoas", disse ela.

Shi Ye se preparava para terminar o curso, mas a descoberta da filosofia política complicara tudo. "Antes de descobrir essas palestras, eu tinha certeza de que seria uma especialista em RH e gerente de RH, e que serviria aos empregados de uma grande empresa. Mas agora estou confusa, tenho dúvida sobre meu sonho original. Espero fazer uma coisa que tenha mais sentido", declarou. Não ousava contar aos pais, mas secretamente esperava não conseguir emprego na área de recursos humanos. "Pode ser que eu tire uma folga de um ano, vá para o exterior, viaje e arranje um emprego de tempo parcial para conhecer o mundo. Quero ver o que posso fazer para dar uma contribuição à sociedade. Gostaria de viajar sozinha, porque na China muitos grupos de viagem são comerciais demais. E, de qualquer maneira, viajar é uma experiência muito pessoal."

"Aonde você gostaria de ir?", perguntei.

“Nova Zelândia. O ar em Beijing é terrível, e quero fugir para um lugar puro e limpo, e descansar um pouco. Então pensarei no próximo lugar. Talvez o Tibete.”

Acostumei-me a conhecer pessoas que tinham ido parar em novos sistemas de crenças quase por acaso. Um economista chamado Zhao Xiao me disse: “Se comer comida chinesa me deixar mais forte, então vou comê-la, e se a comida ocidental me deixar mais forte, então é o que vou comer”. O pragmatismo de Zhao o ajudara bastante; quando tinha quarenta e tantos anos, ingressara no partido, fizera doutorado na Universidade de Pequim, e lecionava em destacadas escolas da capital quando começou a investigar se haveria lições políticas a ser tiradas de sociedades predominantemente cristãs. Zhao concluiu que o cristianismo poderia ajudar a China a combater a corrupção, reduzir a poluição ambiental e estimular o tipo de filantropia que levou os primeiros cristãos americanos a fundar as universidades de Harvard e Yale. Então se converteu. “Vimos que os Partidos Comunistas da União Soviética e da Europa Oriental desmoronaram, e que os países desmoronaram junto”, observou Zhao. Mas na China o partido sobreviveu, disse ele, “exatamente porque continua mudando”.

O partido sofria pressão cada vez maior para mudar sua maneira de encarar o desejo de fé. A Constituição chinesa garantia liberdade de religião, mas o direito era restringido por regulamentos contra o proselitismo e outras atividades. Oficialmente, a China reconhecia cinco religiões — taoismo, budismo, islamismo, catolicismo e protestantismo —, e os fiéis podiam prestar culto em ambientes controlados pelo Estado. Mais de 20 milhões de católicos e protestantes iam a igrejas administradas pela Associação Católica Patriótica Chinesa e seu equivalente, o Movimento Patriótico das Três Autonomias. Mais do que o dobro desse número, porém, exercia o culto em "igrejas domésticas", não registradas, que variavam de pequenos grupos de estudo em casas de fazenda a grandes congregações semipúblicas nas cidades. As igrejas domésticas não contavam com proteção legal, por isso as autoridades podiam tolerá-las num dia e fechá-las no seguinte, caso viesse uma ordem política para endurecer. Nos últimos anos, o partido tinha tomado medidas de tolerância: extraoficialmente, permitira o crescimento de igrejas domésticas, embora não cedesse um palmo em sua campanha contra o Falun Gong, e nas regiões étnicas do Tibete e de Xinjiang as restrições ao budismo e ao islamismo provocavam frequentes agitações.

Apesar dos riscos, as fileiras de fiéis cresciam em disparada, sobretudo entre os intelectuais. Num almoço comigo, um advogado de direitos humanos chamado Li Jianqiang elencou uma lista de colegas que se converteram e estavam apelando aos tribunais para que sua fé fosse mais reconhecida. "Não querem saber quem está no poder: César, Mao Tsé-tung, o Partido Comunista", disse ele. "Quem estiver no poder está no poder. Mas que não atrapalhe a minha crença em Jesus." Li Fan, escritor secular liberal, me disse: "É provável que o cristianismo hoje seja a maior organização não governamental da China". Igrejas domésticas que costumavam se esconder se estabeleciam onde quer que encontrassem espaço. Assisti a um sermão particularmente inspirador no ambiente sem dúvida nenhuma ímpio da Cidade da Sauna, um conjunto de boates e casas de massagem coberto de neon. Quando puxei o assunto com o pastor, o reverendo Jin Mingri, ele sorriu e falou: "O aluguel era bom".

Aos 39 anos, Jin tinha um tufo de cabelos grisalhos e um jeito animado de televangelista. Não muito tempo atrás, estava destinado aos confortos de uma vida sossegada de subúrbio: criado numa família secular, ingressou no Partido Comunista e estudou na Universidade de Pequim. Mas no terceiro ano a violenta repressão às manifestações de Tiananmen abalou sua fé no Estado. "Os universitários nos anos 1980 eram preparados pelo país, nossas taxas e despesas de manutenção eram subsidiadas", comentou. De repente, adveio-lhe um "imenso sentimento de desesperança". A igreja era uma saída; prometia clareza moral e a sensação de fazer parte de um projeto maior do que a China. Disse aos pais que ia se converter. "Acharam que eu tinha ficado maluco", contou.

Durante dez anos, pregou na Igreja Protestante oficial da China. Até que teve uma ideia. Em vez de uma clássica igreja doméstica, com fiéis espremidos numa sala de estar, sua intenção era ser "aberto e independente". "Não tínhamos nada a esconder", falou. As autoridades o aconselharam a "não seguir a trilha da ilegalidade", mas ele garantiu que não tinha interesse num confronto. "De início, tínhamos um governo enorme, que controlava tudo, mas o governo está encolhendo regularmente, e a sociedade civil cresceu em força e tamanho. Achei que as igrejas deviam aproveitar a oportunidade para se expandir." Em 2007, encontrou um espaço comercial num quinto andar, numa tranquila esquina da Cidade da Sauna; o espaço era insípido, mas grande o bastante para receber 150 pessoas. As velhas regras tácitas que regiam as igrejas não registradas na China incluíam não crescer demais e evitar contato com as autoridades. Mas Jin pendurou uma placa do lado de fora, imprimiu cartões de visita e abriu as portas para a polícia em seus eventos. Deu ao lugar o nome de Igreja de Sião.

Quando foi inaugurada, a igreja tinha uma paróquia composta de vinte pessoas. Em um ano, o número subiu para 350 — quase todas com menos de quarenta anos, e alto nível de instrução. Visitei-a num domingo, e só havia lugar em pé. Ouviam-se as vozes de crianças gritando numa sala de recreação ao lado. Jin deu um espetáculo: pregava ao lado de um coro trajando um manto rosa-escuro, ao som de tambores e uma guitarra elétrica.

Pregava uma corrente do cristianismo evangélico sem denominação específica, conservadora, e apimentava seus sermões com referências à cultura pop e à economia. Naquele dia, terminou o sermão com um apelo que eu jamais ouvira numa igreja: "Por favor, vão embora", pediu ele, rindo. "Não temos lugares suficientes para os outros que querem vir, por favor compareçam a apenas um culto por dia."

Ao viajar pela China, parei de me surpreender quando deparava com cristãos. Numa visita à cidade de Wenzhou, uma capital comercial da costa oriental, fui ver o chefe da câmara de comércio, um dos homens mais ricos da China, um industrial chamado Zheng Shengtao, que andava pelas ruas escoltado num Rolls-Royce prateado. Apesar de favorecido pela onda de prosperidade, quando viu crianças chinesas serem envenenadas pelo leite, considerou que havia algo errado. Zheng me disse que, desde que se tornara cristão, dez anos antes, dedicava-se a convencer outros homens de negócios a assumir um compromisso ético. Contando nos dedos, enumerou os requisitos: não sonegar impostos, não vender produtos abaixo do padrão, não "alterar contratos e promessas". "O que acontece quando sou confiável e os outros não são?", indagou. "Eu não acabo perdendo?"

Mesmo para jovens desde sempre submetidos a estritos controles sobre sua vida econômica e pessoal, os limites impostos àquilo em que podiam acreditar pareciam algo datado. Conheci Ma Junyan, de 25 anos, integrante de uma companhia de artistas cristãos que ganhava comida e alojamento cantando nas igrejas. Era tudo muito informal, e perguntei a Ma se antes de se apresentarem precisavam pedir licença aos governos locais. Ela fez uma expressão cômica. "Jesus manda pregar a todos", argumentou. "Nunca disse que era preciso ter um certificado para isso." A realidade era um pouco mais complicada, mas entendi seu argumento: ela vivia num mundo tão encerrado em si mesmo que raramente se preocupava com o Estado. Ma e os outros cerca de cinquenta membros do seu grupo compartilhavam um dormitório numa pequena e esburacada rua comercial, cheia de vendedores de bolinho e barracas de hortaliça. A situação de seu grupo não era legal, estritamente falando, mas a vida que levava nada tinha de clandestina. Uma faixa na parede dizia: BEIJING PERTENCE A DEUS — um dístico que não parecia ter nada de extraordinário, até nos lembrarmos de que Beijing pertencia ao Partido Comunista.

Ma e os outros ensaiavam um número de dança, com guitarra, piano e tambores. A sala era úmida e estava lotada, e os presentes, na adolescência ou na casa dos vinte, pulavam gritando: "É o poder do Espírito Santo! Nada pode detê-lo!". Eu tinha visitado lugares parecidos nos Estados Unidos — na Virgínia Ocidental, e na zona sul de Chicago —, mas na China eles ainda me surpreendiam. Ao contrário dos pais, Ma e os amigos chegavam à idade adulta numa época em que o cristianismo já não era um segredo perigoso. As religiões ocidentais tinham um toque de glamour, por causa de convertidos famosos como Yao Chen, a atriz de televisão que era a pessoa mais popular nas mídias sociais chinesas. Ao terminar o ensaio, Ma e os amigos baixaram a cabeça e fecharam os olhos. Lágrimas lhes escorreram pelo rosto. No centro do grupo, uma mulher levantou a cabeça e rezou: "A China será um país cristão".

Essa visão — de que a China se voltará em peso para as religiões ocidentais — nunca pareceu muito viável fora dos devaneios dos verdadeiros crentes. A China mostrava-se mais inclinada a absorver as partes úteis das crenças e filosofias ocidentais e jogar fora o resto, como fez com o marxismo, o capitalismo e outros produtos de importação. Mas, vista de uma forma diferente, no contexto de suas novas identidades sobrepostas, a China já era um país cristão — assim como já era um país apaixonado, um país que denunciava escândalos, e um país iconoclasta. Era todas essas coisas ao mesmo tempo, como nunca tinha sido. A questão para o partido não era simplesmente permitir ou não o crescimento da fé religiosa: era tentar acompanhar a velocidade da mudança.

22. Guerras culturais

Quando visitei Ai Weiwei, seu ateliê me pareceu estranho — um lugar deprimente e claustrofóbico. Seus assistentes trabalhavam, havia desenhos pregados nas paredes, mas Ai se encontrava numa espécie de purgatório legal, livre para fazer arte, mas impedido de deixar a capital. A polícia exigia que ele se apresentasse toda vez que saísse de casa. "Preciso declarar para onde vou e com quem me encontrarei", me disse ele. "De modo geral, obedeço às ordens, porque não significam nada. Também quero mostrar que não estou com medo. Não tenho segredos. Eles podem me seguir à vontade." A revista *ArtReview* publicou recentemente sua lista das figuras mais poderosas do mundo das artes, e Ai Weiwei apareceu em primeiro lugar. Quando um repórter quis saber sua reação, ele respondeu que achava absurdo; não se "sentia poderoso de jeito nenhum". Sentia-se frágil e, pela primeira vez em muito tempo, prisioneiro de forças fora do seu controle.

Ai Weiwei saíra de sua detenção para uma batalha maior pela influência na vida cultural da China. Não muito tempo depois que o artista foi solto, o presidente Hu Jintao prometeu reforçar o que chamava de "segurança cultural" do país. Advertiu que "forças internacionais hostis estão intensificando a conspiração estratégica da ocidentalização e dividindo a China". O presidente convocou seus compatriotas a "soar o alarme e permanecer vigilantes". O partido acordou para questões urgentes: quem definiria os limites da arte, das ideias e dos espetáculos chineses? Em quem o público confiaria: no governo, nos dissidentes, nos magnatas, nos caçadores de escândalos?

O partido resolveu usar a receita que funcionara para a economia — planejamento, investimento e criação de regras — e aplicá-la ao mundo da cultura. Alguns dos primeiros alvos foram os programas que dominavam as televisões locais. O Estado mandou as emissoras tirarem do ar "programas repetitivos, excessivos e superabundantes, incluindo aqueles sobre amor, casamento e amizade; programas de calouros; histórias emotivas; programas de jogos; programas de variedades; programas de entrevistas e reality shows". Em três meses, reduziu o número deles a um terço e prometeu reconduzir a televisão ao trabalho de promover "valores socialistas essenciais".

Artistas, escritores e cineastas começavam a perder a paciência. A China abria dez novas salas de cinema por dia, mas seus cineastas se sentiam sufocados. O diretor Jia Zhangke queixava-se de que, para liberar um filme na China, "é preciso que eu apresente todos os comunistas como super-heróis". A China lançava mais programas de televisão do que qualquer outro país — mais de 14 mil por ano —, mas os outros países os rejeitavam, e os chineses acabavam importando quinze vezes mais conteúdos televisivos do que exportavam. Quando o extravagante vídeo coreano chamado "Gangnam Style" se tornou um surpreendente campeão de audiência — o clipe mais visto na história da internet —, os artistas chineses se queixaram de que jamais poderiam tê-lo criado, pois as autoridades culturais que supervisionam suas obras não permitiriam que fizessem chacota da elite sibarita de Beijing, pelo contrário, teriam insistido para que um vídeo musical de exportação fosse grandioso e impressionante. Os artistas divulgaram uma tira de quadrinhos chamada *Shanghai Style*, na qual o criador de uma dança como a exibida no "Gangnam Style" em vez de ser bafejado pela sorte é preso por "sair correndo feito um maluco de um lado para o outro".

Os agentes culturais ficavam cada vez mais amargurados. O diretor de cinema Lu Chuan aceitou produzir um curta para as Olimpíadas de Beijing, mas foi tão massacrado por "diretrizes e ordens" oficiais que simplesmente abandonou o projeto e cunhou o termo: "o problema *Kung Fu Panda*". A expressão se refere ao fato de que os filmes mais bem-sucedidos até hoje sobre dois símbolos nacionais da China, o kung fu e os pandas, tiveram que ser realizados por um estúdio estrangeiro (DreamWorks), já que nenhum cineasta chinês teria permissão para brincar com temas tão solenes.

Os censores da Administração Estatal de Rádio, Cinema e Televisão sempre trabalharam em segredo; jamais publicaram suas ordens. Os diretores, porém, começaram a trazer a público suas queixas. Em abril de 2013, o cineasta Feng Xiaogang pronunciava um tedioso discurso de aceitação do prêmio Diretor do Ano quando resolveu aproveitar a oportunidade para fazer uma declaração audaciosa; encurtou a lista de agradecimentos e declarou: "Nos últimos vinte anos, todo diretor na China enfrentou uma espécie de tremendo suplício, e esse suplício é a censura". Feng não era dissidente; construíra fortuna fazendo comédias românticas e filmes épicos de alto orçamento, mas as décadas de concessões estavam produzindo uma ferida em seu orgulho profissional. "Para conseguir aprovação, tive que fazer cortes em meus filmes que na realidade os tornaram *piores*", revelou ele à plateia.

Como se seu discurso não tivesse sido claro o bastante, os censores inadvertidamente ajudaram os espectadores a entender: enquanto ele falava, alguém apertou um botão a tempo de censurar a referência de Feng à censura; quem assistia em casa ouviu-o dizer "esse suplício é [bip]".

Algumas das pessoas mais criativas da China chegavam à conclusão de que o custo de obedecer às regras era mais alto do que os benefícios. Poucas semanas após o desabafo do diretor, o romancista e ensaísta Murong Xuecun não aguentou mais. Quando os censores apagaram sua conta no Weibo, ele publicou um ensaio intitulado "Carta aberta a um censor anônimo"; "Estou bem ciente de que esta carta só me trará tristezas", escreveu. "Já tive medo, mas a partir de agora não tenho mais [...]. Esta é a diferença entre mim e você, meu caro censor anônimo — eu acredito no futuro, e tudo que você tem é o presente."

A luta em torno da criatividade ia muito além de filmes e romances. A economia da China atravessava um momento decisivo: a era da mão de obra barata estava no fim, e os líderes chineses tentavam desesperadamente incentivar inovações que pudessem conduzir o país para além da linha de montagem. A China investia mais em pesquisa e desenvolvimento do que qualquer outro país, à exceção dos Estados Unidos, e ultrapassara americanos e japoneses em número de pedidos de patente. Mas muitos pedidos tinham pouco valor; eram feitos para cumprir metas políticas, ou para atrair financiamento. A China só ficava atrás dos Estados Unidos na quantidade de artigos científicos, mas na avaliação de qualidade (com que frequência esses artigos eram citados em outros) a China não estava sequer entre os dez primeiros. A fraude acadêmica se alastrava; um periódico da Universidade de Zhejiang que usava o software CrossCheck para identificar plágios descobriu que quase um terço dos artigos que recebia continha seções copiadas ou plagiadas de textos publicados anteriormente. Num estudo financiado pelo governo com 6 mil cientistas chineses, um terço admitiu que inventara ou plagiara dados.

No suntuoso campus da Universidade Tsinghua em Beijing, Xue Lan, reitor da faculdade de políticas públicas, lamentou em conversa comigo que muitas instituições da China estivessem atrapalhando o desenvolvimento dos jovens mais talentosos do país. Citou como exemplo o fato de que em 1999, num período em que se incentivavam empreendimentos arriscados, a era das fortunas construídas a partir do zero e dos Da Vincis camponeses, o governo lançou um fundo de inovação para pequenas empresas, mas a burocracia que está em seu DNA lhe recomendava que só fizesse apostas conservadoramente seguras. "Eles têm medo de que, como se trata de um fundo público, se seu índice de fracassos for muito alto, a avaliação não seja tão boa, e o público diga: 'Ei, vocês estão jogando dinheiro fora'", contou-me o reitor. "Mas um investidor em capital de risco diria: 'É natural fracassar muitas vezes'." Estimular o desenvolvimento de ideias radicalmente novas exigiria mais do que declarar a ambição de fazê-lo; exigiria tribunais fortes, isolados de interferência política e capazes de proteger a propriedade intelectual, para que os empresários pudessem confiar uns nos outros o suficiente para apresentar novidades e colaborar entre si; exigiria laboratórios universitários nos quais mentes criativas tivessem liberdade para contestar os chefes sem medo de castigo ou da interferência do Departamento Central de Propaganda. Zhao Jing, blogueiro e analista que escrevia sob o pseudônimo de Michael Anti, perguntou: "Se você pode ficar bilionário plagiando descaradamente sites americanos e colocando-os no mercado, quem é que vai inventar alguma coisa?".

Por vezes, o reflexo institucional do controle estatal era inacreditavelmente contraproducente. Houve um momento em que programadores foram impedidos de atualizar um popular sistema de software chamado Node.js porque o número da versão —

0.6.4 — correspondia a 4 de junho, data da violenta repressão na praça Tiananmen. Noutro caso, o projeto de design digital Falun, assim chamado em homenagem à cidade sueca, caiu por terra porque o Grande Firewall interpretou o nome como uma referência ao Falun Gong. Poucos dias antes de o Facebook estrear no mercado de ações, um banqueiro de investimentos formado pela Faculdade de Administração de Harvard chamado Wang Ran, fundador do China eCapital, estava folheando os prospectos da empresa quando viu uma frase que lembrava aos investidores que o Facebook era vedado em quatro países: Irã, Coreia do Norte, Síria e China. Ver a China na lista de alguns dos países mais disfuncionais do mundo era alarmante. "Não sei vocês", escreveu ele para seus milhões de seguidores no Weibo, "mas estou começando a achar esta situação uma afronta." Junto com a pontada de vergonha havia uma questão — uma profunda questão sobre o futuro do país: como a China poderia querer lançar a próxima grande invenção, o próximo Facebook, se não permitia sequer que seu povo usasse o que já existe?

Ninguém contestava as restrições impostas à cultura chinesa de maneira mais explícita do que Ai Weiwei, e o Estado finalmente estabeleceu uma estratégia para silenciá-lo. Em novembro, cinco meses depois da sua libertação, o governo ordenou-lhe que pagasse 2,4 milhões de dólares em "impostos e multas não pagos", relativos a três projetos arquitetônicos: uma galeria fotográfica que ele projetara em Beijing e dois apartamentos para clientes na Inglaterra e em Cingapura. Ai Weiwei suspeitava que esses projetos houvessem atraído mais atenção oficial porque envolviam clientes e contas offshore. Mas, em vez de liquidar a fatura, Ai Weiwei contestou-a; por lei, se fizesse um depósito de 800 mil dólares (um terço do valor) dentro de quinze dias teria o direito de discutir o valor num tribunal. Quando a notícia de seu plano começou a circular, choveu ajuda: pessoas faziam aviõezinhos com cédulas de cem iuanes e jogavam por cima do muro para dentro do pátio do seu ateliê. Embrulhavam maçãs e laranjas com notas e entregavam-nas à sua porta. Telegrafavam-lhe mandando dinheiro. "Não tenha pressa de pagar", escreveu um doador. "Você pode devolver quando houver uma nova moeda" — uma cédula, algum dia, sem retrato de Mao.

O artista ficou assombrado com a reação das pessoas. "Uma moça entrou com uma mochila cheia de dinheiro e disse: 'Onde quer que eu deixe?'", contou-me ele. "'Era para comprar um carro, mas agora não quero mais. É seu.'" Ele acrescentou: "Aquelas pessoas erguiam a voz e agiam para dar dinheiro a alguém que o Estado chamava de 'criminoso'? É uma situação impensável". Seu contador postava o cômputo atualizado das doações. A lista de doadores era eclética — reconheci o nome de um pai cujo filho tinha adoecido por causa de leite contaminado —, e no fim da primeira semana os simpatizantes tinham doado mais dinheiro do que o artista precisava para fazer o depósito. Quando o assunto das doações se tornou o tópico mais popular do Weibo, sua conta foi fechada. Meu telefone tocou com uma nova ordem para jornalistas chineses:

> Apague da internet todas as referências ao caso de Ai Weiwei tomando dinheiro emprestado para pagar seus impostos. Páginas interativas devem remover imediatamente mensagens que aproveitem a ocasião para atacar o partido, o governo e o sistema legal.

O tabloide do partido, *Global Times*, insinuou que aviões de papel sobrevoando o muro do estúdio talvez constituíssem "levantamento ilegal de fundos", e fez uma advertência: "Durante trinta anos Ai Weiwei ergueu-se e caiu. Mas a China continuou a ascender, apesar das previsões pessimistas deles. A verdadeira tendência social é que eles serão eliminados". Enquanto aguardava o dia de ir ao tribunal, Ai ficava impaciente. No inverno, as árvores diante de sua casa estavam desfolhadas, e as câmeras da polícia se destacavam nos postes da iluminação pública. Ai Weiwei atirou-lhes pedras, e a polícia o levou por "atacar uma câmera de segurança", no jargão dos policiais. Um de seus fãs fez circular uma frase fingindo preocupação: "Será que a câmera ficou muito machucada? Precisou de checkup? Quem sabe uma tomografia computadorizada?".

Poucos dias depois, estávamos sentados à sua mesa de jantar. O sol de inverno entrava pelo sul. Danni, o velho e surdo cocker spaniel, andava de um lado para outro meio torto, como um bêbado. A mulher de Ai, Lu Qing, desceu as escadas para a sala de jantar e se dirigiu para a porta. Não estava acostumada a aparecer diante dos refletores; o ano anterior lhe trouxera interrogatórios e a sensação inusitada de falar em nome do marido preso. Seu nome constava da documentação legal do ateliê, por isso ela fora arrolada no caso dos impostos. Da mesa, Ai Weiwei viu a mulher enrolar uma echarpe vermelha nos ombros e agasalhar-se contra o frio. Ela ia submeter mais documentos ao tribunal. Protegendo a pasta contra o peito, abriu um pouco a porta da frente. Deteve-se. "Tudo bem?", indagou Ai Weiwei. Ela fez que sim com a cabeça, abriu um riso forçado e saiu.

Perguntei a Ai se ele tinha deixado de pagar seus impostos. Francamente, eu não me surpreenderia — na China, as pessoas costumam dizer de brincadeira que sonegar impostos é um esporte nacional. Pesquisadores do governo calcularam em 2011 que a fraude fiscal custara ao Estado 1 trilhão de iuanes — cerca de 157 bilhões de dólares — e descobriram que os maiores culpados eram, na verdade, as empresas estatais. Várias vezes por dia eu recebia mensagens de spam me oferecendo faturas falsas para justificar despesas de serviço, que eu poderia usar para sonegar impostos. Em resposta à minha pergunta, Ai Weiwei disse que não. Normalmente, numa situação como essa, eu examinaria os arquivos do seu caso, mas a polícia confiscara os registros da empresa, proibindo o acesso do público e da imprensa aos dados do processo, e quando procurei o tribunal e os promotores, ninguém respondeu a nenhuma pergunta. Nem mesmo o advogado de Ai, Pu Zhiqiang, teve permissão para examinar os documentos originais do caso. Perguntei ao artista se ele achava possível vencer. "Não", respondeu. "Nossa única vitória é revelar a verdade."

Estava certo quando disse que não ganharia a causa. Em março de 2012, o governo negou seu pedido de audiência sobre o valor devido, por isso ele tentou outro caminho: moveu uma ação contra o Escritório de Tributação, acusando-o de malversar testemunhas e provas. Dessa vez, para sua surpresa, o tribunal acatou. Mas, quando tentou ir à audiência, recebeu um telefonema da polícia: "Se tentar, nunca vai conseguir". A mulher e o advogado foram, mas o tribunal estava cercado por centenas de policiais fardados ou à paisana que impediam a aproximação de jornalistas e diplomatas. Hu Jia, ativista que tentou comparecer, foi esganado e esmurrado por agentes em frente à sua casa. A prefeitura desviou o trajeto dos ônibus que passavam pelo tribunal. No primeiro ano do aniversário de sua prisão, com os telefones grampeados, o e-mail monitorado e o ateliê cercado por câmeras de vigilância, Ai Weiwei decidiu ser mais vigilante do que a polícia. Instalou quatro câmeras no ateliê, incluindo uma no teto do quarto de dormir, e começou a transmitir imagens de sua vida pela internet. Chamou a operação de Weiweicam.com. Os policiais ficaram desnorteados. Depois de algumas semanas, ordenaram-lhe que desligasse. Não lhe era permitido vigiar a si próprio. Anunciou, de brincadeira, que ia escrever um livro sobre direito tributário, provavelmente o primeiro de autoria de um artista contemporâneo. Para ele, o conhecimento, fosse qual fosse o tipo, era a arte mais poderosa que seria capaz de produzir. "O poder deles é baseado na ignorância", afirmou. "*Não querem que a gente saiba nada.*"

Ai Weiwei esperava recuperar o passaporte um ano depois de sua libertação, mas a data, junho de 2012, passou sem que nada acontecesse. Informaram-lhe que não poderia viajar porque era suspeito de outros três crimes: bigamia, troca ilegal de moeda estrangeira e pornografia. A investigação sobre pornografia, disseram, girava em torno de uma única foto: um nu que ele encenara no ateliê, no qual aparecia numa cadeira, ladeado por quatro mulheres em pé olhando fixamente para a câmera. Seus fãs, quando souberam da acusação, começaram a postar nus deles próprios em sinal de solidariedade.

Numa visita que lhe fiz certa manhã, no segundo semestre daquele ano, ele parecia taciturno. O tribunal rejeitara seu último apelo sobre o caso dos impostos, e ele devolvera os donativos. O governo fechara sua produtora, a Fake Cultural Development Ltd., por falta de renovação do registro anual. (O que teria sido difícil fazer, já que o governo apreendera os documentos e carimbos necessários.) "É como jogar xadrez com gente de outro planeta", contou ele. "Eles jogam de um jeito que a gente jamais conseguiria imaginar, e o jogo é preparado de tal forma que eles *não têm* como perder. Sou obrigado a jogar e, por melhor que jogue, vou sair derrotado."

Eu nunca o vira tão pessimista. Tinha chegado à conclusão de que a maior vulnerabilidade do sistema não era discordar de suas ideias, mas rejeitar seu direito de contestar as ideias do partido, sua tentativa de conquistar a fé do público. "Todo dia eu espero ver, quem sabe, uma autoridade bater à minha porta e dizer:

'Venha cá, Weiwei, vamos sentar e conversar. Quais são seus argumentos? Mostre-me como você é ridículo'."

Seu filho agora tinha três anos e meio, e perguntei a Ai como planejava explicar-lhe a situação da família. Ele ficou um bom tempo calado, os olhos vermelhos. E respondeu que quanto a isso alimentava uma estranha fantasia: "Quero que meu filho cresça devagar", falou. "Não quero que amadureça logo, que compreenda." Foi a primeira vez que ouvi Ai preferir a ignorância ao conhecimento. "A situação é inexplicável. Não é racional. Não faz sentido para mim. Não consigo entender por que tem de ser assim." Pareceu espantar-se com o próprio estado de espírito, e mudou de assunto. Apesar de todos os problemas, sentia que uma mudança mais ampla ia ocorrer à sua volta. "Acho que hoje quase todos os níveis da nossa sociedade percebem que a China está diante de uma grande crise de confiança, ideologia, padrões morais, e inúmeras, inúmeras outras coisas [...]. Não vai durar muito. Sem uma mudança na estrutura política de base, a China não tem mais para onde ir. O chamado milagre não vai durar. Após noventa anos de êxito, ainda é um partido clandestino. Na realidade, eles jamais podem declarar suas ideias, jamais podem aceitar alguém que os conteste intelectualmente."

Nos anos decorridos desde que o conheci, Ai Weiwei se tornara tanto um símbolo como um homem; era o mais famoso dissidente que a China já tivera. Havia livros, filmes e reportagens a seu respeito. Mas, uma vez que o artista se torna celebridade, o mundo da arte perde a paciência e começa a procurar outra voz. (*The New Republic* publicou um artigo com o subtítulo: "Ai Weiwei, maravilhoso dissidente, péssimo artista".) O comportamento que mais perturbava Ai talvez fosse o de seus colegas chineses. "Durante o meu desaparecimento, quase nenhum deles [perguntou] 'Cadê esta pessoa? Que crime cometeu?'."

Perguntei se sabia por que ficaram calados.

"Acho que ficaram com medo", respondeu ele, sem rodeios. "Quando os encontro, sempre dizem que concordam cem por cento comigo. Mas, se pedimos que façam uma declaração pública de sua posição, nunca fazem."

Alguns acham que Ai Weiwei impôs um padrão injusto para os demais; para ele, no caso do artista, do escritor, do pensador, evitar o confronto, evitar a política, era covardia. Quando uma exposição de arte chinesa em Londres recebeu críticas positivas, ele a desancou por deixar de tratar "das questões contemporâneas mais prementes do país". Comparou-a a um "restaurante em Chinatown que vende todos os pratos costumeiros, como frango kung pao e porco agridoce".

A pressão sobre a classe criativa provocava conflitos que iam muito além do mundo de Ai Weiwei, batalhas sobre autoridade moral e confiabilidade que aos poucos se tornavam pessoais. Em janeiro de 2012, um blogueiro chamado Mai Tian escreveu um ensaio intitulado "Han Han artificial", no qual comparava datas e horários das postagens do blog de Han com suas corridas de carro e concluía que ele não as poderia ter escrito. O blogueiro alegava que Han era uma fraude — um grupo de ghost-writers, talvez. Em sua resposta, Han não deu muita importância ao assunto, e ofereceu 3 milhões de dólares a qualquer pessoa que pudesse prová-lo. Os fãs apontaram erros na cronologia do acusador, e ele a retirou do ar, mas a conversa sobre fraude atraiu a atenção de uma figura incomum chamada Fang Zhouzi.

Fang era um bioquímico com diploma da Michigan State que se tornara conhecido por expor o charlatanismo na ciência e a corrupção na vida acadêmica. Na China, isso era uma atividade de risco: Fang certa vez foi atacado por criminosos armados com martelo e spray de pimenta, e mais tarde ficou provado que tinham sido contratados por um médico a quem acusara de falsificar dados. As acusações de Fang nem sempre eram bem fundamentadas. Ele já fora processado por calúnia — ganhando três ações e perdendo quatro, segundo suas próprias contas —, mas, na nova cultura de ceticismo, conquistou uma grande plateia. Quando o conheci, Fang me disse que desconfiava de crentes de variados tipos; ao longo dos anos, havia criticado o cristianismo evangélico e o Falun Gong, e via na fé em Han Han que seus leitores demonstravam algo similar. "O que eu critico neles é a tentativa de construir um falso ídolo", me disse ele. Na versão de Fang, os próprios fatos que fizeram de Han Han uma estrela pareciam suspeitos: a ascensão súbita, o hábito de escrever depressa e sozinho; a insistência em afirmar que preferia pilotar a escrever. Num esforço para encerrar o assunto, Han Han escaneou e divulgou cerca de mil páginas de textos escritos à mão, mas Fang contra-argumentou que eram cópias, que se destacavam por uma notável ausência de "mudanças de enredo e detalhes", e conjecturou que os escritos de Han eram produzidos pelo pai, o romancista frustrado, ou por escritores que trabalhavam para o carismático editor que conheci.

O choque entre Han Han e Fang Zhouzi, duas das vozes mais influentes da China, causou sensação; produziu 15 milhões de postagens no Weibo em duas semanas. Alguns críticos de Han Han chegaram a pedir ao Escritório de Tributação que investigasse suas contas; questionaram o resultado de suas corridas de automóvel; acusaram-no até de mentir sobre sua estatura, declarando-se mais alto do que era de fato. O debate sobre sua autenticidade e seu mérito dividiu os intelectuais chineses com tanta violência que o romancista Murong Xuecun, vendo a lama voar de um lado para outro, observou: "Desde a Revolução Cultural, nunca os intelectuais chineses expressaram tanto ódio uns contra os outros". Por que esse assunto, logo esse, provocou disputa tão acirrada? Yevgeny

Yevtushenko, o poeta da era soviética, certa vez perguntou: "Por que os desgraçados de direita sempre permanecem ombro a ombro, em solidariedade, enquanto os liberais brigam entre si?". Na opinião de Murong, os intelectuais chineses, de tão subjugados, brigavam por migalhas. Com tantos pensadores "gastando tanta energia em brigas por palavras e tinta, esquecemos de criticar a autoridade do governo; esquecemos de prestar atenção à previdência social. Isso é que deveria nos preocupar".

Visitei Han Han e quis saber o que pensava das acusações. "É difícil desmentir uma coisa que nunca fizemos", respondeu ele, sugerindo que seus detratores eram desequilibrados. "São como as pessoas que acham que os americanos nunca pisaram na Lua", comparou. Perguntei se seu pai alguma vez tinha escrito alguma coisa em nome do filho, e ele disse que não. "Escrevemos de maneiras diferentes." Seu pai gostava de histórias; Han Han se interessava por estados de espírito. "Não é que meus escritos sejam muito bons, não são perfeitos, mas são bastante distintos", argumentou ele, com um pouco de bazófia de piloto de corridas. Han Han situava as acusações contra ele num contexto mais amplo. "Nesta sociedade, as pessoas não confiam umas nas outras, por isso exploram essa desconfiança para atacar qualquer um." Sobre a legião de fãs de Fang, disse: "Só confiam em seus computadores".

A possibilidade de que Han Han fosse um produto confeccionado pelo pai e pelo editor era, em tese, plausível — ou, pelo menos, não mais estranha que o fato de que a mulher de Bo Xilai envenenou um homem de negócios britânico, ou do que a história do chefe das ferrovias com tanto dinheiro roubado que as notas estavam mofando. Sendo bem sincero, uma parte de mim queria que as acusações fossem verdadeiras, porque isso daria uma história fenomenal. Duas vezes me encontrei com escritores chineses que diziam conhecer um dos "ghost-writers de Han Han", mas, quando segui as pistas, não levavam a lugar nenhum. Eu tinha entrevistado o pai e concluído que ou ele e o filho eram magníficos atores, ou a teoria era uma fantasia. Decidi que muito provavelmente Han Han era bem o que parecia ser: um escritor moldado por uma equipe de marketing, mas não uma fraude.

Pareceu-me que os críticos de Han Han estavam menos furiosos com ele do que com o momento que o escritor personificava; para detratores como o caçador da verdade Fang Zhouzi, que chamava Han de "falso ídolo", seu êxito era um insulto às credenciais clássicas da vida intelectual, porque produzia obras num ritmo alucinante, alimentando o mercado com escritos mal-acabados. Para outros críticos, Han Han era um rebelde de conveniência, que se mostrou disposto até demais a recuar nas demandas por mudança quando os riscos se tornaram muito altos; quando Han Han se recusou a pronunciar-se sobre a detenção de Ai Weiwei, as relações entre eles se deterioraram, e o artista descreveu o escritor como "submisso demais". Eu via nessas críticas uma origem comum: as pessoas projetavam em Han Han o que gostariam de ver, e ele desmentia essas projeções. Nesse sentido, era o amador absoluto, um ícone da política individualista da "geração eu". Quanto mais eu via seu rosto em anúncios de parada de ônibus e de metrô, mais me lembrava do soldado Lei Feng, o velho garoto-propaganda socialista. Conscientemente ou não, Han Han se tornara uma espécie de Lei Feng de calça jeans — depositário de uma fé que homem nenhum poderia honrar.

Quando passei para ver Han Han pela última vez, na primavera de 2013, senti que seus anos como depositário dessa fé haviam deixado uma marca. Depois de toda a dança com correntes — a revista fechada, as advertências do partido —, ele transferira seu escritório para uma tranquila mansão, compartilhada por pequenas empresas de tecnologia, num complexo de edifícios residenciais em Shanghai. Fundou uma start-up que produzia um aplicativo Android chamado One, para distribuir aos usuários um item por dia — uma história, um poema, um vídeo. Conseguira 3 milhões de assinantes nos primeiros seis meses, mas era suficientemente obscuro para evitar as atenções do Departamento Central de Propaganda. "Como não me permitem fazer uma revista, optamos por um aplicativo", explicou ele. Estávamos numa pequena sala de reuniões iluminada pelo sol no andar de cima da casa; nas salas abaixo de nós, empregados sentados a seus computadores trabalhavam entre animais empalhados, mesas de pingue-pongue e outras extravagâncias típicas de uma start-up. Han Han disse que passava a maior parte do tempo jogando com a filha ou pilotando seus carros. Contemplando-o em sua última encarnação, a do autor maldito aposentado, perguntei por que parara de escrever sobre corrupção, injustiça e outros temas delicados. "Agora temos o Weibo. As pessoas podem encontrar ali tudo de que precisam", disse ele. "Raramente escrevo sobre política. Agora acho muito chato."

"Chato?", perguntei.

"Porque as mesmas coisas ruins acontecem o tempo todo. Como escritor, a gente não gosta de se repetir. Tenho outras formas de manifestar minha raiva. Também posso achar melhor não manifestá-la de jeito nenhum."

Dependendo do ponto de vista, a trajetória de Han Han como escritor era estimulante ou desanimadora. Quando o conheci parecia prestes a entrar em colisão com o partido, mas com o passar dos anos ele e o sistema descobriram uma forma de acomodação. Sua obra tinha muito menos impacto na China do que antes, mas era difícil condená-lo por preferir um caminho mais tranquilo; o partido deixava poucas dúvidas sobre os perigos de uma aspiração intransigente — o que tornava ainda mais extraordinário ver pessoas que tinham fracassado numa tentativa de conquistar mais autonomia partir de novo para a briga. A certa altura, em março de 2010, fui convidado para uma cerimônia no centro de Beijing: a editora Hu Shuli voltava a levantar escândalos. Menos de quatro meses depois de ter rompido com seu publisher, ela alugou o salão de baile de um hotel e lotou-o de repórteres, autoridades e acadêmicos. Estava lançando um grupo de mídia, acompanhada de muitos dos editores e repórteres que a seguiram quando deixou a *Caijing*. Num gesto aguerrido, deu ao novo empreendimento o nome de *Caixin*, que em chinês soa como "a nova *Caijing*".

Sentei-me na plateia e vi Hu subir ao pódio. Usava uma jaqueta vermelha com lantejoulas. De tão pequena, mal dava para vê-la atrás dos arranjos florais em volta do microfone. Numa voz aguda, disse: "Nossa política editorial de objetividade na cobertura de grandes acontecimentos econômicos e sociais na China não vai mudar". Seu novo empreendimento lhe dava uma participação que ela sempre buscou; ela e os editores entravam com 30% do capital; um grupo de investidores e um jornal chinês relativamente progressista chamado *Zhejiang Daily* eram responsáveis pelo restante. Uma parceria com um jornal dirigido pelo governo tinha seus riscos, mas com o passar dos meses ela teve certeza de que o *Zhejiang Daily* cumpriria a promessa de lhe dar inteira liberdade para comandar uma redação.

Acompanhei, nos dois anos seguintes, a luta de Hu e sua equipe para se restabelecer. Depois da animação inicial do lançamento, muitos repórteres saíram em busca de melhores salários ou de organizações jornalísticas mais sólidas. Ela tomou decisões arriscadas; a certa altura, ampliou o negócio, criando uma seção de radiodifusão, tão onerosa e complexa que teve de ser abandonada; na redação, as pessoas chamavam o projeto de "O Grande Salto para a Frente" de Hu. Apesar disso, ela continuou. A equipe publicou reportagens influentes sobre fraudes financeiras e abusos oficiais; num dos casos, descobriu-se que autoridades encarregadas da política de filho único ganhavam dinheiro confiscando bebês e revendendo-os para orfanatos que encaminhavam sua adoção por pais estrangeiros. Hu escreveu editoriais virulentos que contestavam o argumento fundamental do partido, segundo o qual a democracia tende à instabilidade. "É a autocracia que semeia o caos", escreveu ela durante a revolta do Oriente Médio, "enquanto a democracia gera a paz. Apoiar uma autocracia é, na verdade, trocar interesses de curto prazo por custos de longo prazo."

Mas, por mais audaciosa que fosse, a voz de Hu Shuli já não se destacava com a distinção de quando lançou a primeira revista, doze anos antes, simplesmente porque muitas outras competiam com a sua. Os delitos e a corrupção das corporações, que sempre foram o alvo principal do seu trabalho, agora eram revelados todos os dias, por pessoas comuns que não dispunham de outra ferramenta a não ser uma conexão de internet. Magnatas que antes concediam entrevistas exclusivas a Hu Shuli usavam o Weibo para se expressar. Até a velha revista de Hu, *Caijing*, se reinventou. O publisher Wang Boming — percebendo, talvez, que sua glória de barão da imprensa estava em perigo — prometeu aos leitores resistir a "controles inapropriados de cima", e a revista continuou a concentrar-se em investigações. Nesse sentido, a saída de Hu Shuli não atrapalhara os rumos da reportagem investigativa; seu volume tinha dobrado.

No primeiro semestre de 2013, Sarabeth e eu começamos a nos preparar para deixar Beijing. Depois de oito anos, queríamos ter uma oportunidade de pensar sobre a China com mais distanciamento. Sentiríamos uma saudade imensa, e voltaríamos, mas era chegada a hora. Começamos a nos despedir dos amigos, e fiz minha última visita ao escritório de Hu Shuli; com o passar dos anos, aprendi a ver nela uma espécie de monitor cardíaco da vida intelectual de Beijing; seu pulso acelerava ou desacelerava, chegando a ponto de quase parar, de acordo com as pressões e as oportunidades que cercavam o pensamento independente.

Quando entrei, a redação de *Caixin* estava mais vazia do que da vez anterior. Eu sabia que repórteres mais jovens estavam escapulindo para empregos mais glamorosos e bem pagos. O escritório de Hu era funcional e escassamente mobiliado. Perguntei-lhe se estava ficando mais fácil ou mais difícil ser um caçador de escândalos na China, e ela reconheceu a proliferação da concorrência. "Quando lancei *Caijing*, o problema era que não havia nada para citar! Só existia *Caijing*!", contou. "Agora há coisas demais para citar, e é preciso decidir qual delas é verdadeira. Pois queremos ser influentes e abrangentes, uma fonte confiável." Tratava-se de um nicho numa sociedade com carência de confiança.

Perguntei se era possível sobreviver assim.

"Depende da situação geral na China. Se a China puder mudar, e o futuro é promissor, podemos sobreviver e crescer rapidamente." Ela nada disse sobre a alternativa, e parou um momento para pensar. Então, continuou: "Acho difícil a China voltar atrás, por isso ainda tenho esperança". Ela agora dava aulas na Universidade de Sun Yat-sen, em Guangzhou, e o contato com jovens a enchera de energia. "Na universidade, os estudantes me perguntam: 'Sabemos que ser jornalista é difícil, sendo assim, por que nos incentiva a sermos jornalistas?'. Respondo que, se todo mundo sabe que é difícil, mas você insiste em fazer, vai ter êxito. Todos têm medo, por isso não são capazes de competir com você."

Para ela, a decisão de recomeçar envolveu mais coisas do que ser uma empresária do ramo das publicações. Ela era fiel às ideias que a animaram desde o início. "Não queríamos a morte; queríamos a vida de novo", explicou ela. "Esses jovens são muito confiantes e otimistas, e estão me conduzindo. Têm de trinta a quarenta anos, e a cabeça voltada para começar coisas. São confiantes, e acreditam no futuro. Não confiam apenas em mim; confiam no futuro. Isso para mim não é apenas pressão, é também estímulo. Eles dizem: 'Por que nós mesmos não damos o primeiro passo? Podemos começar de novo'." Ela sorriu e completou: "Claro que para mim é muita pressão. Mas às vezes é preciso fazer escolhas".

23. Verdadeiros crentes

Tang Jie, o patriota, estava inquieto de novo. Nos anos decorridos desde que seu vídeo nacionalista o arrancou do anonimato, ele viveu em Shanghai, Berlim e Beijing — e seis meses depois de ingressar na m4, a produtora da capital, já planejava algo maior. Queria ampliar seu trabalho, de crítico da mídia ocidental para crítico da mídia chinesa também, e fazer comentários políticos. Pretendia elevar sua "autoridade" para além da disputa rasteira na internet, colocando-se num nível que chamava de "mídia independente". Os cofundadores discordavam; temiam ser fechados se perdessem o foco. "Mas eu e os outros prestamos muita atenção a este país e seus problemas, e isso significa política", me disse Tang. "*Politics* [atividade política] tem a mesma etimologia de *policy* [programa de ação] e de *police* [polícia], e se estamos falando a respeito da ascensão de um país, é impossível evitar o assunto. Para jovens como nós, se não falarmos de política, vamos falar de quê?"

Em agosto de 2011, ele saiu da produtora com outros dez integrantes da equipe e lançou um novo site, chamado Dujiawang — Unique Web em inglês — com um novo e ambicioso slogan: "Subir junto com a China". Nos quatro anos que se passaram desde que o conheci, a população da China com acesso à internet tinha dobrado — chegando a meio bilhão de pessoas —, e ele queria ser o YouTube nacionalista chinês. "Queremos ser mais do que uma simples atitude", afirmou. Com um investidor-anjo, Tang Jie conseguiu 3 milhões de iuanes (cerca de meio milhão de dólares) para financiar a operação e alugou um conjunto de escritórios no corredor de tecnologia da capital, perto da sede do site de busca Baidu. Ele e os colegas transformaram uma sala num estúdio para transmitir entrevistas e palestras pela rede. A fim de criar uma atmosfera de erudição, ampliaram a foto de uma biblioteca em Dublin e cobriram uma das paredes para servir como pano de fundo.

Seus vídeos examinaram desde o programa espacial chinês até a crise da dívida europeia, passando pelo Goldman Sachs, pela Grécia e pelo controle de armas de fogo. Desconfiavam do Ocidente como nunca; criticaram a editora Hu Shuli por seus apelos em defesa de uma reforma política e disseram que trazer a democracia liberal para a China seria como colar "uma falsa pintura ocidental" em cima de "uma autêntica obra de caligrafia". Mesmo pelos padrões da China, o nacionalismo de Tang Jie era radical. Em dado momento, ele criticou a agência estatal de notícias por ser muito branda, e um dos repórteres da agência o chamou de "cinquenta centavos", uma referência aos "leais guias da opinião pública". Perguntei se a agência estatal o havia chamado mesmo de lacaio do governo. "Exato", disse ele, rindo. "Achamos isso um tanto ridículo."

Conheci chineses ricos que investiam em sites como o dele; no seu caso, o investidor queria permanecer anônimo. "Três milhões de iuanes não é muito para ele. Não é possível nem mesmo comprar um apartamento em Beijing com esse dinheiro", afirmou

Tang. "Queríamos dar lucro, e de início nosso investidor achou que poderíamos." Mas não era tão fácil: em abril de 2012, o escândalo envolvendo Bo Xilai num caso de assassinato tinha deixado os censores do partido apavorados, e eles lançaram uma campanha tão ampla contra as discussões políticas on-line que o patriótico site de Tang foi atingido. Ele recebeu uma mensagem do Escritório de Assuntos da Internet ordenando que saísse do ar por um mês "para reorganização". Em nossa conversa, ele procurou mostrar a questão sob a luz mais favorável possível. "Reorganização significa dizer quem somos, quem é o responsável, e eles registram tudo, depois a gente pode voltar a trabalhar", contou. "Entendemos que precisavam fazer isso, senão os comentários políticos viriam como um dilúvio. Foi frustrante, mas nunca paramos de trabalhar. Mesmo com o nosso site fechado, podíamos mandar nossos vídeos para todos os outros."

"Você achava que a medida de tirá-los do ar se justificava?", indaguei, e ele pensou bem antes de responder.

"Achei que estavam indo longe demais. Muitos sites foram tirados do ar", admitiu. "É claro que esperamos que a atmosfera seja mais livre. Porém 'mais livre' é um conceito muito abstrato... Precisamos continuar sendo construtivos."

Tang Jie manteve a fé. O mês de "reorganização" se transformou em dois, e os dois se transformaram em três. O investidor desanimou e não quis mais financiá-lo. Tang Jie começou a ficar preocupado com o aluguel e os salários. Por fim, em setembro, cinco meses depois de ter sido tirado do ar, o site teve permissão para voltar a operar — a tempo de ajudar a defender o que o governo chama de "território sagrado" no mar da China Oriental — cinco ilhotas e três rochedos conhecidos como ilhas Diaoyu. Habitadas por toupeiras e albatrozes, mas não por humanos, ficam muito distantes da costa. O Japão as controla, mas a China se diz sua legítima proprietária. Durante décadas, a disputa ficou adormecida, mas suspeita-se que as ilhas fiquem em cima de valiosos depósitos de petróleo e gás, e aos poucos o conflito degenerava em confronto físico.

Em setembro, a família japonesa dona das ilhas vendeu-as para o governo, e a manobra provocou protestos em cidades chinesas que, em alguns lugares, fugiram de controle. Em Xian, a polícia de choque repeliu uma multidão que cercava um hotel onde se acreditava que houvesse turistas japoneses hospedados; noutra parte da cidade, um chinês chamado Li Jianli foi atacado por dirigir um carro japonês; arrancado do seu Toyota, levou tantos golpes com uma tranca de bicicleta que ficou parcialmente paralítico. Em Beijing, alguns lojistas puseram cartazes nas janelas, como este, escrito em inglês, num restaurante: ESTA LOJA NÃO ACEITA JAPONESES, FILIPINOS, VIETNAMITAS E CACHORROS.

Em um clima como esse, questionar a causa nacionalista era perigoso. Quando o economista Mao Yushi, então com 84 anos, indagou por que o governo gastava dólares do contribuinte para defender pedaços de terra que não produziam "PIB nem receitas fiscais", foi inundado por ligações telefônicas no meio da noite de sujeitos chatos que o chamavam de traidor. Um site de esquerda apresentou uma galeria de "Escravos do Ocidente" — uma série de acadêmicos e jornalistas, incluindo a editora Hu Shuli e o Nobel Liu Xiaobo, cada um com um laço de forca ao redor do pescoço, alinhados sobre a frase ENQUANTO A CHINA ESTIVER SEGURA, OS ESCRAVOS DO OCIDENTE ESTARÃO SEGUROS; QUANDO A CHINA TIVER PROBLEMAS, MARCHAREMOS DIRETAMENTE PARA SUAS CASAS A FIM DE ACERTAR AS CONTAS.

Outra manifestação foi marcada para a frente da embaixada do Japão em Beijing, e atravessei a cidade com minha bicicleta para ir até lá. Dessa vez, a polícia estava pronta. O número de paramilitares em uniforme de camuflagem e oficiais de farda azul ultrapassava, em muito, o dos manifestantes. A arquitetura da embaixada japonesa refletia sua difícil relação com o país anfitrião. Foi projetada para resistir a projéteis: uma fortaleza cinzenta de seis andares situada longe da rua, com janelas protegidas por grades de aço.

Em comparação com os tumultos dos dias anteriores, porém, a manifestação pareceu mais um desfile. A polícia deixou os manifestantes jogarem lixo e garrafas de água contra o portão da embaixada antes de tirá-los dali. Enquanto eu andava pela rua seguindo o fluxo dos manifestantes, fiquei impressionado com o esforço do governo chinês para lembrá-los que ambos estavam do mesmo lado. Ouvi a voz gravada de uma mulher e levei algum tempo para perceber que não vinha dos manifestantes, nem se dirigia aos japoneses. Era um alto-falante da polícia pedindo apoio:

> Sentimos o mesmo que vocês. A posição do governo é clara: não vai tolerar a violação de nossa soberania nacional. Devemos apoiar nosso governo, expressar nossos sentimentos patrióticos de forma legal, ordeira e racional. Devemos obedecer às leis e aos regulamentos, e não adotar comportamento radical, ou perturbar a ordem social. Por favor, colaborem conosco e obedeçam às instruções da polícia.

De perto, entre os homens e mulheres que estavam na rua, o nacionalismo chinês parecia menos uma ideologia e mais uma maneira de encontrar sentido nos anos de prosperidade. Minha amiga Lu Han, escritora e tradutora que não tinha nenhum interesse pelas manifestações anti-Japão, entendia por que essa ideia parecia atraente. "Quem é criado na China tem poucas oportunidades de se sentir assim, elevado espiritualmente, colaborando para uma coisa maior, mais importante do que o círculo imediato e ordinário da vida", disse ela. O nacionalismo, nesse sentido, era uma espécie de religião, e nele as pessoas depositavam fé do mesmo jeito que no confucionismo ou no cristianismo, ou na filosofia moral de Immanuel Kant. O editor de jornal Li Datong me disse achar que a fúria dos jovens nacionalistas da China vinha de seu "desejo acumulado de expressão — como uma enchente que subitamente é canalizada para uma fenda". Como o dilúvio pode se mover em qualquer direção, os jovens conservadores eram, para os líderes políticos da China, uma força nova e inquietante.

A explosão de nacionalismo popular deixou Tang Jie em conflito consigo mesmo; ele gostava de ver o sentimento manifestar-se abertamente, mas repudiava a violência; não apenas por ser errada do ponto de vista moral, em sua opinião, mas também por ser contraproducente. Ele estava ansioso para estabelecer a diferença entre suas crenças e a fúria popular. "Os jovens daqui são mais intelectualizados do que os que saem às ruas com cartazes", me disse ele quando o visitei em sua sede.

Havia uma sala com muitos cubículos e escritórios de paredes de vidro, onde nos sentamos em dois sofás empoeirados. Apesar de suas viagens, dos escândalos do partido e de seus estudos do pensamento ocidental, seu conservadorismo permanecia inalterado. Estava ansioso para apresentar a defesa do sistema político chinês que o próprio sistema não conseguia apresentar. "Em Beijing, há mais de dez milhões de pessoas que cruzam a cidade todos os dias, mais dezenas de caminhões que entram com alimentos e saem com uma incrível quantidade de lixo. Quando se junta todos esses problemas, é impossível sobreviver sem um governo forte", argumentou ele. "Precisamos compreender quem somos. Não devemos esquecer o que temos de especial. Em sessenta anos, nos tornamos a segunda maior economia do mundo, talvez até a primeira, dependendo de como se mede, e nesse período nunca colonizamos ninguém."

Enquanto conversávamos, ele falou uma coisa que me espantou: Tang achava que a opinião pública estava se voltando contra ele. Considerava os protestos nacionalistas difusos e fugazes; estava cada vez mais convencido de que a maioria na China discordava dele. "Tudo vai na mesma direção: a direção dos Estados Unidos", afirmou. "É a opinião dominante, e espera-se que ninguém a conteste. As pessoas dizem que tudo deve ser mais ou menos como os Estados Unidos, na economia, no direito, no jornalismo. É o que todos acham." Para minha surpresa, Tang acreditava que a maioria das pessoas no governo pensava assim, também, ainda que não o dissesse. "Desde que a abertura se tornou política nacional, a maioria das autoridades é pró-reforma, e para elas é muito difícil aceitar opiniões alternativas."

Um homem mais jovem, bastante sério, chegou e entrou na conversa. Seu nome era Li Yuqiang; começara como assistente de Tang e dia a dia foi assumindo a função de gerente do site. Também se formara numa das melhores faculdades — a Universidade de Pequim, onde estudou psicologia e desenvolvimento de software — e, enquanto falávamos, aproveitou para opinar sobre o argumento de Tang Jie a respeito da mudança de ideologia. "A maior parte da mídia chinesa é liberal; isso todo mundo sabe", afirmou Li, e enumerou uma lista de objetivos com os quais não estava de acordo: "Judiciário independente, economia de mercado, Estado mínimo". O mais jovem dos dois via as coisas em termos mais severos, mais hostis. "As pessoas que controlam a mídia se dizem liberais, mas agem de maneira autoritária. Opiniões alternativas são vedadas." Por um segundo, cheguei a pensar que era uma piada, mas não era: a emergente geração de nacionalistas chineses de fato se queixava da falta de liberdade de expressão.

Na China, é muito difícil aferir a opinião pública. As pesquisas dão alguma ideia, mas só até certo ponto, porque qualquer pessoa que tenha passado algum tempo na China sabe que pedir aos cidadãos de um país autoritário opiniões pessoais sobre política, pelo telefone, não vai gerar respostas sinceras. Vistas de longe, as explosões de nacionalismo e a violência ocasional podiam dar a impressão de que a China fervia de fúria patriótica. Mas, de perto, não davam, e era difícil saber quantas pessoas realmente partilhavam esse sentimento. O partido sempre se orgulhara de entoar a "melodia central" da vida chinesa, mas com o passar dos anos a interpretação dessa melodia pelo partido parecia destoar cada vez mais da cacofonia e dos improvisos que arrebentavam em toda parte. Era impossível saber o que "a maioria dos chineses" pensava, porque a mídia estatal e o sistema político foram projetados não para amplificar a opinião pública, mas para lhe dar uma forma. O nacionalismo, como qualquer outra nota da melodia, podia vir à tona num instante e misturar-se aos sons genéricos de fundo no momento seguinte, mas seria o pensamento dominante? Os nacionalistas achavam que não.

O fechamento do site de Tang por cinco meses custou caro. Tang não conseguiu encontrar outro investidor que o apoiasse. "O dinheiro está quase no fim", contou. Ele começava a repensar a ideia de fazer carreira no nacionalismo. Já conversava com algumas pessoas sobre a possibilidade de voltar a lecionar. Uma universidade na terra natal de sua mulher, Chongqing, tinha uma vaga de meio período no departamento de filosofia, e ele aceitou o emprego, dividindo o tempo entre ensinar a *República* de Platão em Chongqing e administrar um site nacionalista em Beijing. "Estamos preocupados", disse depois de uma pausa. "Semana que vem vou conversar com alguém que talvez nos financie, mas duvido que vá dar dinheiro para um projeto que não tenha retorno garantido." Tang, o acadêmico, concluiu que não tinha muito tino comercial. "Não é a minha", admitiu.

Estava ficando tarde. Voltamos para o estúdio de vídeos com a biblioteca como pano de fundo para tirar uma foto juntos. Apesar de sua mordacidade, parecia-me às vezes que Tang Jie invejava certas coisas do Ocidente. "Quando o conheci", disse ele, "eu lhe perguntei qual era o valor mais fundamental nos Estados Unidos, e você me falou qualquer coisa sobre liberdade. Pensei comigo, caramba, esse país tem uma religião estatal, e educou tão bem seus cidadãos que todo mundo acredita nela." Era uma imagem idealizada, mas entendi o que ele queria dizer. "Vocês, americanos, têm essa crença básica, um valor comum", prosseguiu. "Mas, para a China, isso ainda é um problema. Há crenças diferentes, o liberal e o tradicional, o maoismo, tudo isso." Perguntei-lhe como descreveria suas próprias crenças, e ele respondeu em termos geopolíticos. "Durante centenas de anos, fomos prisioneiros dessa visão do Ocidente como centro de tudo, que dividia o mundo em dois campos: Ocidente e Oriente, democracia e autoritarismo, luz e sombra. Tudo que era luz pertencia ao Ocidente; tudo que era sombra, ao Oriente. Essa visão de mundo precisa ser derrubada." Era o mais próximo que ele chegava de uma fé. "É a minha revolução", afirmou ele.

Enquanto os protestos continuavam no fim daquele ano, algumas pessoas repudiavam o nacionalismo. Li Chengpeng, escritor liberal com dezenas de milhões de seguidores no Weibo, escreveu que tinha sido "um típico patriota chinês" até o terremoto de Sichuan. "O patriotismo nada tem a ver com intimidar as mães de crianças que morreram no terremoto, ao mesmo tempo que se convoca o povo a resistir aos estrangeiros que tentam intimidar a pátria", escreveu Li. "É ser mais verdadeiro ao falar sobre dignidade para o povo chinês." Um ensaio popular, de um autor de Nanjing, mostrava que, enquanto o país defendia território sagrado no mar da China Oriental, trabalhadores migrantes eram incapazes de mandar os filhos para a escola em Beijing. "Se as crianças chinesas não podem nem ir à escola na China, para que serve mais território?" Piadas circulavam sobre os "cinquenta centavos", que sempre descobriam uma maneira de defender o partido. Se um "cinquenta centavos" ouvisse alguém dizer: "Este ovo tem um gosto horrível", sua resposta seria: "Por que você não tenta botar um ovo para ver que gosto tem?".

Era uma época surpreendentemente difícil para o verdadeiro crente. O desertor Lin Yifu tinha terminado sua gestão no Banco Mundial em junho e voltado para Beijing. Orgulhava-se do serviço que fizera; convencera a instituição a aprender com a experiência da China, a dar mais ênfase à infraestrutura e à política industrial, e recebera uma despedida respeitosa. Mas, privadamente, ele e o banco se separaram sem muita comoção. Chegara como intruso, e saíra ainda como intruso; quando deparou dentro do banco com críticos que duvidavam de sua fé nos governos para tomarem as melhores decisões de investimento, evitou entrar em conflito. Não se dava bem com Robert Zoellick, o presidente que o recrutara. Lin gostava de dizer que era não apenas o primeiro economista-chefe de um país em desenvolvimento, mas também o primeiro "a ter uma boa compreensão dos países em desenvolvimento".

Durante os anos de ausência, Lin tinha ficado mais zeloso na defesa da abordagem econômica da China, mas quando voltou a Beijing essa opinião o deixou fora de sintonia com muitos colegas seus. Apesar das conquistas, o país ainda tinha uma renda per capita num ponto qualquer entre o Turcomenistão e a Namíbia. O governo conseguira industrializar um país muito pobre, rural, mas entre os economistas não havia consenso sobre o tempo durante o qual isso poderia continuar. James Chanos, gestor de fundos *hedge* que previra a quebra da Enron, afirmava que a economia chinesa estava apoiada numa bolha que era "Dubai vezes mil". Em 2011, quase 70% do produto interno bruto chinês ia para os setores de infraestrutura e imobiliário, um nível do qual nenhum outro grande país tinha se aproximado nos tempos modernos. O Japão, mesmo no auge de sua explosão econômica nos anos 1980, mal chegou à metade disso. Na pressa de investir, empresas controladas por autoridades locais e provinciais ficaram com uma fatia desproporcional dos novos empréstimos. Entre 2006 e 2010, autoridades locais disponibilizaram para desenvolvimento mais de 12 800 quilômetros quadrados de terras rurais — uma área do tamanho do estado de Nova Jersey. A urbanização foi parte importante do êxito econômico da China, mas teve onerosos efeitos colaterais, incluindo a poluição e a raiva crescente contra o confisco de terras valiosas. As dívidas dos governos locais dispararam para mais de um quinto do PIB da China em 2011. O governo central não lhes permitia emitir seus próprios títulos, por isso eles levantaram dinheiro vendendo terras que já possuíam ou oferecendo preços baixos para os agricultores (motivo de muitos protestos na China).

Em Beijing, um dos ex-alunos de Lin Yifu, um professor chamado Yao Yang, publicou uma previsão do futuro político e econômico da China que contrastava extraordinariamente com a do seu mentor. Yao mencionava a ascensão do capitalismo de conchavo e a distância entre ricos e pobres como provas de que o modelo econômico da China tinha alcançado os limites do que seria possível sem permitir maior abertura política "para equilibrar as demandas de diferentes grupos sociais". Mencionou também controle da internet e dos sindicatos trabalhistas e as precárias condições de trabalho. "Os cidadãos chineses não permanecerão em silêncio diante dessas violações, e seu descontentamento levará inevitavelmente a demonstrações periódicas de resistência", advertiu. "Não demora muito para que seja necessária alguma forma de explícita transição política que permita aos cidadãos comuns tomar parte no processo político." O artigo circulou depressa; parecia capturar uma crescente frustração entre os intelectuais chineses com a relutância do Estado em partilhar o poder, o que levou à paralisação das reformas.

Nos anos posteriores à crise financeira, a maioria dos economistas passou a acreditar que, quando a força de trabalho da China envelhecesse, o crescimento desaceleraria. Quando e até que ponto só ia depender de como se comportaria o governo da China: se seria capaz de controlar a corrupção, de manter o apoio popular, de conter a poluição, de diminuir a distância entre ricos e pobres, e de liberar uma nova onda do potencial de seu povo. Em 2012, os sinais de desaceleração eram claros. Muitos economistas previam uma aterrissagem dificultosa — mas Lin nunca cedeu. Insistia que a China tinha potencial para continuar crescendo 8% ao ano até 2030, posição que o fez cair nas graças do Ministério do Exterior, que abria espaço na imprensa para que ele refutasse previsões mais sombrias. Um colunista apelidou-o de "Lin Sempre Crescendo" e acusou-o de "papo de satélite" — referência pouco lisonjeira aos leais assessores de Mao que comparavam os falsos relatórios sobre colheitas com o êxito do Sputnik. Um site de economia abriu uma página com uma pergunta no alto: "Será que Lin Yifu 3.0 voltará para a Terra?". O *South China Morning Post* escreveu: "Não é preciso ser um economista internacional de renome para identificar os furos de sua argumentação".

Visitei Lin na Universidade de Pequim. Ele tinha um grande e belo escritório num edifício restaurado coberto de telhas, num pátio tradicional, num canto afastado do campus. Desde que voltara de Washington, sentia grande prazer em estar novamente sentado à sua mesa, onde era mais feliz do que em qualquer outra parte. Mas, vendo-o ali em seu escritório, impressionou-me o quanto parecia isolado. Mencionei as críticas à sua firme crença no sistema atual. Ele sorriu, e reconheceu que o otimismo fazia dele um alvo. "A China se saiu muito bem, mas a distribuição de renda se tornou um problema, e a corrupção também", explicou. "E distribuição de renda relacionada a corrupção, em certo sentido, piora as coisas. As pessoas tendem a ver o sistema de forma mais negativa por causa de experiências desse tipo. Ficam frustradas."

Mais de trinta anos depois de ter chegado à praia como capitão Lin Zhengyi — o suposto espião, o homem de "origens incertas" —, Lin se dedicava tão completamente a seus novos anfitriões que nada seria capaz de abalá-lo em sua certeza. Sempre vira no êxito nacional uma questão de determinação, não muito diferente da trajetória de sua própria vida. "Nem o êxito nem o fracasso precisam ser uma questão de destino", escreveu ele. Uma de suas passagens favoritas era uma frase de Arthur Lewis, o economista e prêmio Nobel, para quem todos "os países têm oportunidades que só conseguem aproveitar se puderem reunir coragem e força de vontade". Mas agora suas opiniões entravam em choque com o estado de espírito à sua volta, com a sensação de estreitamento das oportunidades — a desigualdade, o passivo 被. As opiniões de Lin, como escreveu Huo Deming, colega economista da Universidade de Pequim, "não têm mercado na China".

Depois de ver Lin em Washington, e agora outra vez em Beijing, senti que ele seria sempre um intruso. Quando voltou de Washington para a China, o governo de Beijing pediu formalmente a Taiwan que enfim permitisse a Lin visitar sua casa, como um gesto destinado a melhorar as relações. Mas Taiwan negou. Se Lin pisasse em solo taiwanês, seria acusado de traição militar. "Vivo consolando o meu marido, aconselhando-o a esperar, a esperar mais um pouquinho", disse sua mulher naquela época. "Talvez possamos voltar para casa quando tivermos cem anos de idade."

A reação de Lin foi mergulhar mais ainda no trabalho. Publicou três livros em três anos, e da última vez em que o vi me deu as provas encadernadas de um quarto. Li seus escritos, e gostei muito de nossas conversas. Mas uma parte dele permaneceria insondável para mim. Anos antes, eu fora atraído pela audácia de sua decisão de desertar. Via nisso o ato de um idealista. Mas, com o passar do tempo, passei a ver também o lado prático de sua opção. Ali estava um homem que acreditava, acima de tudo, em seu próprio poder de concretizar ambições, e que faria qualquer coisa para isso. E percebi que isso fazia sentido. Era a energia da explosão de crescimento da China destilada em sua verdade mais sólida: um homem solitário que decidiu que só teria futuro se fosse para a República Popular. Logo eu conheceria outro que achava que só teria futuro se a abandonasse.

24. Fuga

Quando o momento chegou, foi na hora escolhida por ele. Quinze meses depois de ser trancafiado em casa, sete anos depois que tentei visitá-lo, o advogado autodidata cego Chen Guangcheng resolveu fugir. Na manhã de 20 de abril de 2012, permaneceu deitado na cama. Durante semanas vivera deitado assim, na esperança de induzir seus guardas a acreditar na falsa hipótese de que caíra doente, ou se resignara a aceitar a situação. A essa altura, ele e Yuan Weijing, sua mulher, já conheciam a rotina dos guardas e os ângulos de suas câmeras. Nas sonolentas horas do começo da tarde, Chen começou a rastejar.

Saiu rastejando pelos fundos da casa e através do quintal até alcançar a base de um muro de pedra. Subiu com dificuldade para o topo. Com movimentos desesperados e desajeitados, ele quebrou o pé direito quando caiu para o outro lado. Arrastou-se até o chiqueiro do vizinho e se entocou para aguardar o cair da noite. Quando a escuridão estava do seu lado, começou novamente a se locomover, avançando às apalpadelas para sair da aldeia na direção das águas do rio Meng. Era um caminho inscrito em sua memória desde a infância. Mancando e tropeçando, escutou um barulho e se deitou no chão. Conhecia uma curva do rio onde nadava quando menino com seus irmãos, um ponto em que a água era rasa. E no meio da noite atravessou o vau.

Quando conseguiu chegar ao outro lado, estava com frio e coberto de lama, mas fora da aldeia de Dongshigu. Ao amanhecer, um morador viu Chen e o levou para a casa de um de seus antigos clientes, um camponês chamado Liu Yuancheng, que o pôs para dentro e entrou em contato com o irmão do advogado. A notícia começou a espalhar-se entre os seus simpatizantes. He Peirong, a professora de inglês envolvida na campanha dos óculos escuros na internet, soube da fuga através de um e-mail codificado que dizia o seguinte: "O pássaro saiu da gaiola". Era só uma questão de tempo para que a polícia local percebesse que Chen desaparecera, por isso a professora e outras pessoas partiram em dois carros para ir buscá-lo em Shandong e levá-lo para Beijing.

A viagem demorou vinte horas e, já na capital, ele mudava o tempo todo de casa, sempre às escondidas. Aquilo não era solução. Os ativistas que lhe davam abrigo pediram ajuda à embaixada dos Estados Unidos. Diplomatas americanos avaliaram a questão — Seria legal? Seria sensato? — e concluíram que o pé quebrado de Chen era uma justificativa para abrigá-lo por razões humanitárias. Levá-lo para a embaixada era outra questão. Combinaram um encontro na periferia da cidade, e um carro da embaixada seguiu o que levava Chen de um lugar para outro. Descobriram que ambos estavam sendo seguidos pelas forças de segurança chinesas. Descartaram o ponto de encontro e entraram, abruptamente, num beco. O carro da embaixada parou e abriu as portas. Os americanos puxaram Chen para dentro "pela lapela", como diria um deles mais tarde, e partiram para a embaixada.

De volta à embaixada, e depois que um médico começou a tratar do pé quebrado de Chen, os diplomatas se prepararam para o que vinha pela frente. Em 1989, um dissidente chamado Fang Lizhi refugiara-se na embaixada com a mulher, e ali passaram treze meses numa sala secreta, sem janelas, até que os negociadores chegaram a um acordo para levá-los aos Estados Unidos. (O recordista de tempo de permanência em uma embaixada na história do Departamento de Estado foi o cardeal húngaro József Mindszenty, adversário do governo apoiado pelos soviéticos; entrou na embaixada dos Estados Unidos em Budapeste em 1956 e ficou quinze anos.) Para complicar, a secretária de Estado Hillary Clinton estaria em Beijing em poucos dias para conversar sobre questões estratégicas e econômicas, e ambos os lados se esforçavam desesperadamente para evitar que a visita coincidisse com uma crise diplomática.

Negociadores americanos e chineses reuniram-se no Ministério dos Negócios Estrangeiros para encontrar uma solução. Começaram em posições bem divergentes. Os americanos sugeriram que Chen estudasse em Shanghai, onde a Universidade de Nova York ia abrir uma faculdade de direito. Os chineses propuseram que fosse acusado de traição. Depois de três dias de conversas, os dois lados concordaram em oferecer a Chen a opção de estudar na cidade de Tianjin. Ele aceitou, e foi levado de carro até o Hospital Chaoyang, em Beijing, para se juntar à família. Mas, naquela noite, ele, a mulher e os filhos ficaram sozinhos no hospital, sem proteção americana. Chen se arrependeu de ter deixado a embaixada. Ligou para amigos nos Estados Unidos pedindo ajuda. Ao longo dos anos, a campanha de Chen contra o aborto forçado conquistara o apoio de religiosos conservadores, entre eles Bob Fu, um sino-americano que chefiava um grupo de defesa chamado China Aid. Fu, que conhecia bem a política americana, fez soar o alarme: disse a jornalistas que "o governo dos Estados Unidos abandonou Chen", e Mitt Romney, na época candidato a presidente, declarou que aquela data era o "dia da vergonha" para seu adversário, o presidente Obama. Fu então orquestrou uma cena memorável: numa audiência pública em Capitol Hill, encostou seu iPhone ao microfone para que o mundo inteiro ouvisse Chen Guangcheng falar de seu quarto de hospital em Beijing: "Temo pela vida da minha família", disse ele, e suplicou por refúgio nos Estados Unidos. "Não tenho descanso há dez anos."

Um acordo foi fechado às pressas: Chen iria aos Estados Unidos como professor visitante da Universidade de Nova York. Quando a notícia foi divulgada, Nicholas Becquelin, sinólogo da Human Rights Watch, não pôde conter sua admiração. "Um homem conseguiu fazer todo o governo chinês se curvar", disse. Em 19 de maio, ainda de muletas, Chen embarcou num voo para Newark, acompanhado da mulher e dos filhos, de seis e dez anos. Ao chegarem, foram recebidos por um grupo que incluía seu velho amigo Jerome Cohen, como sempre de blazer e gravata-borboleta. Seguiram para a Universidade de Nova York, onde uma multidão os aguardava. Chen foi até o microfone e agradeceu às autoridades chinesas por "enfrentarem a situação com calma e comedimento". Na China, o Departamento Central de Propaganda proibiu a cobertura de sua chegada; e ampliou a lista negra da internet, incluindo as novas palavras-chave que as pessoas usavam para discutir a situação de Chen:

> Homem cego
> Um sonho de liberdade
> Luz + verdade
> Irmão de óculos escuros

Cerca de seis meses depois, numa cálida manhã de Nova York, atravessei o Washington Square Park e segui para o sul pela MacDougal Street. No US-Asia Law Institute, da faculdade de direito da Universidade de Nova York, Chen estava parado à porta do seu escritório. Era estranho encontrá-lo pela primeira vez num lugar mais próximo da minha cidade natal do que da sua. O escritório era imaculado, em cinza e branco, o ar-condicionado ronronando discretamente ao fundo. Ele usava uma camisa de manga curta e gola abotoada e óculos escuros com pequenas lentes ovais prateadas. As paredes do escritório estavam nuas e as prateleiras, bem vazias, salvo por algumas plantas e uma caneca de café com a inscrição "I ♥ NY".

Desde que chegou, Chen se concentrou basicamente em dar palestras, escrever um livro de memórias e lidar com as diferenças entre a aldeia de Dongshigu e o Greenwich Village. Muitas de suas primeiras impressões foram sensoriais; o aroma náutico dos rios, o cheiro forte da poluição. Seu lugar favorito era o Jardim Botânico, uma festa para o olfato. Teve algumas surpresas: diferentemente do metrô de Beijing, o de Nova York não tinha ar-condicionado nas estações. Ele fora a Washington visitar o presidente da Câmara, John Boehner, que não falou muito, embora seu escritório tivesse a cadeira de couro mais confortável em que Chen já se sentara.

Ele me disse que sua maior preocupação, no momento, era com os parentes na China. Quando descobriu que Chen tinha desaparecido, a polícia foi atrás de seu irmão, Chen Guangfu; os policiais espancaram-no, enfiaram-lhe um capuz na cabeça e levaram-no para interrogatório. No meio da confusão, seu filho, Chen Kegui, feriu um policial com uma faca de cozinha; alegou legítima defesa, mas foi condenado a mais de três anos de prisão. Em seu escritório, Chen falou: "Qualquer um protege seus direitos quando eles são violados, ou quando testemunha uma injustiça. É impossível, numa situação dessas, não brigar".

Durante anos me perguntei como as ideias de justiça e de cidadania criaram raízes na cabeça de Chen, e aproveitei para lhe perguntar sobre a ligação entre sua cegueira e seu ativismo. "Quanto mais desigualdade você vive, mais anseia por igualdade, mais quer justiça", disse ele. Mas percebi que ele estava cansado dessa pergunta, da sugestão de que seu corpo determinara suas crenças, e me dei conta de que minha pressuposição ignorava sua curiosidade. "Quando eu era pequeno, gostava de fazer aos mais velhos perguntas que não sabiam responder", prosseguiu. "Se a primeira pessoa não sabia responder, eu perguntava a outra, e a outra, e juntava as diferentes explicações. E então ia refletir sobre a que parecia mais correta."

Ele se lembrava de ter andado de trator quando menino apalpando todas as peças da máquina que conseguia alcançar. Sua curiosidade ia além da parte física. Certa vez estava num trem com a mãe quando o condutor confiscou um botijão de gás de um passageiro alegando que era material inflamável. "Perguntei: 'Será que vão devolver o dinheiro a esse sujeito depois de venderem o gás?'. Mas minha mãe não me respondeu; ficou calada, e, depois de um tempo, zangou-se e disse: 'Como é que você pode, sinceramente, achar que vão devolver o dinheiro dele?'. Mas pensei comigo: como podem tomar uma coisa que pertence a alguém, vendê-la e não lhe dar nada?"

Chen dava crédito ao pai por lhe ter semeado na mente um sentimento de que tudo era possível. "Ele achava que as pessoas tinham uma capacidade básica para a bondade e a justiça, e é preciso ter coragem para falar." Perguntei-lhe se achava que um dia o partido se reformaria, de dentro para fora. "Difícil imaginar", respondeu. "Ele ainda acredita no poder da violência, que pode controlar a situação, em última análise, pela força bruta." O partido costumava descrever Chen e outros dissidentes como anomalias, mas não era assim que Chen se via. "Dois mil e quinhentos anos atrás, Confúcio disse que as pessoas tomam caminhos diferentes, mas acabam chegando à mesma conclusão. Pense no quanto as origens de Ai Weiwei são diferentes das minhas; ele é de uma família de elite, e eu sou de família pobre, mas compartilhamos a busca da justiça." Ele fez uma comparação: "É como a superfície da água: se ninguém toca, é muito pacífica, mas, quando se joga uma pedra, ondula em todas as direções, e às vezes as ondas se cruzam. A consciência de nossos direitos funciona assim".

Enquanto falávamos, Chen entrou na internet usando um módulo em braille — uma máquina preta do tamanho de um teclado que produzia um registro físico sob a ponta de seus dedos, em vez de um visor. Quando perguntei se a internet desempenhava um papel importante nas mudanças da China, Chen suspirou e descreveu a tecnologia como irrelevante. "Nem todos na China dependem da internet", explicou. "Há muitos outros canais. Em chinês nós dizemos: 'O boca a boca é mais rápido do que o vento. Passa de uma pessoa para dez, e de dez para cem'."

Chen não era fácil de entrevistar. Quando considerava minhas perguntas vagas ou pouco inspiradoras, eu percebia sua impaciência e acabava tropeçando no chinês. Quanto mais tentava desenredar minha sintaxe, mais ele prestava atenção no computador. Pedi a seu assistente que me ajudasse a expressar o que estava tentando dizer, mas depois de uma hora, mais ou menos, senti que nossa entrevista tinha acabado. Agradeci-lhe e ele polidamente me levou até a porta.

Enquanto voltava pelo Washington Square Park, percebi que nosso encontro proporcionara dificuldades que eu não esperava. Ele foi contestador, e eu fiquei frustrado. Mas o que eu poderia querer? Ele só estava em Nova York porque era constitucionalmente incapaz de aceitar ideias que não considerava convincentes. Ocorreu-me que Chen tinha sido um exilado a vida inteira, mesmo quando morava em sua aldeia: era cego num país que pouco fazia pelas pessoas com deficiência; era teimoso numa cultura que favorecia a acomodação. De que outra maneira poderia aprender direito sozinho, escalar os muros do quintal, passar pelos guardas e ser mais hábil do que os diplomatas que negociaram um acordo em seu favor? Foi tolice esperar outra coisa além disso. Em certo sentido, eu fora atraído por Chen pela mesma razão que fui atrás da história do soldado desertor Lin Yifu, ou de muitas outras ao longo dos anos: todos eles examinaram o que o destino lhes reservava e se recusaram a aceitar. De perto, eram bem menos parecidos com os ícones ou os vilões que seus admiradores e detratores imaginavam; eram simplesmente os "pés libertados" da história chinesa.

Não foi a última vez que Chen Guangcheng contrariou as expectativas. Quatro meses depois de nosso encontro, ele se aventurou pela política partidária americana; aliou-se aos oponentes do aborto, incluindo Bob Fu da China Aid e um consultor de relações públicas chamado Mark Corallo, antigo porta-voz do ministro da Justiça John Ashcroft, que "tinha um dedo em quase todo episódio de crise administrativa causada pelos republicanos que merecesse notícia em Washington na última década", de acordo com sua página na internet. Christopher Smith, congressista conservador de Nova Jersey, acusou a Universidade de Nova York de tentar impedir que Chen se encontrasse com ele, e o advogado acusou a universidade de recusar-se a estender seu contrato para agradar ao governo chinês. (A instituição negou as duas acusações.) Chen divulgou uma declaração afirmando o seguinte: "O trabalho de comunistas chineses dentro dos círculos acadêmicos nos Estados Unidos é muito maior do que as pessoas imaginam", embora não explicasse o que queria dizer. O rompimento de Chen com a Universidade de Nova York consternou muitos de seus simpatizantes, incluindo Jerome Cohen, que disse taciturnamente: "Fracassei como professor". No segundo semestre de 2013, Chen ingressou no Instituto Witherspoon, organização de pesquisas conservadora contrária ao aborto e ao casamento entre pessoas do mesmo sexo. Nessa época, para não ser associado somente a determinada ideologia, ele se tornou professor visitante em uma Universidade Católica e conselheiro da Fundação Lantos pelos Direitos Humanos e pela Justiça, organização liberal que havia lhe concedido um prêmio no início do ano.

Ao tomar conhecimento do novo rumo seguido por Chen, percebi que os instintos que ele aprimorara na China o levaram a um campo minado da política americana no qual qualquer um teria dificuldade para andar, e ele ainda mais. Durante anos sobrevivera desconfiando de todo tipo de autoridade, e em muitos sentidos aplicara esse princípio à sua vida em Nova York. Isso o afastou de gente que poderia tê-lo ajudado. Chen não sabia quanto tempo ia permanecer nos Estados Unidos, mas a história sugeria que a vida no exílio não seria facilitada. Na era soviética, Soljenítsin se enfurnara em Vermont, esbravejando contra inimigos reais e imaginários. Depois de fugir de Praga para Paris, Milan Kundera temia que sua obra se tornasse "sem sentido como um gorjeio de pássaro". Dissidentes chineses, em particular, enfrentaram muita dificuldade no exterior: Wei Jingsheng, que passou dezoito anos nas prisões chinesas, era o dissidente mais conhecido da China quando chegou a Nova York, saído diretamente da cadeia, em 1997; em poucos anos, se indispôs com seus patronos e outros ativistas, e a atenção deles se voltou para assuntos distintos. Para algumas pessoas, Chen reencenava o destino de exilados chineses que vieram antes dele. Mas, se o passado ensinava alguma coisa, ele ainda teria mais mudanças pela frente. Parecia-me prematuro prever seu futuro com base na sina de conterrâneos que o antecederam. Ao longo da vida, Chen lutou, acima de tudo, pelo direito de ser tratado como dono do próprio nariz.

A odisseia de Chen da aldeia de Dongshigu para Beijing e depois Nova York, e mais além, foi tão dramática e única que era fácil encarar seu caso como uma exceção. Sempre houve dissidentes escapando de países autoritários; o que tinha isso a ver com a vida das pessoas comuns na China? Mas, em sua determinação de escapar das circunstâncias, Chen representava uma força maior do que si mesmo. A China que conheci era um país impulsionado pela necessidade de deixar as privações para trás, onde as pessoas tinham passado tanta fome em tempos recentes que no início não conseguiam conceber ambição maior do que aquele imperativo essencialíssimo. Mas esse momento já havia passado. Chen não era motivado nem pela riqueza nem pelo poder; o que o motivava era uma ideia que dizia respeito a seu próprio destino, sua dignidade, e nisso partilhava algo fundamental com muitos outros.

Em março de 2013, recebi um telefonema de Michael, o professor de inglês. Durante anos, ele falou sobre ir para Beijing, e finalmente a oportunidade surgira. Fora chamado por uma pequena editora; um dos funcionários vira Michael dar aulas e o convidou para ir a Beijing escrever livros didáticos. Na última vez em que o vira, dois meses antes, passava por um período de estagnação, mas essa oportunidade o deixou muito animado. "Eles *me* descobriram", disse ele ao telefone, antes de embarcar no trem para uma viagem de treze horas para a capital. Mesmo para um jovem que morou na grande cidade de Guangzhou, Beijing ainda sugeria um potencial transformador, o "cadinho", como Mao chamava, um ambiente ao qual ninguém podia ficar incólume.

Quando o trem de Michael chegou, ele me pediu para revisar algumas de suas aulas. Convidei-o à minha casa. Encontramo-nos na estação de metrô do Templo dos Lamas e fomos a pé até lá, passando por cartomantes e adivinhos. Na sala de estar, ele pôs a mochila no chão e tirou seu laptop. Nos meses decorridos depois da desgraça de seu antigo ídolo Li Yang, do Crazy English, Michael concluiu que a tentativa de Li Yang de produzir falantes de inglês em quantidades industriais foi um erro; seu método tocou a vida de muita gente, mas não profundamente. "Li Yang sempre me dizia: 'Você precisa ganhar muito dinheiro no futuro'. Mas não é isso que quero", contou Michael. "Dinheiro não é a única maneira de viver. É só uma parte da vida. É preciso ser alguém. Como Steve Jobs, por exemplo."

Michael tinha encontrado seu ícone. "Steve Jobs é meu herói", revelou. "Steve Jobs usou o iPod para mudar a indústria musical, e usou o iPhone 4 para mudar o mundo. Não é o máximo?" Depois que morreu, em 2011, Steve Jobs se tornou objeto de fascínio na China; para seus jovens admiradores chineses, ele era o inconformista que se tornou bilionário. Conheci jovens sem dinheiro para comprar iPhones, mas que compravam a tradução chinesa da biografia de Jobs escrita por Walter Isaacson e a citavam como se fosse a sagrada escritura. Em seu laptop, Michael clicou num arquivo de vídeo. Era um velho anúncio de televisão da Apple que encontrara on-line. "*Isto é para os loucos. Os desajustados. Os encrenqueiros. Os pinos redondos em buracos quadrados...*" Terminava com a frase: "Pense diferente", e, num sussurro, Michael disse: "Lindo".

Michael, como sempre, tinha ideias novas para compartilhar. Algumas eram práticas (queria comprar os direitos de publicação de uma versão resumida, em inglês simplificado, da biografia de Jobs, com sinais fonéticos para ajudar os alunos a pronunciar as palavras corretamente), outras, absurdas. Estava tentando popularizar um termo de marketing que tinha inventado, "charmiac", para descrever pessoas como ele, cativadas ["charmed"] por uma coisa a ponto de se tornarem maníacas. Quando eu lhe disse que aquela não era a melhor maneira de empregar seu tempo, ele pareceu desapontado, e disse num murmúrio: "Bruce Lee pôs o termo 'kung fu' no dicionário". Revisamos algumas novas lições escritas por Michael. Numa delas, ele incentivava os alunos a preencher o espaço em branco descrevendo o que os motivava: "A missão de Jobs foi mudar o mundo pela tecnologia. A missão de Edison foi trazer luz ao mundo. A de Bruce Lee foi tornar o kung fu conhecido no mundo inteiro. E minha missão é ________".

Quando terminamos, saímos para tomar um ar e passamos por um pôster que comemorava o sexagésimo aniversário da descoberta por Mao do abnegado soldado Lei Feng. Dizia o texto: HERDE A BANDEIRA DE LEI FENG, PARTICIPE DE ATIVIDADES VOLUNTÁRIAS. Michael leu e sorriu; antes de descobrir o Crazy English de Li Yang, Michael considerava Lei Feng um dos ídolos da sua meninice. Perguntei-lhe se ainda achava que as fábulas sobre Lei Feng cerzindo meias e juntando estrume eram verdadeiras. Ele franziu as sobrancelhas e disse: "Pelo menos 40% é verdade, acho". Percebi que era uma forma sensata de responder à pergunta no país que considerava Mao "70% certo e 30% errado". Michael não tinha Lei Feng em tão alta conta, e senti que foi bobagem perguntar. "Se alguém me toca de fato no fundo do meu coração, eu acredito", disse ele. Ao longo dos anos, percebi que Michael assimilava influências de todos os cantos, desde o cristianismo da mãe à sua própria devoção ao Crazy English. Numa de suas lições, ele juntava tudo no mesmo parágrafo, para os alunos recitarem:

> "Estamos aqui para deixar uma marca no universo." É um dito clássico do Grande Jobs. Ele me faz ver que o que nossa vida tem de mais forte e valioso é a alma, e o lugar do seu último repouso é a fé. Não há, de fato, nada que possa nos influenciar mais do que a fé! Ao longo da história humana — política, economia, tecnologia, cultura, arte ou religião — tudo começa pela fé. É como Jesus, Confúcio, Jobs, Bruce Lee, Mao Tsé-tung e Lei Feng. Para criar um mundo mais belo, eles começaram mudando a si mesmos.

Depois de alguns dias em Beijing, Michael me ligou e disse que a experiência editorial não ia bem. "Querem controlar tudo", contou. "Não ligam para mim; só querem saber de ganhar dinheiro. São mais velhos, e estão me pressionando." Peguei um táxi para ir vê-lo em seu escritório. Ficava no distrito de tecnologia, não muito longe de onde Tang Jie administrava o seu site. Michael me esperava no metrô e me levou para um conjunto com uma placa que dizia: ESCRITÓRIO DE CONTROLE DE MEDICAMENTOS VETERINÁRIOS. Ele não sabia explicar por que sua editora de livros didáticos ficava no Escritório de Controle de Medicamentos Veterinários, mas estava habituado a arranjos comerciais nebulosos e resolveu não fazer muitas perguntas.

Era um fim de semana, e o lugar estava meio deserto. Michael trabalhava num escritório emprestado, lindamente decorado com mobília e caligrafia chinesas tradicionais. Seus aparelhos eletrônicos e notebooks estavam espalhados por toda parte. Passara dias escrevendo lições de inglês e submetendo-as aos editores, para que os deixassem mais elegantes, mas estava frustrado com suas exigências. No meio da nossa conversa, alguém bateu discretamente à porta e deu uma espiada. Era o chefe — um homem atarracado, de rosto enrugado —, e Michael ensaiou gestos polidos de apresentação. Depois que ele saiu, Michael fez uma careta e disse: "Está sempre me enlouquecendo. 'O que escreveu hoje? Me mostre o que tem aí'".

Decidimos sair antes que o chefe voltasse para ver o que ele estava fazendo. Perguntei onde Michael morava, e ele me levou de volta para a rua, passando por uma fileira de barracas de comida e por um estacionamento atrás de um supermercado. Ao lado havia uma pensão de dois andares onde Michael alugava uma cama num quarto com mais nove homens. Seu beliche lhe custava 280 iuanes por mês — mais ou menos um dólar e meio por dia. Uma relação de regras no corredor esclarecia que a pensão não se responsabilizava por nada. "Os pensionistas devem levar seus objetos de valor (como laptops) consigo o tempo todo."

Quando chegamos ao quarto, Michael pôs o indicador nos lábios pedindo para fazer silêncio. Ainda era dia, mas alguns colegas de quarto que trabalhavam à noite estavam dormindo. Era abafado, úmido e apertado. Havia cinco beliches de metal em volta de um minúsculo pedaço de piso atulhado de bagagem; na frente da janela, roupas penduradas num pedaço de madeira. No teto, um buraco irregular do tamanho de uma bola de basquete. Pensões desse tipo proliferavam na periferia das cidades chinesas, onde recém-formados ou gente à procura de emprego se amontoavam, esperando uma oportunidade. Essas aglomerações ficaram conhecidas como "tribos de formigas".

A expressão me fez lembrar do livro dos anos 1970 sobre "O imperador das formigas azuis". Naquela época, a metáfora descrevia bem a realidade na China, mas uma geração depois os jovens e os ambiciosos se apelidavam de formigas por ressentimento. Se a China não começasse a integrá-los às cidades, a população pobre no ambiente urbano chegaria aos 500 milhões de pessoas em 2030 (metade da população urbana geral). O governo considerou o fato incômodo, e em dezembro de 2010 a agência responsável pelos dados de desemprego divulgou um conjunto de róseas estatísticas informando que mais de 90% dos formados nas universidades no ano anterior estavam empregados. As pessoas zombavam dessa informação; a internet estava repleta de testemunhos de estudantes declarando que suas faculdades os obrigavam a se dizerem "empregados" para melhorar os números e proteger a reputação das escolas.

Michael e eu voltamos para o sol da tarde. Depois do seu quarto claustrofóbico, o mundo exterior parecia fresco e amplo. Ele quis que eu visse sua pensão, mas agora parecia constrangido. "Não aguento isto aqui", confessou enquanto caminhávamos. As condições o faziam sentir-se pouco à vontade. "Ao lado vivem dez moças, e usamos o mesmo banheiro, os mesmos vasos sanitários.

Odeio isso." O problema não era o desconforto. "É o desperdício da minha vida. Não consigo ficar com esse tipo de gente." Alguns colegas de quarto estavam desempregados e ficavam o tempo todo por ali, dormindo, comendo, jogando videogame. "Isso acaba com minhas energias", contou. "Mata minha paixão por tudo, minha vida, minha carreira."

Enquanto caminhávamos, ele de repente se deu conta do que outras pessoas poderiam achar da sua vida, o que provocou uma pergunta sobre vocabulário. "Qual é a palavra em inglês para uma pessoa assim?", perguntou.

"Assim como?", repliquei.

"Como eu", disse ele.

Pensei um pouco e, antes que pudesse responder, ele apresentou uma ideia: "'Low society'?", perguntou.

"Não. Não temos uma boa palavra para isso em inglês."

Seguimos em frente. "Quando preciso de ajuda em inglês, sempre procuro na internet. Se não acho a informação, pergunto a você", revelou. Achei que lhe devia uma resposta à sua pergunta sobre si mesmo. Estava muito mais bem de vida do que o pessoal do interior, mas ainda assim não podia se considerar um sucesso. "Acho que poderíamos chamá-lo de 'aspirante a classe média'", disse eu, finalmente. Michael me pediu que anotasse numa folha de papel do meu caderno, e a enfiou no bolso.

Paramos em frente a um modesto escritório imobiliário com anúncios na janela. Examinei as ofertas e vi se havia algo que pudesse tirá-lo da Tribo de Formigas. Mas o lugar mais barato oferecido tinha onze metros quadrados e custava trezentos dólares mensais. Era mais do que Michael costumava ganhar num mês.

No fim das contas, a experiência de Michael na capital não correspondeu às suas expectativas. Ele não confiava no pessoal da editora. "O que eles querem é pegar o meu trabalho e botar o nome deles", alegou. Decidiu voltar para o sul, a fim de continuar a escrever seu próprio livro. Antes de partir, levei-o para almoçar. Era uma espécie de despedida — eu logo me mudaria —, mas também queria incentivá-lo a se fixar em objetivos mais concretos. Passar os dias se irritando naquele apartamento com os pais em Qingyuan não me parecia um plano muito bom, e eu tinha esperança de que ele levasse em conta a possibilidade de voltar a trabalhar para outras pessoas. Estava saltando de uma inspiração para outra, e sua determinação de conquistar o sucesso em seus próprios termos servia apenas para lhe agravar o isolamento.

"Não precisa se preocupar comigo", ele falou. "Sou um homem durão." A força não era minha preocupação. Ele até me lembrava uma tartaruga que Steinbeck descreveu certa vez — "desviando-se de coisa nenhuma" enquanto atravessava a estrada a passinhos lentos; atingida por um caminhão, ficou parada, antes de se endireitar e prosseguir, "deixando uma valeta torta e rasa no chão de terra". Enquanto conversávamos, Michael parecia dividido entre a vontade de se apresentar como um caso de sucesso e a admissão de que tudo era muito difícil. Oscilava entre a fanfarrice e a autopiedade. Em certo momento, disse: "Odeio a indústria do inglês", e amaldiçoou as pessoas que, na sua opinião, tentavam usar suas ideias sem lhe dar crédito. Um instante depois, afirmou: "Quero ensinar inglês como religião. Tenho um plano para minha carreira: cinco anos, dez anos". Depois de um instante, sua confiança vacilou. "Os chineses são tão sujos", reclamou. "Pelo menos 40% deles."

A verdade era que Michael não tinha muito tempo para ruminar. Sentia o relógio avançar. Estava com 28 anos. "Na China, quando se tem trinta, é preciso ser financeiramente independente", disse. Era um prazo complicado. Pensou no assunto por um segundo e se animou. "Talvez no ano que vem você entre numa loja e veja meus livros numa prateleira. Acredita nisso?" Respondi que sim. De alguma maneira, eu acreditava.

Era fim de semana, e para variar nos demoramos sentados à mesa do almoço. A multidão se diluiu. Michael tocou no assunto da experiência do pai nas minas de carvão. Fora um modo de vida extraordinariamente arriscado. Certa vez, na Mina Número Um, onde Michael foi criado, um único acidente matou 49 mineiros. Não era incomum; apesar de recentes melhoramentos, em média sessenta trabalhadores ainda morriam nas minas de carvão da China toda semana. Michael disse o seguinte a respeito do pai: "Trabalhava pelo menos catorze horas por dia. Acordava às cinco da manhã e não dizia uma palavra para minha mãe ou para mim. Eu não entendia por quê". Só mais tarde Michael compreendeu algumas das pressões que seu pai enfrentava. "Tinha que sustentar quatro filhos na escola", contou Michael. "Nunca se queixou."

Havia, porém, uma parte da vida do pai que Michael jamais poderia entender. "Muitos amigos seus morreram, mas não se consegue achar nem os nomes deles em livros." Durante décadas, o relato mais minucioso dos que pereciam nas minas, indústrias e fábricas da China — as baixas da ascensão chinesa — era confidencial. O governo divulgava estatísticas genéricas, mas os detalhes sobre quem morreu, e como, eram segredos de Estado. "Eles diziam apenas Mina Número Um ou Mina Número Dois, só isso", explicou Michael. A ideia de que os colegas de trabalho do pai haviam morrido como indivíduos invisíveis era tão incompatível com a visão que Michael tinha de si mesmo e do mundo que lhe parecia impossível absorvê-la. Passava tanto tempo alimentando fantasias sobre reconhecimento — a publicação de sua obra, a adoração do público, a notoriedade — que a noção de anonimato o desnorteava. Repudiava o anonimato de uma forma que me fazia lembrar a procura de Ai Weiwei pelos nomes das crianças mortas no terremoto. Michael não tinha o mínimo interesse por política, mas, para ele, o nome relacionava-se com dignidade, e nada havia de político nisso.

Na manhã seguinte, Michael embarcou num trem para casa. Levaria treze horas para chegar a Qingyuan. Esperava um dia poder pegar os trens-bala em forma de disco voador que saíam da estação, mas esse dia ainda não tinha chegado. Por enquanto, carregava o fardo do passado que o definia e do futuro que tão desesperadamente desejava criar. Dividia-se entre a antiga expectativa de adaptar-se e a moderna pressão para ser independente. Como sempre, escreveu sobre isso numa passagem para seus alunos recitarem — algo que, aos meus ouvidos, soava como um mantra, uma ave-maria, uma fórmula mágica. Mas era uma oração dirigida apenas a eles próprios: "Aceitarei tudo aquilo que foi determinado pelo meu nascimento", diziam, "e farei o que estiver ao meu alcance para mudá-lo".

Epílogo

Por um frágil momento, em meus últimos meses em Beijing, o Partido Comunista conseguiu transportar uma cidade de 20 milhões de pessoas de volta a uma época mais simples. Em novembro de 2012, o partido começou a pôr a capital em ordem para sua mais sagrada ocasião numa década: o XVIII Congresso do Partido, uma reunião de mais de 2 mil delegados que culminaria com o anúncio de um novo Politburo encarregado de conduzir a República Popular para o futuro. Como parte dos preparativos, o Departamento Central de Propaganda convocou seus escritórios em todo o país para criarem uma "atmosfera de expressão que facilite a triunfal reunião do XVIII Congresso do Partido e gere um aumento maciço de propaganda on-line". Os censores interromperam as mais recentes conversas sobre corrupção e intriga, bloquearam as novas expressões de duplo sentido e silenciaram as fontes de humor incômodo: quando Zhai Xiaobing, um homem que trabalhava num fundo de investimentos em Beijing, tuitou uma piada inocente comparando a reunião a um novo filme apocalíptico, foi detido e ficou preso por três semanas.

O partido não foi menos vigilante com ameaças físicas. Empresas de táxi mandaram os motoristas removerem as manivelas das janelas traseiras, para evitar que passageiros distribuíssem o que as ordens chamavam de "balões com slogans ou bolas de pingue-pongue com mensagens reacionárias". As janelas dos ônibus foram encobertas. A municipalidade proibiu passeios de barco nos lagos e venda de aeromodelos e ordenou que pombos de estimação fossem presos em gaiolas — talvez, embora isso nunca tenha sido explicado, para impedir que transportassem explosivos. Em frente ao Grande Salão do Povo, ficaram equipes especiais de bombeiros, já que os tibetanos tinham adquirido o hábito de atear fogo nas próprias roupas em protesto contra as diretrizes políticas e religiosas de Beijing em sua terra natal. Enquanto o congresso esteve em sessão, os únicos tibetanos no Grande Salão foram os membros de sua delegação oficial, que trouxe a notícia de que Lhasa, sua capital, ganhou a votação como "a cidade mais feliz da China" quatro vezes nos últimos cinco anos.

Para dar as boas-vindas, o presidente Hu Jintao, que deixava o poder, pronunciou seu último discurso público, ao qual deu o título de "Marchar com firmeza na rota do socialismo com características chinesas e esforçar-se para completar a construção de uma sociedade moderadamente próspera em todos os sentidos". A frase mais memorável foi mais incisiva: "Jamais copiaremos um sistema político ocidental", disse ele. A agência estatal de notícias informou que uma delegada chorou "cinco vezes" de tão comovida, e que outra relatou que suas mãos ficaram dormentes depois das 35 salvas de palmas.

Uma semana depois do início do congresso, misturei-me à multidão de repórteres para o momento que todos esperavam: o anúncio do novo Comitê Permanente do Politburo. Era formado por sete homens: cinco que serviriam cinco anos, mais o presidente e o primeiro-ministro, que ficariam no cargo por dez. A ocasião era chamada de "Encontro com a imprensa", embora ninguém tivesse permissão para fazer perguntas. O primeiro a subir no palco foi o homem que se tornaria presidente: Xi Jinping, o secretário-geral do partido. Vinha de uma excelente família revolucionária — o pai fora um dos "oito imortais" do partido — e, pessoalmente, oferecia notável contraste com o antecessor. Xi era um homem ursino, de rosto rubicundo, com uma voz de locutor de rádio e uma tendência a usar folgados ternos ocidentais. No geral, lembrava mais Jackie Gleason do que Zhou Enlai. "Nosso povo ama a vida", disse ele. "Espera ter uma educação melhor, empregos mais estáveis, rendas mais satisfatórias, garantias sociais mais confiáveis, serviços médicos e de saúde de mais alto nível, condições de moradia mais confortáveis e um meio ambiente mais bonito, e espera que os filhos cresçam melhor, trabalhem melhor e vivam melhor. O desejo do nosso povo de uma vida melhor é a meta de nossas lutas."

Sua linguagem era revigorante e isenta dos bordões do partido. Apesar disso, o quadro vivo de Xi e companhia era um testemunho da determinação do partido de impedir que seu futuro fosse diferente do passado: quatro dos sete homens que passariam a comandar o país eram membros de aristocráticas famílias comunistas; no passado, o partido tomava as maiores precauções para não parecer nepotista, mas agora colocava a confiabilidade política acima de tudo, e a geração que chegava trazia ao topo uma fatia de hereditariedade maior do que em qualquer outra época da história da República Popular. Da boca para fora, o partido prometia escolher funcionários de maneira "democrática, aberta, competitiva e meritocrática", mas observadores políticos tinham previsto a formação da linha de frente acompanhando as negociações de bastidores entre famílias, veteranos do partido e poderosas facções. Os candidatos de mentalidade reformista foram preteridos; os agraciados eram conservadores convictos. Liu

Yunshan era um propagandista experimentado. Zhang Dejiang estudara economia na Coreia do Norte. Sua fé na precedência e na conformidade estendia-se à aparência física. Salvo um deles, todos subiram ao palco de terno preto e gravata vermelha. E todos os cabelos, sem exceção, eram tingidos do mesmo preto lustroso e indistinto.

Quando os sete homens apareceram juntos pela primeira vez fora do Grande Salão, duas semanas depois, escolheram como cenário simbólico não uma imagem do futuro — uma empresa de tecnologia, digamos, ou uma universidade —, mas uma exposição do Museu Nacional: "A rota da regeneração", uma vitrine política que representava, nas palavras do museu, a "queda [da China] no abismo de uma sociedade semi-imperial e semifeudal" e seu resgate pelas mãos do partido. Em pé diante da exposição, Xi declarou: "Todo mundo tem ideais, aspirações e sonhos próprios [...]. O maior sonho do povo chinês em tempos recentes tem sido concretizar o grande ressurgimento da nação chinesa [...]. Ninguém estará bem de vida enquanto o Estado e o país não estiverem bem de vida".

Logo sua referência ao "Sonho Chinês" virou slogan nos outdoors e na televisão. Em uma semana, o Sonho Chinês apareceu vinte vezes na primeira página do *Diário do Povo*. Havia um novo programa de calouros chamado *Voz do Sonho Chinês*, e o partido despachou "equipes de explicação espiritual" a países não socialistas para difundir a boa-nova. Cientistas eram conclamados a submeter projetos de pesquisa do Sonho Chinês, e artistas a produzir obras-primas sobre o Sonho Chinês. Xi recomendou aos militares que tivessem um "sonho de Exército forte", e o chefe de propaganda do partido, Liu Yunshan, mandou incluí-lo nos livros didáticos, para garantir que "entre no cérebro dos estudantes".

O Sonho Chinês era em parte a declaração de um fato — a China *estava* ressurgindo — e em parte um reconhecimento das ambições chinesas. Algumas aspirações seriam mais fáceis de alcançar do que outras. Para continuar sendo o Partido no Poder, o Partido Comunista sabia que era preciso que o povo seguisse prosperando. Planejava construir mais 160 mil quilômetros de rodovias, cinquenta aeroportos e mais de 8 mil quilômetros adicionais de ferrovias de alta velocidade. A nova administração, porém, sabia que a gente comum tinha preocupações mais imediatas e, quando assumiu, prometeu melhorar as rendas mais baixas e permitir que os correntistas tivessem mais rendimentos em suas poupanças.

Satisfazer a busca da verdade parecia mais difícil. Nas primeiras seis décadas no poder, o Partido Comunista manteve a estabilidade com a ajuda da censura, do sigilo e da intimidação, mas agora estava diante de uma cultura de ceticismo e ampla divulgação, e de uma crescente libertação do medo. O Departamento Central de Propaganda, com suas paredes modernas e seu telhado de pagode, ainda ficava na avenida da Paz Eterna — um monumento à dubiedade. Quando passei por ali pela última vez, ocorreu-me que eu só me convenceria de que os dirigentes chineses tinham assimilado a realidade à sua volta se o Departamento pusesse uma placa em sua sede.

Mais difícil, talvez, seja satisfazer a busca da fé. A China está num impasse ideológico; nenhuma ala política pode se dizer hegemônica. Haverá novas explosões de nacionalismo, e novos demagogos para tirar proveito dos sentimentos de humilhação, mas isso poderá prejudicar o partido, em vez de fortalecê-lo. Opondo a China a "valores universais", o partido certamente enfrentará mais menosprezo, mais protestos, mais lembretes de que a cadeira de Liu Xiaobo está vazia. Apesar disso, está levando o povo a acreditar que a humilhação e os responsáveis por ela não devem ser tolerados.

Trinta anos depois de enveredar, à sua maneira, pelo caminho do livre mercado, a China ainda não tem uma doutrina única e unificadora — nenhuma "melodia central" — e não há nada de predeterminado com relação ao tipo de país em que está se transformando. Quando o presidente anunciou o Sonho Chinês, sua intenção era unificar, mas em vez disso o povo interpretou a visão como "Sonhos" Chineses — no plural. Encontrei-me por acaso com uma vizinha, a viúva Jin Baozhu, que meu senhorio levou à Justiça porque lhe estaria roubando luz solar. Jin tinha visto o novo slogan nos jornais, e me fez o seguinte comentário: "Qual é o meu sonho chinês? Viver mais alguns anos em minha casa".

Não demorou para que os censores começassem uma corrida para abolir fotos de pessoas com cartazes escritos à mão que diziam frases como MEU SONHO CHINÊS É JUSTIÇA E EQUIDADE e MEU SONHO CHINÊS É QUE XI JINPING GARANTA MINHA SEGURANÇA PESSOAL E MEUS DIREITOS DE REPRODUÇÃO. Quando um site administrado pelo *Diário do Povo* fez uma pesquisa sobre o Sonho Chinês, perguntando se as pessoas apoiavam o governo de partido único e acreditavam no socialismo, 80% dos 3 mil entrevistados responderam "não" às duas perguntas, e a pesquisa foi abruptamente interrompida. Antes era comum dizer-se que os trabalhos censurados tinham sido "harmonizados". A partir desse momento se passou a dizer que haviam "se esfumado em sonho".

Pouco depois de assumir, Xi reconheceu aquilo de que muitos já estavam convencidos: a não ser que o partido contivesse a maré de corrupção, essa corrupção, em suas palavras, "levaria inevitavelmente o partido e o país à perdição". Comparou as práticas corruptas com "vermes que proliferam na podridão", e ameaçou punir não apenas "moscas" miúdas, mas também "tigres" poderosos. Convocou seus camaradas a serem "diligentes e frugais" e, quando fez sua primeira viagem oficial, a televisão estatal informou que Xi se hospedou numa "suíte normal" e fez seu jantar não num banquete, mas num bufê — revelação tão radical na cultura política chinesa que a palavra "bufê" adquiriu significado metafísico. A agência estatal de notícias publicou uma manchete que dizia: XI JINPING VISITA FAMÍLIAS POBRES EM HEBEI: JANTAR DE APENAS QUATRO PRATOS E UMA SOPA, SEM ÁLCOOL.

Xi recomendou às autoridades que renunciassem às carreatas, às flores recém-colhidas e aos discursos enfadonhos. Burocratas locais apressaram-se em tornar suas ordens novas regras, mas isso serviu apenas, inadvertidamente, para realçar a situação anterior: a cidade de Yinchuan declarou que os funcionários não deveriam mais "aceitar dinheiro em envelopes quando realizavam casamentos, se mudavam de casa ou matriculavam os filhos na escola". A campanha dos "Quatro pratos e uma sopa" foi seguida pela "Operação prato vazio", uma campanha para incentivar funcionários a consumir todo o prato que tinham pedido. Não demorou para que o abrupto declínio da glutoneria afetasse a economia: a venda de barbatana de tubarão (*de rigueur* em banquetes) caiu mais de 70%; cassinos em Macau registraram uma queda em VIPS, e as importações de relógios suíços despencaram 25% em relação ao ano anterior. Os fabricantes de artigos de luxo ficaram de luto.

Wang Qishan, o veterano do partido que foi nomeado pelo presidente como o novo tsar contra a corrupção, tinha formação de historiador, e recomendou a seus colegas a leitura de *O Antigo Regime e a Revolução*, de Alexis de Tocqueville. Quando a notícia se espalhou, o livro virou best-seller, e os leitores chineses reconheceram muita coisa familiar na história de aristocratas indulgentes, uma classe mercantil frustrada e um governo chefiado por dirigentes que supunham que a classe média seria sua espinha dorsal até o momento em que ela ajudou a arrancar a cabeça do rei. Escreveu Tocqueville: "Apesar de ter surpreendido o mundo, foi o resultado inevitável de um longo período de gestação". Wang nunca foi muito específico sobre a mensagem que desejava que o povo encontrasse no livro, embora as discussões girassem em torno da observação de Tocqueville de que um país não é instável quando pobre, mas, pelo contrário, quando "de repente percebe que o governo está relaxando a pressão".

Para mostrar seu empenho em combater a corrupção, o governo levou a julgamento o chefe das ferrovias, Liu Zhijun, em junho de 2013. De início, a encenação correu bem. O julgamento durou menos de quatro horas, e Liu Grande Salto desempenhou o seu papel: chorou, confessou e até deu um jeito de encaixar o novo slogan presidencial, dizendo que a tentação o impedira de levar adiante a meta do Sonho Chinês. Para evitar discussões gratuitas sobre favorecimento de panelinhas e suborno, os promotores foram modestos na acusação: abuso de poder e recebimento de 10,6 milhões de dólares em propinas. Mas quando lhe aplicaram uma "pena de morte suspensa", que provavelmente seria comutada em pena de prisão por talvez treze anos, as pessoas denunciaram acobertamento. O *South China Morning Post* perguntou: "Como permitiram que chegasse tão alto e fizesse isso por tanto tempo? Quem eram seus protetores na cúpula e quanto dinheiro receberam? São perguntas interessantes que os investigadores anticorrupção nunca se dignaram a explorar". Para impedir que alguém investigasse por conta própria, o Departamento Central de Propaganda pôs fim à discussão. "O caso Liu Zhijun está encerrado", foi comunicado aos editores. "A cobertura midiática só deve usar a história de Xinhua. Não produzir relatos minuciosos, não comentar e não fazer sensacionalismo."

Liu Grande Salto disse algumas palavras de despedida; deu ao advogado um bilhete para entregar à filha: "Faça o que fizer, mas fique longe da política". Era uma atividade difícil, e que se tornaria ainda pior. Xi Jinping se viu diante de um problema político que seus antecessores não conheceram: na era do cinismo e da informação, tinha sido eleito pelo voto popular, mas precisava descobrir um jeito de gostarem dele. O presidente Mao certa vez comparou seus camaradas a peixes e o público à água: "O peixe não sobrevive sem água", disse Mao. Mas agora, sem ideologia, a legitimidade do governo chinês repousava cada vez mais em sua capacidade de satisfazer e agradar o público.

Com algumas medidas essenciais — eliminar a fome, o analfabetismo e a falta de assistência médica —, o público ficou mais satisfeito do que na maioria dos países. Quando o sociólogo Martin Whyte, de Harvard, perguntou pela primeira vez, em 2004, se as pessoas estavam cobertas por planos de saúde públicos, apenas 15% dos habitantes do interior responderam afirmativamente; quando voltou a perguntar, em 2009, essa fatia tinha crescido para 90%. Ainda havia grandes disparidades na cobertura, e o serviço oferecido era apenas o atendimento mais básico, mas o progresso era evidente.

Comparar os índices de aprovação do governo da China com os de outros governos era sempre lisonjeiro para o partido: em maio de 2013, a mídia chinesa informou que, segundo o Centro de Pesquisas Pew, 88% dos chineses entrevistados tinham opinião positiva sobre a economia nacional — porcentagem maior do que a de qualquer outro país pesquisado. Mas isso não dizia tudo. Quando uma equipe chefiada por Richard Easterlin, professor de economia da Universidade do Sul da Califórnia, analisou cinco estudos de longo prazo conduzidos na China durante duas décadas, os resultados não mostraram "nenhum indício de que o povo chinês seja, em média, mais feliz [...]. A rigor, estava menos satisfeito do que em 1990, e o fardo da satisfação decrescente pesava mais sobre o terço inferior da população em termos de riqueza. A satisfação entre os chineses do terço superior subiu apenas moderadamente". No geral, descobriram que "o crescimento econômico não é suficiente; segurança no emprego e rede de seguridade social também são cruciais para a felicidade do povo". Quando as sondagens revelaram, como em 2013, que 93% dos chineses "achavam que a melhor época do país ainda estava por vir", os resultados exprimiam menos a satisfação presente do que as expectativas futuras. "A esperança é como uma trilha no campo", afirmou Lu Xun. "No começo, não há caminho nenhum, mas quando as pessoas começam a passar o caminho aparece."

Ao concentrar-se na corrupção, o presidente esperava que, se o partido declarasse guerra contra sua própria iniquidade, o povo prestaria mais atenção na guerra do que na iniquidade. Era uma jogada de risco: durante décadas, o que os líderes do partido tinham dito era: "Combater pouco a corrupção destrói o país. Combatê-la demais destrói o partido". A campanha anticorrupção tornou-se popular de imediato. Novos sites como Eu Paguei Propina permitiam que as pessoas informassem sobre qualquer um que lhes fizesse cobranças indevidas. Xu Zhiyong, advogado que anteriormente servira na câmara municipal de Beijing, organizou uma petição sugerindo a altos funcionários que declarassem seu patrimônio, e seu trabalho atraiu milhares de seguidores, no que ele chamou de Movimento dos Novos Cidadãos.

O partido não demorou a ficar incomodado com esse entusiasmo. Meu telefone tocou avisando sobre uma nota do Departamento:

> Quando noticiar sobre funcionários suspeitos de suborno, ou sobre aqueles que se tornaram degenerados, seguir estritamente as informações dadas pelas autoridades. Não fazer conjecturas, não exagerar, não investigar e não citar coisas da internet.

Em meados do ano, o governo já tinha perdido a paciência; fechou o site Eu Paguei Propina e deteve quase cem pessoas que tinham aderido à campanha de limpeza. Uma dessas era Xu Zhiyong, o ex-servidor que sugerira aos altos funcionários que declarassem seu patrimônio; foi detido e acusado de "reunir pessoas para perturbar a ordem social". Os que se manifestaram em defesa de Xu também foram presos; um investidor de nome Wang Gongquan, que ganhara bilhões com financiamentos de capital de risco, organizou uma petição pela soltura de Xu, mas foi preso sob acusação de perturbar a ordem pública. A fortuna que Wang construiu do zero e seus comentários desabridos tinham atraído uma legião de seguidores on-line, mas as autoridades ficavam particularmente incomodadas quando plutocratas se associavam a ativistas ou demonstravam interesse por política.

Em setembro, o governo adotou uma abordagem inédita para domesticar o indisciplinado poder da internet: a Suprema Corte do Povo divulgou uma decisão declarando que qualquer comentário "falso difamatório" que fosse visto mais de 5 mil vezes, ou encaminhado quinhentas vezes, poderia resultar em pena de prisão de até três anos. Agora, em sua luta para impedir que as pessoas se manifestassem, o Estado tentaria impedir que repetissem o que tinham ouvido. Lu Wei, o diretor do Escritório Estatal de Informações da Internet, declarou num discurso que "liberdade sem ordem não existe". Nos meses subsequentes, as discussões mantidas no Weibo se tornaram menos provocativas, o número de usuários caiu e as pessoas começaram a procurar plataformas mais seguras.

A campanha oficial contra a corrupção tinha seus limites. Em vez de esbanjar em público, alguns departamentos do governo transferiram seus banquetes para dentro de casa, contratando os cozinheiros de hotéis de luxo. Um novo slogan extraoficial deitava raízes: "Coma sem alarde, pegue leve, folgue em segredo".

O objetivo de longo prazo do partido não era mistério para ninguém: se Xi cumprisse o dever de comandar o partido até

2023, a China ultrapassaria o recorde da União Soviética como o Estado de partido único mais duradouro da história. Os soviéticos estiveram no poder por 74 anos, e os líderes chineses temiam abertamente seu destino. Pouco depois de assumir, Xi Jinping, num discurso para membros do partido, fez a seguinte pergunta: "Por que o Partido Comunista da União Soviética entrou em colapso? Uma importante razão foi que seus ideais e suas convicções vacilaram. No fim das contas, bastou uma tranquila palavra de Gorbatchóv para declarar a dissolução do Partido Comunista soviético, e o grande partido desapareceu. Ninguém foi homem o suficiente para resistir".

O discurso que mencionava a hombridade inaugurou um novo esforço de propaganda: caso as pessoas tivessem dúvida sobre o que aconteceria na ausência do partido, o *Diário do Povo* pintou um quadro sombrio. Depois da queda da União Soviética, disse o jornal, os russos descobriram que seu "PIB caiu pela metade [...] seus navios envelheceram e enferrujaram, e viraram montes de ferro-velho; apareceram os oligarcas para saquear o patrimônio do Estado; os russos fizeram filas nas calçadas para enfrentar a escassez de alimentos; veteranos de guerra venderam medalhas para comprar pão". O jornal perguntou o que representava ameaça semelhante para a China hoje. Sua resposta: a internet. "Todo dia, microblogueiros e seus mentores espalham boatos, inventam más notícias sobre a sociedade, criam uma visão apocalíptica sobre o fim da China e difamam o sistema socialista — tudo para promover o modelo euro-americano de capitalismo e constitucionalismo."

Sob Xi Jinping, o partido não dava sinais de ter entrevisto uma saída para seu contorcionismo ideológico. Continuava a carregar a bandeira do socialismo e ideias relacionadas (Reforma do Pensamento, a primazia do Partido no Poder), enquanto, por todos os lados, enfrentava o capitalismo selvagem e um clamoroso mercado de ideias. Se havia uma opinião esclarecida dentro da *élite* do partido sobre como resolver a tensão, essa opinião não vinha a público. Em vez disso, um memorando do partido vazado em agosto sugeria que pelo menos parte da cúpula estava ficando paranoica. O Documento nº 9, como ficou conhecido, pedia a erradicação de sete correntes subversivas de pensamento, a começar pela "democracia constitucional ocidental"; a lista incluía liberdade de imprensa, participação cívica, "valores universais" de direitos humanos, e o que chamava de interpretações "niilistas" da história do partido. Transmitiram-se os "sete tabus" a professores universitários e a celebridades da mídia, que foram aconselhados a não ultrapassar os limites. O *Diário do Povo*, invocando a linguagem de outra era, advertiu que o constitucionalismo, o clamor para subjugar o partido às leis, era "uma arma da guerra de informações e da guerra psicológica usada pelos magnatas do capitalismo monopolista americano e seus representantes na China para subverter o sistema socialista da China".

O partido tinha motivos para se enervar: estava preso na armadilha de uma desagradável situação que ele mesmo criara. Voltara a se empenhar na supressão de ideias heréticas e na manutenção da estabilidade, mas essa abordagem produzia mais heresia do que estabilidade. O partido estava convencido, com razão, de que o futuro da China dependia de ideias inovadoras que repercutiriam em todo o planeta, mas temia o inverso: absorver "valores globais" era uma ameaça à sua sobrevivência.

Os dirigentes chineses precisavam fazer uma escolha: para continuar a crescer, poderiam adotar uma forma de governo mais democrática, como o fez a Coreia do Sul nos anos 1980, ou se comprometer de novo com o autoritarismo. Historicamente, a última abordagem era arriscada. A longo prazo, os estados autoritários não crescem de modo tão confiável quanto as democracias; são frágeis, e tendem a prosperar apenas sob a iniciativa individual de líderes revolucionários. "Para cada Lee Kuan Yew, de Cingapura, há muitos como Mobutu Sese Seko, do Congo", segundo o economista de Harvard Dani Rodrik. A curto prazo, o partido poderia ter êxito em silenciar os críticos, mas como sustentar isso com o passar do tempo não estava tão claro, especialmente se segmentos dentro do partido recalculassem os riscos e as recompensas da lealdade e decidissem que tinham mais a ganhar ficando do lado do povo.

A China, que já foi conhecida por seu conformismo, abrigava forças em feroz oposição: liberais ao estilo ocidental contra conservadores nacionalistas; *apparatchiks* no poder contra plutocratas indóceis; Tribos de Formigas contra Bobos; propagandistas contra ciberutopistas. A questão era saber se a tensão seria canalizada para fora, contra o Ocidente, ou para dentro, contra o Estado. Por ora, era difícil vislumbrar uma contestação coerente ao partido: embora a classe média chinesa estivesse engajada em muitas das questões que tinham animado outras classes médias com o advento da democracia em Taiwan, nas Filipinas e na Coreia do Sul (direitos do consumidor, o meio ambiente, direitos trabalhistas, preços de moradia, liberdade de expressão), na China havia poucas organizações formais nas quais o povo pudesse se reunir e produzir uma alternativa coordenada ao domínio do partido.

Até então, os ativistas da classe média geralmente buscavam reformar o governo, e não substituí-lo. Em muitos países, uma classe média mais instruída e empreendedora exigia mais influência em assuntos que lhe diziam respeito. A China já tinha ultrapassado o limiar daquilo que os cientistas políticos chamam de "zona de transição democrática" — quando a renda per capita de um país excede os 4 mil dólares e a correlação com mudanças de regime aumenta bruscamente. Em 2013, a China estava no patamar dos 8500 dólares. O acadêmico chinês Minxin Pei examinou as 25 autocracias com níveis de renda mais alto e uma resistência à democratização. Descobriu que 21 eram Estados petrolíferos. A China não era.

Quando ficou claro que Xi Jinping apostaria no fortalecimento do statu quo, outro aristocrata do partido, Hu Dehua, então com 63 anos, filho do falecido chefe do partido Hu Yaobang, valeu-se da proteção que seu sobrenome lhe garantia para criticar abertamente o presidente. A verdadeira razão do colapso da União Soviética, sustentou Hu Dehua, foi o fato de que os soviéticos não conseguiram parar de "se apropriar da propriedade pública por meio de corrupção e suborno". O partido, segundo Hu, na verdade enfrentava uma crise. "Há duas opções: eliminar a oposição ou buscar a reconciliação com o povo", declarou. O partido só tivera que fazer essa escolha uma vez antes, em 1989; e numa surpreendente admissão do derramamento de sangue em Tiananmen, ele perguntou: "Que significa ser 'homem o suficiente'? Lançar tanques contra o próprio povo é ser 'homem o suficiente'?".

De longe, a China costumava ser descrita como um país em marcha inexorável para tempos melhores. Mas dentro de suas fronteiras as pessoas eram mais circunspectas. Tudo que os chineses tinham conseguido na vida fora à custa de ferro, suor e fogo, e eles, melhor que ninguém, sabiam da impermanência das coisas — "a irrealidade da realidade", como disse certa vez F. Scott Fitzgerald, "a promessa de que a rocha do mundo está firmemente alicerçada na asa de uma fada". Em meus últimos meses em Beijing, essa sensação de fragilidade se intensificou. Em julho de 2013, o economista e ganhador do prêmio Nobel Paul Krugman escreveu em sua coluna do *New York Times*: "O jeito de o país fazer negócios, o sistema econômico que impulsionou três décadas de incrível crescimento, atingiu seus limites".

A economia desacelerou e teve o pior desempenho desde 1990, e alguns ingredientes da receita do sucesso já escasseavam. A política de filho único reduzira drasticamente o número de jovens operários, responsáveis pelo baixo custo de mão de obra das fábricas chinesas. Entre 2010 e 2030, a força de trabalho da China sofreria uma redução de 67 milhões de pessoas, o equivalente à população da França. Além disso, a China estava aplicando metade do PIB em investimento — nível mais alto do que o de qualquer outra grande economia nos tempos modernos — e ainda assim o crescimento continuava diminuindo, prova de que os investimentos em novos equipamentos e outros capitais não geravam tanta receita como antes. A China provavelmente não corria risco de colapso econômico iminente. Beijing tinha 3 trilhões de dólares de reservas em moeda estrangeira e restringia o fluxo de dinheiro para dentro e para fora do país, portanto uma corrida aos bancos parecia improvável. O maior perigo era que os governos locais tinham gastado tanto dinheiro construindo que suas dívidas dobraram de tamanho desde 2010, chegando a quase 39% do produto interno bruto do país. Com isso, em vez de colocar dinheiro nas mãos dos consumidores, a China precisava gastá-lo para protelar a inadimplência municipal, quadro que fazia lembrar uma estagnação ao estilo japonês.

Para os que tendiam a ver sinais do Japão dos anos 1980 — a política monetária frouxa e os cubos de gelo extraídos do Ártico —, o momento chegou em julho, quando incorporadores da cidade chinesa de Changsha começaram a escavar o chão para erguer o edifício mais alto do mundo, o Sky City. Economistas falam de uma correlação histórica entre a inauguração de prédios "mais altos do mundo" e a desaceleração econômica. Não existe uma relação de causa e efeito, mas esses projetos indicam crédito fácil, excesso de otimismo e mercado imobiliário inflacionado — padrão que vem da época do primeiro arranha-céu do mundo.

The Equitable Life Building, construído em Nova York no auge da Era Dourada, foi concluído em 1873, início de um período de cinco anos de declínio da atividade econômica conhecido como a Longa Depressão, e o padrão se repetiria nas décadas seguintes. A revista *Skyscraper*, publicação de Shanghai que trata prédios altos como celebridades, informou em 2012 que a China concluiria um novo arranha-céu a cada cinco dias pelos próximos três anos; o país abrigava 40% dos arranha-céus em construção no mundo.

Em meados de 2013, Sarabeth e eu nos preparamos para deixar nossa casa do Beco dos Estudos Nacionais. Quando contei à viúva Jin Baozhu que estávamos voltando para os Estados Unidos, ela recomendou cautela. Embora nunca tivesse posto o pé fora da China, acompanhava de perto o noticiário. "Os Estados Unidos são ricos, mas têm armas demais", segundo ela. Reservei dois bilhetes só de ida para Washington. Demos nosso purificador de ar a amigos, e percebi que ia sentir saudade quando comecei a imaginar como seria a vida sem a doninha do teto. No início do ano, ela deu à luz quatro filhotes, e os cinco animaizinhos subiam ao teto ao escurecer para zanzar de um lado para outro. Toquei no assunto com meu vizinho Huang Wenyi, que viu naquilo um bom auspício para nossa volta para os Estados Unidos.

Eu estava no beco conversando com Huang certo dia quando um homem, de macacão laranja fosforescente, se aproximou de nós. No bairro, os homens e mulheres de macacão laranja trabalhavam para o departamento distrital de saneamento. Muitos eram migrantes do interior do país; varriam os becos, limpavam os banheiros públicos e faziam a coleta de lixo. Alguns usavam chapéu de palha de agricultor, que lhes projetava uma sombra no rosto, e com seus uniformes idênticos eu tinha dificuldade de saber quem era quem. Não sabia sequer se eram três ou trinta. O homem que se aproximou de nós tinha cabelos desgrenhados, rugas produzidas pelo sol no canto dos olhos e um sorriso cheio de dentes irregulares. Apontou para uma laje cinzenta aos nossos pés.

"Consegue ver o imperador nessa pedra?", perguntou.

Achei que tivesse ouvido mal.

"Consigo ver uma imagem do imperador bem aí nessa pedra", disse ele.

Huang e eu olhamos para a pedra, depois para o varredor. Huang não mostrou interesse. "Que papo furado é esse?", questionou. "Você não sabe o que está dizendo."

O varredor sorriu. "Está dizendo que não tenho cultura?", perguntou.

"Estou dizendo que o que você diz não faz sentido", respondeu Huang.

O varredor lançou-lhe um olhar, depois se voltou para mim. "Posso olhar para qualquer coisa e ver sua essência", garantiu. "Não importa que seja uma coisa ordinária; para os meus olhos ela se torna um tesouro. Acredita?"

Huang irritou-se. "Meu velho, estou tentando conversar com nosso amigo estrangeiro aqui. Será que pode parar de nos perturbar e voltar para o seu trabalho?"

O varredor continuou a falar — mais rápido, sobre poesia chinesa antiga e sobre o escritor Lu Xun —, às vezes tão rápido e com referências tão obscuras que eu não conseguia acompanhá-lo. O que ele dizia estava a meio caminho entre o interessante e a maluquice. Huang, um orgulhoso nativo de Beijing, perdeu a paciência e zombou do sotaque interiorano do homem. "Volte quando tiver aprendido a falar o dialeto de Beijing", disse.

O varredor sussurrou: "Desde que seja um dialeto de seres humanos, é legítimo". Mas Huang não ouviu. Despachou o homem com um aceno e voltou para casa. Eu me apresentei. O nome do varredor era Qi Xiangfu, da província de Jiangsu, e contou que chegara a Beijing três meses antes. Perguntei por que viera.

"Para explorar os domínios da cultura", disse ele em tom solene.

"Que tipo de cultura?"

"Poesia, basicamente. Poesia chinesa antiga. Durante a dinastia Tang, quando a poesia era a melhor, todo poeta queria vir para Chang'an", comentou, invocando o nome da antiga capital, que antecedeu Beijing. "Eu queria um palco maior. Não importa se sou bem-sucedido ou se fracasso. Aqui estou. É o que importa." Sua explicação me fez lembrar o "chamado". Quando cheguei à China, parecia que a maioria dos homens e das mulheres que ouviam o chamado eram jovens e famintos, gente como Gong Haiyan e Tang Jie. Mas depois disso o chamado atraiu muitos outros, mais ou menos como o escritor Lu Xun tinha dito: "Quando as pessoas começam a passar o caminho aparece".

Qi me contou que participara de competições de poesia. "Ganhei o título de 'super-rei dos dísticos chineses'." Em seu tempo livre, ele começou a mediar um fórum on-line sobre poesia chinesa moderna. "Você pode entrar na internet e ler a meu respeito", sugeriu.

Naquela noite, digitei seu nome na web e lá estava: Qi Xiangfu, o Super-Rei dos Dísticos Chineses. Na foto, aparecia belamente vestido, de paletó e gravata-borboleta; parecia jovem e confiante. Eu tinha dificuldade para compreender os poemas chineses, e muitos dos seus eram esquisitos a ponto de parecerem impenetráveis. Mas saboreei alguns belos momentos: "A terra conhece a leveza dos nossos pés", escreveu ele. "Ali nós nos encontramos/ Entre o céu e a terra".

Para minha surpresa, quanto mais eu pesquisava sobre Qi Xiangfu, mais descobria uma vida em grande parte vivida on-line. Certa vez ele escreveu uma curta autobiografia, na qual fala de si na terceira pessoa, com a formalidade geralmente reservada aos mais famosos escritores da China. "A primeira vez que Qi leu o poema de Mao 'A Longa Marcha', resolveu que Mao seria o professor que lhe indicaria o caminho. Mais tarde, estudou a poesia de Li Bai, Du Fu, Su Dongpo, Lu You e outros e fez uma promessa a si mesmo: tornar-se um mestre da literatura."

Ele descreveu a primeira vez que apresentou um dos seus poemas para um grande grupo — lido pelo alto-falante num canteiro de obras — e uma viagem de ônibus na qual conheceu, como dizia, "uma moça com quem simpatizou". Casaram-se, e aquilo "pôs fim à sua vida errante". Havia insinuações de problemas na vida — a certa altura, ele redigiu um pedido de doações: "Infelizmente, o Camarada Qi está passando por um momento difícil" —, mas algo no espírito da sua persona on-line me cativou. Boa parte de sua história teria sido impossível apenas poucos anos atrás: a viagem para a cidade, a identidade na internet, a vida interior tão em desacordo com a imagem que projetava para o mundo. Qualquer um que escavasse um pouco abaixo da superfície da vida chinesa descobriria um conceito mais complicado de boa vida, com espaço para a busca de valores e de dignidade paralelamente à corrida para adquirir carros e apartamentos.

Depois que conheci o varredor de ruas Qi Xiangfu, passei a esbarrar com ele frequentemente. Trocamos números de telefone, e de vez em quando ele me mandava um poema por mensagem de texto. Digitava os caracteres em seu telefone com a ajuda de uma lupa. Muitos de seus poemas eram carregados de fervor comunista; outros me pareciam oraculares e estranhos. Mas eu me identificava com qualquer um que tentasse explicar esse lugar por escrito, e admirava sua persistência. "Já enfrentei todo tipo de frieza e indiferença das pessoas", ele me disse certa vez. "Mas também me dei instrução, até o nível universitário. Não tenho diploma. As pessoas olham com desdém quando me veem."

Duas semanas antes de deixar a China, esbarrei com Qi na rua pela última vez. Não estava de uniforme; vestia roupas comuns — camisa branca sem uma ruga, paletó preto — e ia ver a filha, que trabalhava num restaurante ali perto. Levava um livro debaixo do braço: *Dez prosadores contemporâneos*. Pela primeira vez, vi as duas personas, a da internet e a do mundo real, numa só. Perguntei-lhe o que o inspirava. "Quando escrevo, qualquer coisa se torna matéria para mim. Na vida, preciso ser prático, mas, quando escrevo, tudo depende só de mim", respondeu.

Notas sobre as fontes

Este livro é o resultado dos oito anos em que vivi e trabalhei como repórter na China. Fui morar em Beijing em junho de 2005 e fiquei até julho de 2013, quando eu e minha esposa, Sarabeth Berman, nos mudamos para Washington. Grande parte da minha pesquisa se baseou em entrevistas que fiz e na minha experiência pessoal, mas sou grato a vários acadêmicos, jornalistas, artistas e escritores por seus artigos e obras. Durante o período em que estava pesquisando e escrevendo esta narrativa, realizei centenas de entrevistas, li diários pessoais e obtive centenas de páginas de registros legais que explicam alguns dos casos jurídicos que descrevo. Com relação às notícias, consultei publicações estrangeiras e chinesas, especialmente BBC, Bloomberg, *Caijing*, *Caixin*, *The Economic Observer*, *The Economist*, *Financial Times*, *The New York Review of Books*, *The New York Times*, *South China Morning Post*, *The Wall Street Journal* e *Washington Post*. Seria impossível me manter informado sobre as mudanças na cultura da internet na China sem a existência de uma série de sites que oferecem tradução e análise jornalística, vazamento de documentos do governo e comentários de redes sociais: Beijing Cream, China Digital Times, ChinaFile, China Media Project, chinaSMACK, Danwei, GreatFire, Shanghaiist e Tea Leaf Nation.

PRÓLOGO [pp. 1-18]

Sou grato a Yunxiang Yan por ter partilhado suas recordações da aldeia de Xiajia, onde trabalhou como fazendeiro durante a Revolução Cultural e para onde mais tarde retornou, como antropólogo, para realizar uma longa série de estudos. Yunxiang documentou as mudanças que ocorreram em Xiajia, situada na província de Heilongjiang, através de estudos detalhados, que incluem *Private Life Under Socialism: Love, Intimacy, and Family Change in a Chinese Village 1949-1999* (Stanford: Stanford University Press, 2003), e *The Individualization of Chinese Society* (Oxford: Berg, 2009).

Lu Xun relatou a esperança no conto "Gu Xiang" [Meu antigo lar], publicado pela primeira vez em janeiro de 1921.

A comparação com a Grã-Bretanha, que aparece no estudo "Urban World: Cities and the Rise of the Consuming Class", produzido pelo McKinsey Global Institute em 2012, baseou-se na pesquisa de Angus Maddison, da Universidade de Groningen, na Holanda.

Sou grato a Arthur Kroeber, diretor-gerente da GaveKal-Dragonomics, pela ajuda na apuração das comparações entre rendas antes e depois da reforma. A comparação de renda fundamenta-se nos dados do Banco Mundial para o produto nacional bruto per capita da China, método Atlas (em dólares americanos).

Para impressões sobre a China de outra época, ver George Paloczi Horvath, *Mao Tse-tung: Emperor of the Blue Ants* (Londres: Secker and Warburg, 1962).

Para mais informações sobre a Era Dourada, ver Mark Twain e Charles Dudley Warner, *The Gilded Age: A Tale of Today* (Hartford: American Publishing Company, 1874); Richard White, *Railroaded: The Transcontinentals and the Making of Modern America* (Nova York: W. W. Norton and Company, 2011); e Bill Bryson, *At Home: A Short History of Private Life* (Nova York: Random House, 2010).

1. LIBERTOS [pp. 21-33]

Agradeço a Lin Yifu (antes Lin Zhengyi) por partilhar suas histórias e narrativas durante minhas muitas entrevistas. Além disso, consultei documentos oficiais sobre sua deserção produzidos pelo Ministério de Defesa de Taiwan, incluindo o *Diaochao Baogao* de 20 de maio de 2009 e o *Jiuzheng'an Wen* de 26 de novembro de 2002. Mais informações e detalhes podem ser encontrados em Zheng Dongyang, *Lin Yifu: Diedang Renshenglu* (Zhejiang: Zhejiang Renmin Chubanshe, 2010).

Lin Yi-chung, autor e historiador local, tem minha gratidão por me mostrar a ilha de Quemoy e por partilhar livros e lembranças de sua vida na ilha durante a Guerra Fria.

Para uma noção mais detalhada sobre o papel da ilha de Quemoy durante o conflito entre Taiwan e a China continental, ver Michael Szonyi, *Cold War Is-*

land: Quemoy on the Front Line (Nova York: Cambridge University Press, 2008); Michael Shaplen, "Letter from Taiwan", *The New Yorker*, 13 jun. 1977, p. 72; e Richard James Aldrich, Gary D. Rawnsley e Ming-Yeh T. Rawnsley, *The Clandestine Cold War in Asia, 1945-65: Western Intelligence, Propaganda and Special Operations* (Nova York: Routledge, 2000).

Para mais informações sobre a relação entre os grandes líderes durante a reforma, ver Barry Naughton, "Deng Xiaoping: The Economist", *China Quarterly*, v. 135, *Special Issue: Deng Xiaoping: An Assessment* (set. 1993), pp. 491-514; Jonathan Spence, *The Search for Modern China* (Nova York: W. W. Norton and Company, 1990); Zhao Ziyang, *Prisoner of the State: The Secret Journal of Premier Zhao Ziyang* (Nova York: Simon & Schuster, 2009); e Kate Xiao Zhou, *How the Farmers Changed China: Power of the People* (Boulder: Westview, 1996).

2. O CHAMADO [pp. 34-51]

Para uma narrativa da história dos protestos na praça Tiananmen, ver Orville Schell, *Mandate of Heaven: In China, a New Generation of Entrepreneurs, Dissidents, Bohemians, and Technocrats Grasps for Its Country's Power* (Nova York: Simon & Schuster,1994).

A relação entre a popularização da internet e o crescimento do nacionalismo é o tema de Xu Wu, *Chinese Cyber Nationalism: Evolution, Characteristics, and Implications* (Lanham: Lexington, 2007), e de Peter Hays Gries, *China's New Nationalism: Pride, Politics, and Diplomacy* (Berkeley: University of California Press, 2004).

Para informações adicionais sobre a ascensão da cultura de consumo, lazer e escolha, consultei *The Individualization of Chinese Society*, de Yunxiang, e o livro de Deborah S. Davis, *The Consumer Revolution in Urban China* (Berkeley: University of California Press, 2000); Pál Nyíri, *Mobility and Cultural Authority in Contemporary China* (Seattle: University of Washington Press, 2010); e Li Zhang, *In Search of Paradise: Middle-Class Living in a Chinese Metropolis* (Ithaca: Cornell University Press, 2012).

Para estatísticas e análises do ritmo e da escala de crescimento na China, consultei a revista *The Economist* e o jornal *The New York Times*. Para mais informações sobre a "Campanha educacional" do partido, contei com a obra de Anne-Marie Brady, *China's Thought Management* (Nova York: Routledge, 2012).

Chen Guangcheng generosamente concordou em me contar sobre sua infância e as influências sobre seu pensamento. Trechos sobre a viagem que fiz à sua aldeia foram publicados no *Chicago Tribune* em 2005. Para mais informações e detalhes sobre sua vida, consultei vários depoimentos, inclusive de Zhang Yaojie, "Chen Guangcheng and Wen Jiaobo: Power vs. Human Rights", *China Rights Forum*, v. 3, 2006, pp. 35-9.

Obtive informações valiosas sobre as origens do controle da internet, o Grande Firewall e o caso Shi Tao em Rebecca MacKinnon, *Consent of the Networked: The Worldwide Struggle for Internet Freedom* (Nova York: Basic, 2012), e Yang Guobin, *The Power of the Internet in China: Citizen Activism Online* (Nova York: Columbia University Press, 2013).

As impressões de Zha Jianying sobre Beijing foram relatadas em seu livro *China Pop: How Soap Operas, Tabloids, and Bestsellers Are Transforming a Culture* (Nova York: New Press, 2011). Sobre a história da cidade, consultei com frequência Geremie Barmé, *The Forbidden City* (Londres: Profile, 2008), e Jasper Becker, *City of Heavenly Tranquility: Beijing in the History of China* (Nova York: Oxford University Press, 2008).

Para mais informações sobre a história e noções de tempo na China, consultei Colin A. Ronan, *The Shorter Science and Civilisation in China: An Abridgement of Joseph Needham's Original Text*, v. 4 (Cambridge: Cambridge University Press, 1994); e Wu Hung, "The Hong Kong Clock: Public Time-Telling and Political Time/Space", *Public Culture*, v. 9, 1997, pp. 329-54.

3. BATIZADOS NA CIVILIZAÇÃO [pp. 52-72]

O relato dos desertores taiwaneses, incluindo o de Huang Zhi-cheng, está descrito em Linda Jaivin, *The Monkey and the Dragon: A True Story about Friendship, Music, Politics and Life on the Edge* (Melbourne: Text Publishing, 2000).

As reações da universidade sobre a matrícula de Lin Yifu estão descritas em "Lin Yifu zeng xiang du Zhongguo renmin daxue yin 'lai li bu ming' bei ju", *Huanqiu Renwu Zhoukan*, 14 abr. 2012.

Para informações adicionais sobre debates de individualidade, interdependência na cultura, lei e história da China, e as origens da "Reforma do Pensamento", ver Geremie Barmé e Linda Jaivin, *New Ghosts, Old Dreams: Chinese Rebel Voices* (Nova York: Times Books, 1992); Mette Halskov Hansen e Rune Svarverud (orgs.), *iChina: The Rise of the Individual in Modern Chinese Society*, v. 45 (Copenhague: Instituto Nórdico de Estudos Asiáticos, 2010); Gish Jen, *Tiger Writing: Art, Culture, and the Interdependent Self* (Cambridge: Harvard University Press, 2013); Richard Nisbett, *The Geography of Thought: How Asians and Westerners Think Differently... and Why* (Nova York: Simon & Schuster, 2010);

Pál Nyíri, *Mobility and Cultural Authority in Contemporary China* (Seattle: University of Washington Press, 2010); e Orville Schell e John Delury, *Wealth and Power: China's Long March to the Twenty-First Century* (Nova York: Random House, 2013).

Usufruí do auxílio do escritor e tradutor Joel Martinsen, que partilhou comigo suas conclusões sobre o fenômeno Lei Feng. Seus ensaios sobre o assunto, incluindo "A Lei Feng Two-fer", podem ser encontrados em: <www.danwei.org/trendsandbuzz/alefengtwofer.php>.

A entrevista com o médico que ficou exilado no deserto ocidental da China durante a Revolução Cultural foi realizada por Arthur Kleinman, psiquiatra, antropólogo e acadêmico em assuntos chineses: Arthur Kleinman, Yunxiang Yan, Everett Zhang, Jing Jun e Sing Lee (orgs.), *Deep China: The Moral Life of the Person* (Berkeley: University of California Press, 2011). Sou grato ao dr. Kleinman pelas discussões sobre esses temas e por me apresentar os trabalhos de seus colegas de profissão e antigos alunos.

Para mais informações sobre a linguagem com relação ao indivíduo e ao advento da autonomia individual, me vali do livro *Deep China*, especialmente o capítulo intitulado "From Commodity of Death to Gift of Life", de Jing Jun. Além disso, consultei as pesquisas de Tamara Jacka, *Rural Women in Urban China: Gender, Migration, and Social Change* (Armonk e Londres: M. E. Sharpe, 2006); e de Mette Halskov Hansen, "Learning Individualism: Hesse, Confucius, and Pep-Rallies in a Chinese Rural High School", *China Quarterly*, v. 213, mar. 2013, pp. 60-77.

Para informações adicionais sobre a história política do amor na China, consultei *Private Life under Socialism* e *Deep China*, de Yunxiang; assim como artigos de Fred Rothbaum e Bill Yuk-Piu Tsang, "Lovesongs in the United States and China: On the Nature of Romantic Love", *Journal of Cross-Cultural Psychology*, v. 29, n. 2, mar. 1998, pp. 306-19; e Haiyan Lee, *Revolution of the Heart: A Genealogy of Love in China, 1900-1950* (Stanford: Stanford University Press, 2010).

Consultei também o livro de Gong Haiyan: *Ai de Hao, Shang Bu Liao* (Beijing: Beifang Funv Ertong Chubanshe, 2011).

4. APETITES DA MENTE [pp. 73-85]

Sou grato a Gong Haiyan por me contar sua história e permitir que eu a visitasse durante seu trabalho ao longo dos anos.

Para mais informações sobre hábitos de consumo e publicidade, ver Tom Doctoroff, *What Chinese Want: Culture, Communism, and the Modern Chinese*

Consumer (Nova York: Macmillan, 2012); e Cheng Li (org.), *China's Emerging Middle Class: Beyond Economic Transformation* (Washington: Brookings Institution Press, 2010).

Para a história da tradução da palavra "hipoteca" e a curva de aumentos dos preços, contei com a ajuda de Jamil Anderlini, que escreveu "Chinese Property: A Lofty Ceiling", reportagem publicada no *Financial Times*, 13 dez. 2011.

O efeito sobre a oferta de moradia é analisado nos trabalhos de Shang-Jin Wei e Xiaobo Zhang, "The Competitive Saving Motive: Evidence from Rising Sex Ratios and Savings Rates in China", em NBER Working, artigo n. 15093, jun. 2009.

5. NÃO MAIS UM ESCRAVO [pp. 86-107]

Sou grato a Michael Zhang por partilhar comigo seus textos.

Para debates sobre a linguagem referente à luta de classes e à classe média, consultei *China's Emerging Middle Class*, de Li, assim como "An Ideological/Cultural Analysis of Political Slogans in Communist China", de Xing Lu, em *Discourse Society*, v. 10, 1999, p. 487; e os artigos de Andrew Scobell e Larry Wortzel, *Civil-Military Change in China: Elites, Institutes, and Ideas after the 16th Party Congress* (Carlisle: U.S. Army War College, 2004), pp. 258, 275 (nota 5). Chris Fraser, da Universidade de Hong Kong, me ajudou a entender Mêncio, e Cheng Li me ajudou a entender o que os líderes do partido atual pensam sobre Mêncio.

Para mais informações sobre igualdade na China em relação aos partidos socialistas, o advento do Novo Estrato de Renda Média, do Partido no Poder, o Museu de História Revolucionária, e os *bubozu*, ver David S. G. Goodman, *The New Rich in China: Future Rulers, Present Lives* (Nova York: Routledge, 2008); Anne-Marie Brady, *Marketing Dictatorship: Propaganda and Thought Work in Contemporary China* (Lanham: Rowman and Littlefield, 2009), p. 57; e Jing Wang, "Bourgeois Bohemians in China? Neo-Tribes and the Urban Imaginary", *China Quarterly*, v. 183, set. 2005, pp. 10-27.

O livro *Class: A Guide through the American Status System*, de Paul Fussell, está disponível em chinês: "*Shenghuo Pinwei: Shehui Dengji de Zuihou Chulu*", jun. 1998.

O ensaio anônimo sobre arquétipos da classe média com o título de "Bailing Yunluo, Heiling Shengqi" está disponível em: <http://forum.iask.ca/archive/index.php/t-266552.html>.

O manifesto de He Zhaofa foi publicado em "Zhongguo de Xiandaihua Xuyao Shijian Shehuixue: Fang Shehui Xue Jia, Zhongshan Daxue Jiaoshou He Zhaofa", *Shehui Magazine*, n. 6, 1994.

O sucesso de *Garota de Harvard* é analisado por Andrew Kipnis em: "Suzhi: A Keyword Approach". *China Quarterly*, v. 186, jun. 2006, pp. 295-313.

Para mais informações sobre a história da língua inglesa na China, ver Bob Adamson, *China's English: A History of English in Chinese Education* (Hong Kong: Hong Kong University Press, 2004).

6. COMPETIÇÃO FEROZ [pp. 108-33]

O artista Cai Guo-qiang entrevistou uma série de "Da Vincis camponeses", e apresentou uma seleção das invenções dos camponeses na exposição de 2010 no Museu de Arte de Rockbund, em Shanghai. As entrevistas que incluí foram retiradas do catálogo da exposição: Cai Guo-qiang, *Da Vincis Camponeses*.

Para mais informações sobre Wang Guiping, o químico autodidata, e a sentença de seu julgamento, ver "Jiangsu Sheng Taizhou Shi Renmin Jianchayuan Su Wang Guiping Yi Weixian Fangfa Weihai Gonggong Anquan, Xiaoshou Weilie Chanpin, Xubao Zhuce Ziben An", 20 fev. 2010. Entre os relatos valiosos sobre a imprensa chinesa está Wang Kai, "Qi Er Zaojia Zhe Wang Guiping: Daizou Jiu Tiao Renming de Xiangcun 'Maoxian Jia'", *Sanlian Shenghuo Zhoukan*, 2 jun. 2006.

Sou grato ao cartório do Supremo Tribunal de Hong Kong por ter atendido à minha solicitação da transcrição do julgamento referente ao complô para assassinar Wong Kam-ming e à tentativa de extorsão contra Siu Yun Ping. Enquanto preparava a solicitação, contei com o auxílio de Simon N. M. Young, diretor do Centro de Estudos Comparados e Direito Público da Universidade de Hong Kong. Entrevistei Siu Yun Ping em seu canteiro de obras em 2011. A primeira vez que ouvi falar do Inveterado Jogador Ping foi num artigo da Reuters, publicado em março de 2010 em colaboração com Matt Isaacs, do Programa de Reportagem Investigativa da Universidade da Califórnia, em Berkeley. Isaacs generosamente ofereceu informações adicionais sobre o caso.

Para mais informações sobre dinheiro e comportamento de risco dos chineses em Macau, ver Desmond Lam, *The World of Chinese Gambling* (Adelaide: Peacock, 2009), e Elke U. Weber e Christopher Hsee, "Cross-National Differences in Risk Preference and Lay Predictions", *Journal of Behavioral Decision Making*, v. 12, 1999, pp. 165-79.

Para mais informações sobre a análise da corrupção e lavagem de dinheiro em Macau, realizada pelo Departamento de Estado americano, ver o relatório *International Narcotics Control Strategy Report* de 2011, v. II: Money Laundering and Financial Crime. Sou grato a Sam M. Ditzion, CEO do Tremont Capital Group, pela análise sobre o uso de caixas eletrônicos nos Estados Unidos. Mais informações referentes à natureza do crime organizado em Macau podem ser encontradas em Roderic Broadhurst e Lee King Wa, "The Transformation of Triad 'Dark Societies' in Hong Kong: The Impact of Law Enforcement, Socio-Economic and Political Change", em *Security Challenges* (verão 2009); Angela Veng Mei Leong, "Macau Casinos and Organised Crime", *Journal of Money Laundering Control*, v. 7, n. 4 (primavera de 2004); e Zhonglu Zeng e David Forrest, "High Rollers from Mainland China: A Profile Based on 99 Cases", *UNLV Gaming Research and Review Journal*, v. 13, n. 1, 2009.

7. GOSTO ADQUIRIDO [pp. 134-60]

Mao expôs sua visão sobre arte e cultura em maio de 1942 em "Discursos no Fórum de Yan'an sobre Literatura e Arte". Essa referência é da seção 111. Para mais informações sobre realismo socialista e ascensão da arte contemporânea, ver Schell e Delury, *Wealth and Power*; Walter J. Meserve e Ruth I. Meserve, "Evolutionary Realism: China's Path to the Future", *Journal of South Asian Literature*, v. 27, n. 2 (verão-outono 1992), pp. 29-39; e Barbara Pollack, *The Wild, Wild East: An American Art Critic's Adventures in China* (Beijing: Timezone 8, 2010).

Para mais informações sobre a visita de Yan Fu ao Reino Unido, o impacto de suas traduções e a relação conflituosa da China com o Ocidente, consultei Schell e Delury, *Wealth and Power: China's Long March to the Twenty-first Century*.

A telenovela chinesa *Para a Europa* é descrita em Pál Nyíri, *Scenic Spots: Chinese Tourism, the State, and Cultural Authority* (Seattle: University of Washington Press, 2011).

A pesquisa dos estudantes de ensino médio foi descrita em Yali Zhao, Xiaoguang Zhou e Lihong Huang, "Chinese Students' Knowledge and Thinking about America and China", em *Social Studies*, v. 99, n. 1, 2008, pp. 13-22.

8. DANÇAR COM GRILHÕES [pp. 163-82]

Para mais informações sobre a história, estrutura e evolução do Departamento Central de Propaganda, consultei com frequência dois livros de Anne-Marie Brady, *Marketing Dictatorship* e *China's Thought Management*. Os comentários de George Orwell sobre prosa política estão em seu ensaio "Politics and the English Language", de 1946.

Hu Shuli foi generosa com seu tempo e reflexões. Para entender sua carreira, conversei com vários jornalistas, mas em especial com Wang Shuo, Qian Gang, David Bandurski, Wu Si e Li Datong.

Para mais informações sobre imprensa e liberdade de expressão na China, consultei He Qinglian, *The Fog of Censorship: Media Control in China* (Nova York: Human Rights in China, 2008); e Philip P. Pan, *Out of Mao's Shadow: The Struggle for the Soul of a New China* (Nova York: Simon & Schuster, 2008).

9. A LIBERDADE GUIANDO O POVO [pp. 183-207]

Sou grato a Tang Jie pela disposição de me encontrar diversas vezes entre 2008 e 2013. Seu vídeo está disponível em: <www.youtube.com/watch?v=MST YhYkASsA>. Tive o privilégio de entrevistar sua esposa, Wan Manlu, e amigos, inclusive Zeng Kewei e Liu Chengguang, que responderam a horas de perguntas. Para mais informações sobre o apoio oficial do nacionalismo chinês e a revisão de livros escolares, ver William A. Callahan, *China: The Pessoptimist Nation* (Oxford: Oxford University Press, 2010); Hongping Annie Nie, "Gaming, Nationalism, and Ideological Work in Contemporary China: Online Games Based on the War of Resistance against Japan", *Journal of Contemporary China*, v. 22, n. 81, jan. 2013, pp. 499-517; e Zheng Wang, *Never Forget National Humiliation: Historical Memory in Chinese Politics and Foreign Relations* (Nova York: Columbia University Press, 2012).

Fang Kecheng relatou os resultados de suas pesquisas sobre a expressão "ferir os sentimentos do povo chinês" em seu blog: <www.fangkc.com>.

10. MILAGRES E MÁQUINAS MÁGICAS [pp. 208-26]

Nesta narrativa, cito vários trechos dos livros e trabalhos de Lin Yifu, como Lin Yifu, Fang Cai e Zhou Li, *The China Miracle: Development Strategy and Economic Reform* (Hong Kong: Chinese University of Hong Kong Press, 2003); *Economic Development and Transition: Thought, Strategy, and Viability* (Cambridge: Cambridge University Press, 2009); Lin Yifu e Célestin Monga, "Growth Identification and Facilitation: The Role of the State in the Dynamics of Structural Change", artigo de Pesquisa Política n. 5313, Banco Mundial, maio 2010; *New Structural Economics: A Framework for Rethinking Development and Policy* (Washington: World Bank Publications, 2012); e *The Quest for Prosperity: How Developing Economies Can Take Off* (Princeton: Princeton University Press, 2012).

Para mais detalhes sobre os estrategistas da economia chinesa, ver Barry Naughton, "China's Economic Think Tanks: Their Changing Role in the 1990s", *China Quarterly*, 2002.

Meu relato sobre os textos de Liu Xiaobo, o uso da internet e a militância é o resultado da minha interação com sua obra. Ele escreve em chinês, mas boa parte da sua obra — livros, poemas, ensaios e críticas — foi traduzida para o inglês. Consultei vários trabalhos de Liu e outros autores, como: Geremie Barmé, "Confession, Redemption, and Death: Liu Xiaobo and the Protest Movement of 1989", em *The Broken Mirror: China after Tiananmen*, reproduzido em *China Heritage Quarterly*, mar. 2009; Perry Link, "Liu Xiaobo's Empty Chair: Chronicling the Reform Movement Beijing Fears Most", *New York Review of Books*, 2011; Liu Xiaobo, Perry Link e Tienchi Martin-Liao, *No Enemies, No Hatred* (Cambridge: Harvard University Press, 2012); e Liu Xiaobo, *June Fourth Elegies: Poems*, traduzido por Jeffrey Yang (Minneapolis: Graywolf, 2012).

11. UM CORO DE SOLISTAS [pp. 227-50]

Para me manter informado sobre o desenvolvimento da cultura de internet na China, contei com uma série de sites, e um dos mais consultados foi o China Digital Times. Os livros e blogs de Han Han foram escritos em chinês. Seu primeiro livro, e o de maior sucesso, foi *San Chong Men* (Beijing: Zuojia Chubanshe, 2000). Sobre as diferenças de visões de mundo e de si mesmos entre a geração de Michael e Han Han e a de seus pais, aprendi com o livro *Tiger Writing*, de Gish Jen, que explora as diferenças entre as gerações num estilo de biografia chinesa. Para mais informações sobre a história dos esforços para restaurar e regular estados de espírito, consultei David Moser, "No Laughing Matter: A Hilarious Investigation into the Destruction of Modern Chinese Humor", publicado em Danwei, 16 nov. 2004, e em: <www.danwei.org/tv/stifled_laughter_how_the_commu.php>.

12. A ARTE DA RESISTÊNCIA [pp. 251-67]

Ai Weiwei é um artista prolífico; além de filmes, obras de arte e arquitetura e livros, há coletâneas de análises e traduções produzidas por acadêmicos e críticos. Uma que cobre o período em questão é a organizada e traduzida por Lee Ambrozy, *Ai Weiwei's Blog: Writings, Interviews, and Digital Rants, 2006-2009* (Cambridge: MIT Press, 2011).

Para mais informações sobre Ai e o nascimento da vanguarda chinesa, consultei Karen Smith, *Ai Weiwei* (Londres: Phaidon, 2009); Karen Smith, *Nine Lives* (Beijing: Timezone 8, 2008); Philip Tinari, "A True Kind of Living", *ArtForum*, verão 2007; e Wu Hung, *Making History* (Beijing: Timezone 8, 2008).

Várias obras em chinês são inestimáveis para compreender o histórico e a família de Ai, tais como a franca biografia de sua mãe: Gao Ying, *Wo he Ai Qing* (Beijing: Renmin Wenxue Chubanshe, 2012); a visão semificcional do seu irmão sobre o período em que a família viveu em Nova York: Ai Dan, *Niuyue Zhaji* (Hebei: Huashan Wenyi Chubanshe, 1999); e uma biografia detalhada de seu pai, Ai Qing: Luo Hanchao e Luo Man, *Shidai de Chui Hao Zhe: Ai Qing Zhuan* (Zhejiang: Hangzhou Chubanshe, 2005).

13. SETE FRASES [pp. 268-84]

O depoimento de Liu Xiaobo no tribunal foi traduzido por Perry Link e publicado por Lu, Link e Martin-Liao, *No Enemies, No Hatred*. O livro também narra a interação de Wen Kejian com a polícia. Gao Zhisheng descreve as condições do período em que esteve preso em "Dark Night, Dark Hood and Kidnapping by Dark Mafia: My Account of More Than 50 Days of Torture in 2007". Sua decisão de largar a vida de militante foi declarada numa entrevista à Associated Press em abril de 2010.

Para mais detalhes sobre a evolução da censura da internet, consultei uma série de fontes, como: *The Power of the Internet in China*, de Yang, e Gady Epstein, "Special Report: China and the Internet", *The Economist*, 6 abr. 2013; Gary King, Jennifer Pan e Margaret E. Roberts, "How Censorship in China Allows Government Criticism but Silences Collective Expression", *American Political Science Review*, v. 107, n. 2, maio 2013, pp. 1-18; Evgeny Morozov, *The Net Delusion: The Dark Side of Internet Freedom* (Nova York: PublicAffairs, 2012); e David Bandurski, "China's Guerrilla War for the Web", *Far Eastern Economic Review*, jul. 2008.

Para debates sobre o "complexo de Nobel" chinês, conversei com Julia Lovell e consultei seu livro sobre o assunto, *The Politics of Cultural Capital: China's Quest for a Nobel Prize in Literature* (Honolulu: University of Hawaii Press, 2006).

14. O GERME NO GALINHEIRO [pp. 285-98]

As recordações de Chen e seu encontro com o vice-prefeito Liu Jie foram citados no artigo de Zhang intitulado "Chen Guangcheng and Wen Jiaobo: Power vs. Human Rights". O estudo do Escritório de Cartas e Visitas foi descrito pelo professor Yu Jianrong. Pelas demais informações sobre as tradições de protestos na China, sou grato ao professor Qiang Fang, da Universidade de Minnesota. Consultei também as obras de Xi Chen, *Social Protest and Contentious Authoritarianism in China* (Cambridge: Cambridge University Press, 2011); Hofung Hung, *Protest with Chinese Characteristics: Demonstrations, Riots, and Petitions in the Mid-Qing Dynasty* (Nova York: Columbia University Press, 2013); e Qiang Fang, *Chinese Complaint Systems: Natural Resistance*, Routledge Studies in the Modern History of Asia, v. 80 (Nova York: Routledge, 2013).

15. TEMPESTADE DE AREIA [pp. 299-317]

Além de entrevistas e depoimentos pessoais, há vários relatos publicados sobre a abortada "Revolução de Jasmim". Detalhes sobre agressões físicas sofridas pelos repórteres foram relatadas pelo jornal *The Wall Street Journal*, pelo canal CNN e pelos correspondentes estrangeiros do Clube da China. Para mais informações sobre a cronologia e análise, consultei principalmente Scott J. Henderson, "Wither the Jasmine: China's Two-Phase Operation for Cyber Control--in-Depth", *Air and Space Power Chronicles*, Maxwell Air Force Base, AL (primeiro trimestre 2012), pp. 35-47; Dale Swartz, "Jasmine in the Middle Kingdom: Autopsy of China's (Failed) Revolution", American Enterprise Institute for Public Policy Research, n. 1, abr. 2011, pp. 1-5.

Durante as entrevistas, Ai Weiwei descreveu as condições de sua prisão. Consultei também Barnaby Martin, *Hanging Man: The Arrest of Ai Weiwei* (Nova York: Macmillan, 2013).

16. TEMPESTADE DE RAIOS [pp. 318-38]

Para reconstituir o desastre de trem de 23 de julho de 2011, entrevistei dezenas de pessoas, entre funcionários da ferrovia, passageiros, investigadores, empreiteiros e jornalistas locais. A maioria dessas pessoas precisa permanecer anônima devido à ameaça de vingança. Entre os documentos que pesquisei, o mais importante foi o relatório oficial do Conselho de Estado sobre a investigação do desastre, "723 Yongwen Xian Tebic Zhongda Tielu Jialong Shigu Diaocha Baogao", disponível em: <www.chinasafety.gov.cn/newpage/contents/Channel_5498/2011/1228/160577/content_160577.htm>.

Para mais informações sobre o crescimento dos trens de alta velocidade, ver Paul Amos, Dick Bullock e Jitendra Sondhi, "High-Speed Rail: The Fast Track to Economic Development?", Banco Mundial, jul. 2010; Richard Bullock, Andrew

Salzberg e Ying Jin, "High-Speed Rail: The First Three Years — Taking the Pulse of China's Emerging Program", *China Transport Topics*, n. 4, Escritório do Banco Mundial, Beijing, fev. 2012; James McGregor, "China's Drive for 'Indigenous Innovation': A Web of Industrial Policies", relatório encomendado pela Câmera de Comércio dos Estados Unidos, jul. 2010.

Detalhes sobre a vida e os crimes de Liu Zhijun e seu irmão Liu Zhixiang foram compilados a partir de entrevistas e registros dos tribunais dos julgamentos dos dois e de pessoas que trabalhavam para a ferrovia. Também sou grato pelas reportagens investigativas de *Caixin* e outros veículos de mídia chineses. O esquema de Liu Zhixiang para gerar dinheiro e sua participação na morte de um empreiteiro foram relatados no jornal jurídico oficial por Rui Jiyun, "Wuhan Tielu Liu Zhixiang Fubai Da Na Jubao Shimo", *Jiancha Fengyun*, v. 10, 2006, disponível em: <www.360doc.com/content/06/0612/08/142_133043.shtml>.

17. TUDO QUE RELUZ [pp. 339-60]

Vários dos romances e guias de Hu Gang se baseiam em sua expertise sobre a arte do suborno, entre eles: Fu Shi, *Qing Ci* (Hunan: Hunan Wenyi Chubanshe, 2006); e Fu Shi, *Zhongguo Shi Guanxi* (Beijing: Jincheng Chubanshe, 2011).

Casos atuais de corrupção, como a queda de Bo Xilai, tiveram uma ampla cobertura na mídia chinesa e estrangeira. A Bloomberg News analisou e comparou o patrimônio dos membros do Congresso Nacional do Povo com relação aos congressistas americanos. Os detalhes sobre corrupção dentro do Exército de Libertação Popular foram relatados por John Garnaut em "Rotting from Within: Investigating the Massive Corruption of the Chinese Military", *Foreign Policy*, 16 abr. 2012. Mao Yushi descreveu a prática de ofertar presentes da Comissão Nacional de Desenvolvimento e Reforma na sua conta do Weibo: <http://weibo.com/1235457821/yibTdoQsS>, e seu relato foi publicado pela primeira vez no Shanghaiist.

Para mais informações sobre a história e evolução da corrupção na China, consultei Melanie Manion, *Corruption by Design: Building Clean Government in Mainland China and Hong Kong* (Cambridge: Harvard University Press, 2004), pp. 114-5; Paolo Mauro, "Corruption and Growth", *Quarterly Journal of Economics*, v. 111, n. 3, 1995, pp. 681-712; Minxin Pei, *China's Trapped Transition: The Limits of Developmental Autocracy* (Cambridge: Harvard University Press, 2006); Minxin Pei, "Corruption Threatens China's Future", Fundo Carnegie para a Paz Internacional, *Policy Brief*, n. 55, 2007; e Andrew Wedeman, *Double Paradox: Rapid Growth and Rising Corruption in China* (Ithaca: Cornell University Press, 2012).

18. A DIFÍCIL VERDADE [pp. 361-75]

Para entender melhor as mudanças referentes à oportunidade e à mobilidade na China, consultei vários estudos, como: Cathy Honge Gong, Andrew Leigh e Xin Meng, "Intergenerational Income Mobility in Urban China", artigo n. 140, Centro Nacional para o Desenvolvimento Social e Modelos Econômicos (NATSEM), Universidade de Canberra, 2010; James J. Heckman e Junjian Yi, "Human Capital, Economic Growth, and Inequality in China", NBER, artigo n. 18100, maio 2012; John Knight, "Inequality in China: An Overview", Banco Mundial, 2013; Yingqiang Zhang e Tor Eriksson, "Inequality of Opportunity and Income Inequality in Nine Chinese Provinces, 1989-2006", *China Economic Review*, v. 21, n. 4, 2010, pp. 607-16. Sou grato a Martin Whyte por seu conselho e opinião sobre esse assunto.

19. O VAZIO ESPIRITUAL [pp. 379-401]

Para mais informações sobre a fé na China antes e depois de 1949, incluindo os templos perdidos de Beijing, o culto à personalidade de Mao e a violência gerada por isso, consultei Geremie Barmé, *Shades of Mao: The Posthumous Cult of the Great Leader* (Armonk e Londres: M. E. Sharpe, 1996); Jasper Becker, *City of Heavenly Tranquility: Beijing in the History of China* (Nova York: Oxford University Press, 2008); Vincent Goossaert e David A. Palmer, *The Religious Question in Modern China* (Chicago: University of Chicago Press, 2011); Melissa Schrift, *Biography of a Chairman Mao Badge: The Creation and Mass Consumption of a Personality Cult* (New Brunswick: Rutgers University Press, 2001); Daniel Leese, *The Mao Cult: Rhetoric and Ritual in China's Cultural Revolution* (Cambridge: Cambridge University Press, 2013); e Alfreda Murck, *Mao's Golden Mangoes and the Cultural Revolution* (Zurique: Scheidegger and Spiess, 2013).

A tradução para o inglês do texto de Confúcio — "quando o príncipe é príncipe" — é de James Legge. Para mais informações sobre a questão dos "Estudos Nacionais" e debates sobre o Renascimento do Confucionismo, consultei vários ensaios de "The National Learning Revival", *China Perspectives*, 2011/1, publicado pelo Centro Francês de Pesquisa sobre a China Contemporânea.

Sou grato ao filho de Lao She, Shu Yi, que me recebeu em sua casa e me contou sobre a morte de seu pai, e ao acadêmico Fu Guangming, cujo relato oral da morte de Lao She foi inestimável.

20. PASSANDO RETO [pp. 402-19]

A história da Pequena Yueyue foi reconstituída por meio de entrevistas, imagens de câmeras de segurança e relatos publicados pela imprensa chinesa. Sou particularmente grato a Li Wangdong, o advogado do motorista Hu Jun, que me mostrou suas anotações e fotografias. O antropólogo Zhou Runan ofereceu um relato detalhado sobre a dinâmica social e a história da Cidade das Ferragens, e suas reflexões sobre o caso.

Para uma análise sobre o bom samaritanismo na China, ver Yunxiang Yan, "The Good Samaritan's New Trouble: A Study of the Changing Moral Landscape in Contemporary China", *Social Anthropology/Anthropologie Sociale*, v. 17, n. 1, fev. 2009, pp. 19-24.

Enquanto revisitava o caso de Kitty Genovese, recebi a ajuda de Kevin Cook, autor de *Kitty Genovese: The Murder, the Bystanders, the Crime that Changed America* (Nova York: W. W. Norton, 2014). Também consultei Rachel Manning, Mark Levine e Alan Collins, "The Kitty Genovese Murder and the Social Psychology of Helping: The Parable of the 38 Witnesses", *American Psychologist*, set. 2007, pp. 555-62.

21. CULTIVO DA ALMA [pp. 420-35]

Na China, é arriscado permitir a entrada de um repórter nas comunidades de fé. Tive o privilégio de usufruir dessas oportunidades quando trabalhava para o *Chicago Tribune* e a *New Yorker*. Para mais informações, consultei o livro de Goossaert e Palmer intitulado *The Religious Question in Modern China*, e também Fenggang Yang, *Religion in China: Survival and Revival under Communist Rule* (Nova York: Oxford University Press, 2011).

22. GUERRAS CULTURAIS [pp. 436-55]

A "Carta aberta a um censor anônimo", de Murong Xuecun, foi publicada inicialmente na edição chinesa do jornal *The New York Times*. A versão inglesa é de um tradutor anônimo. O conflito entre Han Han e Fang Zhouzi recebeu ampla cobertura por parte de jornalistas e blogueiros chineses. Os comentários de Fang que não foram obtidos por meio de entrevistas estão disponíveis em seu site: <http:// fangzhouzi.blog.hexun.com/>. Uma análise inestimável realizada por Joel Martinsen foi publicada em: <www.danwei.com/blog-fight-of-the-month-han-han-the-novelist-versus-fang-zhouzi-the-fraud-buster/>.

23. VERDADEIROS CRENTES [pp. 456-69]

O site de Tang Jie, Dujiawang, contém a maioria de seus comentários e vídeos. Entrevistei vários funcionários do Banco Mundial que conheceram Lin durante o período de seu mandato. O artigo de Yao Yang sobre o futuro econômico da China foi publicado na edição de fevereiro de 2010 da revista *Foreign Affairs* com o título de "The End of the Beijing Consensus: Can China's Model of Authoritarian Growth Survive?". Chen Yunying falou da esperança de que seu marido pudesse voltar a Taiwan em resposta a questionamentos da imprensa taiwanesa em março de 2012.

24. FUGA [pp. 470-87]

Sou grato a He Peirong e várias autoridades americanas por partilharem seus pontos de vista sobre a fuga de Chen da aldeia de Dongshigu. Outros detalhes sobre esse assunto se basearam nas entrevistas de Chen para o Spiegel Online e o ISUN AFFAIRS, e em relatórios da Human Rights in China, Global Voices e China Digital Times.

Para mais informações sobre o sigilo que cerca as mortes nas minas de carvão, ver Tu Jianjun, "Coal Mining Safety: China's Achilles' Heel", *China Security*, v. 3, n. 2, 2007, pp. 36-53.

EPÍLOGO [pp. 489-509]

A prisão de Zhai Xiaobing foi relatada pela Comissão Executiva do Congresso dos Estados Unidos sobre a China. A cópia da proibição de bolas de pingue-pongue e balões foi publicada no Weibo pelo usuário Luhuahua. O advogado de defesa de Liu Zhijun, Qian Lieyang, aceitou que eu o entrevistasse e esclareceu algumas das acusações do caso. Vários poemas e a biografia de Qi Xiangfu estão disponíveis em uma série de sites, entre eles: <http://hi.baidu.com/abc87614332>.

Para mais informações sobre os resultados de pesquisas e níveis de satisfação, ver Richard A. Easterlin, Robson Morgan, Malgorzata Switek e Fei Wang, "China's Life Satisfaction, 1990-2010", *PNAS Early Edition*, 6 abr. 2012.

Agradecimentos

Nenhum dos meus avós está vivo para ver este livro pronto, mas foram responsáveis por sua criação. Meus avós paternos, Joseph e Marta Osnos, fugiram de Varsóvia em 1939, quando Hitler invadiu a cidade. Viajaram por Romênia, Turquia, Iraque e Índia até aterrissarem em Nova York para começar de novo (meu pai, Peter, nasceu no meio do caminho, em Bombaim). Joseph Osnos entrou para o negócio de ar-condicionado; Marta trabalhou como bioquímica. Meu segundo nome, Richard, herdei de um primo que nunca conheci — Jan Ryszard — e que morreu pilotando um dos aviões da esquadrilha polonesa da Força Aérea britânica. Meu avô materno, Albert Sherer, foi um diplomata americano que serviu do outro lado da Cortina de Ferro, acompanhado de sua esposa, Carroll. Em 1951, em Budapeste, o governo pró-soviético acusou Albert de espionagem e deu aos dois 24 horas para deixarem o país. O *Chicago Daily News* publicou a história com a seguinte manchete: "Vermelhos expulsam ianques". Essas experiências de vida permaneceram na memória da nossa família, e cresci me perguntando sobre experiências não relatadas durante o período do regime autoritário.

Na China, agradeço sobretudo às pessoas cujas vidas acompanhei nestas páginas. Revelar muito sobre a vida pessoal — fraquezas, paixões e escolhas pessoais — pode ser perigoso na China. Mas esses homens e mulheres me receberam, ano após ano, mesmo quando não conseguiam mais imaginar o que eu ainda tinha para perguntar. Houve, obviamente, várias pessoas na China, algumas que ocupavam postos do governo, outras que viviam em aldeias, que devem permanecer anônimas, e agradeço a elas pela coragem de se abrirem comigo.

Um dos grandes prazeres desses anos foi partilhar da companhia dos amigos talentosos que trabalhavam na China: Andrew Andreasen, Stephen Angle, Michael Anti, Angie Baecker, Bill Bishop, Tania Branigan, Chris Buckley, Laurie Burkitt, Cao Haili, Leslie Chang, Clifford Coonan, Edith Coron, Max Duncan, Simon Elegant, Leta Hong Fincher, Jaime Florcruz, Peter Ford, Michael Forsythe, Paul French, Alison Friedman, John Garnaut, John Giszczak, Tom Gold, Jeremy Goldkorn, Jonah Greenberg, Elizabeth Haenle, Paul Haenle, Peter Hessler, Isabelle Holden, John Holden, Lucy Hornby, Andrew Jacobs, Ian Johnson, Joseph Kahn, Tom Kellogg, Alison Klayman, Elizabeth Knup, Arthur Kroeber, Kaiser Kuo, Christina Larson, Tom Lasseter, Dan Levin, Louisa Lim, Phil Lisio, Julia Lovell, H. S. Liu e Jo Lusby.

Mary Kay Magistad, Mark MacKinnon, Simon Montlake, Richard McGregor, Andrew Meyer, Paul Mooney, Allison Moore, David Murphy, Jeremy Page, Jane Perlez, Nick Platt, Sheila Platt, John Pomfret, Qin Liwen, Simon Rabinovitch, April Rabkin, Austin Ramzy, Chris Reynolds, Tiff Roberts, Andy Rothman, Gilles Sabrie, Michael Schuman, Clarissa Sebag-Montefiore, Susan Shirk, Karen Smith, Kumi Smith, Megan Stack, Anne Stevenson-Yang, Anya Stiglitz, Joseph Stiglitz, Didi Kirsten Tatlow, Philip Tinari, Wang Wei, Joerg Wuttke, Lambert Yam, Eunice Yoon, Kunkun Yu, Jianying Zha, Zhang Lijia, Mei Zhang e Yuan Li. O falecido Richard Baum, da UCLA, foi o fundador do ChinaPol, um fórum de debates on-line para a comunidade chinesa, que nos tornou mais inteligentes.

Pelo conselho e pela expertise, sou especialmente grato a Geremie Barmé, Nicholas Bequelin, Ira Belkin, Annping Chin, Don Clarke, Jerome Cohen, Paul Gewirtz, Huang Yasheng, Bill Kirby, Roderick Mac-Farquhar, Victor Mair, David Moser, Barry Naughton, Minxin Pei, Victor Shih, Xiaofei Tian, Sophie Volpp e Jeffrey Wasserstrom.

Seria difícil viver em Beijing sem a companhia dos nossos queridos amigos: Amy Ansfield, Jonathan Ansfield, Hannah Beech, Fannie Chen, Eleanor Connolly, John Delury, Barbara Demick, Michael Donohue, Gady Epstein, Ed Gargan, Deb Fallows, James Fallows, Michelle Garnaut, Jorge Guajardo, Susan Jakes, Jonathan Landreth, Brook Larmer, Dune Lawrence, Woo Lee, Leo Lewis, Jen Lin-Liu, Melinda Liu, Jane Macartney, James McGregor, Alexa Olesen, Philip Pan, Hervé Pauze, Hyeon-Ju Rho, Lisa Robins, Jeff Prescott, Paola Sada, Sarah Schafer, Baifang Schell, Orville Schell, Carla Snyder, Nick Snyder, Craig Simons, Comino Tamura, Tang Di, Alistair Thornton, Tini Tran, Alex Travelli, Alex Wang, Alan Wheatley, Edward Wong e Zhang Xiaogang.

Estendo meus agradecimentos ao Clube de Imprensa Estrangeira e à Sociedade Asiática pelo apoio que dão ao trabalho dos correspondentes estrangeiros, inclusive o meu. Um agradecimento especial a Herbert Allen III pelo apoio e pela curiosidade; desde a primeira vez que me convidou para debater sobre a China, aprendi mais sobre sua comunidade do que ofereci em troca.

Em vários momentos ao longo do livro, recebi o auxílio inestimável de vários, e excelentes, jovens jornalistas e pesquisadores, entre eles: Gareth Collins, Devin Corrigan, Jacob Fromer, Gu Yongqiang, Houming Jiang, Jordan Lee, Faye Li, Max Klein, Wendy Qian, Amy Qin, Gary Wang, Debby Wu, Xu Wan e Yang Xiao.

Eles pesquisaram, transcreveram e traduziram para mim. Porém, a pessoa que passou mais tempo com os objetos de pesquisa e comigo foi Lu Han, e sou grato a ela por sua expertise e bom discernimento. Boa parte deste livro se baseia em reportagens que fiz para o *Chicago Tribune*, onde comecei como estagiário e trabalhei por nove anos extraordinários, a maior parte no exterior. Sou grato a Lisa Anderson, George de Lama, Ann Marie Lipinski, Kerry Luft, Tim McNulty, Paul Salopek, Jim O'Shea e Howard Tyner por terem me enviado para fora do país, e também pela amizade.

Na *New Yorker*, meu lar profissional dos últimos seis anos, David Remnick, Dorothy Wickenden e John Bennet me transformaram em escritor; suas extraordinárias habilidades e seu discernimento estabeleceram um padrão para mim. A equipe de checagem comandada por Peter Canby, com destaque especial para Jiangyan Fan, sempre nos oferece aprimoramento e segurança. Nick Thompson e Amy Davidson me ofereceram um lugar para escrever e pensar mesmo quando estava imerso no livro. John é um editor com ouvido absoluto. David e Dorothy, com ajuda de Anna Altman, leram o manuscrito quando eu mais precisava de seus olhos. Outros amigos que o leram ao longo do tempo, entre eles Barbara Demick, Gady Epstein, Ian Johnson e Jeffrey Wasserstrom, reconhecerão suas observações inteligentes em todas as partes do livro.

Antes da minha ida à China, visitei Jonathan Galassi na editora Farrar, Straus and Giroux, e ele me deu o seguinte conselho: seja paciente e encontrará o livro certo. Quando encontrei o livro, ele me respondeu com um presente: a oportunidade de trabalhar com o brilhante Eric Chinski, que é tudo o que um autor pode desejar — meticuloso, analítico, incansável e engraçado. Na editora FSG, sou grato também pela criatividade e pelo cuidado de Nayon Cho, Gabriella Doob, Debra Helfand, Chris Peterson, Jeff Seroy e Sarita Varma.

Pouco depois de sairmos da adolescência, conheci Jennifer Joel; quando ela se tornou minha agente literária, virei seu cliente e, portanto, beneficiário do seu enorme talento como leitora e defensora. Na agência ICM, ela é auxiliada por Clay Ezell e Madeleine Osborn, e agradeço a todos eles pela expertise e pelo cuidado.

Minha família, que é enorme e dedicada, teve que aturar uma década de ausências de férias e aniversários, intercaladas com visitas obscurecidas pelo jet lag. Minha extraordinária mãe, Susan, nos criou para nos sentirmos em casa no mundo e para brigarmos pelo que acreditamos; Peter, jornalista e editor, será sempre meu mentor, inspirador e coconspirador. Minha sábia irmã, Katherine Sanford, e seu marido, Colin, que me alimentaram e me reanimaram; seus filhos — Ben, Pete e Mae — me mostraram o significado de família.

Sarabeth Berman foi passar um ano em Beijing. Foi quando nos conhecemos. Sete anos mais tarde, voltamos aos Estados Unidos, casados. A China me deu Sarabeth, e só por isso já sou grato. Ela me deu uma segunda família: Ruth Nemzoff e Harris Berman, Kim Berman e Farzad Mostashari, Mandy Lee Berman e Seth Berman, Rebecca Berman e Franklin Huang. O amor de Sarabeth, sua sabedoria de preferir ler todas as palavras em voz alta e, principalmente, sua risada, me sustentam. Seu bom senso inato melhora cada uma das frases. Nada que escrevo, com exceção deste parágrafo, pode ser considerado terminado até que ela o tenha ouvido.

Índice remissivo

ESTA OBRA FOI COMPOSTA EM MINION PELO ACQUA ESTÚDIO E IMPRESSA
PELA RR DONNELLEY EM OFSETE SOBRE PAPEL PÓLEN SOFT DA SUZANO
PAPEL E CELULOSE PARA A EDITORA SCHWARCZ EM MARÇO DE 2015